청소년지도총서 11

제3판

청소년문화론

한국청소년정책연구원

조혜영 | 김 민 | 방은령 | 길은배 | 서우석 | 김옥태

이창호 | 장근영 | 양계민 | 최순종 | 김기헌

교육과학사

발간사

흔히들 21세기는 '정보사회' 또는 '지식기반사회'라고 합니다. 사람에 따라 다양한 의미로 쓰이고 있지만, 여기서 가장 중요한 것은 정보 또는 지식이 생산성 향상의 제일 중요한 요소가 된다는 뜻입니다. 그러므로 21세기 국가 발전의 동력은 바로 사람의 두뇌에 있다고 해도 과언이 아닙니다. 우리나라뿐만 아니라 세계 각국에서 인적자원개발의 중요성을 강조하는 이유도 바로 여기에 있습니다. 글로벌 시대를 맞이하여 지금 세계는 청소년들의 역량개발에 많은 힘을 쓰고 있습니다. 정보화, 세계화 시대에 무엇보다도 필요한 것은 청소년들의 지적 능력뿐만 아니라 정보기기활용 능력, 커뮤니케이션 능력, 창의성, 시민성 등 다양한 역량입니다.

21세기 새로운 사회를 창조하고 이끌어 갈 주체는 오늘의 청소년들이므로 청소년 관련 학자나 청소년 관련 시설이나 단체 종사자들의 사명은 실로 중차대합니다. 한국청소년정책연구원은 1989년 설립 이래, 청소년들의 삶의 질 향상을 위한 법적, 제도적 체계를 확립하고, 주요 청소년정책을 수립, 집행하는 데 중추적 역할을 담당해 왔습니다. 특히 청소년들의 올바른 인성 함양과 잠재력 계발, 디지털·글로벌 역량 강화, 청소년 참여와 활동 활성화를 위해 많은 노력을 기울이고 있습니다. 또한 미국, 일본, 중국, 호주 등 세계 10여 개국이 참여하는 세계청소년연구개발협의회(The World Association of Research and Development for Youth)의 창립을 주도하여 국제적인 청소년 전문 연구개발 기관으로서 위상을 높여가고 있습니다.

한국청소년정책연구원은 정부출연 국책연구기관으로서 정책수립, 정책개발, 정책평가 등에 주력하는 한편, 바람직한 청소년 교육을 위한 교재개발에도 꾸준히 힘써 왔습니다. 그동안 수백 권의 연구보고서와 세미나 자료집, 청소년정책리포트 등을 발행하는 등 청소년발달과 육성에 크게 기여하였습니다.

특히 청소년학 관련 다양한 용어를 해설한 『청소년학 용어집』을 발간함과 더불어 청소년학 학문 분야를 집대성한 『청소년학개론』, 『청소년학연구방법론』, 『청소년정책론』, 『청소년수련활동론』, 『청소년지도방법론』, 『청소년교류론』, 『청소년환경론』, 『청소년문제론』, 『청소년인권론』, 『청소년심리학』, 『청소년상담론』, 『청소년기관운영론』, 『청소년문화론』, 『청소년복지론』, 『청소년육성법규와 행정론』, 『청소년프로그램개발 및 평가론』, 『청소년 자원봉사 및 동아리활동론』 등 17권의 청소년학 전문교재를 출간하였습니다.

모쪼록 청소년학 전문교재들이 청소년을 연구하는 학자들뿐만 아니라 현장에서 활동하는 수많은 청소년 관련 종사자들의 업무에 조금이나마 도움이 되기를 바랍니다. 아울러 청소년들의 성장과 학습에도 유용한 길잡이가 되길 바라는 마음이 간절합니다.

끝으로, 충분하지 못한 지원과 제약된 시간에도 불구하고 청소년지도총서출간에 적극 참여해 주신 집필진 여러분께 깊은 감사의 말씀을 올립니다. 또한 이 책의 발간을 흔쾌히 수락해 주신 교육과학사 한정주 사장님과 온갖 궂은일을 즐거운 마음으로 해주신 편집부 직원들에게 고마운 마음을 전합니다.

한국청소년정책연구원 원장

머리말

청소년문화는 청소년 시기에 형성되는 고유한 삶의 양식이다. 청소년들은 가정, 학교, 사회에서 여러 사람들과 상호작용하면서 그들 고유의 정체성과 문화를 만들어 가고 있다. 그들은 때로는 기성세대의 문화에 저항하기도 하고 기성세대의 삶의 양식을 따라가기도 한다. 그만큼 청소년문화는 역동적이고 다변적이다. 따라서, 청소년문화는 학교문화, 대중문화, 성문화, 사이버문화, 여가문화, 소비문화 등 다양한 관점에서 접근이 가능하다. 특히 2000년대 이후 인터넷이 확산되고 2010년을 전후로 스마트폰을 비롯한 스마트기기가 확산되면서 청소년문화는 많은 변화를 겪었다. 이러한 디지털기기의 발전은 바깥세계에서의 접촉보다는 소셜네트워크로 소통하는 청소년세대를 만들어 내면서 청소년들의 일상문화를 획기적으로 바꾸어 놓았다. 이에 따라, 디지털기기를 이용한 소통이 활발해지면서 많은 긍정적인 변화를 가져오기도 했지만 디지털기기에 지나치게 의존하거나 집착하는 청소년들이 늘어나면서 사회적 문제가 되고 있기도 하다. 또한 K-Pop으로 대표되는 한류문화의 확산으로 국경을 초월하여 형성된 글로벌문화가 발전하면서 청소년문화를 이해하기 위해서는 초국적 환경 및 글로벌 변화에 대한 고려가 더욱 필요해졌다. 이제 청소년문화는 단일한 문화를 바탕으로 하지 않고 여러 나라의 문화가 섞이고 융합돼 발전하는 양상을 보이고 있는 것이다.

이 책은 이러한 변화를 고려하여 총 13개 장으로 구성하였다. 1장(청소년문화개요)은 문화의 개념과 청소년문화에 대해 살피고 있다. 2장(사회집단과 청소년문화)은 가족, 학교 등 주요 사회집단과 관련시켜 청소년문화를 고찰하고 있다. 3장(학교문화와 청소년)은 학교라는 공간에서 이뤄지는 청소년문화의 특성을 살펴보고 있다. 4장(대중문화와 청소년문화)은 대중문화의 의의를 논의하고 청소년의 대중문화수용에 대해 고찰하고 있다. 5장(청소년의 성문화)은 청소년의 성문화와 성역할 등에 대해 살펴보고 있다. 6장(청소년과 글로벌문화)은 글로벌문화에 대한 이론적 관점과 인터넷, 한류 등으로 대표되는 글로벌문화를 다루고 있다. 아울러, 포털이나 블로그, 웹진 등 사이버공간에서 형성되는 글로벌문화도 소개하고 있다. 7장(청소년과 여가문화)에서는 여가의 개념과 여가활동의 유형, 현대 여가의 주요 쟁점을 논의하고 있다. 더불어, 여가활동조사를 토대로 청소년들의 여가시간과 여가활동에 대해서도 소개하고 있다. 8장(청소년과 게임문화)은 청소년에게 중요한 일상생활로 자리 잡은 게임의 기능과 영향에 대해 서술하고 있다. 9장(청소년과 모바일문화)에서는 스마트폰의 확산에 따른 청소년 모바일 문화의 변화양상들을 조명하고 있다. 스마트폰이 청소년에게 미치는 긍정적 영향뿐만 아니라 사이버불링, 중독 등 부정적인 영향도 다룬다. 10장(청소년과 언어문화)은 청소년 언어문화의 특징과 유형 등을 논의한다. 특히 청소년욕설과 통신어가 유행하게 된 배경에 대해 자세히 기술하고 있다. 11장(청소년과 다문화수용성)에서는 다문화사회로 급격히 바뀌고 있는 국내의 현실을 반영하여 청소년들의 다문화의식과 수용성을 집중 조명한다. 12장(청소년과 소비문화)은 청소년들의 소비행태와 소비양식, 문화에 대해 다룬다. 마지막 13장(청소년문화와 정책)에서는 정부가 추진하고 있는 청소년문화정책을 개략적으로 소개하고 있다.

이 책이 미래세대의 주역인 청소년들의 문화와 생활세계를 이해하는 데 중요한 길잡이 역할을 할 것으로 기대하며 이 책이 나오기까지 많은 노력을 하신 교육과학사 한정주 사장님을 비롯한 직원들에게 깊은 감사의 말씀을 드린다.

2024년 2월

집필자를 대표하여

이창호 씀

차례

CHAPTER 01

청소년 문화개요

제1장에서는 청소년문화에 대한 이해를 위해 문화 개념에 대한 논의를 살펴보도록 하겠다. 일상적으로 빈번하게 사용되는 어휘인 문화라는 용어의 사용과 다양한 의미에 대해 파악하고자 하며, 문화 개념의 역사적 변천과 문화 개념의 학문적 발달 과정에 대해 알아보기로 하겠다. 문화를 정의하는 학자의 관점에 따라 몇 가지 주요 이론에 대해 접근해 보기로 하며, 문화를 구성하는 하위 개념과 관련된 주요 용어에 대해서도 제시하고 있다. 이러한 기본적인 문화 개념의 이해를 토대로 청소년문화의 특성에 대해 살펴보고자 한다. 청소년문화와 관련된 주요 연구들을 개관하며, 문화의 속성과 관련하여 청소년문화는 어떤 속성을 갖는지 살펴보기로 하겠다. 이러한 기본적 이해를 토대로 청소년문화에 대한 바람직한 접근은 어떻게 해야 하는지에 대해서 알아보도록 하겠다.

1. 문화의 개념

먼저 청소년문화를 이해하기 위해 문화의 개념에 대해 파악해 보기로 하겠다. 우리는 일상생활에서 하루에도 몇 번씩 '문화'라는 말을 듣게 되며, 자연스럽게 사용하고 있다. '문화생활을 누리자', '문화인이 됩시다', '사이버 문화 정착을 위하여', '비뚤어진 청소년문화' 등 문화라는 용어는 매우 다양한 의미로 다양한 목적을 가지고 사용되고 있다. 의식적으로 뚜렷한 목적을 가지고 사용되기도 하며, 특별한 목적의식 없이 자연스러운 일상용어로 사용되기도 한다.

문화인, 문화민족, 문화계, 문화시설, 문화유산, 문화영화, 대중문화, 고급문화, 한국문화, 동양문화, 서구문화 등 때로는 좁은 의미로 때로는 넓은 의미로 사용되고 있으며, 그 모두가 동일한 개념에 기초한 복합어들도 아니다. 문화는 문학 및 예술 분야를 지칭하기도 하며, '지성', '지식', '개화된 것', '발전된 것'을 의미하기도 하고, 특정한 인간 집단 또는 한 지역이나 나라에서 특징적으로 나타나는 생활양식을 총괄해서 지칭하는 말로 사용되기도 한다.

일반적으로 많이 사용되는 개념은 생활양식으로서의 문화 개념이다. 문화란 무엇인가라는 질문을 던졌을 때, 가장 간단한 대답은 "그것은 한 인간 집단의 생활양식이다"라는 대답이다. 이 점은 상이한 두 나라의 생활양식을 비교함으로써 쉽게 이해될 수 있다. 한국 사람과 인도 사람의 일상생활을 비교해 보자. 우선 사람들이 사용하는 언어에 뚜렷한 차이가 있을 것이고, 주택, 의복, 음식의 종류, 요리 방법, 음식을 먹는 방식, 친족 조직, 신앙, 조상에 대한 태도 등 일상생활의 모든 측면에서 우리는 두 사람의 차이를 발견할 수 있다. 이러한 특성은 그들이 선천적으로 가지고 태어난 것이 아니며, 그들이 각기 그 사회에 태어나서 성장하는 과정에서 몸에 익힌 것들이다. 이 모두가 생존을 위해서 필수적인 것들이고, 그들은 거의 무의식적으로 그 사회에서 통용되고 있는 전통 또는 규칙에 따라 행동하고 있다. 이와 같이 두 사람의 행동 및 사고에서 나타나는 상이한 양식을 우리는 문화라고 부른다. 즉, 이 두 사람은 각기 한국 문화와 인도 문화에 따라 행동하고 있으며, 그들의 행동은 바로 그들이 소속되어 있는 사회의 문화를 그대로 반영하고 있다. 이와 같이 우리는 일반적으로 한 사회의 구성원들 간에 찾아볼 수 있는 관습적인 행위 및 그러한 행위의 산물을 문화라고 부르고 있다(한상복 외, 1985: 63-64).

문화의 개념은 학문 분과에 따라 매우 다양하게 정의되고 있으며, 한 학문 분과 내에서도 학자에 따라 매우 다양하게 정의되고 있다. 예컨대, 문화의 개념을 가장 중요한 핵심으로 여기고 있는 인류학 내에서도 매우 다양한 정의들이 시도되어 이미 수십 년 전에 크로버(Alfred Kroeber)와 클러크혼(Clyde Kluckhohn)은 하나의 표준이 될 만한 정의를 시도한 바 있다. 그들의 공저 「문화: 개념과 정의의 한 비판적인 검토」(1952)에서 문화에 대해 내린 175개의 정의들을 검토하여 종합적인 정의를 시도하였으나, 결론적으로 얻은 문화의 정의마저 결국 또 하나의 추가적인 정의로 끝나고 말았다(한상복 외, 1985). 또한 레이먼드 윌리엄스(1983)는 자신의 명저 「Keywords」에서 문화를 "영어에서 가장 복잡한 의미를 갖는 두세 단어 중의 하나"라고 했다. 그만큼 문화의 개념 정의는 복잡하고 다양한 방식으로 내려질 수 있을 것이다.

1) 문화 개념의 역사적 고찰

역사적으로 변화해 온 문화의 개념[1]을 살펴보면 다음과 같다(Bocock, 1997; 크리언, 2004). 첫 번째 정의는 15세기의 저술들에서 찾아볼 수 있으며, 영어의 경작(cultivation)의 의미로 '곡물을 경작하다', '가축을 사육하다'의 의미로 사용되었다. 영어에서의 농경(agriculture), 원시농경(horticulture)과 같은 단어에서 그 의미를 찾을 수 있다.

두 번째 정의는 16세기 초반에 등장하기 시작했다. 식물이나 동물의 경작(cultivation)이라는 의미에서부터 나아가 인간의 정신이나 마음과 같은 보다 추상적인 의미로 확대된다. 저명한 사상가인 프랜시스 베이컨과 토머스 홉스가 인간 정신의 문화에 대해 저술한 시기로, 당시에는 특정 계급이나 소수의 사람

1) 여기서는 영어권의 'culture' 개념을 중심으로 살펴본 것이다.

들만 "문화적"이라고 여겼으며, 유럽의 일부 국가만 높은 수준의 문화를 가진 것으로 여겼다. 레이먼드 윌리엄스에 따르면 18세기까지 문화는 유럽 부유한 계층의 세련된 스타일을 향유하는 것을 의미했으며, 주로 "예술(arts)"과 관련하여 사용되었었다. 즉, 예술가나 지식인의 작업, 엘리트 계층에 의해 추구되는 문명을 의미했다. 이러한 문화의 정의는 일반적으로 음악, 문학, 미술, 조각, 연극, 영화 등의 개념으로 사용되었으며, 때로는 철학, 학풍, 역사와 관련되어 사용되는 것이 보편적이었다.

그러나 20세기에 들어서면서 이러한 문화의 개념은 노동자 계급이나 하류층의 "대중문화(popular culture)"를 포함하는 것으로 확장된다. 여기서 대중문화는 대중매체(영화, TV, 스포츠, 대중음악, 신문이나 잡지)에 의해 유행되는 문화에 가까운 것으로 여겨졌으며, "세련된 혹은 교양 있는 사람"이 갖는 취향의 연장선이라기보다는 그것과 갈등 관계에 있는 것으로 보였다. 즉, "고급" 문화와 "대중" 문화 사이의 첨예한 구분이 있었으며, 대중문화는 종종 순수 예술의 반대 개념으로 사용되었다.

세 번째 정의는 사회과학에서 가장 영향력 있는 것으로서, 계몽사상(enlightenment)과 함께 등장한다. 18세기 저술가들은 이 용어를 일반적인 사회발전 과정을 지칭하는 것으로 사용했다. 이러한 계몽주의적인 시각에 기반을 둔 18세기 유럽을 풍미하던 사고는 인류의 단선적 진화에 대한 믿음이다. 이러한 믿음에 따르면, 모든 사회는 하나의(단일한) 과정을 거치며 발전해 나가는 것이며, 문명화(문화화) 과정을 거쳐 도달하는 발전의 정점은 유럽이라는 것이다. 또한 발전 과정에서 유럽은 중심적 역할을 하고 있다고 믿었다. 소위 유럽 중심적 사고라고 할 수 있다.

네 번째로 이와 같은 유럽 우월주의적 사고를 비판하면서 부각되기 시작한 것이 단일 문화에 대한 노선을 비판하며 등장한 복수형의 문화 개념이다. 다양한 집단, 다양한 국가, 계층, 하위문화와 역사적 시기에 따라 구분되는 생활양식과 공유되는 가치 및 의미가 다양하다는 점을 강조하는 것이다("자본가의 문화", "노동계급문화" 등). 이것은 인류학적 문화 개념으로 알려져 왔다.

다섯 번째로 최근에 대부분의 사회과학과 인문학에 영향을 주고 있는 문화 개념을 들 수 있다. 이는 사회 인류학으로부터 도래했으며, 네 번째 문화의 정의처럼 집단이나 국가 내의 공유된 의미를 뜻한다. 하지만 문화적 의미의 보다 상징적 측면을 강조한다는 점에서 네 번째 개념 정의와 차이를 보이며, 문화가 무엇이냐를 규명하기보다는 문화가 무엇을 하느냐에 강조점을 둔다. 이것은 문화를 하나의 성립된 실체(예술 등)나 문명화의 상태로 보기보다는 사회적 실천으로 보고자 한다. 이러한 문화에 대한 사고는 의미 생산에 근본적인 역할을 담당하는 언어의 연구에서 비롯되었다.

이와 같은 정의는 언어를 중요한 사회적 실천 기재로 바라본다. 언어는 동일한 언어를 공유하는 사람들로 하여금 의미 있는 의사소통을 가능하게 하기 때문이다. 의미를 교환하고, 나아가 공유된 문화를 만들어나가기 위해서 언어를 통한 의사소통이 불가능하다면 개인 간의 관계 형성을 통해 구성되는 사회는 존재할 수 없을 것으로 보인다. 이러한 관점에서 사물과 사건들은 내재된 의미를 가지고 존재하는 것이 아니며, 이들에게 의미를 주는 것은 기호와 상징을 사용하는 언어인 것이다. 즉, 한 집단이 문화를 공유한다고 했을 때, 그것은 언어사용을 통해 구성되고 공유되는 의미 체계를 공유하는 것이다. 이러한 정의에 따르면, 문화는 실천 혹은 실행(practices) 체계이며 그것에 의해 집단 내 의미가 생산되고 교환되는 과정인 것이다. 이 다섯 번째 정의에서 문화적 실천은 의미 생산 작업이며, 이 작업은 사인(signs)과 상징(symbols)을 사용하여 의미를 만들어 나가는 과정이다. 이상에서 언급한 개념 정의를 요약하면 다음의 〈표 1-1〉과 같다.

〈표 1-1〉 문화 개념 변천의 역사적 고찰

첫 번째 정의	땅이나 곡물, 가축을 경작함
두 번째 정의	마음이나 정신의 수양; 예술(the arts); 문명(civilization)
세 번째 정의	사회발전의 일반적 과정; 보편적 과정으로서의 문화(계몽 개념으로서의 문화)
네 번째 정의	특정 국가, 집단, 계층, 시대의 구성원들에 의해 공유되는 의미, 가치, 생활양식
다섯 번째 정의	의미를 생산하는 실천; 의미화 작업(signifying practices)

2) 문화 개념의 인류학적 고찰

문화에 대한 개념 정의나 접근 방식은 학문 분야나 정의하는 학자에 따라 다양하지만 인류학에서 문화는 특정 사회 집단 혹은 인간 집단이 공유하는 가치나 신념을 의미한다. 특정 집단에서 태어나고 살아가는 과정에서 일상생활을 통해 체화되는 것이 문화이며, 하나의 문화 속에서 성장한다는 것은 그 문화의 기본적인 가치나 여러 특질들을 너무나 자연스럽고 당연한 것으로 여기게 됨을 의미한다(한경구, 2003).

(1) 총체론적 문화 정의

문화 개념의 총체론적 정의에서 문화는 '한 인간 집단의 생활양식 총체(totality)'를 가리킨다. 이런 입장의 전형적인 예는 인류학자인 타일러(E. B. Tylor)에게서 찾아볼 수 있다.

① 타일러[2)]의 정의: 타일러는 그의 저서 「원시문화(Primitive Culture)」(1871: 1)에서 문화를 '지식, 신앙, 예술, 법률, 도덕, 관습 그리고 사회의 한 구성원으로서의 인간에 의해 얻어진 다른 모든 능력이나 관습들을 포함하는 복합 총체'라고 규정하고 있다. 이 정의는 지금까지 문화에 관해서 내려진 수많은 정의들 가운데 가장 오래된 것일 뿐만 아니라 가장 포괄적인 것으로 널리 인용되고 있는 고전적 정의의 하나이다. 타일러에 의하면 문화는 신앙, 관습 등은 물론이고 손도끼, 쟁기 등의 구체적인 사물뿐만 아니라 그릇을 만들고 고기를 잡는 등의 기술까지를 포함하는 인간 고유의 모든 사물과 사건들을 가리킨다(한상복 외, 1985: 65).

2) 근대 문화인류학의 문화 개념을 확립한 타일러는 문화를 단수 명사로 사용하였으며, 복수로 사용하지는 않았다. 타일러는 일반적인 문화(culture-in-general)에 관심을 가지고 있었다고 할 수 있다. 이에 비해 문화가 복수로 사용되기 시작한 것은 보아스에 이르러서이다. 보아스는 소위 미개인을 비롯한 모든 인간 집단이 나름대로 문화를 가지고 있다고 보았으며, 인류학은 이들의 문화를 연구해야 한다고 하였다(한경구, 2001).

② 화이트의 정의: 화이트는 타일러의 입장을 계승, 발전시킨 사람으로 타일러가 그의 정의에서 문화가 인간 고유의 소유물임을 암시하고 있는 점을 더욱 구체화한다. 화이트는 우선 무엇이 동물계에서 인간의 행위를 다른 동물의 것으로부터 구별 짓게 하는가에 주의를 돌리고 '인간이 상징(symboling)을 할 수 있는 유일한 동물'임에 유의하여 이것이 바로 문화의 기초라고 파악하고 있다. 화이트에 의하면 인간은 자유롭게 또한 인위적으로 의미를 창작하고 결정하며, 이를 외계에 있는 사물과 사건들에 부여하는 능력뿐만 아니라, 또한 그런 의미들을 포착하고 이해할 수 있는 능력을 가진 유일한 동물이라는 것이다(한상복 외, 1985: 65).

총체론적인 전망은 적응 메커니즘으로서의 문화의 기능적 중요성을 강조한다. 즉, 인간은 문화적인 수단을 통하여 환경에 적응하면서 살아가고, 생활 과정에서 많은 효과적인 지식들을 터득하고 여러 세대를 거치면서 지식을 축적한다. 이렇게 환경에 적응하는 과정에서 축적된 지식들로서의 도구, 기술, 사회조직, 언어, 관습, 신앙 등의 총합체를 문화라고 부르고 있다. 이런 입장에서의 문화는 외계에 있는 사물 및 사건들, 즉 관찰될 수 있는 현상의 영역을 가리키고 있다는 점에서 관념론적 문화 개념과 다르다.

(2) 관념론적 문화 정의

관념론적 문화 정의는 구체적으로 판단될 수 있는 모든 현상을 문화에 포함시키는 총체론적인 관점과 다르게 주관적인 측면을 강조하여 관념적인 영역만을 문화로 간주하는 입장이다. 즉, 관찰 가능한 도구, 행동, 제도 등을 포함하지 않고 단지 우리가 관찰할 수 있는 행동으로 이르게끔 하는 기준, 표준, 규칙을 문화라고 부르고 있다.

두 사람이 마주 앉아 이야기를 주고받고 있는 상황을 가정해 보자. 그들은 서로 말을 함으로써 의사소통을 하고 있다. 이 말은 구체적이고도 실제적인 행동이다. 그들이 사용하는 말에는 분명히 어떤 규칙이 있다. 즉, 말은 어떤 규칙에 의거한 소리들이다. 만약 그것이 아무런 규칙도 없이 단어들만을 무질서하게 나열해 놓는다면 말의 뜻이 전달되지 않을 것이고 대화는 더 이상 계속 될 수가 없을 것이다. 이와 같이 이 두 사람의 대화에서 우리는 말의 뜻을 듣는 사람이 이해하게끔 소리 내고, 그것들을 적절한 방식으로 배열하는 규칙 또는 원리를 발견할 수가 있다. 관념론적인 전망에서 문화를 보는 사람들은 실제적인 행동으로서의 말과 그것을 지배하는 규칙(문장에서의 문법) 또는 원리를 구별하여, 문화라는 말은 후자만을 지칭하는 것으로 한정시키고 있다(한상복 외, 1985).

인류학자 구디너프(W. H. Goodenough)의 견해는 이것의 좋은 예가 될 수 있다. 구디너프에 의하면 문화란 사람의 행위나 구체적인 사물 그 자체가 아니라 사람들의 마음속에 있는 모델이요, 그 구체적인 현상으로부터 추출된 하나의 추상에 불과하다. 한 사회의 모든 구성원들이 똑같이 행동할 수 없다는 점은 분명하다. 즉, 그들 각자가 외부의 사물에 대해 어떻게 인식하는지, 어떻게 느끼고 어떠한 태도로 임하는지 또한 그것에 대해 어떻게 행동하는지는 똑같을 수가 없다. 그러나 우리는 사회마다 그 성원들의 행동에서 공통적으로 나타나는 기준 또는 규칙을 발견할 수 있다. 구디너프는 한 사회 성원들의 생활양식이 기초하고 있는 관념 체계 또는 개념 체계를 문화로 간주하고 있다. 여기서 분명히 해 두어야 할 것은 구체적으로 관찰된 행동 그 자체(patterns of behavior)가 아니라, 그런 행위를 위한 또는 그런 행위를 규제하는 규칙의 체계(patterns for behavior)가 곧 문화이며, 사람들은 이 규칙에 따라서 행동하게 된다(한상복 외, 1985: 68)는 것이다. 이러한 문화의 개념 정의는 인지주의적 정의로 불린다. 인지 체계로서의 문화는 집단 구성원이 사회적인 삶을 살아가기 위해서 알아야 하는 지식 체계로서 문화를 바라보는 것이다.

(3) 상징과 의미 체계로서의 문화 정의

상징과 의미 체계로서의 문화 개념은 집단 구성원이 공유하고 있는 의미 체계로서의 문화에 중점을 둔다. 예컨대, 특정 상황이나 사건에 참여하고 있는 구성원들은 벌어지고 있는 일련의 행위나 사건들에 의미를 부여하며, 공유하게 된다. 결혼식이라는 이벤트를 예로 들어보자. 지식 체계 혹은 인지 체계로서의 문화 개념에서는 결혼식의 진행 순서, 예식 진행 시 좌석 배열, 신랑과 신부의 위치, 주례의 위치 및 역할, 참석자들의 의복, 참석자들이 준비해야 할 사항들(예컨대, 축의금, 선물 등)에 대한 지식을 아는 것에 초점을 맞춘다면, 의미 체계로서의 문화 개념은 결혼식에 참석하는 사람들이 부여하는 의미에 초점을 맞춘다고 할 수 있다. 물론 이러한 의미는 단일한 것이 아니며, 의미의 층위는 다양하게 나타날 수 있다. 예컨대, 표면적이고 공적인 의미로서 대부분의 사회 구성원들에 의해 공유되는 의미가 있다. 결혼식은 남녀가 만나 서로 사랑하며 일생을 함께 살아가겠다는 약속을 공식적으로 하는 의식이라는 것은 공적이고 표면적인 의미라 할 것이다. 하지만 그 이면에서 파악되는 의미는 다양하게 나타날 것이다. 참석자의 입장에서는 새로운 출발을 축하해 주기 위해서 참석한다는 표면적인 의미 이면에, 개인적으로 또 다른 의미를 가지고 참석하기도 할 것이다. 지난번 자기 결혼식에 왔었던 사람이 결혼을 하기 때문에 예의상 참석해야 한다든지, 다른 절친한 친구가 함께 참석하기로 해서 그 친구를 만나기 위해 참석한다든지 하는 의미를 부여할 수도 있을 것이다. 혹자는 별로 참석하고 싶지 않지만 사회적 관계를 유지하기 위해 참석하는 사람들도 있을 것이다.

이처럼 사회적으로 특정 사건이나 상황에 부여하는 의미를 문화 이해의 중요한 핵심이라고 보는 학자는 기어츠(Geertz)이다. 기어츠는 문화적 의미를 제대로 파악하기 위해서는 특정 사건이나 현상에 대한 심층적(중층적) 기술(thick description)이 필요함을 강조한다. 또한 그는 유명한 '윙크하기'의 예를 도입하여 의미 체계로서의 문화 개념을 설명한다(Geertz, 1973).[3] 우리가 눈꺼풀의

3) 기어츠는 철학자 길버트 라일의 개념인 중층 기술(thick description)을 이용하여 문화 이해에 대해 설명한다. 중층 기술에 대한 라일의 논의는 다음과 같다. 라일은 눈을 황급히 수축시키고 있는 두 명의 소년을 가상해보라고 했다. 한 명은 본인의 의지와는 상관없이 일어난 것이었으며, 다른 한 명은 친구에게 보내는 음모의 신호였다. 이 두 개의 동작은 그 자체만으로 보았을 때는 차이를 발견할 수 없는 같은 동작이다. 즉, 카메라식의 표면적 관찰에 의하면, 이 두 동작 중 어떤 것이 윙크이고 어느 것이 눈의 경련인지 구분할 수 없다. 그러나 실제 사진에는 나타나지 않지만, 눈의 경련과 윙크 사이에는 큰 차이가 있음은 자명한 사실이다. 우선 윙크는 의사전달 방법의 하나이며, 아주 정교하고 특별한 방식의 의사전달이다. 즉, 윙크를 한다는 것은 1) 의도적으로, 2) 특정인에게, 3) 특정 메시지를

떨림이라는 신체적 동작이 단순한 눈의 경련인지, 어떤 의도를 내포하는 신호인지를 파악하기 위해서는 일단 윙크가 그 이면에 특정한 의미를 내포하는 의도적인 동작이라는 사회적으로 공유된 의미 코드를 전제로 해야 한다. 이러한 사회적 의미 코드의 공유가 있어야, 특정 상황에서 특정인이 윙크를 해 보이는 것이 의도를 가진 신호인지, 단순한 눈의 경련인지, 윙크를 연습하는 행위인지 등 그 동작이 함축하는 의미를 파악할 수 있는 것이다. 두 사람이 똑같이 눈꺼풀의 경련이라는 행위를 하고 있는 상황에서 한 사람은 단순한 경련이고 다른 한 사람은 무언가를 의도하는 표시라는 것을 파악하는 것이 중요하다. 즉, 똑같아 보이는 행위 이면에 함축된 의미 파악이 그만큼 중요하며, 그러한 함축된 의미를 파악하는 것이 문화 이해의 필수요건이라 하겠다.

이처럼 문화의 개념은 강조점에 따라 다르게 접근되어 왔다. 문화의 개념에 대한 입장에서 어느 것이 옳고 어느 것이 틀린 것이라는 주장은 있을 수 없고, 그들이 각기 설명하려고 하는 대상에 따라 견해를 달리하고 있을 뿐이라는 것을 염두에 두어야 한다. 즉, 인간의 사고 및 행위를 연구 대상으로 해서 무엇이 그것을 가능하게 했는지에 초점을 두고 그것을 가능하게 한 기본적인 원리를 밝혀내려는 사람들에게는 관념론적인 전망에서 본 문화의 개념이 효과적일 것이고, 이와는 달리 사회·문화적인 현상들이 왜 우리가 관찰하는 대로 일어나고 있는지 또는 그것들은 각기 다른 현상들과 어떠한 관계를 맺고 있는지에 초점을 두어 문화 과정 속의 제 요소 간 상호 작용에 관심을 가진다면 총체론적인 전망에 선 문화의 개념이 연구의 주제를 분명히 하는 데에 더 효과적일 것이다(한상복 외, 1985: 69).

전달하기 위하여, 4) 사회적으로 공인된 코드에 의하여, 5) 같이 있는 다른 사람들이 알아채지 못하도록 의사를 전달하는 것이다. 라일의 지적처럼, 윙크를 하는 사람은 눈꺼풀을 수축시키는 동시에 윙크를 하는 것이지만, 눈에 경련을 일으키는 사람은 단순히 눈꺼풀을 수축시키는 것일 뿐이다. 정의하자면, 눈꺼풀을 수축하는 것이 하나의 공모의 신호로 여겨지는 공적인 코드가 존재하는 곳에서 의도적으로 눈꺼풀을 수축시키는 행위를 하는 것이 윙크인 것이다. 즉, 특정 행위가 특정한 의미로 이해되기 위해서는 사회적으로 공유된 의미구조가 있어야 하고, 그러한 의미구조에 기반을 둘 때 특정 행위는 문화적 범주로 존재하게 되는 것이다(Geertz, 1973).

3) 문화 구분

(1) 주류(지배) 문화와 하위문화

한 사회 집단의 특수한 부분 또는 영역에서 다른 것과는 구분되어 독특하게 나타나는 생활양식을 하위문화라고 한다. 지역이나, 세대, 성별, 직업 등 한 사회의 하위집단들에 의해 공유되어 나타나는 문화들이다. 예컨대, 지역에 따라서 도시 문화, 농촌 문화 혹은 경상도와 전라도, 제주도 문화 등으로 구분되어 나타나는 문화를 일컬을 수도 있고, 연령에 따라서 노인문화, 성인문화, 청소년 문화 등으로 구분되기도 한다. 직업에 따라서 교사집단의 문화, 경찰 조직의 문화, 기업인의 문화 등으로 구분되기도 하며, 이러한 집단 내에서도 다시 성별에 따른 하위문화를 구분할 수도 있다. 이러한 하위문화들은 보다 거대한 범주, 예컨대 한국문화라는 범주 안으로 포함이 된다. 한 사회 내에 존재하는 다양한 집단의 생활양식이나 사고방식을 이해하고자 할 때, 또 집단 간 차이를 인식하고자 할 때 매우 유용한 개념이다.

(2) 표현 문화와 내재된 문화

문화의 존재 양식에 따라 문화적 가공물, 문화재 또는 쉽게 관찰 가능한 행위 등을 표현된 문화라고 하며, 그 문화재와 행동에 부여된 의미나 가치, 상징 등과 같이 직접적으로 관찰이 불가능한 영역의 문화를 내재된 문화라고 한다. 표현된 문화와 내재된 문화는 각각 별개의 것이 아니라, 한 문화의 두 측면이다. 예컨대, 각 군 사관생도의 각기 독특한 복장(예복, 정복, 약복, 전투복 등), 군장, 학년표지, 머리 형태 등은 표현된 문화이며, 각 군에서 그러한 것들에 부여한 의미(예컨대, 엄숙, 단정, 질서, 절도의식 등)는 내재된 문화이다(이종각, 1999: 43).

(3) 실재 문화와 이상 문화

문화는 이상적으로 바라고 있는 상태와 실제로 현실에서 진행되고 있는 상태의 차이로 구분되기도 한다. 특히 한 사회 집단의 전통이나 이념 등은 이상 문화에 속하며, 그것과 반하여 현실에서 드러나는 양상들은 실재 문화라 한다. 예컨대, 한국사회에 어른을 공경하며, 예의를 지키는 효의 문화가 내재되어 있다고 할 때는 이상 문화를 지칭하는 것이 될 것이며, 실제로 지하철이나 버스 등에서 노인이 타고 있어도 자리를 양보하지 않거나, 노인을 공경하지 않는 사회적 분위기는 실재 현실 문화라 할 것이다.

(4) 물질 문화와 비물질 문화

물질 문화란 우리가 보고 만질 수 있는 구체적인 물리적 업적과 그것을 사용하는 방법을 말한다. 예를 들면, 일상생활상의 가재도구, 각종 기계, 도구, 건물, 차량, 의복, 공예품, 문화재 등과 그것에 부수되는 기술적 방법을 말한다. 비물질 문화는 물질적이 아닌 모든 것을 포함하는데 정신 문화와 행동 문화로 구분하기도 한다. 행동 문화는 우리의 구체적인 행동이 이루어지는 절차나 방식에 관한 문화이다. 법, 민속, 관습, 제도 등이 이에 속한다. 물질 문화와 행동 문화는 '표현된 문화'라고 할 수 있다. 정신 문화는 학문, 종교, 도덕, 가치관 등 정신적 창조물을 지칭하는 것으로서, 인간이나 집단이 갖는 상징이나 의미와 가치를 그 내용으로 한다(이종각, 1997: 44-45).

4) 문화의 구성

(1) 문화 체계(cultural system)

각 사회 집단의 문화는 전체로서 하나의 통합된 체계를 이루고 있다. 한 사회의 문화를 이해하기 위해서는 그 사회의 역사, 자연 환경, 가족생활 조직, 언어생활, 취락 구조, 정치 및 경제 체계, 종교, 예술 등 다양한 요소들에 대한 이해가 필요하다. 이러한 문화를 구성하는 요소들은 상호 의존 관계에 있으며, 한 요소가 변하면 다른 요소에도 영향을 주어 변하게 된다. 문화 체계라는 개념은 문화의 역동성을 이해하기 쉽게 해 준다(한상복 외, 1985: 76; 이종각, 1997: 36-37).

(2) 문화 특질(cultural trait)

한 문화의 가장 작고, 가장 기본적인 요소를 문화 특질이라고 한다. 또한 문화 특질이라고 부를 수 있는 문화 요소들이 더 기본적인 단위로 나누어질 수도 있다. 예컨대, 조상에 대한 제사도 하나의 문화 특질이 될 수 있지만, 여기에 관련된 조상에 대한 태도, 제물, 제사를 지내는 사람들이 입는 옷, 거기에 모이는 친척들은 모두 각기 하나의 문화 특질로 간주될 수 있다. 즉, 사용되는 맥락이나 이해의 범위에 따라서 어떤 상황에서는 더 이상 쪼개질 수 없는 문화 특질 단위로 여겨지지만, 또 다른 맥락에서는 다시 여러 부분으로 나누어질 수 있는 것으로 간주된다(한상복 외, 1985: 76-78).

(3) 문화 복합(cultural complex)

많은 문화 특질들은 더 작은 문화 특질들로 쪼개질 수 있는 반면에 문화 특질들은 서로 관련을 맺으면서 문화 복합을 형성하고 있다. 그에 따라 문화 특질들의 조화로운 구성이 문화 복합이 되며, 엄밀히 따지면 문화 특질과 문화 복합을 구분하기 어려운 경우가 대부분이다. 하지만 문화 복합이라는 용어는 여러 상호의존 관계에 있는 특질들이 하나의 복합으로서의 문화 유형을 구성하고 있다는 사실에 주목할 때 사용되어 왔다. 예컨대, 자동차는 그 자체가 수많은 부품으로 구성되어 있지만 또한 넓은 의미에서 하나의 문화 특질로 간주될 수 있다. 이것은 다시 고속도로, 주유소 및 자동차 정비공장, 자동차 제조 산업, 자동차 판매업, 특정 차종을 소유한 사람들의 사회적 지위 상징, 자동차 보험 및 관광 산업 등 자동차와 관련된 여러 영역 또는 부분들을 포함하는 문화 복합의 한 부분을 점하고 있다(한상복 외, 1985: 76-78).

2. 청소년문화

1) 청소년기의 등장

청소년기는 인생행로에서 주변적이며 과정적인 지점 "betwixt and between"으로 더 이상 아동도 아니며, 아직 성인도 아닌 시기라고 인식된다(Epstein, 1998). 과연 청소년문화가 존재하는지에 대해 아직도 논란이 있고, 또 존재한다면 그 내용과 특성이 무엇인지에 관해 일관성 있는 답변을 찾기 어려운 이유는 인생에 있어서 청소년기의 의미와 사회 내에서의 청소년들의 지위가 애매모호한 것에서 비롯되고 있다고 볼 수 있다. 이러한 불확실한 지위에도 불구하고, 확실한 점은 역사의 발전에 따라 인생에서 청소년기와 사회 안에서의 청소년 존재의 의미와 중요성이 점차 확산되어 왔고, 청소년문화의 모습도 가시적인 것으로 부각되고 있다는 점이다(최윤진, 1998).

청소년기가 아동이나 성인과 구분되는 사회적 범주로 등장하게 된 시기는 명확하게 규정되고 있지는 않지만 대략 근세 유럽으로부터 시작되었다고 볼 수 있다. 16세기와 17세기 중엽까지 서구에서는 아동을 어른의 소유물로 취급하는 것이 일반적이었다고 한다.

청소년기(혹은 사춘기 연령에 있는 범주 youth/adolescence)의 범주화는 새로운 발명과 발견의 시대로 일컬어지는 18세기 유럽에서이다. 청소년기(adolescence)는 증기기관이 발명된 시기에 등장했다고 할 수 있다. 증기기관은 1765년 와트(Watt)에 의해 발명되었다면 청소년은 1762년 루소(Rousseau)에 의해 등장하게 된 것이다(Musgrove, 1964: 33). 이 사춘기 개념의 등장으로 사회는 두 가지 문제에 직면하게 되는데, 첫째는 사회 구조의 어느 위치에 이 사춘기 청소년기를 어떻게 위치시켜야 하느냐이며, 둘째는 이들을 대상으로 구체적으로 어떠한 행위 규범을 규정지어야 하느냐이다. 18세기와 19세기에도 청소년의 개념은 제대로 인식되지 못하고 있었다고 해도 과언이 아니다. 청소년에 대한 인식 전환은 20세기에 들어와 유엔을 중심으로 한 아동과 청소년에 관한 각종 선언이나 규약들이 결의되고 채택되고 공포됨으로써, 청소년에 대한 사회의 관심과 태도 변화를 반영하게 된다(최윤진, 1998).

청소년기를 논하기 위해서는 나이와 세대 개념이 항상 관련되어야 한다. 나이와 세대는 전 세계의 모든 곳에서 인정되는 개념이지만, 문화적으로 다양하게 규정된다. 생물학적 세대는 대부분 동일하게 적용될 수 있겠지만, 문화적 세대 개념은 매우 다양하게 적용된다고 할 수 있다. 즉, 청소년기를 경험하는 것은 보편적이라고 할 수 있으나 그 경험 방식은 문화적, 정치적, 개인적으로 매우 다양한 것이다. 특히, 사회마다 아동과 청소년, 성인을 구분하는 시기가 다르며, 청소년기 내에서도 학교생활이나, 직업 등과 관련해서 갖는 경험들이 다르기 때문이다(Wulff, 1995).

예컨대, 학생기의 연장은 연령에 상관없이 성인으로 접어드는 시기를 지연시킬 것이다. 또한, 사춘기의 특성이라고 정의되었던 반항과 방황 등도 서구 사회의 개념이지 비서구 사회의 청소년들은 다른 특성을 보이는 것이다. 마거릿 미드(M. Mead, 1928)는 사모아 연구를 통해 미국 청소년들의 "이유 없는 반항"이 청소년기의 보편적인 특성이 아님을 보였다.

2) 청소년문화연구

(1) 초기 연구

청소년문화에 대한 연구들이 태동하기 시작한 것은 1950년대부터이며, 대부분 사회학자들에 의해 연구되었다. 청소년문화라는 용어를 처음으로 도입한 학자는 탤컷 파슨스(Talcott Parsons, 1942/1964)이며, 그 의미는 나이와 성별에 따른 특정 역할에 의해 구조화된 독특한 세계를 뜻하는 것이었다. 특히, 그는 이 개념을 이성과의 데이트를 즐기며, 성인들의 책임감으로부터는 자유로움을 만끽하는 미국 중산층 청소년들을 대상으로 도입하였다.

제임스 콜먼(James Coleman, 1961)은 청소년문화는 성인 사회로부터 구분되는 것임을 강조했고, 대중음악 소비시장과 밀접한 관련이 있음을 강조하였다.

그는 이러한 청소년문화의 특징을 하위문화의 개념(특히, 계급 개념의 등장으로 함께 형성되기 시작)으로 설명하였다. 1960년대에 스탠리 코헨(Stanley Cohen, 1972)과 조크 영(Jock Young, 1974) 등 '일탈 이론가'들은 미국의 낙인 이론(labelling theory)을 청소년문화에 적용하였다. 코헨의 연구는 대중매체가 청소년들의 도덕적 혼란을 사회 문제화하는 과정에 초점을 맞추었다(Wulff, 1995).

한편 청소년문화에 대한 초기의 인류학적 연구들은 주로 가족과 친족에 초점을 두고 진행되었다. 마거릿 미드(Margaret Mead)의 선구자적 연구인 '*Coming of Age in Samoa*'(1928)나 터너(Victor Turner, 1967)의 '통과의례에 관한 연구' 등이 그것이다. 하지만 인류학적 연구 역시 청소년을 성인기로 진입하는 과정적 존재로 보았으며, 그 자체로서 독립적으로 무엇인가를 생산하는 단계로 보지 않았다(Wulff, 1995).

(2) 영국 버밍엄 학파

청소년문화를 하위문화로 개념 짓고, 이를 계급과의 관련하에 본격적으로 연구한 학파는 영국 버밍엄 대학의 문화연구소(Centre for Contemporary Cultural Studies, University of Birmingham)라고 할 수 있다. 이들은 노동 계급 청소년들을 다양한 스타일들을 통해서 지배계급에 저항하는 주체로 그려냈다. 이들의 노동계급 청소년문화에 대한 연구는 이후에 몇 가지 측면에서 비판을 받기도 하지만 계급에 따른 청소년 하위문화를 부각시키는 데 기여하였다.

버밍엄 학파의 하위문화연구에 대한 비판을 살펴보면, 일단 노동계급 청소년의 하위문화를 부각시키면서 성별에 대한 고려를 하지 않았다는 점이다. 즉, 여자 청소년들을 제외한 소년들의 문화에만 비중을 두었다는 것이다(McRobbie, 1980). 또한, 하위문화의 독특성 내지는 독자성만을 부각시킨 나머지 이 문화적 형태들 사이의 다양성과, 지배문화와의 관련성 속에서 나타나는 유사성이나 연관성에는 주목하지 않았다는 것이다(Jenkins, 1983). 특히, 일부 연구자들(Lave et al., 1992)은 버밍엄 학파의 연구가 이론적이고 구조적인 측면에만 치우친 나머지 경험적 연구에는 충실하지 못했음을 지적한다. 즉, 계급 등 구조적인 측면과 함께 구조와 상호 작용하는 행위자 주체의 역할에 초점을 둘 필요성이 있음을 지적한다(Wulff, 1995). 반면에 이와 같은 이론적인 연구가 지배적인 상황에서 청소년들의 문화를 생생하게 기술한 민족지적 연구로 윌리스(P. Willis, 1977)의 노동 계급 청소년 연구(Learning to Labor)를 들 수 있다.

청소년문화연구의 또 다른 특징은 응용이나 정책 지향적 연구와 밀접한 관련이 있다는 점이다. 이 점은 특히 성인들에 의해 감지되는 청소년문제 해결을 시도하는 교육학이나 여타 사회 현안 관련 연구(서구의 경우, 이민이나 인종에 관한 연구) 등에서 보편적으로 나타나는 현상이다. 하지만 학자들은 정책 입안을 위해 빠른 연구 결과물을 만들어내야 하는지에 대해서는 양비론적 입장을 지닌다고 할 수 있다(Wulff, 1995).

전통적인 사회화의 관점 때문에 청소년은 불완전한 성인, 삶이 무엇인지 이해하지 못하는, 그 자체로서 존재 가치를 인정받지 못하는 사람으로 취급되었다. 청소년은 성인들보다 주변 상황이나 환경에 대해 덜 알고 있다고 보는 것이다. 하지만 이러한 관점에 대항하여 일련의 연구들은 청소년뿐만 아니라 아동들도 성인들이 감지하지 못하는 행위나 언어 등을 발달시키고, 사용하고 있음을 보이기도 한다(Corsaro, 1985; Caputo, 1995; James, 1995).

3) 청소년문화의 성격 규정

기성세대는 청소년기를 여전히 성인 세대에 종속적이거나 과도기적인 존재로 바라보고 있으며, 보호와 육성의 대상으로 파악하고 있기 때문에, 청소년문화도 이러한 시각에서 그 성격이 규정되었던 측면이 있다. 동시에 청소년문화를 새로운 변화의 돌파구로 바라보는 시각도 공존한다. 기존의 논의에서 청소년문화의 성격은 다음과 같이 규정된다(김신일, 1992; 박진규, 2002).

(1) 미숙한 문화

성인들의 입장에서 청소년들의 문화를 아직 미숙하고 모자란 것으로 보는 관점이다. 즉, 청소년기를 성인으로서의 성장 과정 중 과도기 혹은 준비기로 바라봄으로써 청소년문화도 덜 성숙한 문화로 간주하는 것이다(김신일, 1992; 박진규, 2002).

(2) 비행문화

이 입장도 성인들의 입장에서 청소년들의 삶이 규범에서 벗어나, 문제아의 소행을 지향한다고 보는 관점이다. 청소년들은 공부나 일을 하기보다는 놀기를 좋아하고 사회적 규범을 깨뜨리는 것에서 쾌감을 느끼고, 규범적 질서에 따르지 않음으로써 청소년문화의 정체성을 찾는다고 본다. 청소년문화가 성인 만화나 음란물, 술이나 담배, 이성 교제 등을 즐기고 비행문화적 성격을 띤다고 보며, 이런 입장에서 청소년들은 항상 부모나 교사 또는 성인들의 감독하에 있어야 한다고 믿는다(김신일, 1992; 박진규, 2002).

(3) 하위문화

청소년문화를 하위문화로 보는 입장이 있다. 즉, 청소년들이 사회 전체를 구성하는 한 하위집단으로서 그들의 문화도 전체 문화 가운데 하나의 문화를 이룬다는 입장이다. 한국사회의 하위집단은 지역, 계층, 연령, 직업, 성별 등 다양한 범주로 구분될 수 있는데, 청소년 집단은 그중 연령 범주에 의한 하위집단을 형성한다고 할 수 있다. 아동, 청소년, 성인, 노인 등 연령에 따른 하위집단의 하나로서 청소년문화를 바라보는 것이다(김신일, 1992).

(4) 대항문화 혹은 반(反)문화

기성세대의 문화를 주류 문화라고 한다면 청소년들은 기성세대의 문화를 거부하고 자신들의 새로운 문화를 대안으로 내세우면서 개혁과 변화를 요구한다. 새로운 세대가 기성세대에게 비판을 가하고 반항하는 것은 그들이 미숙하거나 반항적인 성향을 띠어서 그렇다기보다는 기성세대와는 다른 경험을 해왔고,

그들과 다른 인생관과 역사관을 가지고 있어서 부모 세대와는 다른 삶의 방식을 추구하기 때문이라고 본다. 이러한 성향이 가장 뚜렷하게 표출되었던 것이 1960년대 세계를 휩쓴 '젊은이들의 돌풍'이었다. 그들은 기존의 사회체제와 그것을 유지시키는 이념과 가치관을 전면적으로 부정하였다(김신일, 1992).

(5) 새로운 문화

청소년들의 문화는 새로운 문화라고 할 수 있다. 세대가 바뀜에 따라 한 사회의 문화도 바뀌어 가는데 이러한 문화 변동의 선구적 역할을 하는 것이 바로 청소년문화라고 할 수 있다. 새로운 기기나 매체를 다루는 데 기성세대에 비해 더 유연하고, 새로운 스타일의 유행 문화를 이끌어 내기도 한다. 이러한 면에서 청소년문화는 한 사회의 생동적 발전을 위해 매우 중요한 활력소 역할을 한다(김신일, 1992).

4) 문화의 속성과 청소년문화

여기서는 문화의 일반적인 속성을 알아보고, 그것과 관련하여 청소년문화를 파악하고 이해하는 시각을 제시하고자 한다.

(1) 문화의 공유성

먼저 문화는 사회 구성원들에 의해 공유된다. 한 사회의 구성원들은 개별적으로 독특하게 지니고 있는 취향이나 버릇, 기질과는 다르게 다른 집단의 것과 구별될 만한 공통적인 성향을 가지는데, 이처럼 사회 구성원들에 의해 공통적으로 나타나며, 인정되는 경향을 문화라고 할 수 있다. 우리가 특정 장소나 상황에 참여했을 때 다른 참여자가 어떠한 방식으로 행위하고 대화할지에 대해 어느 정도 예측이 가능한 것도 사회 구성원들이 문화를 공유하고 있는 데에 기인한다. 직장이나 학교에서 연장자를 대하는 태도, 사용해야 하는 언어, 상호작용 방식 등은 그 사회에서 공유되는 규칙에 따라 선택되며, 이러한 규칙에 위배되는, 즉 공유되는 규칙에 위배되는 언어나 행위를 사용했을 때는 사회적 제재가 가해지기도 한다(한상복 외, 1985).

문화의 공유성과 관련하여 청소년문화를 파악한다면, 일단 청소년문화는 청소년들에 의해 공유되는 문화를 의미할 것이다. 청소년이 아닌 성인이나 노인세대, 유·아동과는 다른 청소년들에게서 대체로 공유되는 행위 양식이나 사고방식, 여러 가지 스타일을 청소년문화라고 볼 수 있을 것이다. 예컨대, 입시문화, 패션이나 음악, 영화 등의 취향에 있어 감각 지향적 문화, 의복에 있어서는 특정 브랜드를 선호하는 경향, 교복을 유행에 맞게 줄여 입는 문화, 음식문화에 있어서는 패스트푸드를 선호하고 쿠폰 등을 활용하는 문화 등은 청소년들 사이에 공유되어 있는 문화라 할 것이다.

(2) 문화의 다양성

인간이 문화를 가지고 있다는 점은 동물로부터 구분되는 가장 큰 특성이라고 여겨져 왔다. 인간은 문화라는 수단을 통해 환경에 적응하는 것이지만 그 적응수단으로서의 문화는 단지 한 가지 방법만 있는 것이 아니라 다양한 방식으로 나타난다는 점을 염두에 둘 필요가 있다. 예컨대, 사회마다 반가움을 표시하는 방식이 다르게 나타나며, 음식에 대한 금기도 다르게 나타난다. 인사를 할 때 서로 껴안고 반가움을 표시하는 사회도 있는 반면, 신체적인 거리를 유지하고 허리를 굽혀 인사하는 문화도 있다. 또한 힌두교도들은 쇠고기를 먹지 않으며, 이슬람교도들은 돼지고기를 먹지 않고, 미국인들은 개고기와 말고기를 타부로 규정하고 있다. 이와 같이 다양한 문화들 간에는 어느 것이 더 옳거나 우수하다는 평가를 내려서는 안 되며, 그중 어느 것이 나쁘거나 틀렸다는 평가를 섣불리 내려서도 안 된다. 특정 문화적 관습은 그 사회의 사회적 맥락하에서 이해되어야 하며, 자기 문화의 기준으로 판단하거나 평가해서는 안 되는 것이다. 즉, 이러한 차이는 '문화의 상대성(cultural relativity)'으로 인정되어야 한다. 이처럼 각 사회마다 나름대로 독특한 문화가 있음을 알아야 할 것이다(한상복 외, 1985).

한 사회 내에서 일반적으로 문화는 그 집단 구성원이 공유하는 사고방식이나 생활양식을 의미하지만, 사회가 복잡해지고 분화되면서 다양한 문화들이 등장하게 되었다. 즉, 문화는 특정 사회에서 공유되고 누적되는 것인 동시에 특정 사회 내의 다양한 하위집단들은 그들의 독특한 문화를 만들어내기도 하며 이러한 다양한 문화들은 하위문화라는 이름으로 서로 공존하거나 갈등하기도 하고, 경쟁 상태에 있거나 서로 혼재되어 존재하게 된다. 이러한 맥락에서 청소년문화를 바라본다면, 청소년문화는 사회의 다양한 문화들 중 하나로 존재함을 알 수 있다. 즉, 성인문화, 아동문화, 노인문화와 다르게 청소년문화가 존재하게 된다. 이러한 입장에서 청소년문화를 하나의 하위문화로 바라볼 수 있다. 하지만 청소년문화를 하나의 하위문화로 바라보는 것은 집단 내의 동질성을 전제로 하기 때문에 청소년 집단 내부의 다양성과 역동성, 변화 가능성을 간과할 우려가 있다.

청소년문화 내부를 들여다보면 다양한 문화가 존재하고 있음을 알 수 있다. 즉, 청소년이라는 하나의 카테고리는 다양한 기준에 의해 분화될 수 있다. 예컨대, 성별이나, 학교급, 직업의 유무, 지역, 연령대, 관심 분야, 사회·경제적 배경 등 다양한 기준에 의해 청소년 집단은 분화되며 그와 관련하여 드러나는 청소년문화도 다양하다는 점을 인식해야 한다. 또한, 한 가지 기준에 의해 구분되는 청소년 집단도 다시 여러 가지 다른 지표에 의해 세분될 수 있다. 예컨대, 학교급에 의해 청소년 집단을 구분해 보자. 먼저 학교에 다니고 있는지 여부에 따라 학생 청소년과 비학생 청소년으로 구분이 될 것이다. 그리고 학생 청소년도 학교급에 따라 초등학생, 중학생, 대학생 등으로 구분될 것이다. 같은 학교급에 속하는 청소년 집단도 다시 세분화된다. 예컨대, 고등학생의 경우, 인문계 고등학생, 전문계 고등학생 등으로 구분될 것이며, 인문계 고등학생의 경우 다시 여러 가지 관련 지표(남녀 공학 여부, 성적 수준, 취미 활동, 지역, 사회·경제적 배경 등) 등으로 다시 세분화될 것이다. 비학생 청소년의 경우도 다양한 기준으로 세분화될 것이다. 이처럼 문화는 특정 국가나, 사회, 집단에 의해 공유되지만, 다양하게 구획되는 집단들에 의해 다시 분화되어 다양한 모습으로 존재하는 것이다.

(3) 문화의 학습성

사회에서 공유되는 규칙들은 우리의 일상생활을 통해서 학습된다. 이러한 학습과정은 공식적이고 의도적일 수도 있고, 비공식적으로 일어날 수도 있다. 인간이 특정 사회에 태어나서 언어를 습득하는 과정은 그 좋은 예이다. 한국 사람은 한국어를 가지고 태어나는 것이 아니라 후천적으로 한국어를 배워 익힌다. 즉, 인간의 유전적인 특질에 의해 결정되는 것이 아닌 한 사회의 구성원으로 태어나 사회생활을 해 나가는 과정에서 후천적으로 습득되는 것이 문화인 것이다. 인간이 한 집단의 문화 내용을 배우면서 그 집단의 생활에 적응해 나가는 과정을 사회화(socialization) 혹은 문화화(enculturation) 과정이라고 한다(한상복 외, 1985).

이러한 문화의 특성을 염두에 두고 청소년문화를 이해해 보자. 청소년들은 지속적인 사회화 과정의 기로에 서 있다. 다양한 사회 집단에 진입하게 되면서 청소년들은 사회의 규율이나 규칙 등 명시적인 문화뿐만 아니라, 일반적인 관행이나 관습, 편법 등 잠재된 문화도 배우게 된다. 이러한 문화화 과정을 거치면서 특정한 방식의 사고 과정이나 인지지향을 발달시키는 것이다. 하지만 다원화된 문화가 혼재되어 있는 현대사회에서는 문화화 과정이 그리 단순하게 흘러가지는 않는다. 자신이 속하고 있는 집단이나 모방하고자 하는 집단의 행위 및 사고방식이 타 집단의 방식과 상충되기도 하며, 때로는 상황이나 자신의 판단에 따라 자신의 소속 집단의 사고방식이나 행위 양식을 버리고 자신에게 유리한 타 집단의 방식을 택하기도 할 것이다. 개인들은 항상 선택의 기로에 서 있고 타인들과 갈등관계에 놓이기도 하며, 때로는 모순적인 발언을 하기도 한다(Abu-Lughod, 1991).

청소년들이 살고 있는 현대 한국사회에도 다양한 집단들이 존재하며, 청소년들은 명시적 혹은 잠재적으로 다양한 사회 집단의 문화를 배우고 있다. 또한, 공식적으로 인정된 사회집단을 통한 문화화 과정을 겪기도 하며, 비공식적 집단에 가입함으로써 문화화 과정을 겪기도 한다. 이러한 문화화 과정은 사회에 순기능적 작용을 하기도 하고 역기능적 작용을 하기도 할 것이다. 예컨대, 학교에 다니면서 규정된 교육과정에 따라, 바람직한 생활 습관을 배워온 청소년 집단과, 학교 밖의 불량 집단이나 폭력 집단에 가입해 폭력 문화를 배워온 청소년을 비교해 보면 문화화의 긍정적 측면과 부정적 측면에 대해 충분히 짐작할 수 있을 것이다.

문화화 과정은 단일 집단을 통해서 이루어지는 것이 아니라, 다양한 사회집단과 매체 등에 의해 다방면에서 영향을 받으며 진행된다. 청소년은 일단 가정의 구성원이며, 학생 청소년의 경우 학교의 구성원이고, 인터넷 커뮤니티의 구성원일 수도 있고, 지역사회나 청소년단체 동아리의 구성원일 수도 있다. 또한, 아르바이트나 여타 취미 활동을 하는 동호회의 구성원일 수도 있다. 이처럼 사회화 과정은 단일하게 진행되는 것이 아니며, 한 집단에서 배운 문화가 여타 집단의 문화와 항상 조화로운 관계에 있는 것도 아니다. 즉, 학교에서 배운 교과서적 지식이 직업 현장에서 배운 실용적 지식이나 문화와 상충되기도 할 것이며, 가정에서 부모에게 배운 언어 예절이 친구 집단과의 생활 속에서는 무시되기도 할 것이다. 요컨대, 청소년의 문화화 과정은 다방면에서 진행된다고 할 수 있으며, 특히 현대 후기 산업사회, 정보화 사회에서 이런 문화화(사회화) 과정은 과거 전근대 사회(비교적 단순사회)와 비교했을 때 매우 복잡한 과정이라고 할 수 있다.

(4) 문화의 축적성

문화는 한 세대를 거쳐 다음 세대로 전해 내려가고 시간이 지남에 따라 각 세대에서 이루어진 지식들이 추가되면서 문화의 저장 창고는 팽창되어 왔다. 문자가 없던 시기에는 사람들의 입을 통하여 문화가 한 세대에서 다음 세대로 전해져 내려왔지만, 문자의 등장으로 문화가 책이나 문서의 형식으로 저장될 수 있게 되면서 문화적 지식은 축적이 용이해졌다. 특히, 정보통신기술의 혁명으로 많은 지식 정보가 축적되고 있다(한상복 외, 1985).

특별한 이변이 없다면 한 사회의 문화는 구성원들이 그 집단을 떠난 뒤에도 존재하게 되는데 이는 위에서 살펴본 바와 같이 문화는 구성원들에 의해 학습되며, 또한 사회적으로는 축적되기 때문이라고 할 수 있다.

청소년문화를 파악할 때도 이러한 문화의 축적적인 측면을 고려해야 한다. 물론 문화 요소들 중에 사라지거나 변화하는 것들도 있지만, 그러한 변화 과정을 거치면서 문화는 축적된다고 할 수 있다. 청소년들이 참여하여 활동하는 청소년단체나 동아리, 동호회 등은 나름대로의 집단 문화를 공유할 것이며, 이러한 문화는 집단의 규율이나 관행 등의 형태로 지속될 것이다. 예컨대, 옷을 입는 방식이나 선후배들을 대하는 태도, 가입식이나 특별한 행사를 치르는 방식 등은 그 집단이 성립하면서부터 만들어져서 구성원이 지속적으로 충원되고 교체되는 과정에서 누적되어 왔다고 볼 수 있다. 이러한 문화의 누적적인 특성은 현재 사회 집단의 문화로 표출되지만 그 기능에 있어서 긍정적인 측면과 부정적인 측면을 모두 고려할 수 있을 것이다.

(5) 문화의 체계성 및 총체성

한 사회 집단의 문화는 지식, 신앙, 예술, 도덕, 법, 관습 등 수많은 부분들로 구성되어 있다. 그러나 한 사회의 문화를 구성하는 이와 같은 부분들은 무작위로 또는 각기 독립적으로 존재하는 것이 아니라, 상호 긴밀한 관계를 유지하면서 하나의 전체(a whole) 또는 체계(system)를 이루고 있다(한상복 외, 1985: 72-73). 문화를 자동차의 엔진에 비유한다면, 자동차의 엔진은 수많은 부속들로 구성되어 있다. 이 부속들은 서로 간에 밀접한 관계를 맺으면서 전체로서의 엔진을 작동시킨다. 엔진의 부속품 하나가 정상적인 기능을 수행하지 못할 때 엔진은 결국 멈추게 된다. 엔진과 같이 한 사회의 문화를 구성하고 있는 부분은 상호 밀접한 관련을 맺고 있어서 어느 한 부분에 이상이 생기거나 변동이 일어나면 연쇄적으로 다른 부분에 영향을 끼치게 된다.

문화를 이해하기 위해서 사회의 다양한 측면이 유기적으로 연관되어 있음을 주목해야 하듯이, 청소년문화의 이해에 있어서도 그 유형과 특성을 파악하기 위해서는 청소년문화를 둘러싼 복합적인 맥락을 파악해야 할 것이다. 예컨대,

청소년 일탈이나 비행문화, 왕따 문화 등을 이해하고자 할 때 단순히 그러한 문화 행태를 보이는 청소년들의 개인적 잘못이나 가정적 배경만을 보아서는 안 된다. 그러한 파행적인 청소년문화가 형성되는 데 영향을 끼치는 복합적 맥락을 보아야 하는 것이다. 복합적 맥락의 파악에는 다음과 같은 것들이 포함될 것이다. 우선, 청소년들을 둘러싼 환경을 보아야 할 것이다. 가정 환경, 학교 환경, 지역사회 환경 등 청소년의 삶에 밀접한 영향을 끼치는 환경이 어떠한지, 미시적 차원(가족 관계, 가정의 사회·경제적 배경, 교우 관계 등)에서부터 거시적 차원(학교나 지역사회 환경)까지 살펴보아야 할 것이다. 또한 청소년들의 삶에 영향을 주는 교육 제도(입시 제도, 성적 지향적인 학교 풍토, 경쟁주의) 등이 고려되어야 할 것이다. 이와 함께 청소년들이 접하고 있는 대중매체의 특성, 정보문화의 특성, 청소년들의 경제 활동 참여 환경, 정서적 안정을 찾을 수 있도록 하는 문화적 환경의 유무 등 청소년의 일탈이나 비행문화를 제대로 이해하기 위해서는 그와 관련된 다양한 사회·문화적 환경, 제도, 관행 등을 총체적으로 파악해야 할 것이다.

(6) 문화의 가변성

시간을 거슬러 문화는 정체된 것이 아니라 항상 변하고 있다. 문화는 축적되고 연속적으로 계승되어 왔지만, 그 과정에서 항상 변화를 수반하고 있다. 현재 한국사회의 문화가 100년 전, 1,000년 전의 한국사회의 문화와 같지 않음은 주지의 사실이다. 문화는 수많은 부분들로 구성되어 있고, 이것은 '문화의 레퍼토리(cultural repertoire)'라고 불리며, 사회의 구성원들은 이 레퍼토리에 의거하여 행동하고, 생각하며, 생활해 나간다. 이러한 레퍼토리는 시간이 지나면서 변해 나가는 것이다.

문화 변동은 일상생활 속에서 직면한 문제를 해결하기 위해 사회 내부의 구성원에 의해 새로운 해결 방법이 제시됨으로써 시작되기도 하고, 사회 외부의 타문화 요소들과 접촉하는 과정에서 일어나기도 한다. 사회 내부에서 새롭게 시도되는 변화는 문화 혁신(innovation)이라 불리며, 사회 외부에서 들어온 요소에 의한 변화는 문화 전파(cultural diffusion)라고 할 수 있다(한상복 외, 1985).

이러한 관점에서 청소년문화 역시 지속적으로 변화하고 있다는 점을 염두에 두어야 할 것이다. 과거 60, 70년대의 청소년문화와 2000년대를 살고 있는 청소년문화는 확연히 다름을 알 수 있다. 특히 청소년들은 사회변화에 민감하며 새로운 유행을 받아들이는 데 선구적인 역할을 하고 있기 때문에 청소년문화의 변화 모습은 여타 문화의 변화보다 더 역동적이라고 할 것이다. 예컨대, 핸드폰이나 유・무선 인터넷의 사용에 있어서 청소년문화는 매우 빠르게 변화하여 왔다고 할 수 있다. 성인 세대들은 핸드폰 구입을 청소년보다 훨씬 일찍 했음에도 불구하고 일반적으로 음성 통화에만 치중된 이용을 하는 반면, 청소년들은 통화는 물론, 문자, 사진이나 동영상, 음악 듣기, 영화 감상 등 다양한 서비스를 이용하는 등 문화에서 최첨단을 걷고 있다고 할 수 있다.

지식기반사회에 이르러 하위문화로 특징지어졌던 기존의 청소년문화는 이제 더 이상 단일하거나 동질적인 것이 아니며, 또 일정한 경계를 가지고 지속적으로 유지되기보다는 다양한 특성들과 스타일을 가지고 끊임없이 이합집산을 거듭하고 있는 것으로 파악되어야 할 것이다. 다양한 취향과 스타일들은 서로 뒤섞여서 끊임없이 새로운 청소년문화의 구성요소들을 만들어 내고 있다.

3. 청소년문화의 올바른 이해를 위한 제언

청소년문화를 제대로 이해하는 것은 쉬운 일이 아니다. 문화는 다양한 방식으로 개념 정의될 수 있고, 문화를 구성하는 요소들도 다양하다. 또한, 한 집단의 문화로 일반화되는 특성일지라도 그 집단 구성원 개인 차원에서 그 문화를 얼마만큼 체화시키고 있는지는 구성원마다 다르다. 예컨대, 청소년문화의 특성을 지적하면서, "청소년들은 힙합 스타일을 즐긴다."라고 했을 때, 우리는 다음에 주목해야 한다. 힙합을 매우 좋아하며 매일같이 힙합 스타일의 옷을 입는 청소년도 있을 것이고 가끔 입는 청소년들도 있을 것이며, 전혀 좋아하지 않는 청소년도 있을 것이다. 이처럼 한 집단의 문화를 이해하는 것은 때로는 특정 집단을 단순화시켜 이해할 소지를 남긴다. 따라서 단순화된 이해를 피하기 위해서는 대략적인 문화적 특성을 염두에 두지만, 그 집단의 개별 구성원을 파악할 때, 추상화된 문화와 동일시하는 오류를 범해서는 안 되는 것이다. 특히 청소년문화와 개별 청소년들의 삶을 이해하는 데 있어서 이러한 태도는 매우 중요해 보인다. 청소년문화를 제대로 이해하기 위해서는 대중매체나, 일반화된 담론 등을 통해서 추상화된 문화적 일반화를 염두에 두면서 현실적으로 이와 일치하지 않는 다양한 모습들이 존재하고 있음을 염두에 두어야 할 것이다. 다음은 청소년문화 이해를 위한 중요한 시각에 대해 소개하고자 한다.

1) 청소년문화를 이해하기 위해서는 문화상대주의적 관점이 필요하다.

우선 청소년이 아닌 세대가 청소년문화를 이해하기 위해서 필요한 것은 청소년들의 입장에서 청소년문화를 이해하려는 태도이다. 즉, 성인 중심적인 시각으로 청소년을 보호와 육성의 대상으로 바라보는 것은 적절치 않다. 단순히 청소년을 선도하거나 육성하려는 시각에서 청소년문화를 비판하거나 문제시하기보다는 일단 그러한 청소년문화가 청소년들 사이에서 왜 유행을 하게 되었는지, 어떻게 수용이 되었는지에 대해 청소년의 입장에서 파악하려는 노력이 필요하다. 이처럼 자기가 속한 집단의 시각이 아닌 타 집단의 시각, 논리, 입장에서 그 집단의 문화를 이해하려는 태도를 문화상대주의라 하며, 성인은 청소년의 입장에서 이러한 관점을 가지고 청소년을 바라볼 수 있어야 한다.

2) 청소년들은 다양한 문화들과의 관련 속에서 나름대로의 문화를 생산하고 있다.

청소년문화를 이해하기 위해서는 독특한 청소년문화가 생성되는 데 영향을 끼치는 다양한 문화들의 특성을 알아야 한다. 청소년문화는 진공 상태에서 만들어지는 것이 아니라 그것을 둘러싼 다양한 문화들과의 관계 속에서 형성되는 것이기 때문이다. 청소년문화는 가정, 학교, 일터, 놀이 공간, 길거리 등에서 만들어지며, 친구, 교사, 부모, 형제자매, 직장 상사 등 다양한 사람들과의 상호 작용 과정에서 만들어진다. 또한, 청소년문화는 지역적으로 만들어지며 동시에 국경을 넘어 공유되기도 한다. 청소년문화는 계급, 성별, 민족이나 지역 등 모든 문화적 다양성을 고려할 수 있는 변수들과 상호 작용하는 과정에서 만들어지는 것이다(Amit-Talai, 1995).

오늘날의 청소년문화 특성으로 일컬어지는 감각 지향적 문화는 청소년기의 발달적 특성에 의해서뿐만 아니라 청소년들을 둘러싼 다양한 문화 환경의 영향을 받으며 형성된 것이라 할 수 있다. 청소년은 멀티미디어 시대를 살고 있고, 상업 자본주의에 의해 만들어진 다양한 상품들의 홍수 속에서 살고 있다. 또한, 실시간 정보 및 의견을 교환할 수 있는 유·무선 인터넷의 사용에 능하며, 필요한 것은 쉽게 얻을 수 있는 가족 구조에서 성장해 왔다. 그리고 과열 입시 경쟁을 치러야 하며, 꽉 짜인 학교생활에 대부분의 시간을 보내고 있다. 반면에 학교 밖의 대중문화는 청소년들의 감각을 자극하며, 스트레스 분출구의 역할을 하고 있다. 이러한 사회·문화적 환경을 염두에 두고 청소년문화의 특성을 파악해야 할 것이다. 즉, 청소년들은 자신을 둘러싸고 있는 여러 가지 사회·문화 요소들을 취사선택하여 나름대로의 문화를 형성하고 있는 것이다.

3) 청소년문화 형성 과정에서 청소년은 행위자(actor), 의지를 가진 주체(agent)로 고려되어야 한다.

청소년들이 자신을 둘러싼 주변의 사회·문화적 요소들을 취사선택하여 문화를 형성하는 것은 청소년들이 수동적인 대상이 아니라 능동적인 주체로 고려되어야 함을 의미한다. 물론 문화를 만들어 나가는 데 있어 모든 청소년들이 의식적이고 주체적으로 행동한다고 단언할 수는 없으며, 여전히 사회의 주류 문화는 성인들에 의해 주도되고 있기 때문에 청소년들의 문화형성은 주류 문화의 부분 수용이나 대항문화의 형태로 나타나는 경우가 대부분일 것이다.

또한, 청소년들 스스로가 '우리는 이런 사람들이다'라고 말하기 전에 어른들이나 방송이 '너희들은 이런 존재이다'라고 의미 부여를 하면서 청소년들을 특징적인 하나의 상품으로 만들어 나가고 있는 측면도 간과해서는 안 된다. 상품화된 이미지 혹은 새로운 이름이 부여된 청소년들의 대상화에 대해, 청소년들 스스로는 낯설어하는 경우가 많다. 청소년들의 문화적 표현이 성장하기 전에 사회의 주도층인 성인들에 의해 검열되는 경우가 대부분이다. 그러나 청소년들은 성인문화나 사회의 주류 문화, 규범 문화에 대해 아무 의식 없이 반응하는 것이 아니라 나름대로의 대응 전략을 끊임없이 개발해 내고 있다. 결코 청소년들은 수동적으로 주류 문화나 지배문화를 수용하는 대상으로 파악되어서는 안 될 것이다.

4) 청소년문화는 닫힌 체계가 아니고 지속적으로 변화하는 과정에 있다.

다음으로 청소년문화는 닫혀 있고, 고정되어 있는 정태적인 실체가 아니라 끊임없이 변화하는 과정에 있음을 염두에 두어야 한다. 따라서 "오늘날 청소년문화는 이러이러하다"라고 특징지어 놓고 그것에 맞추어 5년 뒤 혹은 10년 뒤의 청소년들을 이해하는 것은 몰역사성의 오류를 범하게 된다. 물론 이러한 문화적 경향에 대한 이해 기반이 전혀 필요 없다는 의미는 아니다. 청소년문화의 변화를 제대로 감지하지 못하고 정책이나 교육을 펼칠 때, 실효성이 없음은 이미 예측 가능한 것이다. 예컨대, 교육현장을 보자. 교육 제도나 환경은 과거 수십 년 전의 것이 이어져 온 반면에 그 현장 안에 있는 청소년들은 21세기의 청소년들이다. 이러한 교육 환경에서 청소년들이 파행적 문화(왕따, 학교붕괴 등)를 만들어 나가는 것은 그다지 의아한 일이 아닐 것이다. 즉, 경직되어 있는 제도가 변화하는 청소년문화를 제대로 반영하지 못하고 있는 것이다. 따라서 청소년문화의 변화 과정을 염두에 두고 제도나 정책이 시행되어야 할 것이다.

5) 청소년문화 내의 다양성을 염두에 두어야 한다.

청소년문화를 이해하고자 할 때, 청소년문화 자체가 주류 문화에 대한 하나의 하위문화로 명명될 수 있겠지만, 청소년문화 내의 다양한 하위문화의 존재를 염두에 두어야 한다. 즉, 청소년들을 동질적인 집단으로 바라보아서는 안 된다는 것이다. 앞에서도 언급했듯이 청소년 집단은 여러 가지 지표에 의해 수많은 하위집단으로 구분될 수 있으며, 그러한 집단들이 다양한 문화를 형성하고 있다. 이러한 다양한 하위문화들은 서로 중첩되기도 할 것이고, 경쟁이나 갈등 관계에 있기도 하며, 세력이 우세해지는 문화도 있어서 그것이 주류 문화화되기도 하고, 세력이 우세해 보이던 문화가 점차 약화되어 사라지기도 할 것이다. 이러한 청소년문화 내의 다양한 하위문화들의 역동적인 관계는 청소년문화를 지속적으로 변화시킬 것이며, 이러한 다양성을 포용할 때 청소년문화의 지평도 넓어질 것이다.

6) 청소년들의 일상 문화의 의미를 찾도록 노력해야 한다.

청소년들이 문화의 생산자로 위치 지어져야 한다는 당위성에도 불구하고, 독창적으로 문화산업에 참여하여 상품을 만들어 내거나 대중문화 예술 분야에서 두각을 나타내는 청소년들은 극히 일부에 지나지 않는다. 이에 따라 대부분의 청소년들은 자신들이 속해 있는 일상생활의 문화적 의미를 찾는 노력을 해야 할 것이다.

대부분의 청소년 일상을 구성하는 두 가지 대표적인 문화는 학교문화와 대중문화라 할 수 있을 것이다. 학교라는 장은 청소년들을 사회의 지배문화나 주류문화로 편입시키기 위한 사회화 과정을 염두에 두고 있지만, 청소년들은 이러한 공식적인 사회화 과정에 대하여 나름대로의 대응 전략을 발달시키고 있다. 학교 규율이나 교사의 지시에 대한 전략적 수용이나, 타협, 변형적 수용이나 저항 등은 모두 청소년들이 취하는 지배문화에 대한 나름대로의 대응 방식이라고 할 것이다.

청소년들의 일상을 둘러싸고 있는 또 다른 문화는 대중문화라고 할 수 있다. 일반적으로 대중문화는 학교 등 공식적 기관에서 인정받지 못하고, 비공식적 부분으로 여겨져 왔으며, 부정적이고 비난받는 문화로 여겨져 왔다. 이러한 부정적 평가에도 불구하고 청소년들은 이에 열광하고 이를 통해 스트레스를 분출하고 있다. 사실, 청소년들은 매우 손쉽게 대중 담론의 표적이 되며, 그에 따라 상품화의 대상이나 희생양이 되어 왔다(Giroux, 1998).

하지만 청소년들이 일방적으로 대중문화로부터 대상화되는 것은 아니다. 범람하는 대중문화의 홍수 속에서 어떤 것을 취하고 향유할 것인지를 결정하는 주체는 청소년들이다. 예컨대, 수많은 대중스타들 중에서 특정 스타를 선택하여 팬클럽에 가입·활동하는 것, 대중가요의 가사를 통하여 지배문화에 대한 저항심을 표출하는 것, 나름대로 일상생활의 행위를 통해 기성세대의 지배문화적 취향에 대항하여 자신들의 문화 정체성을 드러내는 노력 등을 보이고 있다. 청소년들의 일상생활의 소소한 실천 행위들은 기성세대의 규범적 틀에 저항하는 문화·정치적 실천임에 주목해야 한다(은지용, 2002). 단순히 대중문화 추종 행위에 대해 제동을 가하고 기성세대의 규범을 강요할 것이 아니라, 다양한 일상생활에서 청소년들의 행위들이 지배문화와의 관계 속에서 역동적으로 표출되는 모습에 주목해야 할 것이다.

7) 청소년기에 대한 다원적이고 융통성 있는 접근이 필요하다.

청소년문화의 형성과 변화는 사회변화와 밀접한 관련을 맺고 있음을 주지할 때 현재의 사회적 특성 및 미래 사회에 대한 예측을 통해 청소년문화의 모습을 짐작해 볼 수 있을 것이다. 서구 사회의 선행 사례나 미래 변화를 예측하고 있는 관련 문헌들을 고려할 때 청소년문화의 개인주의화와 다원화 현상은 앞으로도 지속될 것으로 전망되고 있으며, 이와 함께 주목해야 할 부분은 청소년기와 그 문화적 특성을 단일한 관점과 기준으로 표준화시키기가 어려워지고 있다는 점이다. 청소년기의 정체성을 '독립'과 '의존'의 연속선상에서 '독립' 영역으로 이전하기 이전의 시기로 규정한다면, 이 '독립'과 '의존'의 정도는 청소년의 생활 영역마다 다를 수 있다. 따라서 특정 시기를 살고 있는 청소년이 개입되는 영역에 따라 특정 영역에서는 청소년일 수도 있고 또 다른 영역에서는 청소년기를 벗어날 수도 있다. 즉, 연령을 기준으로 획일적으로 청소년기를 구분하던 시기는 지나가고 있다고 지적된다(최윤진, 1999).

청소년기가 단축되는 부분으로는 문화생활 영역을 들 수 있고, 청소년기가 연장되는 부분은 경제생활 영역을 들 수 있다. 청소년들은 문화생활 영역에서 대중문화의 향유자로서뿐 아니라 대중문화의 생산자로서 중요한 위치를 확보하게 되었다. 청소년들은 스스로 주체가 되어 영화, 음악, 드라마 등 각종 예술 장르의 활동과 댄스, 스포츠 등 여가생활 속에서 새롭고 대안적인 생활 방식을 창출해 나가고 있다. 그에 따라 기성세대와 근접하거나 기성세대보다 앞서가는 예술 활동, 여가 활동, 사회·정치적 활동 등을 향유하고 누리며 살게 될 것이라고 예측된다(최윤진, 1999).

반면에 청소년기가 연장되는 부분은 경제생활 영역으로 대표된다. 이러한 경향은 고용사회의 위기 및 실업의 증가 등 사회적 요인에서 비롯된다고 보는 견해와 다른 한편에서는 더 나은 직업생활로의 진입이나 부담 없고 자유로운 청소년기를 즐기고자 하는 개인적 요구에서 비롯된다고 보는 견해가 있다. 이러한 관점 모두 청소년들이 학교에서 직업생활로 전환하는 과정이 길어지고 결혼 시기도 늦어져서 직업적 책임과 가계 책임의 감당을 뒤로 미루게 되면서 새로운 지불 유예기가 나타나고 청소년기가 연장될 것이라고 보고 있다(Ferchhoff, 1990, 최윤진, 1999에서 재인용; Galland, 1996).

이처럼 문화생활 부문에서는 청소년기의 문화가 독립적인 영역으로 발전하여 성인문화에 영향을 주거나, 사회 전반의 문화를 주도함으로써 청소년기가 단축되는 경향이 있는 반면에, 경제생활 영역에서는 직업을 구하고 경제적 독립을 취하는 연령이 연장됨으로써 청소년기가 연장되는 경향이 있다고 요약된다. 하지만 이러한 영역의 구분은 대략적으로만 가능한 것이며 문화와 경제

영역이 중복되어 나타나는 부분도 간과할 수 없다. 청소년기의 성격은 엄격하게 고정된 것이 아니라고 볼 수 있다. 청소년문화의 특성도 분야에 따라 성인문화 및 사회의 주류 문화와 뚜렷이 구분되지 않을 수도 있으며, 청소년문화의 경계도 분야에 따라 넓게 적용이 되거나 보다 좁게 정의될 수 있을 것이다.

참고문헌

김신일(1992). 청소년문화의 의미와 성격. 청소년문화론. 서울: 한국청소년개발원.

박진규(2002). 청소년문화. 서울: 학지사.

은지용(2002). 청소년문화연구의 대안적 접근: 문화정치학을 중심으로. 시민교육연구, 34(2), 149-176.

이종각(1997). 교육인류학의 탐색. 서울: 도서출판 하우.

최원기 · 김창남 · 전경숙(2000). 청소년문화감수성 함양을 위한 정책적 대안 연구. 서울: 한국청소년개발원.

최윤진(1998). 청소년문화연구의 동향과 과제. 청소년학연구, 5(2), 63-80.

최윤진(1999). 청소년문화. 청소년학총론. 한국청소년학회 편.

크리언, 케이트(2004). 그람시 · 문화 · 인류학. 김우영 옮김. 서울: 도서출판 길.

한경구(2001). 동양권의 문화교육 정책과 실상. 문화개방과 교육. 한국교육학회. 교육철학회. 서울: 문음사.

한경구(2003). 왜 문화인가. 처음 만나는 문화인류학. 서울: 일조각.

한상복 · 이문웅 · 김광억(1985). 문화인류학개론. 서울: 서울대학교출판부.

Abu-Lughod, Lila. (1991). Writing Against Culture. In Richard G. Fox(Ed.), *Recapturing anthropology: working in the present*. Sana Fe: School of American Research Press.

Amit-Talai, V. (1995). Conclusion: The 'multi' cultural youth. In Vered Amit-talai and Helena Wulff(eds.), *Youth cultures: A cross-cultural perspective*. London and New York: Routledge.

Bocock, R. (1997). The cultural formations of modern society. Stuart Hall et al. (Eds), Modernity. Blackwell Publishers.

Caputo, V. (1995). Anthropology's silent 'others': a Consideration of some conceptual and methodological issues for the study of youth and children's cultures. In Vered Amit-talai and Helena Wulff (Eds.), *Youth culture: A cross-cultural perspective*. London and New York: Routledge.

Cohen, S. (1972). *Folk devils and moral panics*. London: MacGibbon & Kee.

Coleman, J. S. (1961). *The adolescent society*. New York: Free Press.

Epstein, Jonathan. (1998). Introduction: Generation X, youth culture and identity. In J. Epstein (Ed.), *Youth culture: identity in a postmodern world*. Blackwell Publishers Ltd.

Geertz, C. (1973). *Interpretation of cultures*. New York: Basic Books.

Giroux, H. (1998). Teenage sexuality, body politics, and the pedagogy of display. In Jonathon S. Epstein(Ed.), *Youth culture: identity in a postmodern world*. Blackwell Publishers.

James, A. (1995). Talking of children and youth: Language, socialization and culture. In Vered Amit-talai and Helena Wulff (Eds.), *Youth culture: A cross-cultural perspective*. London and New York: Routledge.

Jenkins, R. (1965). *Lads, citizens and ordinary kids*. London: Routledge & Kegan Paul.

Lave, J. Duguid, P. and Fernandez, N. (1992). Coming of age in Birmingham: Cultural studies and conceptions of subjectivity. *Annual Review of Anthropology* 21, 257-282.

McRobbie, A. (1991). *Feminism and youth culture*. Boston: Unwin Hyman.

Mead, M. (1928). *Coming of age in Samoa*. New York: William Morrow & Company.

Musgrove, F. (1964). *Youth and social order*. Routledge and Kagan Paul.

Parsons, T. (1942/1964). *Essays in sociological theory*. Chicago: Free Press.

Turner, V. (1967). *The forest of symbols*. Ithaca, NY: Cornell University Press.

CHAPTER 02

사회집단과 청소년문화

본 장에서는 청소년문화의 특성을 주요 사회 집단 및 사회 범주와 관련시켜 살펴보기로 하겠다. 이를 위해 청소년의 삶과 문화형성 과정에 밀접한 관련이 있는 가족, 학교, 계급과 지역 등 사회 · 경제적 배경과의 관련성을 살펴보겠다. 가정은 청소년기의 1차 사회화 기관이며, 학교는 청소년기를 보내는 공식적 사회화 기관이다. 그리고 계급과 지역, 사회 · 문화적 자본 보유 정도는 청소년들의 문화형성과정에 주요 영향을 미치는 배경이라고 할 것이다. 다음으로 청소년 집단 내에서 고려할 수 있는 다양한 하위문화 및 집단과 그 특성에 대해 살펴보겠다. 청소년이라는 연령 범주 내에서도 여러 가지 기준에 따라 하위문화와 집단들이 형성되고 있다. 청소년기에 형성되는 다양한 또래집단과 사회집단의 성격에 대해 알아보도록 하겠으며, 청소년기 집단화의 부작용에 대해서도 살펴보도록 하겠다.

1. 가족

1) 가족과 청소년문화 개요

(1) 변화하는 가족

가족은 인간이 태어나 가장 처음 맞게 되는 사회 집단이다. 가족 구성원으로 태어나 성장하면서 인간은 보다 넓은 사회로 나아가게 된다. 이러한 의미에서 가족은 사회화를 준비시키는 집단이기도 하다. 전통적인 개념으로 정의한다면, 가족은 기본적으로 혈연을 기초로 형성되는 집단이다. 혈연 집단의 특성은 친근하고 인간적이며 대면적인 교제를 특징으로 한다. 집단 내 구성원들은 서로 정서적 지지를 주고받는다. 근래에는 입양을 통한 가족 형성이나 혼자서 가족을 이루는 싱글 패밀리, 이혼으로 인한 편부모 가족 및 편부모 가족이 다시 결혼을 통해 가족을 이루는 계부모 가족 등 다양한 가족 구조가 늘어나고 있는 추세이다.

전통 사회에서의 가족은 대가족 중심으로 자녀를 비롯한 부모와 조부모, 또한 부모의 형제 및 그 형제의 배우자와 그 자녀들까지도 함께 거주하는 확대 가족이 보편적이었다. 따라서 가족 구성원으로서의 역할을 배우는 과정에서 웃어른에 대한 태도 및 동기간의 관계, 부모에 대한 예의범절 등을 자연스럽게 습득할 수 있었으나, 현대사회로 접어들면서 대부분 자녀와 부모 세대가 거주하는 핵가족의 형태로 변화되고 있다. 전통 사회에 비해 단순화된 가족 구조는 청소년들이 다양한 사회관계를 배울 수 있도록 하는 기능을 점차 잃고 있다. 특히, 청소년의 발달적 특성과 산업사회에서 나타나는 가족의 모습은 가족이 단지 정서적 지지 기반이며, 결속력이 강한 사회 기초집단으로서 청소년들의 안식처로서의 역할을 하고 있다고 단언하기 어렵다.

(2) 청소년기와 가족 관계

발달적 특성상 청소년기는 가족을 벗어나려는 시기이다. 부모에게 의존적으로 생활하다가 점차 자기만의 시간을 갖고 싶어 하기도 하며, 가족과 동반 외출을 즐기다가 가족 동반 외출보다는 친구들과의 외출을 즐기는 시기이다. 한편 산업사회로 접어들면서 가족은 여러 가지 이유로 점차 해체되거나 유대가 약해지고 있다. 혈연적 공동체로서의 가족의 유대는 점차 약화되고, 가족은 이익집단화되는 경향도 보이고 있다. 산업화의 진전으로 가족의 생산적 기능은 점차 사회의 공적 영역에서 담당하게 되고, 그 결과 가족은 소비와 여가의 기능을 수행하게 된다. 하지만 가족 자체 내의 소비와 여가 기능이 가족 외부 영역과 비교해 기대에 부응하지 못하면 가족 구성원들은 가족 내부에 머무르기보다는 외부 제도로 빠져나간다. 부모의 존재도 당위적으로 인정받는 것이 아니라, 부모의 능력, 즉 가족 구성원의 소비와 여가 욕구를 충족시킬 수 있는 능력에 의해 평가되고 그 결과에 따라 가족 구성원의 사랑을 얻을 수 있게 된다. 이렇게 되면 가족은 공동체적 성격보다는 이익 집단과 유사한 개인주의에 기초한 집단이 되는 것이다. 이러한 경향은 청소년기의 자녀를 둔 가족에게서 가족 이탈이 일어나고 있는 것으로 나타나고 있으며, 이는 가족이 안식처로서의 기능을 잘 수행하지 못하고 있다는 것을 보여주는 것이다(김현주, 1999).

청소년기의 주변적, 양면적 특성은 부모와의 관계에서도 나타난다. 부모와의 관계에 있어서 청소년들은 부모로부터 감정적으로 독립하고 싶어 하지만 여전히 의존적인 존재이다. 감정적·정서적으로는 부모의 간섭을 싫어하고 나름대로 자유로움을 누리고 싶어 하지만, 청소년들은 경제적 측면에서 부모에 의존적이며, 때로는 감정적·심리적 측면에서도 부모에 의존한다. 청소년들이 가족, 특히 부모와의 관계에 있어서 바라는 방식은 '관심'은 좋지만 '간섭'은 싫다는 것이다. 이는 급속한 사회변화로 인해 현 사회에서 전통과 현대가 공존하기 때문일 뿐만 아니라, 청소년들이 자신의 필요에 따라 전통적 사고와 현대적 사고를 함께 병행하고 있기 때문이기도 하다. 청소년들은 부모의 전통적 입장에 대해 상당히 비판적인 태도를 지니고 있으면서도, 부모에게 깊이 의존하고 있어서, 부모의 사망이나 이별을 가장 두려워하고 있는 것으로 나타나기도 한다(손승영, 2001; 윤형숙, 2001).

2) 가족 내 상호 작용과 청소년문화

(1) 가족 내 의사소통 유형 구분 1

가족 내 의사소통 문화는 청소년들의 사회에서의 문제해결 방식에도 영향을 미치고 있는 것으로 나타나고 있다. 우리나라 가족의 의사소통 유형을 살펴보기 위해 먼저 의사소통 유형의 종류를 살펴보면 다음과 같다. 첫째, 비난형이다. 이 유형은 자기주장이 강하고 독선적이며, 명령적이고 지시적이다. 잘못된 일은 남의 탓이라고 생각한다. 둘째, 회유형으로 이 유형에 속하는 사람은 표면적으로는 매우 약하고 의존적이며, 모든 잘못은 자기 탓으로 돌리며, 무조건 남의 의견에 동의하고 상대방이 원하는 대로 행동한다. 셋째, 초이성형이다. 이러한 유형은 지나치게 이성적이며, 잘 따지고, 주로 부정적인 측면을 말한다. 감정을 좀처럼 나타내지 않으며, 매우 정확하고 실수를 하지 않으려 한다. 넷째, 혼란형이다. 이 유형의 사람은 매우 주의가 산만하여 다른 사람의 말이나 행동과는 상관없는 말과 행동을 한다. 마지막 유형은 일치형으로 가장 바람직한 의사소통 유형이다. 언어적 메시지와 비언어적 메시지가 일치하며, 자기표현을 편안하고 솔직하게 한다(Satir, 1991, 김현주, 1999에서 재인용).

이러한 의사소통 유형의 구분에 비추어 보았을 때, 우리나라 가족의 의사소통 유형은 일치형적 의사소통은 많지 않다. 일단 대화 시간이 매우 부족할 뿐만 아니라, 대화도 단절되어 있다. 또한, 상대방의 의견을 경청하지 않으며, 자신에 대해서도 솔직하지 못하고 애매모호한 메시지를 주고받는다. 그리고 상대방의 의견에 부정적인 반응을 보이는 경향이 있으며, 비난이나, 위협, 말다툼을 많이 하는 것이 특징이라고 지적된다. 특히, 부모들은 자녀의 의견을 무시하는 의사소통을 많이 한다. 의사소통이 제대로 이루어지지 않은 상태에서 가족 간에 사용하는 갈등 관리 방법은 복종 강요나, 회피, 협박, 폭력으로 나타난다(송성자, 1991, 김현주, 1999에서 재인용).

(2) 가족 내 의사소통 유형 구분 2

한편 가족 간 의사소통 방식을 '관계'와 '개념'이라는 두 차원을 기준으로 어떤 차원을 강조하느냐에 따라 구분하기도 한다. 즉, 부모의 사회화 규범이 타인과의 원만한 관계 유지(관계지향성)를 강조하느냐 아니면 자신의 독립적인 의견과 그러한 의견의 적극적인 표명을 강조하느냐(개념지향성)에 따라 네 가지 유형의 커뮤니케이션 패턴을 설정할 수 있다(임정아, 1995, 조성남 외, 2002에서 재인용). 방임형, 동의형, 다원형, 보호형이 그 네 가지이다.

먼저, 방임형은 개념과 관계 모두 강조하지 않는 형태로 부모와 자녀 간의 커뮤니케이션이 적고, 상호 관심도 낮은 특성을 보인다. 이 유형은 다른 사람을 배려하거나, 어른들을 존중해서 관계 지향적으로 커뮤니케이션하는 것을 중시하지도 않으며, 다른 사람과의 대화에서 자신의 의견을 주장하거나, 다른 사람의 의견을 고려하지도 못한다.

동의형은 개념과 관계 두 가지 모두 강조한다. 이러한 특성을 가진 가족의 아이들은 논쟁에 노출되면 기존의 사회관계와 배치되지 않는 범위 내로 노출이 제한된다. 이러한 유형에 속하는 아이들은 부모와의 대화 과정에서 자신의 의견을 자유롭게 말하는 분위기에서 자라며, 다른 사람의 입장을 고려하는 태도를 보이지만, 어른들에게 말대꾸를 하거나 부모에게 반대 의견을 주장하지 않는 편이다.

다원형은 관계보다는 개념을 강조하는데, 이러한 의사소통 방식을 가진 가정의 아이들은 기존의 사회관계로부터 비교적 자유로운 환경에서 다양한 논쟁적 관계를 발전시킬 수 있게 된다. 어른이나 부모님과의 관계를 고려해서 다른 사람이 옳지 않더라도 그 의견을 따르기보다는 자신의 생각이 옳다면 말할 수 있는 커뮤니케이션 특성을 보인다.

보호형은 관계 중심의 커뮤니케이션 유형을 보이는 가족으로서 가정 내에서 부모와 반대 의견을 표현하는 것이 잘 허용되지 않을 뿐만 아니라 자신만의 생각을 형성하는 데 기반이 될 수 있는 다양한 정보에의 노출 기회도 제한된다. 의사소통은 무조건 부모의 의견이나 연장자의 의견을 따라야 한다고 생각한다.

이러한 커뮤니케이션 방식이 가족 외적인 사회관계에도 나타나 청소년 사회관계의 한 부분을 형성하는 데 영향을 주게 된다. 예컨대, 조성남 외(2002)의 연구에 따르면 청소년 하위집단 유형 가운데 학교 규칙 등 기존 질서를 잘 수용하는 순응형 집단의 경우, 가족 내 의사소통 유형이 보호형과 동의형에 속하는 청소년들이 많은 것으로 나타났고, 이 집단의 가족은 관계 지향적 커뮤니케이션이 높은 것으로 나타났다. 반면, 저항형 집단의 경우 가족 내 커뮤니케이션 유형이 방임형인 비율이 높았으며, 커뮤니케이션 정도도 낮게 나타났다. 전반적으로 저항형 하위집단 청소년들의 경우에는 부모님의 가치관에 대한 수용도가 낮게 나타나며, 부모님과 의사소통도 빈번하지 않고 갈등 상황에서 타협의 여지도 적은 것으로 나타나 가족 내의 의사소통 방식과 가족 관계가 청소년문화 유형과도 밀접한 관련이 있음을 보인다. 반면에 순응형 집단의 경우, 가족 내 부모와의 관계에서 부모의 감독에 대한 반응, 부모의 가치관에 대한 수용도, 부모와의 의사소통 정도, 갈등 상황에서 부모 의견 수용도 등이 전반적으로 높게 나타났다.

(3) 부모 자녀의 상호 작용 방식과 청소년의 사회적 성향

바움린드(Baumrind, 1991, 정옥분, 1998에서 재인용)는 애정과 통제라는 두 차원에 의해 부모의 유형을 네 가지로 나누어 설명하고 있으며, 이러한 부모의 유형은 자녀의 사회적 행동 성향과 밀접한 관련이 있음을 보인다. 애정 차원은 부모가 자녀에게 얼마나 애정적이고, 지원적이며, 얼마나 민감한 반응을 보이고, 관심을 갖고 있는가를 포함한다. 통제 차원은 자녀에게 성급한 행동을 요구하고, 자녀의 행동을 통제하는 것을 말한다. 애정과 통제 차원이 둘 다 높은 경우는 '권위 있는(authoritative)'[1)] 부모로 범주화되며, 통제 차원은 높지만 애정 차원이 낮은 경우는 '권위주의적(authoritarian)' 부모, 애정 차원은 높은데 통제 차원이 낮은 경우는 '허용적(indulgent)' 부모, 마지막으로 애정과 통제 차원이 모두 낮은 경우는 '무관심한(neglectful)' 부모로 명명되었다. 이러한 부모 유형과 청년의 사회적 행동 성향의 관계는 다음의 〈표 2-1〉과 같다.

〈표 2-1〉 부모의 유형과 청년의 사회적 행동

부모의 유형	특성	청소년의 사회적 행동 성향
권위 있는 (authoritative) 부모	애정적, 반응적이고 자녀와 항상 대화를 갖는다. 자녀의 독립심을 격려하고 훈육 시 논리적 설명을 이용한다.	책임감, 자신감, 사회성이 높다.
권위주의적 (authoritarian) 부모	엄격한 통제와 설정해 놓은 규칙을 따르도록 강요한다. 훈육 시 체벌을 사용하고 논리적 설명을 하지 않는다.	비효율적 대인관계, 사회성 부족, 의존적, 복종적, 반항적 성격
허용적 (indulgent) 부모	애정적, 반응적이나 자녀에 대한 통제가 거의 없다. 일관성 없는 훈육	자신감이 있고 적응을 잘하는 편이나, 규율을 무시하고 제멋대로 행동한다.
무관심한 (neglectful) 부모	애정이 없고 냉담하며, 엄격하지도 않으며 무관심하다.	독립심이 없고 자기 통제력이 부족하다. 문제 행동을 많이 보인다.

출처: Baumrind, 1991, 정옥분, 1998, 247쪽에서 재인용.

3) 변화하는 가족 제도와 청소년 의식

현대사회의 가족 제도 변화에 따라 청소년들의 가족 유형에 대한 선호도도 변하고 있으며 가족의 의사 결정 방식도 전통적인 방식보다는 보다 민주적인 방식을 선호하고 있음을 알 수 있다. 또한, 개별화된 현대인의 생활 모습이 가족 간에도 반영되어 가족구성원들 간의 대화가 점차 줄어들고 있는 것으로 나타나고 있다.

(1) 대가족 선호에서 점차 핵가족 선호

선호하는 가족 제도에 대한 청소년 의식 조사에 따르면 1991년[2] 조사에서는

1) 인용 출처의 본문에는 권위적이라고 번역하였으나 여기서는 권위주의적 부모 유형과 혼동되므로 '권위 있는'이라고 번역하였다.

청소년의 34.9%가 대가족 제도가 좋다고 응답하였으나, 1997년[3]에는 24.7%로 줄었고, 반면에 핵가족이 좋다는 응답은 41.5%에서 46.7%로 증가하였다. 청소년들은 대체로 대가족보다는 핵가족제도를 더 선호하는 것으로 나타났다(김광웅, 1998).

(2) 민주적 가족 의사 결정 선호

또한 1997년 조사에 따르면 가정의 의사 결정 방식에 있어서 의사 결정은 가족 공동으로 이루어져야 한다는 생각이 지배적이었으며(74.5%), 부모 공동으로는 17.6%, 아버지는 6.7%로서 전통적 가부장적 문화와 부모 중심의 문화에 청소년들이 그다지 동의하지 않음을 보이고 있다. 이와 같이 가족 공동의 의사 결정 과정을 옳다고 보는 생각은 고등학생(79.5%)이 중학생(69.6%)보다 높았으며, 여학생(81.4%)이 남학생(68.1%)보다 강하게 나타났다(김광웅, 1998).

(3) 가족 간의 대화 빈도 감소

해가 갈수록 청소년과 가족 구성원 간의 대화 빈도도 줄어들고 있음이 조사되었다. 1991년도 조사에서 아버지와 매일 대화를 한다는 청소년이 39.7%로 나타났으나, 1997년 조사에서는 26.9%로 나타났다. 어머니와 매일 대화를 한다는 학생은 1991년에는 69.9%였으나, 1997년 조사에서는 51.6%로 나타났다. 또한, 대화주제에 있어서 아버지와는 학교생활(32.7%), 장래 진로문제(30.0%), 용돈문제(11.3%) 등을 대화의 주제로 삼고 있으며, 어머니와의 대화에 있어서는 학교생활 문제(43.4%)에 대해 더 많은 대화를 하고 있었으며, 장래 진로문제(19.6%)에 대해서는 아버지에 비해 훨씬 적은 비중을 두고 있었다. 반면, 친구문제는 아버지와의 대화(5.3%)보다 어머니와의 대화(9.6%)를 더 선호하는 경향이었다(안귀덕, 1998). 대체로 부모와의 대화 빈도가 줄어드는 가운데 아버지보다는 어머니와의 대화 빈도가 높음을 알 수 있으며, 이러한 경향은 2000년

2) 전국의 남녀 중학생과 고등학생 1,424명을 대상으로 조사.
3) 전국의 남녀 중학생과 고등학생 1,496명을 대상으로 조사.

에 조사된 청소년 생활 실태조사에서도 나타나고 있다(이종원 외, 2000). 이 조사에 따르면, 부친과 '가끔' 또는 '자주' 대화한다는 비율은 71.7%로 나타난 반면, 모친과는 89.5%로 나타나고 있다.

(4) 가족 가치관

2000년 조사된 전국 청소년 생활 실태조사에 따르면, 전반적으로 핵가족이 가족제도의 주류를 이루는 가운데에서도 앞으로 부모님을 반드시 부양하겠다는 청소년이 58.9%로 나타나고 있다. 또한, 경제적으로 힘닿는 한도 내에서 모시겠다는 청소년들도 37.0%에 달하고 있다. 부모부양 의사는 나이가 어릴수록, 도시화 수준이 낮은 집단일수록 높은 것으로 조사되었다. 또한, 남녀 간의 성별역할에 대한 태도는 무직 청소년이 가장 보수적이고, 중·고등학생이 가장 진보적인 것으로 나타났으며, 결혼과 이혼에 대한 태도는 나이가 많을수록 진보적인 것으로 나타났다. 가족의 위계질서에 대한 태도는 고등학생을 제외한 학생 집단이 보수적이고, 비학생 집단이 상대적으로 진보적인 것으로 나타났다(이종원 외, 2000).

2. 학교

대부분의 청소년들의 일상생활은 학교를 중심으로 이루어지고 있다고 해도 과언이 아니다. 오늘날 한국사회는 탈현대사회로 접어들었으나 학교는 여전히 구시대적 시험 위주의 교육에서 벗어나지 못하고 있다. 정보화 시대를 살아온 청소년들은 다양한 지식과 정보를 학교가 아닌 학교 밖에서 빠른 속도로 취하고 있음에도 불구하고 학교는 대부분의 청소년들에게 보편적인 지식을 주입시키고 튀지 않는 태도를 견지할 것을 강요하고 있다.

우리의 학교현장은 개인적 차이보다는 학생이라는 보편성을 강조하기 때문에 개인의 적응속도와 개인차가 체계적으로 무시된다. 다만 적응에 성공하느냐 못하느냐의 여부에 따라 모범생과 문제아를 구별하고 있을 뿐이다. 또한, 학교 현장은 생산 공장화되고 있다. 과학적 학교행정 운영과, 수치적으로 예시되는 교과 진도 업적, 합리적인 인사관리 등의 개념은 효율적인 교육행정을 수행한다는 명분으로 학교운영을 규격화하여 이른바 규격화된 인간을 제조하고 있다. 이러한 생산 공정에 맞지 않는 불량품의 경우에는 적절한 관심을 받지 못하는 현실이다. 오늘날의 학교는 대량 산업사회에 적응하는 제도이지 변화와 개별성, 정보의 급속한 변화 등을 특징으로 하는 정보화 시대에 살고 있는 청소년들에게는 적절하지 않아 보인다(정용교, 2003). 이러한 학교의 조직적 특성과 경직된 입시 위주 학교문화는 그것과 관련하여 청소년 하위문화들을 파생시키고 있다.

학교는 청소년 하위문화를 형성하게 하는 중요한 변수가 된다. 즉, 학교는 지배문화를 재생산하고 학생들에게 지배문화 이데올로기를 전승시키는 역할을 하는 기관이다. 하위문화는 지배문화와의 관계 속에서 형성되는 것인 만큼, 학교는 청소년의 또래집단과 하위문화의 지형과 경계를 설정하는 장(場)으로 기능하게 된다. 학교에서 가르치고 강요하는 지배문화에 잘 적응하고 교사의 가르침과 지시에 순응하는 또래집단이 있는가 하면, 반대로 제대로 적응하지 못하고 저항하는 또래집단이 있을 것이다. 또한, 이러한 양극단 사이에서 학교의 규범에 어느 정도 순응하면서도 부분적으로 저항하는 절충형 또래집단도 있을 것이다(조성남 · 이동원 · 박선웅, 2002: 42).

1) 학교생활 관련 청소년 집단 유형

먼저 학교에 다니는 청소년들을 학교규율 및 지배문화의 관련성 속에서 분류하면 순응형, 중간형, 저항형 등으로 구분이 된다. 순응형은 학교 성적을 중요하게 여기는 반면, 저항형에서는 학교 성적을 고려하는 대신 외모와 패션 스타일, 돈의 씀씀이 정도를 다른 집단보다 더 중요하게 여겼다(조성남 외, 2002).

순응형은 학교 성적을 중요하게 여기며, 친구들과의 교제가 다른 또래집단과 마찬가지로 노래방이나 오락실에서 주로 이루어지는 편이지만, 학원이나 과외의 장에서도 친구와의 교제가 이루어진다는 점에서 다른 집단과의 차이를 보인다. 순응형의 여가는 주로 대화이며, 그 밖의 노래방, PC방, 쇼핑, 전자오락실을 함께 다니며, 영화, 연극, 운동도 함께 즐기는 것으로 나타났다. 대화의 내용은 학교생활에 대한 것이 압도적으로 많았으며, 다른 집단에 비해 공부 및 향후 진로에 대해서 대화 내용이 많은 것으로 나타났다.

저항형 또래집단의 경우 순응형과 비교해 보았을 때, 노는 시간이 4시간 정도로 순응형의 두 배에 가까운 것으로 나타났다. 대화 내용은 학교생활뿐만 아니라 이성친구에 대해서도 많았으며, 공부 및 향후 진로에 대해서는 거의 대화를 하지 않는 것으로 나타났다. 이들에게서 보이는 특징은 다른 집단과 마찬가지로 전자오락실이나 노래방, PC방을 찾아가기도 하지만 학생에게는 출입이 허용되지 않는 나이트클럽이나 록카페, 술집 등을 자주 드나든다는 점이다. 그 밖에도 저항형의 경우 만화방, 당구장, 비디오방 등 다른 또래집단에 비해 다양한 놀이문화를 골고루 즐기고 있는 것으로 나타났으며, 박물관이나 미술관 등의 문화적 공간은 거의 가지 않는 것으로 나타났다.

중간형 또래집단은 전반적으로 순응형과 저항형의 중간적 위치를 차지하고 있는 것으로 나타났다.

패션 스타일의 경우도 순응형과 저항형 또래집단의 차이가 드러났는데, 순응형 집단은 패션을 선택할 때, 학교 규칙이나 부모의 영향을 더 받는 것으로 나타났다. 저항형 집단의 경우는 다른 집단에 비해 정장을 포함하여 더 다양한 스타일의 옷을 입고 다니며, 패션에 매우 민감한 것으로 나타났다. 또한, 패션 스타일을 통해 추구하고자 하는 이미지도 다르게 나타나고 있음을 보였다. 순응형은 다른 집단에 비해 지적인 사람으로 보이고 싶어 하며, 튀는 것을 꺼려하는 반면, 중간형은 순응형의 이미지에 좀 더 활발한 이미지를 첨가하고 싶어 함을 알 수 있으며, 지적인 모습으로 드러나는 것에는 별로 관심이 없어 보인다. 저항형 또래집단의 경우에는 잘 노는 사람으로서의 이미지, 감각 있고, 세련됨을 표현하고 싶어 하지만 지적이거나 평범한 모습에 대해서는 거의 관심이 없는 것으로 나타났다(조성남 외, 2002). 학교생활과 청소년문화 유형에 따른 특성, 가족생활, 학교생활에 대한 종합은 〈표 2-2〉와 같다.

〈표 2-2〉 학교생활과 청소년문화 유형

	특성	가족생활	학교생활
순응형	학업 지향형	부모에 순응, 부모의 가치관에 대한 긍정적 평가, 부모의 가치관과의 차이 크지 않음. 부모와의 갈등 시 의견 개진 후 부모의 의견을 수용함.	학교 규율에 비교적 긍정적 반응, 학교생활 만족도 비교적 높음
중간형	순응형과 저항형의 특성들을 공유		
저항형	학교 성적을 고려하지 않음.	부모의 관심에 부정적 반응, 부모의 가치관과의 차이가 크다. 갈등 시 부모의 의견 수용 정도가 낮다.	학교 규율에 대한 저항, 공부에 대한 무관심, 비교적 낮은 학업 성취도, 학교생활에 대한 가장 낮은 만족도

출처: 조성남 외(2002).

다음으로 학교생활과 관련하여 청소년문화를 두 부류로 구분하기도 하는데, 첫째는 학업적 성향을 지닌 문화이고, 둘째는 학우에 대한 친화/집착 성향으로 구분한다(한준상, 1999: 53-55). 학업적 성취를 지향하는 문화는 학교 제도가 공식적으로 인정하는 보상체계에 순응하는 문화라고 할 수 있다. 공부를 잘한다거나, 교사의 말을 잘 듣거나, 지적인 가치관을 갖는 등 학교가 공식적이고, 의도적으로 키우고자 하는 가치 체계 속에서 생활하게 만드는 형식적인 학생문화라고 할 수 있다.

반면에 학우에 대한 집착/친화 성향은 비형식적인 문화를 지칭하는 것으로 이는 학교의 공식적 상벌 가치 체계가 의도적으로 인정하지 않는 교우, 동료 중심의 활동 행위, 판단 성향을 의미한다. 친구의 의견을 기대 이상으로 따르려고 한다든가, 학교의 형식적 교육 목적에 부합되지 않는 동료 집단의 규범을 준수하는 등의 문화이다.

이러한 두 가지 유형은 학교생활에서 항상 대치되는 것은 아니며, 두 가지 유형의 문화와 관련해서 청소년문화가 이분되는 것도 아니라고 할 수 있다.

이러한 두 성향이 어느 정도로 발현되느냐에 따라 한준상(1999)은 〈표 2-3〉과 같이 네 가지 유형으로 청소년문화를 구분하고 있다. 첫째, 학교와 공식적 목표와 친구에 대해 거의 무관심한 경우이다. 이러한 유형은 '날라리/무관심형' 학생문화로 지칭하고 있다. 둘째, 공부도 열심히 하면서 친구관계도 매우 잘 유지하고 있는 학생문화 유형이 있다. 이런 유형은 '범생이, 모범생' 문화로 지칭하고 있다. 셋째, 학교에서의 동료관계에 관심이 없지만, 공부에는 관심이 많은 학생문화 유형이 있다. 이러한 문화는 입시 준비를 위한 학생문화 유형으로 볼 수 있다. 넷째, 학교에서 권장하는 학업 활동보다는 비형식적인 학우나 친구 사이의 관계 유지에 더 집착하는 학생들 유형으로 이들은 과외활동 중심의 학생문화에 속하는 것으로 보고 있다.

〈표 2-3〉 학생문화 유형

학교 변인 / 학생 변인 정도		학업 성취 성향, 참여 정도	
		강	약
학우에 대한 집착 성향 · 참여 정도	강	범생이/모범생 문화	과외 활동 문화
	약	입시 위주 문화	날라리/무관심 문화

출처: 한준상(1999). 55쪽.

2) 학교 밖 생활 관련 청소년 집단 유형

대부분의 청소년들이 학교에 다니느냐와 그렇지 않느냐로 구분되어 왔지만 학교에 다니는 청소년들도 학교생활과 관련해서뿐만 아니라 학교 밖 생활과 관련해서 다양한 삶의 스타일을 보이고 있음을 주지해야 할 것이다. 현재 학교에 다니고 있는 다수의 청소년들은 졸업장 취득을 위해 형식적으로 학교에 다니면서 학교 밖에서 직업이나 취미 활동과 관련된 일을 하고 있다. 특히, 기성세대에 비해 대중문화 및 매체환경의 변화에 유연하게 대처하는 청소년들은 나름대로 동호회 활동, 거리 이벤트, 각종 문화행사 등에 참여하기도 하며, 나름대로 아르바이트 등 경제 활동에 참여하기도 한다.

이러한 청소년들이 학교로부터 강요되는 삶 이외에 다른 생활을 통해 스스로 문화를 만들어나가는 주체가 되기에는 여전히 현실적 제약이 있지만 나름대로의 문화를 꾸려 나가는 청소년들의 유형을 나눈다면 다음과 같다(조한혜정, 2002).

한 부류는 학교에서는 모범생이지만, 따로 사이버 공간이나 댄스 연습, 또는 밴드 활동 등 자신이 몰두하는 영역을 학교 밖에 확보해 놓고 있는 집단이다. 이들은 별도의 작업 공간을 마련하고 있기 때문에 학교에 대해서 큰 기대나 불만도 없다. 이들은 그냥 관찰을 하거나 잠을 자거나 공상을 하면서 교실에서 시간 때우는 방법을 나름대로 터득하고 있다. 어떤 면에서는 자기만의 생산 공간을 마련했기 때문에 그렇지 않은 아이들보다 훨씬 덜 괴롭고 불안하게 학교를 다니고 있다.

둘째 부류는 아예 학교를 떠난 아이들이다. 이들은 학교 밖에서 학원을 다니거나, 다양한 비공식 모임에 참여하거나 독학을 하면서 자신의 삶을 기획해 가고 있다고 할 수 있다. 문화 센터에서 영화 만드는 것을 배우거나 아르바이트를 통해서 사회 경험을 하는 등 새로운 학습 공간을 개척하고 있는 부류이다.

셋째 유형은 자기만의 독창적 영역을 마련했다고 보기는 어렵지만 열심히 노는 청소년 집단이다. 인기 대중 가수의 열성적인 팬클럽 회원이기도 하고 때론 나이트나 노래방 등에서 적극적으로 노는 아이들이다. 이들은 자기주장이 뚜렷하고 선호도도 비교적 분명한 아이들인데 이들 중에는 코스프레를 기획하거나 열성적인 팬클럽 회원을 하다가 정말 음악을 좋아해서 전공자가 되거나 대중문화 기획자가 되는 사람도 나올 것이다.

넷째 유형은 앞의 청소년들보다 수동적이지만 무엇인가를 여전히 탐색하고 있는 아이들이다. 부모님을 실망시킬 수 없으니까 학교에 가라면 가고, 텔레비전도 조금 보고, 친구를 따라 가끔 비디오방도 가고 노래방에도 간다. 이들은 뚜렷한 목표나 계획을 가진 것처럼 보이지도 않고 깊이 있고 심각하게 생각하는 것을 싫어하는 유형이다. 생산 우선의 시대적 논리를 가지고 살아온 부모들과 대화하여 부모를 설득하기보다는 그들의 돈을 잘 쓰는 것이 효도라 생각하고, 일 중독증에 걸린 부모 세대에 비해 계속 놀고 편안하게 살려는 모습을 보인다. 이러한 생활양식은 현재 대다수 청소년들의 생활 문화일 것이다(조한혜정, 2002).

〈표 2-4〉 학교 밖 생활과 청소년 유형

학교 안 모범생, 학교 밖 문화 생산자	학교에서 학업, 규율 등을 따르지만 학교 밖에서는 나름대로의 문화공간을 확보하여 생활
탈학교 청소년	학교 밖 영역을 통한 자신만의 삶을 기획
노는 청소년	자신의 독창적 영역을 개발한 것은 아니지만 대중문화를 즐기며 참여하는 청소년
수동적 탐색가	뚜렷한 목표나 계획 없이 자본주의 소비 사회의 섭리에 맞추어 살아가는 대다수의 청소년들

출처: 조한혜정(2002).

3. 사회 · 경제적 배경

청소년문화의 특성은 사회・경제적 배경의 영향을 받는다. 그러나 청소년의 일상생활을 사회・경제적 배경, 특히 사회 계층이나 계급과 연결시켜 비교한 연구는 흔치 않다.

1) 영국의 버밍엄 학파

청소년문화와 사회 계층을 연결시키는 주된 전통은 영국의 버밍엄 학파로부터 나온다. 영국 버밍엄 학파의 전통에서 하위문화는 노동자 계급 청소년들의 문화를 개념화하면서 도입된다. 제2차 세계대전 이후 영국의 사회구조 와해는 노동 계급의 생활 터전을 위협하였고, 부모 세대가 오랫동안 유지해 왔던 가치관이 붕괴되기에 이른다. 노동 계급 청년의 하위문화는 두 가지 문화 형태들에 대한 반발을 통해 생성되었다. 하나는 부모문화이며 다른 하나는 지배문화이다. 노동 계급의 하위 청년문화는 노동 계급 출신의 '부모 문화'에 대항하여 오랫동안 유지하고 있던 전통적인 윤리의식과 규범에 반대하는 것이고, 다른 한편으로는 부르주아 지배문화에 대항하여 경제적, 정치적 착취와 그로 인한 문화적 불평등에 대한 반대이다. 이런 점에서 노동계급 청년 하위문화는 전후 영국의 정치, 경제, 사회의 변화 과정에서 자신들의 부모가 간직한 검열의 윤리의식을 거부하면서 동시에 부모들의 생존을 위협하는 부르주아 지배계급의 노동력 착취를 거부하는 움직임 속에서 생겨났다(헵디지, 이동연 역, 1998: 11).

2) 폴 윌리스와 노동자 계급 청소년문화

노동자 계급 청소년문화를 바라볼 때, 주목할 점은 청소년문화가 계급의 영향을 받아 수동적으로 재생산되는 것이 아니라는 점이다. 즉, 부모 문화에 대항하면서도 부모를 포함하여 자녀 세대들이 몸담고 있는 계급문화 자체가 청소년 집단 문화에 반영되어 스스로 그 문화를 만들어 나가고 있음을 염두에 두어야 한다. 노동자 계급이 수동적으로 다른 대안이 없어서 노동자 계급 육체노동에 종사하는 것이 아니라, 노동자 계급 특유의 문화가 반영된 반학교문화(counter-school culture)의 맥락 속에서 노동자 계급 청소년들은 주체적이고 자발적으로 육체노동을 선택하게 되는 것이다. 노동자 계급문화의 중요한 특징은 열악한 환경과 외적 강제에도 불구하고 구성원들은 의미를 찾으며 나아가 노동을 통해 문화를 만들어 간다는 점이다. 이러한 경향은 반학교문화가 삭막한 제도적 환경 속에서도 흥미와 전환의 계기들을 엮어내는 시도와 근본적으로 같은 태도라 할 수 있다. 예컨대, 반학교문화에서 발견되는 남성성과 억척스러운 기질이나 제도적 규제 등을 나름대로 위반하며 즐기는 태도, 협박이나 익살 섞인 언어 사용 등은 노동 현장 문화에서 발견되는 중요한 주제들 중 하나이다(윌리스, 1989). 결국 청소년들이 속해 있는 사회 계층과 이 계층이 반영하는 문화는 청소년문화 형성에 지대한 영향을 끼친다는 것을 알 수 있다.

3) 부르디외와 문화 자본

사회 집단, 특히 계층에 따른 차별적인 문화형성 과정을 설명하기 위해서 부르디외(1984, 1995)의 문화 자본(cultural capital) 개념을 도입할 수 있다. 문화 자본은 사회 계급 및 학력 수준에 따라 문화를 향유하는 방식 및 취향에서 나타나는 차이를 설명해 준다. 이러한 문화 자본은 가족에 의해 전수되거나 공식·비공식 교육을 통해 얻어지는 것으로, 음악, 회화, 영화, 연극 등의 예술 분야뿐만 아니라 대중문화, 스포츠, 복장, 화장품, 가구, 사진 등을 향유하는 방식의 차이를 드러내며, 행위자의 신체적 습성 형성에도 영향을 준다. 이러한 취향의 차이는 행위자의 물질적, 비물질적 존재 조건에 의해 형성된 아비투스(habitus)에 의해 일관되게 조직된다. 여기서 문화 자본의 종류를 살펴본다면, 아비투스에 의해 체화된 신체적 성향이나 습성과 같은 '체화된 문화 자본', 그림, 골동품 등 문화적 재화에 해당하는 '객관적 문화 자본', 학력 등으로 표현되는 '제도적 문화 자본'을 들 수 있다(부르디외, 1995).

4) 지역과 청소년문화

사회·경제적 배경은 지역적 특성으로 드러나기도 한다. 특히, 대도시의 경우 상업 자본 분포 특성은 지역적 차이를 만들어 나가며, 각 지역의 특성은 청소년들의 거리문화나 클럽 문화에도 반영되어 나타난다. 특히, 청소년들의 거리문화는 미디어 문화 같은 주류 문화에서 포착하지 못하는 언더 문화를 함축하고 있다. 지배문화에 도전하는 청소년 저항 문화의 가장 중요한 2개의 장으로 학교와 거리를 들 수 있는데(Giroux, 1994, 조은 외, 2000에서 재인용), 한국 사회의 특성상 학교보다는 청소년 거리문화가 청소년 저항 문화의 주요한 장이라고 할 수 있겠다. 요즘의 청소년들 중에서 청소년들의 밀집 거리인 홍대 앞, 대학로, 동대문, 연신내나 상계동 등을 가보지 않은 학생은 드물 것이다. 이는 물론 서울이나 수도권 지역에 국한된다고 할 수 있지만, 대표적인 청소년 밀집 지역이라는 점에 대해서는 논란의 여지가 없다. 거리문화에서 계급적 특성을 포착할 수 있는 방법 중 하나로 청소년들의 의복 스타일 차이를 보이는 연구들이 있다. 의복의 경우 가격 면에서 계급적 구분이 가시적으로 나타난다고 할 수 있기 때문이다. 청소년 거리문화는 계급문화와 연결되며 이는 의류 상표로 가시화되기도 한다(조은, 2000; 최원기 외, 2000). 하지만 의복 문화는 겉으로 드러나는 문화의 일부이며, 청소년의 경우, 과시소비 등의 영향으로 일반적인 가계 소득에 비해 고가의 브랜드를 무리하여 구매하기 때문에 전적으로 청소년의 사회·경제적 배경과 일치한다고는 할 수 없을 것이다.

4. 청소년 하위집단과 청소년문화

1) 사회 집단과 하위문화

사회 내에는 다양한 집단들이 존재하고, 집단의 규모와 집단 간의 관계 성격도 다양하다. 서로 갈등 관계에 있기도 하며, 공존공생 관계일 수도 있고, 포함 관계를 형성하는 등 여러 가지 모습으로 존재한다. 예컨대, 한 직장이라는 집단 내에도 여러 가지 하위집단이 있을 것이다. 예컨대, 같은 학교 졸업생들끼리 만나는 모임, 취미가 같은 사람들끼리 모이는 동호회, 노동조합 등이 그것이다. 이러한 집단들은 나름대로의 문화를 공유하고 있다. 여기서 한 직장 내의 다양한 하위집단들이 만들어내는 문화는 하위문화가 될 것이며, 이런 하위문화를 아우르는 문화는 모문화(parent culture)라 할 것이다. 마찬가지로 청소년들도 다양한 방식으로 하위집단을 이루며, 다양한 하위문화들을 만들어 나가고 있다.

하위문화라는 개념은 보다 엄격한 의미에서 사용될 때는 한 사회에서 주도권을 행사하는 문화나 모문화와 내용과 구조상 조화를 이루지 않으며, 나름대로 독특한 생활양식을 취할 때, 그것을 모문화에 대한 하위문화라고 한다. 하위문화의 구성원은 항상 모문화의 구성원이지만, 하위문화의 가치나 행위는 모문화를 따를 수도 있고, 거부할 수도 있다(Epstein, 1998). 하위문화는 피지배문화에 의해 생산되는 것이며, 지배문화에 의해 생산되지 않는다. 많은 경우에, 하위문화는 비행과 연결되지만 항상 일치하는 것은 아니다(코헨, 1998).

오늘날 사람들은 하위문화들의 존재, 즉 다양한 삶의 스타일들이나 사회 세계들을 점점 더 분명히 인식하고 있으며, 이러한 명시적인 하위문화적 실체들에 대한 그들 자신의 인식에 따라 미래의 행동 경로를 결정하고 계획을 세움으로써 자신들의 행동을 점차 구조적으로 형성해 가고 있다. 이러한 경향은 다양한 '족' 집단의 출현으로 가시화되고 있다(어윈, 1998).

2) 청소년 집단의 유형

청소년 집단을 구분하는 유형은 보통 아래와 같이 제시될 수 있지만 이러한 집단 구분이 상호배타적인 것은 아니며, 서로 겹치는 부분이 있을 수 있고, 하나의 집단이 복합적인 성격을 지닐 수도 있음을 염두에 두어야 한다.

(1) 동료 집단(clique)

동료 집단은 2~12명, 보통은 5~6명으로 구성되는 친구집단을 말한다. 이들 청소년 집단은 보통은 같은 취미와 비슷한 활동에 관심을 나타내는 동성친구들 간에 유지된다. 동료집단 구성원들은 서로 깊은 얘기를 나누거나 매일 점심을 같이 먹기도 하고, 같은 학원에 다니면서 공부하기도 하고, 경우에 따라서는 같은 취미를 가져서, 음악이나 연극에 같이 몰입하기도 한다. 동료집단은 구성원들끼리 서로를 끌어당겨 집단에 머무르게 하는 사회적 환경을 제공해 주는 친구 관계를 의미한다(박진규, 2002). 주로 청소년기 초기(11~13세)에 형성되며 강한 응집력을 갖는다(주은희, 2001).

(2) 패거리 집단(crowd)

패거리 집단은 비슷한 성격과 특성을 지닌 청소년들이 조직되지 않은 형태로 어울려 다니는 형태를 말한다. 이들은 서로가 의도적으로 모이거나 의견을 같이 나누면서 상호 작용을 유지하지는 않는다. 또한, 물리적으로 가깝게 모여 있지만 조직화되어 있지도 않다. 하지만 이들은 서로의 존재를 의식하며, 또한 서로가 서로에 의해 영향을 받는다. 이들은 동료집단과 달리 소속 청소년들끼리 깊은 유대감이나 우정을 나누는 사회적 환경과 기회를 갖지는 않는다. 하지만 때때로 필요에 따라 패거리 집단의 구성원들은 위계질서를 갖는 집단으로 일시적으로 조직화되어 다른 패거리 집단과 경쟁을 벌이기도 한다. 패거리 집단은 구성원들 서로 간의 우정과 관심, 취미에 기초해서 유지되기보다는 사회적 평판이나 고정관념에 의해 유지된다. 보통 사교파라고 알려져 있는 패거리들은 옷을 멋있게 입고 다니며, 학교에 대해서는 비교적 긍정적인 태도를 견지하여 학교 일에도 적극적으로 참여하고 주말에는 끼리끼리 어울려 다니기를 좋아한다. 하지만 공부벌레들이라고 알려진 집단은 옷에는 별로 신경을 쓰지 않고 학교에 가면 주로 혼자 공부하는 데 시간을 보낸다. 이러한 집단에 대한 인식은 기존의 평판과 고정 관념에 따라 형성되는 경우가 대부분이며, 실제의 집단은 몇 개의 동료 집단 문화가 함께 어우러져 패거리 집단 문화를 만들어 내기도 한다(박진규, 2002).

(3) 성별 집단

남성과 여성, 성별에 따른 역할 구분은 어느 사회에나 존재해 왔다. 이러한 성별 역할 구분에 대한 사회적 기대와 범위 규정은 시대와 사회에 따라 다르다. 특히, 청소년 집단에 있어서도 성별에 따른 여러 집단이 형성되어 왔다. 물론 성별(gender) 구분은 생물학적 구분이라기보다는 사회·문화적 관습에 따른 성역할 구분이라고 할 수 있다. 문화에 따라 여성의 역할을 보다 많이 제약하는 사회도 있고, 여성의 사회 활동을 비교적 활발하게 허용하는, 즉 남성과 여성의 차별 금지를 명시적으로 규정해 놓은 사회도 있다. 또한, 성 구별이 적용되어 조직된 특수 집단도 존재한다. 예컨대 비구승과 비구니, 신부들로만 구성된 수도원과 수녀들로만 구성된 수녀원 등이 그것이다. 한편, 과거에는 남성들의 집단이라고 여겨지던 군대나, 사관학교, 경찰 등에도 이제 여성들이 자리 잡게 됨으로써 성별에 따른 직업 집단 구분은 점차 무너지기 시작한다고 할 수 있다. 여기서는 남녀의 성별에 따른 사회·문화적 차이를 논하기보다는 청소년기에 이루어지는 성별에 따른 집단 형성과 그에 따른 청소년문화에 대해 살펴보겠다.

청소년기는 동성 친구들 간의 교류가 활발한 시기라고 하겠다. 물론 이성에 대한 관심도 높지만 동성 간에 형성하는 또래집단이 청소년들 간의 정서적 교감 형성 및 사회화에 큰 역할을 한다고 하겠다. 대표적인 성별 또래집단의 예를 들어보면, 미국 대학사회에 존재하는 소로리티(sorority)와 프래터너티(fraternity) 집단을 들 수 있다. 소로리티는 여학생들이 서로 모여 자매애를 키워가는 집단이며, 프래터너티는 남학생들이 모여 형제애를 키워가는 집단이다. 이들 집단은 구성원을 뽑는 과정에서도 자기 집단의 성격에 맞는지를 검토하여 구성원을 받아들이며, 한 건물에 모여 숙식을 하는 등 공동의 생활을 하는 경우도 있다.

(4) 연령 집단(age group)

연령은 사회집단을 형성하게 하는 중요한 요인이다. 어느 사회에나 연령에 따라 유년, 소년, 청년, 장년, 노년 등으로 대분하는 연령 단계를 둔다. 개인의 능력에 관계없이 특정한 연령에 도달하면 초등학교에 입학해야 한다든지, 군대에는 몇 살에 가야 한다든지, 부모의 동의 없이 법적으로 결혼할 수 있는 나이는 몇 살이며 투표권을 행사하기 시작하는 나이는 몇 살인지 등이 정해져 있다.

연령 단계에 의해 조직된 집단을 연령 집단이라고 한다. 연령 집단에의 가입과 탈퇴는 자유 의지에 의한 것이 아니라 출생에 의해 결정되는 친족 집단과 같이 의무적인 사회가 대부분이다. 연령 집단에의 소속은 성년식과 밀접한 관계를 맺고 있다(이광규, 1980). 같은 연령 집단에 속한 사람들은 특정한 연령이 되면 의례를 거쳐 사회의 성인으로 대접받게 되는 것이다. 이러한 성인식이

치러지는 시기는 대체로 사회마다 정해진 생물학적 연령에 따르게 된다. 청소년기도 대체로 연령에 의해 구분되고 있다. 우리나라의 경우 청소년기의 연령은 청소년기본법에 9세부터 24세로 규정하고 있다. 기본법에 규정된 연령 범위가 비교적 포괄적이기 때문에 연령 집단에 따르는 청소년문화도 다양하게 분화되어 있음을 주지하여야 할 것이다. 즉, 학교급별로는 초등학생, 중학생, 고등학생, 대학생의 문화로 구분되어 나타날 것이며, 발달 과정상으로 살펴보아도 사춘기 이전과 사춘기, 사춘기 이후 등으로 구분되어 나타날 것이다.

(5) 또래집단

또래집단은 비슷한 연령 또는 비슷한 성숙 수준에 있는 아동과 청소년, 청년들이 비교적 밀접한 상호 작용을 주고받는 집단이라고 할 수 있다. 청소년기는 가족 의존적인 성향에서 점차 벗어나 친구 관계에 보다 의존하게 되는 시기인 만큼 청소년들은 자신의 귀속 집단을 만들어 나가게 된다. 비슷한 취향이나 취미 활동을 공유하거나 관심이 비슷한 친구들끼리 자연스럽게 집단을 형성하게 된다.

또래집단의 기능은 첫째, 청소년들로 하여금 사회적 지원과 안정감을 제공해 주는 역할을 한다. 유사한 발달 과정에 놓여 있는 청소년들은 여러 가지 스트레스와 갈등 해소를 위해 부모보다 또래집단에 의지함으로써 정서적인 안정감을 제공받는다. 둘째, 또래집단은 준거 집단의 역할을 한다. 급격한 변화를 겪는 청소년기에는 자신의 경험과 행동을 판단하는 데 기준이 되는 준거 집단이 특히 필요하다. 부모와의 갈등이나, 학교로부터 받는 스트레스에 대처하는 방식 등을 준거 집단을 통해 찾을 수 있는 것이다. 셋째, 또래집단은 보다 성숙한 인간관계를 형성하는 기회를 제공한다. 친구 관계를 통하여 청소년들은 부모와의 관계를 통한 상하 관계에서 배우지 못했던 수평적이고 보다 평등한 관계에 대해 배우게 되는 것이다. 즉, 친구 관계를 통하여 무엇을 기대하고 무엇을 기대하지 말아야 하는지에 대해 배우게 된다. 넷째, 또래집단은 청소년의 정체감을 추구하는 과정에서 중요한 역할을 한다. 새로운 역할을 시험해 보고자 할 때, 또래와의 상호 작용을 통해 격려를 받을 수 있고, 이를 통해 긍정적인 자아상을 발견하게 된다. 그러나 또래집단의 기능이 반드시 긍정적인 것만은 아니며, 바르지 못한 또래집단에 소속됨으로써 부정적 정체감을 형성하게 될 수도 있다(정옥분, 1998). 이러한 또래집단은 청소년이 가정에서부터 사회에 적응하는 데 중요한 역할을 담당하게 되며, 집단의 성격에 따라, 청소년문화의 특성도 다양하게 나타난다고 할 수 있다.

청소년들이 또래집단을 형성하는 과정에 중요하게 개입하는 요인으로는 지리적·공간적 근접성, 유사성, 지향성을 들 수 있다. 먼저, 지리적·공간적 근접성은 청소년들이 사는 곳이 서로 가깝다든지, 같은 학급이나 같은 학원에 다니는 것이 또래집단을 형성하거나 유지시키는 주된 요인으로 작용한다는 것이다. 두 번째로, 유사성은 성격이나 취미, 신체적 조건, 부모의 사회·경제적 배경, 성적 등이 유사할수록 또래집단이 형성될 가능성이 높다는 것이다. 마지막으로, 지향성은 또래집단의 활동과 밀접히 관련되어 있다. 즉, 학업에 보다 관심이 있는 집단, 학교 규칙에 저항하는 집단, 놀이나 유행을 지향하는 집단 등 또래집단이 지향하는 바가 비슷한 경우이다(조성남 외, 2002). 어떤 의미에서는 무엇을 지향하느냐가 비슷한 또래집단을 형성하기 때문에 두 번째 요소인 유사성을 중심으로 형성되는 것과 엄격히 구분은 힘들다고 하겠다.

(6) 사이버 집단

정보화사회의 특성을 반영하여 청소년들의 사회 집단은 현실에서뿐만 아니라 사이버상에서도 활발히 이루어지고 있다. 청소년들은 인터넷상에서 가상공동체를 형성하여 자신들의 공동의 관심사를 표명하고 담론을 형성하며, 나아가 실생활에서 지속적인 관계를 유지하기도 한다. 이러한 가상공동체는 특정 관심이나 지식을 공유하고, 사회적 집단으로 구체화되면서 현실 사회에서도 큰 사회적 세력으로 등장하기도 한다. 청소년들은 이러한 가상공동체 참여에 있어 성인들보다 훨씬 활발하다. 특히, 시공간적 제약이 비교적 심한 청소년들의 경우 인터넷을 통한 공동체 참여는 시공간적 제약에 구애받지 않고 네트워크를 형성할 수 있으며, 특히 가입과 탈퇴의 구속력이 적고, 자신의 입장을 비교적 자유롭게 표명할 수 있어서 청소년들의 사이버 공동체 형성은 매우 활발하다(정용교, 2003).

특히, 청소년들의 집단화는 기존에 비슷한 관심이나 취미 등을 공유하는 친구들끼리의 또래집단이 현실세계에서 주로 이루어졌다면, 근래에는 비슷한 관심이나 취미를 공유하는 사람들을 만나기 위해 사이버상의 커뮤니티를 찾고 있는 것으로 나타나고 있다. 사이버 커뮤니티에 참여하게 되는 동기에 대하여 청소년들의 62.9%가 관심 있는 주제나 취미 생활의 모임이라고 응답한 데서 알 수 있으며, 현재 꾸준히 참여하고 있는 커뮤니티가 있는 경우도 그 이유에 대해서 필요한 정보나 지식을 얻을 수 있어서라는 응답이 48.9%로 나타나고 있다. 또한, 사이버 커뮤니티 참여에 대해 70.5%의 청소년들이 만족하고 있는 것으로 나타난 반면, 사이버 커뮤니티의 정기, 비정기 모임에 자주 참여하는지의 여부에 대해서는 9.1%의 청소년들만이 그렇다고 응답하였으며, 그렇지 않다는 청소년들이 73.5%로 나타나고 있다. 또한, 자신이 참여하고 있는 커뮤니티에 강한 유대감을 느낀다는 청소년들이 34.8%이며, 그렇지 않다는 청소년들이 24%로 나타나고 있다(황진구 외, 2003).

그에 따라 사이버 커뮤니티 참여가 오프라인상의 집단 유대나 결속력 강화와 직접 연결되지는 않음을 알 수 있다. 이는 현실에서의 집단 참여와 사이버상에서의 집단 참여의 기능과 성격이 다름을 반영하는 것이라 할 수 있다. 면대면 접촉이 아닌 사이버상에서의 집단참여는 집단 귀속에 대한 부담감이나, 구성원으로서의 책임감이나 의무 등 집단을 통한 문화 공유나 문화 창출의 의미보다는 개인적인 필요성이나 요구에 의해 가입을 하거나 유대를 형성하고 있는 것으로 보인다.

3) 청소년 집단화와 부작용

청소년이 사회집단을 형성하고 자신이 속한 집단 참여를 통해 사회화되는 것은 자연스러운 성장 과정의 일부이지만 최근에는 청소년 집단화의 부작용으로 특정인을 집단적으로 괴롭히는 현상이 등장하고 있다. 특히, 특정 집단에 소속됨으로써 자의가 아닌 집단 압력에 의해 특정 청소년을 괴롭히는 사례도 보이고 있다. 이러한 현상은 오늘날의 청소년들의 입시 위주의 지나친 경쟁적 교육 풍토, 각종 폭력물이 난무하는 영상 매체에의 노출, 개별화・원자화된 사회 풍토, 윤리 의식의 부재 등에서 비롯된다고 할 수 있다. 특히, 학교에 다니는 청소년들을 중심으로 급우를 괴롭히는 사례들이 빈번하게 등장하고 있으며, 이러한 집단 따돌림은 '왕따' 현상으로 지칭되고 있다.

왕따 현상은 우리 사회에 1990년대 들어서 부각되기 시작하였다. 이는 1980년대까지만 하더라도 그리 심각하지 않았으며, 일본이나 유럽 선진국에서 나타나는 사회 현상이라고 여겨졌었다. 그러나 1990년대 후반에 들어서면서 집단 따돌림 현상이 심각하게 나타나게 되었고 이에 대한 논의도 활발하게 진행되어 왔다. 집단 따돌림 현상은 '아주 큰 것', 혹은 '으뜸', '우두머리'라는 뜻의 '왕'이라는 접두어와 함께 사용되어서 왕따라는 용어로 고착화되었고, 이 용어는 비슷한 아류 및 하위 유행어들을 파생시켰다. 예를 들면, '집중 따돌림'을 의미하는 '집따', '은근히 따돌린다'는 '은따', '전체 따돌림'을 의미하는 '전따', '개인적으로 따돌림'을 나타내는 '개따', '평생 따돌림'을 의미하는 '평따' 등의 용어가 있다. 왕따 현상에 대한 연구들에 따르면 집단 따돌림은 특정 지역이나 특정 학교 수준에서만 보이는 현상은 아니며, 지역이나, 학교급, 국가를 불문하고 나타나는 현상이라고 한다. 대체로 따돌림을 당하는 청소년들의 경우 튀는 행동(잘난 척, 예쁜 척, 착한 척 등)을 하는 경우, 이기적이고 남을 무시하는 경우, 솔직하지 않은 경우, 말이나 행동이 이상하고 눈치가 없는 경우, 소극적이거나 말이 없으며 잘 어울리지 않는 경우, 지능이 낮은 경우 등을 들 수 있다. 따돌리는 청소년의 행동적 특성은 자주 화를 내거나 과격한 행동을 취하거나, 학교의 공식적 활동에 참가를 꺼리거나, 다른 친구들의 소지품을 많이 갖고 있으며, 왕따 친구에 대해 자주 이야기하거나, 참을성이 부족하다는 특성들이 나타난다. 한편 집단 따돌림에 대한 사회적 처방을 내리기 위해 집단 따돌림은 피해자와 가해자 간의 문화적 충돌이라는 점이 지적되고 있다. 또한, 집단 따돌림의 가해자와 피해자 간의 갈등 조정이라는 미시적 상황 해결에만 초점을 맞출 것이 아니라 이러한 현상이 일어나는 보다 넓은 사회 문화적 구조를 제대로 분석할 필요성이 제기된다(박진규, 2002).

청소년들이 다양한 하위집단을 이루고 다양한 문화를 만들어나가면서 사회화되고, 성인으로 성장하는 것은 바람직하고 이상적인 일이지만, 청소년 집단화의 부작용으로 집단에 소속되지 못하는 소수자를 만들어내고, 이들을 낙오시키며, 가해하는 일이 발생하는 것은 건전한 문화화의 과정이라고 할 수 없다. 이러한 현상을 막기 위해서는 전반적인 학교교육과정의 개선과 함께 사회 전체적인 의식구조 개선이 필요하다. 성인 사회의 단순한 집단의식, 즉 우리 편이냐 아니냐를 따지는 이분법적 도식을 버리고, 다양한 사회 집단과 다양한 의견을 가진 구성원이 서로 공존할 수 있는 분위기를 만드는 것이 중요하다고 하겠다.

참고문헌

김광웅(1998). 한국청소년의 가치관: 변화와 연속. 안귀덕 외(편), 한국청소년문화: 변화와 연속. 성남: 한국정신문화연구원.

김현주(1999). 청소년과 사회. 한국청소년학회(편), 청소년학총론. 서울: 양서원.

박진규(2002). 청소년문화. 서울: 학지사.

부르디외, 삐에르(1995). 상징폭력과 문화재생산. 정일준 옮김. 새물결.

손승영(2001). 청소년의 학교생활과 가족. 손승영 외(편), 청소년의 일상과 가족. 서울: 미래인력연구센터.

안귀덕(1998). 청소년의 일상생활과 일탈행동: 변화와 연속. 안귀덕 외(편), 한국청소년문화: 변화와 연속. 성남: 한국정신문화연구원.

어윈, 존(1998). 하위문화 개념의 위상에 관한 소고. 이동연(편), 하위문화는 저항하는가. 서울: 문화과학사.

윌리스, 폴(1989). 교육현장과 계급 재생산. 김찬호, 김영훈 옮김. 서울: 민맥.

윤형숙(2001). 청소년과 대안문화의 모색. 사회연구 가을호.

이광규(1980). 문화인류학개론. 서울: 일조각.

이민희 외(2002). 청소년의 문화산업 참여 여건 조성방안에 관한 연구. 서울: 한국청소년개발원.

이종원 · 주동범 · 서정아(2000). 전국 청소년 생활실태 조사연구. 서울: 한국청소년개발원.

정옥분(1998). 청년발달의 이해. 서울: 학지사.

정용교(2003). 학교현장에서 바라본 우리 교육현실과 청소년문화. 서울: 문음사.

조성남 · 이동원 · 박선웅(2002). 청소년의 하위문화와 정체성. 서울: 집문당.

조은 외(2000). 청소년 언더문화 현장 연구. 한국간행물윤리위원회.

조한혜정(2002). 청소년 "문제"에서 청소년 "존재"에 대한 질문으로. 왜 지금 청소년? 서울: 도서출판 또하나의문화.

주은희(2001). 청소년의 친구관계와 가족. 손승영 외(편), 청소년의 일상과 가족. 서울: 미래인력연구센터.

최원기 · 김창남 · 전경숙(2000). 청소년문화감수성 함양을 위한 정책적 대안 연구. 서울: 한국청소년개발원.

코헨, 필(1998). 하위문화 갈등과 노동계급 공동체 사회. 이동연(편), 하위문화는 저항하는가. 서울: 문화과학사.

한준상(1999). 청소년학 연구. 서울: 연세대출판부.

헵디지, 딕(1979/1998). *Subculture: the Meaning of Style*. 이동연 역. 현실문화연구.

황진구 외(2002). 청소년의 정보화 실태 조사연구. 서울: 한국청소년개발원.

황진구 외(2003). 청소년의 사이버커뮤니티 참여 및 이용실태 연구. 서울: 한국청소년개발원.

Bourdieu, P. (1984). *Distinction* (trns. Nice, Richard). Cambridge Mass: Harvard University Press.

Giroux, A. Henry (1998). Teenage sexuality, body politics, and the pedagogy of display. In Jonathan S. Epstein (Ed.), *Youth culture: identity in a post-modern world*. Blackwell Publishers.

CHAPTER

03 학교문화와 청소년

본 장에서는 청소년 삶의 주요 공간이자 대부분의 그들 삶이 이루어지는 청소년 학교문화의 특성을 살펴보는 데 그 목적이 있다. 구체적으로는 오늘날의 학교교육 장면에서 나타나는 학교 구성원들의 삶의 스펙트럼을 문화라는 프리즘을 중심으로 분석하고, 최근 새롭게 제기되는 학교에서의 학생권리 주장을 청소년복지라는 개념에 기초해 향후 학교현장과 우리 사회가 당면하고 있는 과제들을 밝히는 데 그 목적이 있다. 이러한 목적을 달성하기 위해 먼저 청소년복지란 개념에 대해 선행 연구문헌을 중심으로 기존의 개념들을 정리하고, 새롭게 제기되는 청소년복지의 요구가 학교현장과 어떠한 관련성을 갖고 있는지에 대해 검토하였다. 또한, 오늘날 학교현장이 어떠한 문화적 특성을 함의하고 있는지에 대한 분석적 작업을 학교 구성원을 중심으로 살펴보고, 각 영역의 특성을 논의하였다.

1. 학교교육과 청소년의 삶

학교는 청소년 삶의 주요 공간이다. 2022년 현재 9세부터 24세의 청소년 인구는 815만 명으로, 이들 중 초등학교부터 대학교까지의 학령인구는 약 748만 명으로 약 91.7%에 이른다(여성가족부, 2022). 청소년의 주요 생활환경 가운데 학교는 가정을 제외하고 청소년의 하루 일과 중 가장 많은 시간대를 보내는 공간이다. 전국 고등학교 116개교 총 12,180명을 대상으로 조사한 최상근 외(2009)의 연구에 따르면, 학교 안에서 공부하는 시간은 정규수업을 포함하여 하루 평균 10시간에서 15시간(38.8%)이 가장 많았으며, 그 다음으로 5시간에서 10시간(31.9%), 5시간 미만(21.2%), 15시간에서 20시간(8.1%)의 순이었다. 삶의 양식을 문화라는 포괄적 개념으로 포섭한다면, 단연 청소년문화의 대부분은 학교라는 공간에서 생산된다고 간주할 수 있다.

하지만 학교는 청소년에게 만족스러운 문화공간인가? 이 질문에 대한 청소년의 응답은 다소 상반된다. 통계청의 사회조사보고서에 따르면, 15세 이상 학업 청소년, 곧 학생들이 전반적인 학교생활에 대해 '만족한다'('매우 만족'과 '약간 만족'을 합한 응답)고 응답한 비율은 2000년 41.4%, 2004년 46.5%, 2008년 51.0%로 점증하였으나, 이후에는 2010년 46.5%, 2012년 45.5%로 감소하였다(여성가족부, 2013: 282-283). 반면, 청소년종합실태조사에 따른 학교생활만족도 조사에서 청소년들이 '만족한다'('그런 편이다'와 '매우 그런 편이다'를 합한 응답)고 응답한 비율은 2011년 82.1%, 2014년 85.9%, 2017년 88.3%, 2022년 83.0%로 대부분 만족한다는 응답이 80%를 상회하고 있다(여성가족부, 2022: 111). 이런 상반된 결과는 두 조사의 문항과 내용, 조사방법의 차이는 물론이고 그동안의 달라진 학교풍토와 학생에 대한 교사의 교수방법 및 학생인식 등에 따른 것으로 보인다. 다만 그런 점들을 감안하더라도 응답결과가 큰 차이를 보이는 것은 추후 좀 더 생각해 볼 거리를 제공한다.

그럼에도 불구하고 여전히 청소년들은 학교생활에서 교육내용 및 교육방법, 학교시설 및 설비, 학교 주변 환경 등 학업에 관련된 항목들과 교사와의 관계 등으로 인한 스트레스, 학교 부적응 문제 등으로 인해 좌절의 경험을 갖고 있는 것으로 나타난다. 실제로 청소년들은 학교가 입시 준비에나 도움이 될 뿐 인격 형성이나 적성·소질 계발에는 별 도움이 안 된다고 생각하며(박효정 외, 2003: 57), 교사와의 의사소통 및 상호 이해가 부족하다고 판단하는 청소년이 더 많은 것으로 나타나고 있다(박효정 외, 2002). 특히 연령과 학교급이 높을수록, 고등학생의 경우 특성화고 학생일수록 학교만족도는 상대적으로 저조한 편이다.

당초 학교교육에 대한 사회적 합의는 청소년 개개인의 수준에서 어엿한 사회 구성원으로의 안착을 목적으로 하는 문화의 내면화 과정, 곧 학교교육과정을 통한 사회화(socialization) 또는 세대와 세대 사이의 삶의 전승을 의미하는 공식적인 문화전계(enculturation)에 있다. 최근 이러한 내면화 과정에 청소년 각자의 삶의 질을 실질적으로 높이고, 학생의 포괄적 권리까지 인정해야 한다는 요구마저 등장하면서 오늘의 학교는 학교교육이 본래부터 지향하는 '전인발달(全人發達)'(McLaren, 1989)은 물론, 청소년 삶의 질적 수준을 개선하는 주요한 삶의 공간으로 변환할 것을 요구받아 왔다(최윤진, 1998; 유네스코한국위원회, 1998). 이러한 요구는 학업 청소년을 중심으로 제도적·비제도적 교육장면에서 구체적으로 나타나고 있다. 이를테면 형식적 교육장면에서 나타난 두발 자유화 운동, 학생회 법제화, 학교 운영위원회의 학생 참여권 요구, 학교 교칙 제·개정 과정에서의 학생 의견 수렴 요구, 정당하지 않은 학생 체벌금지 요구 등으로 구체화되었으며, 심지어 교실붕괴, 학교붕괴 등의 일탈적 사회행동으로도 비추어지기 시작하였다. 또한, 비형식적 교육장면에서도 탈학교 및 학력철폐운동, 자발적 학업중단 현상, 대안학교 및 대안교육공간 요구 등으로 확산되었다(한국청소년단체협의회, 2002: 9-48). 이러한 일련의 현상은 교육 및 사회 장면에서 적지 않은 파장과 이슈들을 생산하였고 실제로 대안학교 인정 및 도시형 대안학교의 출현(서울시대안교육센터, 2002), 학업중단청소년지원협의회 구성(김규태, 2002, 49-69; 문화관광부, 2004), 학교 밖 청소년 지원에 관한 법률 제정(2014. 5.) 등 실제의 현실 변화도 가져오게 하였다.

본 장은 이러한 문제의식을 바탕으로 오늘날의 교육현장에서 나타나는 학교 구성원들의 삶의 스펙트럼을 문화라는 틀을 중심으로 분석하고, 최근 새롭게 제기되는 학교에서의 학생권리 주장을 청소년복지라는 개념에 기초해 향후 학교현장과 우리 사회가 당면하고 있는 과제들을 밝히는 데 그 목적이 있다. 이를 위해 먼저 청소년복지란 개념에 대해 선행연구문헌을 중심으로 기존의 개념들을 정리하고, 새롭게 제기되는 청소년복지의 요구가 학교현장과 어떠한 관련성을 갖고 있는지에 대해 검토하고자 한다. 또한, 오늘날 학교현장이 어떠한 문화적 특성을 함의하고 있는지에 대한 분석적 작업을 학교 구성원을 중심으로 살펴보고, 각 영역의 특성을 논의하고자 한다. 특히, 청소년문화로 가늠되었던 학생문화가 오늘날의 청소년문화와는 다른 구도로 제한적인 속성을 갖고 있으며, 이와 밀접한 제한된 청소년에 대한 사회 인식을 지적함으로써 결국 오늘날 청소년의 삶의 질을 개선하기 위해 대두되는 학교 및 사회적 차원의 과제와 대응방안을 구안하고자 하였다.

2. 청소년복지와 학교교육

학교란 현장은 청소년의 안녕을 위한 주요 공간이자 범주로 이해될 수 있다. 그러나 학교는 청소년복지의 중심 주제이자 주요 공간으로 보아도 무방하다. 왜냐하면, 청소년들은 생활시간의 절대량을 학교에서 보내고 있고, 청소년 인구의 대다수가 학업 청소년이기 때문이다. 또한, 학교란 공간은 청소년들에게 갈등을 야기하는 주요한 사회구조적 요인 중의 하나이며, 학교생활의 만족도에 따라 그 시기의 삶의 질이 결정된다. 학교생활에 부적응하는 아이들의 상황은 여전히 위기적이며, 만족도 역시 최근 들어 점차 감소하고 있는 추세이다. 더욱이 청소년의 인권과 참여를 중시하는 최근의 국내외 추세는 포괄적인 청소년의 권리를 학교 공간에서도 수용하기를 요구하고 있다. 따라서 청소년의 삶을 질적으로 개선하고 안녕을 공고히 하기 위해 학교라는 현장을 제외할 수 없으며,

오히려 주요한 삶의 현장이란 점을 청소년복지란 측면에서 인식할 필요가 있다. 하지만 전통적으로 청소년복지란 주제를 연구해 온 사회복지학에서는 청소년복지의 관점에서 구체적으로 학교란 공간을 주목한 바가 미흡하고, 사회적으로도 학교란 공간은 청소년의 권리와 상충되는 영역으로 보는 관점이 우세하다. 이러한 흐름과 관점은 학생이 아닌 청소년으로서의 삶(문화)을 학교를 중심으로 이해하기 위해서는 적절하지 않다. 따라서 이 절에서는 청소년복지의 관점에서 학교라는 공간을 바라보아야 하는 입장이 왜 필요하며, 어떻게 보아야 하는지에 대한 논의를 하고자 한다.

1) 청소년복지의 개념 이해

청소년복지란, 아직까지 그 개념마저 완벽하게 정치되지 않은 용어이다. 학문적으로 합의된 개념도 아니다. 우리 사회에서 청소년복지란 개념이 나타나게 된 것은 그리 오래전 일은 아니며, 청소년복지란 개념이 사용되기 전에는 아동복지에 포함되거나 아동복지의 연장선상에서 다루어져 왔다(이종복 외, 1998: 303). 또한, 청소년복지는 전통적으로 복지서비스의 수혜 대상을 한정하여, 이른바 어려운 청소년 혹은 국가 유공자 자녀 및 제대 군인 자녀 등 사회적 지원이 필요한 대상으로 제한해 왔다. 특히, 청소년복지는 '청소년의 삶의 안녕 보장'이란 말뜻과는 달리, 전통적으로 빈곤아동, 다문화청소년, 가출 및 학업중단 청소년 등 소수의 취약계층 청소년을 중심으로 상담 및 복지서비스를 받아야 하는 대상으로 삼아 현실적으로는 청소년의 삶 대부분을 차지하는 학교 장면에 대한 복지적 접근은 비껴나 있었다. 그러나 청소년의 삶의 질에 대한 인식의 전환이 요구되면서 청소년복지의 정체성 확립에 대한 연구관심이 나타나게 되었고, 동시에 학교현장에 대한 탐색도 시도되기 시작했다. 또한, 제한적인 청소년들에 대한 복지적 접근이 아닌, 일반 청소년 모두의 삶의 질적 개선을 위한 적극적인 접근도 시작되었다.

아동복지와 구분 없이 사용되던 청소년복지 개념이 구체화된 것은 1980년대,

보다 명확히 말하자면 '청소년 건전 육성'이 국가정책의 주요 목표로 등장하게 된 1985년부터이다. 유엔(UN)은 1985년을 세계 청소년의 해로 제정하였고, 청소년정책을 주요 정책의 하나로 다룰 것을 각 회원국가에 권고한 바 있다. 이에 우리 정부도 이때부터 청소년정책을 국가의 주요 정책 중 하나로 다루기 시작하였다. 이후 1987년 '청소년육성법', 그리고 1991년의 '청소년기본법'의 제정은 청소년이라는 특정 인구계층에 대한 전 국가적 · 사회적 관심을 모으게 된 계기였으며, 이 시기를 기점으로 하여 청소년복지라는 독립적 개념에 대한 학문적, 실천적 접근이 시도되었다. 그러나 청소년복지를 언급하는 학자와 이론가들의 학문적 기반이 여전히 사회복지학 혹은 아동복지학에 기초함으로써 '아동복지와 다른 청소년복지'에 대한 본격적인 개념화가 이루어지는 시기는 1990년대 중반으로 늦추어지게 되었다.

초기에는 청소년복지란 개념이 사회복지 현장에서 요구되는 실천적 주제였다. 달리 말해 초기에는 청소년복지라는 개념이야말로 사회복지실천의 현장에서 요구되는 주제어 중 하나였다. 이수민(1968: 2)은 청소년복지를 "청소년의 신체적 · 정신적 건강과 인격의 성취"라는 다소 추상적이고 포괄적인 정의로 언급하면서, 이를 위해서는 지역사회의 모든 기관과 시설, 특히 보건 · 교육 · 사회복지 분야의 기관과 시설이 적절한 프로그램을 통해 수행되어야 한다고 하였다. 그의 청소년복지란 개념과 영역에 대한 논의에는 학교교육에 대한 지원이 일부 포함되고 있지만, 대체로 청소년의 복지 욕구를 충족시키기 위한 주요 주체는 역시 학교 외적 기관과 시설이 중심이 되는 한계를 갖고 있었다.

김치묵(1977: 43)은 청소년복지를 "청소년의 인격 형성에 중요한 영향을 주는 교육 · 환경 · 보건 · 직업 · 인간성 회복 · 여가선용 등을 복지적 차원에서 현재의 상황을 검토하여 앞날을 위하여 반드시 고려되어야 할 문제 등"으로 제시하였다. 하지만 그는 청소년복지와 아동복지에 관한 개념 구분을 시도하지 않음으로써 결정적으로 복지 대상의 주체가 중복되고 따라서 청소년복지가 갖는 아동복지와의 차별적 측면들을 구명하지 못한 한계를 가졌다. 그러나 청소년복지의 주제를 '인격 형성에 영향을 주는 제 요인'으로 구체화시킴으로써 청소년복지에 대한 논의를 한 단계 더 진전시켰다.

김성이(1993: 4-6)는 청소년복지에 대한 시각 전환이 필요하다고 전제하면서, 청소년복지를 '잔여적 개념'과 '제도적 개념'으로 구분하여 살펴보았다. 즉, 청소년 욕구와 경제시장 간의 상호작용에 적응하지 못함으로써 문제 현상이 빚어질 때, 이를 충족시켜 주는 것을 잔여적 개념의 청소년복지라 하였다. 반면에 정상적이고 일반적인 청소년들 모두가 갖는 공동의 인간적 욕구를 충족시켜주는 것이 제도적 개념으로서의 청소년복지라 정의하였다. 여기서 잔여적 개념은 사회적 기능을 제대로 수행하지 못하는 일부 계층에게 프로그램과 서비스를 시혜적으로 제공하는 것으로 그 대상과 방법에 있어서 제한적이며 지금까지 사회복지 현장에서 주로 사용된 개념이라고 지적했다. 반면에 제도적 개념은 일부 청소년이 아닌 모든 청소년을 대상으로 청소년 환경을 포함하는 적극적·예방적 개념으로 그는 제도적 개념으로서의 청소년복지에 동의하면서 청소년복지란, "가정이나 사회로부터 버려지거나 적응하지 못하는 청소년들뿐만 아니라 모든 청소년들의 안녕에 관심을 갖는 것"으로 이해했다. 그러나 그 역시 아동복지와의 차별성에 대한 논의는 생략한 채 사회복지학적 관점에서의 청소년복지의 개념을 확립하는 데 그치고 마는 한계를 가졌다. 물론 그는 청소년복지 연구가 정상 과학으로서의 패러다임을 형성하지 못함으로써 아직까지 학문적 정체성을 갖추지 못했다고 지적하였지만(김성이, 1990: 8-11), 이러한 지적은 여전히 아동복지와의 경계선을 긋는 데에는 실제적인 효용이 부족하였다.

아동복지와 청소년복지의 구분에 대한 본격적인 접근은 이용교(1993: 11)로부터 시작하였다. 그는 개념상의 구분이 "청소년과 아동의 연령을 어떻게 구분하느냐"와 "청소년복지의 정체성을 어떻게 확보하느냐"에 달려 있다고 주장하였다. 여전히 청소년복지란 개념을 사회복지학의 영역에 두는 데 동의하고 있지만(이용교: 1998), 처음으로 청소년복지의 영역에 대한 독자적 정체성의 필요를 제기함으로써 논의의 범주를 확장한 것은 적지 않은 시사점을 주었다.

그러나 청소년복지가 아동복지와 어떠한 점에서 상이한지, 그리고 어떠한 복지서비스가 필요한지 등에 대한 청소년복지의 독자적인 영역 구축과 그 필요성, 정책적 지원 부문에 대한 구체적인 논의는 노혁(1998)이 제기하였다. 그는 기존의 아동복지학적 관점에서 제한적으로 사용되어왔던 청소년복지의 개념이 현재의 시대적 요청과 상황에 적극적으로 부응하지 못하고 있음을 지적하면서 구체적으로 청소년복지의 개념과 정체성을 세우는 시도를 하였다. 그에 의하면, 청소년기는 인생에 있어 가장 중요한 노동력 함양의 시기이며, 동시에 청소년에게 주어진 가정의 환경과 상황에 따라 장차 삶의 방향이 좌우되는 중요한 시기로 간주되었다. 따라서 향후 양질의 노동력을 양성한다는 정책적 차원에서 청소년 혹은 청소년복지에 대해 공공복지서비스가 관심을 가져야 하며, 이러한 부문들이 아동복지와 차별성을 갖고 있는 것이라고 주장하였다. 아동복지와의 명확한 선 긋기를 시도한 그로서는 청소년복지의 독자적인 영역의 모색과 구체적 시기의 시작을 1987년 청소년육성법의 제정으로부터 찾으면서 이후 한국청소년기본계획 수립에 따라 3대 사업의 하나로 청소년복지가 제시되면서 청소년복지란 개념과 영역이 그 독자성을 확보하기 시작했다고 평가하였다. 그러나 그는 지금까지의 의욕적인 정책 의도와 비교할 때, 청소년복지는 기존의 복지사업과 크게 다를 것이 없다고 보았다. 따라서 청소년복지의 개념과 그 독자적 정체성이 확립되기 위해서는 첫째, 아동과 다른 청소년의 특징에 기초하고, 둘째, 아동과 다른 사회변화 및 청소년의 역할 변화를 중심으로 사회적 지원과 정책적 고려가 이루어져야 한다고 지적하였다. 이러한 논의를 바탕으로 그는 청소년복지는 청소년의 올바른 성장과 발달에 목적을 두고 이를 위해 공동의 노력과 참여가 전제되어야 한다고 주장하였다.[1)]

---

1) 노혁은 '아동복지 - 청소년복지'의 개념적 차이에 대한 논의를 카두신(Kadushin)의 아동복지란 개념 정의를 차용하면서 출발하고 있다. 카두신은 아동의 건강과 교육, 유해환경으로부터의 보호는 국가의 임무이며 따라서 아동복지의 대상은 주로 부모와 자녀 간의 사회적 역할 수행이 부족하거나 미비한 아동들이라고 보았다. 반면에 노혁은, 청소년은 가족으로부터의 보호와 지원이 아동보다 현저히 적음으로 인해 청소년복지란 개념은 근본적으로 아동복지와 다르다고 보았다. 즉, 청소년들은 아동과는 달리 가정의 역할과 영향이 적으며, 반면에 독자적으로 생산과 소비 그리고 문화 등 다양한 사회 분야에 영향을 미칠 수 있다는 점에서, 청소년에 대한 가정의 지원보다는 오히려 사회의 지원과 지지가 더욱 요구된다고 보았다. 다시 말하자면, 아동복지에 비해 청소년복지는 사회의 지원과 지지

아동복지와의 일정한 성공적 결별을 선언한 노혁은, 그러나 사회적 지원과 정책적 고려라는 측면에 있어 여전히 학교교육의 외적 영역을 강조하였다. 물론 그는 향후 요구되는 청소년복지 지원 서비스 내용에는 학교사회사업, 직업교육 프로그램 등을 포함하였지만 학교교육 현장의 혁신적 변화에 대한 언급을 하지 않음으로써 학교교육의 중핵적 변화가 아닌 측면적 변화로부터 그 해결방안을 찾는 데 그쳤다.

청소년복지의 정체성을 청소년학의 정체성과 연결시키고자 했던 조흥식(1999)은 노혁의 정의에 기초해 청소년복지는 "청소년기의 특성을 고려함으로써 아동이 아닌 청소년을 대상으로 하여 그들의 복지를 위하여 국가를 비롯한 사회구성원 전체가 행하는 사회복지의 하나"라고 정의하였다. 그러나 그 역시 청소년복지를 강화하기 위한 정책의 대상 영역에 여전히 학교교육 현장을 소외시킨 한계를 갖고 있었다.

지금까지의 논의를 통해 청소년복지란 개념과 연구 내용들은 한결같이 학교교육이란 현장을 주요하게 다루지 않았음을 알 수 있다. 사실, 이 점은 사회복지학으로부터 학문적 세례를 받은 청소년복지의 '태생적 한계'였다. 그러나 청소년복지에 대한 새로운 개념 정치의 요구가 높아지고, 사회복지학의 관심 영역이 보다 포괄적인 영역으로 확산되어 가는 실정에서 학교현장은 청소년의 삶의 질을 개선하기 위해 적극 포섭해야 할 현장으로 계속 대두되었다. 더욱이 실제 청소년 삶 현장에서 학교는 청소년의 주요 권리를 획득하고 인정받아야 하는 절실한 공간으로 부상하기 시작하였다. 그럼에도 불구하고 청소년복지란 주제로 수행된 연구들은 대체로 청소년의 일탈과 비행 등 '청소년문제'와 '어려운 청소년'에 대한 연구가 주류였고, 학교를 포함한 전체 청소년 삶에 대한 접근은 미흡한 실정이다. 특히, 1990년대에 들어와 청소년복지에 대한 연구가 양적으로 증가하고 질적으로 심화되면서 청소년복지가 일부 문제 청소년이나 요보호 청소년에서 벗어나 전체 청소년의 학습과 생활로 확산되었지만, 최근의 논의들

망의 구축이 더 많이 요구되는 복지 대상이란 점이다[Kadushin(1974). Child Welfare Service. New York: Macmillan. 노혁(1998)에서 재인용].

조차도 학교교육을 정면으로 다루고 있는 연구들은 쉽게 발견할 수 없다(이용교, 1998: 83-87). 오히려 학교생활과 학교교육이란 주제는 사회학과 교육학, 심리학 등에서 강세를 띠고 있을 뿐이다.[2)]

2) 학교현장에 대한 접근의 필요성

청소년에 대한 인식의 변화는 청소년 연구 영역의 확장과 접근 방식의 다양화로 연결된다. 청소년학(Youthology)[3)]의 정립이 요구되는 요즘, 학교는 청소년을 이해하기 위해서는 비껴갈 수 없는, 반드시 탐색해야 할 공간이다. 그러나 지금까지의 논의에서 나타난 것처럼 청소년복지에 대한 선행연구들의 접근은 학교란 삶의 공간을 탐색하는 데 적극적이지 않았다. 또한, 학교의 청소년 삶에 대해 다른 학문과의 연계 작업을 수행하는 데 인색했다. 어쩌면 이러한 양상들은 근대 이후 대중교육의 확산 과정에서 내면화된 학교에 대한 불확실한 믿음으로부터 비롯되었는지도 모른다. 즉, 학교가 청소년에게 있어서는 숭고한 배움터이자 안전한 공간이며, 반면에 학교 외의 장면은 청소년의 건강한 성장과 발달을 저해하는 공간 요소로 간주하는 편향된 인식의 산물이 그간 학교를 청

2) 교육학과 사회학에서 학교교육에 대한 논의들은 전통적으로 강세이다. 한 개인이 사회의 한 구성원으로의 성장과 발달을 이루는 주요한 장소로 학교를 인식하고, 학교의 기능 역시 문화의 세대 전수로 규정하는, 이른바 파슨스(Parsons)를 위시한 기능주의적 이론들과, 혹은 지배 이데올로기의 재생산적 기능을 중심으로 학교교육을 바라보는 갈등론적 논의들이 초기의 학교교육 담론들을 대표하고 있다. 1990년대 이후에는 학교라는 교육현장과 학교 외의 장면에서 발생하는 청소년문화와 관련된 논의들이 주를 이루었다[조혜정(1996). 학교를 거부하는 아이, 아이를 거부하는 사회. 서울: 또하나의문화; 한준상(1997). 동숭동의 아이들: 청소년의 파격문화. 서울: 연세대출판부]. 반면에 심리학에서는 학교교육이 개인과 집단의 의식과 가치관, 그리고 행동에 미치는 심리역동성에 대해 관심을 두고 있다.

3) 청소년학의 학문적 정체성이 확실히 정립되었다고 볼 수는 없다. 청소년관련학과, 한국청소년학회, 한국청소년정책연구원의 연구자들을 중심으로 청소년학의 학문적 정체성을 세우기 위한 시도와 노력이 지속되었지만 완전한 학문의 범주에서 바라본다면 여전히 진행형 상태이다(차경수, 1998). “청소년학 연구의 전망과 과제”, 청소년학 연구. 5(2). 서울: 한국청소년학회; 한국청소년학회(1999). 청소년학 정체성 확립의 방향과 과제. 1999 학술대회 보고서(1999. 2. 23.). 서울: 한국청소년학회; 권일남(1999). “청소년지도의 학문적 정립방향에 대한 일 고찰”. 한국청소년연구. 9(2). 서울: 한국청소년개발원; 한준상(1999). 청소년학 연구. 서울: 연세대출판부). 특히 이 주제에 대해서는 이미리 외(2014). 청소년학개론. 서울: 학지사: 41-83을 참고할 것.

소년 삶의 안녕과 연계시키는 데 중요한 장애가 되었을 것이다. 이른바 숭고한 이념으로 무장된 학교라는 제도적 장치만으로도 학생 개인의 삶의 수준을 높일 수 있고, 사악함과 유해함으로 가득 찬 학교 외의 장면에서는 사회로부터 도태되거나 낙오되기 쉬운 소수의 청소년들을 구호적 차원에서 배려해야 한다는 인식이 있었기 때문인지도 모른다. 그래서 개인의 복리 증진을 위한 지원은 학교라는 장면을 비껴나야만 했고, 따라서 학교라는 현장에서 정작 낙오되고 도태되는 아이들은 그 흔한 복지지원은커녕, 무능력자라는 낙인과 홀대, 냉소를 묵묵히 이겨내든지, 혹은 자포자기적인 심정으로 절망의 늪으로 가라앉을 수밖에 없었다.

청소년의 학교생활을 이해하기 위해서는 하나의 학문적 패러다임에서 접근하기보다는 간학문적 접근을 통한 중층적 이해가 요구된다. 이러한 의미에서 삶의 실천 영역에서 학교와 학생에 대해 적극적으로 개입할 필요가 있다는 주장은 설득력을 갖는다. 김기환(1996: 164-165)은 학교로부터 사회 구성원에게 부여되는 학습 권리, 자아실현의 기회 부여 등은 사회사업의 궁극적 가치 체계인 배분적 사회 정의와 인간의 존엄성 실현이란 사회사업의 목적과 부합하고 있으며, 응용 실천학문인 사회사업학이 전문직으로서의 정체성을 확보·유지하기 위해서는 교육학이나 상담학 등의 인접 학문 등을 응용해야 한다고 논의하였다. 그는 실제 학교현장에서 보이는 교육제도의 병폐 등으로 인해 학생들은 심리적 스트레스를 받고 있으며, 자아실현과 잠재력 계발이 저해되는 치명적인 위기에 빠져 있다고 보았다. 따라서 학생들의 자아실현과 잠재력 개발을 저해하는 학교제도나 환경을 변화·개선시키기 위해서는 학문 간의 긴밀한 협조체계를 이루어 학교라는 현장에 개입함으로써 좁게는 학교가 자신에게 주어진 사회적 기능을 완수하도록 원조하고 궁극적으로는 교육의 목적을 달성할 수 있도록 적극 지원해야 한다.

이제 청소년들의 삶을 개선하고 상실된 그들의 권리와 인격을 회복하기 위해서는 학교란 영역과 학교교육을 받는 청소년에 대해서도 정면으로 조망해야 한다. 청소년 시기가 반드시 학교교육을 이수하는 시기라고 한정할 수는 없지만, 청소년 시기에 있어서 학교교육은 대단히 중요한 환경 변수로 작용하며, 학교교육 장면으로부터 일탈되거나 적응하지 못하는 청소년들도 역시 당연히 사회적인 관심과 도움을 받아야 한다. 왜냐하면, 이들에게 불리하게 작용하는 삶의 요소들을 제거하고 이 시기에 건강한 성장과 발달을 완성할 수 있도록 지원하는 이 모든 것들이 건강한 청소년문화의 구현과제이기 때문이다.

3. 학교문화 특성에 대한 이해

1) 구성원을 중심으로 본 학교문화의 특성

문화란 개념은 "인간행위를 위한 일련의 지침이나 지표"(Kluckhorn, 1962; Mead, 1978), 혹은 "한 인간이나 시대 또는 집단의 특정 생활방식"(Williams, 1983)으로 이해된다. 곧 문화란 인간행위의 준거이자 사회적 규범으로서 사회 구성원의 명시적 혹은 묵시적 합의와 인준에서 비롯되는 인간의 산물이다. 또한, 문화란 개인의 행동·사유의 자유권과 사회체제의 수용 가능 영역이 맞물리는 접점지대에서 그 가치가 결정되며, 동의되는 수준과 범주를 의미하는 보편성에 따라 그 의미가 다르다. 그래서 문화는 보편성이 널리 인정되는 준거문화(standard culture)와 이에 대한 반동적 성격의 대항문화(counter culture), 준거문화와는 목표와 내용에 있어서는 일정 부분 공유하면서 표현 등 방법론상의 이질성을 특성으로 하는 대안문화(alternative culture), 그리고 준거문화에 뿌리를 두지만, 영역의 독자성이 성숙되지 못하거나 성숙과정 중에 있는 하위문화(subculture)로 구분할 수 있다(Roberts, 1978).

일견, 학교문화는 사회 구성원의 일정한 합의를 중심으로 학교 구성원, 그리고 사회구성원 간에 보편성이 인정되는 준거문화적 특성을 갖고 있는 것처럼 보인다. 여기서 학교교육에 대한 사회구성원의 합의는 "학교 혹은 학교교육이 사회에 어떠한 기능을 해야 하는가"라는 이른바 '학교교육의 기능'과 학교장면에서 무슨 내용을 가르치고 어떻게 학습할 것인가라는 '교육과정(curriculum)'에서 대표적으로 나타난다. 이 중 학교가 갖는 사회적 기능과 역할은 근본적으로 학교교육의 정당성 여부를 가늠하는 기준으로서 그 기능에 따라 학교는 학생들에게 무엇을 어떻게 가르칠 것인가에 대한 구체적인 내용, 즉 교육과정을 결정한다. 이 두 가지 측면은 오늘날의 학교교육이 갖는 효용성과 효과를 결정하는 것으로 두 가지 모두 사회구성원의 합의를 전제한다. 사회구성원 모두가 이러한 합의를 한 후, 이로부터 교육의 책무를 일임받은 교육행정 관료와 교사집단, 그리고 학업청소년의 교육 수요를 실질적으로 지원하는 학부모 집단 간에는 상호 인정하는 범주에서 학업 청소년의 교육을 결정하기 때문에 대체로 학교문화(학교 내의 삶의 양식)는 일정한 보편성을 근간으로 하는 준거문화적 특성을 보인다.

그러나 현실은 그렇게 간단하지만은 않다. 왜냐하면 학교라는 공간에는 교사와 학업 청소년이란 두 집단이 주요 구성원으로 자리하고 있으며, 이들 간의 복합적인 상호작용에 따라 이질적인 문화적 양태들로 다시 구분되기 때문이다. 즉, 구성원에 따라 학교문화는 교사와 교사 간의 문화(교사문화), 교사와 학생 간의 문화(수업문화), 학생과 학생 간의 문화(학생문화)로 다시 세분화되며, 따라서 학교문화에는 이들 세 문화 영역을 중심으로 각기 다른 문화양식과 특성들이 혼재하고 있기 때문이다. 따라서 학교문화를 단순히 준거문화적 특성의 문화 지대로 바라보기보다는 각 구성원들의 삶의 양식에 근거하는 다양한 문화적 다중 지대로 살펴보는 것이 바람직하다.

(1) 교사문화의 문화적 특성

먼저, 교사집단은 교육의 책무를 사회 구성원으로부터 일임받은 주체이다. 학교라는 공간에서 구조적으로 상층에 존재하는 이들은 교육현장에서 성장세대들에게 사회가 요구하는 규범들을 있는 그대로 전수시켜야 하며, 그 규범이 지식의 형태로 나타나게 될 때 교육의 효과성과 효율성에 주목하게 된다. 학교조직이 보다 관료화되고 형식화됨으로써 교육을 담당하고 있는 교사들이 학생들에게 요구하고 있는 것은 마치 제품 생산의 공정과정을 연상시키는 일련의 통과적 절차와 통제성을 지니고 있다.

통과의례 장면으로서의 교육현장은 마치 생산성을 최고의 가치로 여기는 공장에서 노동자들에게 요구하는 것들, 말하자면 시간 엄수(punctuality), 규율 엄수(regularity), 주의집중(attention), 침묵의 강요(silence) 등과 같은 통제양식이다(Hechinger, 1992). 여기서 교사는 생산현장의 관리자 모형을 따르며, 적절하고 효과적이며 효율적인 관리 지배양식은 능력 있는 교사의 자격 기준으로 대치된다. 또 학교의 기능과 역할은 '무엇을 배웠는가'라는 효용적 가치보다는 '어떤 졸업장을 받았는가'라는 서열적 가치가 중시되면서 점차 약화되기 시작했다. 지배자 중심의 관리자 모형이 그러하듯, 학습자는 단순히 교육의 객체화로 대체되고, 학습과정보다는 결과 중심의 평가로부터 자유롭지 못하다.

이러한 교사집단의 지배 관리적 분위기는 내부적으로도 위계적 질서와 획일성이라는 특성을 갖는다. 우리나라 학교현장에서 교사 간의 위계성은 교장－교감－부장(주임)교사－평교사로 이어지는 단선형적 위계질서로 편제되어 있고 이러한 위계질서는 공적인 관계에서만이 아니라 일상에까지 확산, 강조되는 경향이 있다(정향진, 1992: 63-64). 서로 공통된 목적과 의무감으로 무장되어 있는 교사집단의 이 같은 위계적 문화양식은 형식적인 절차와 과정에 치중하고, 목적의식에 근거한 생활양식 역시 획일성으로부터 벗어나기가 쉽지 않다. 물론 교사들의 자율성을 강조하는 추세가 최근 두드러지게 나타나고 대안교육 및 대안학교란 특수한 교육환경에서는 이런 경향과 현상이 매우 약화되기도 하지만, 아직까지 교사문화는 일정한 영역으로부터 벗어나거나 일탈하는 것을 용납하지 않고 보편성과 기준 양식을 주축으로 삼는 준거문화적 특성을 지닌다.

(2) 수업문화의 문화적 특성

교사와 학생이 만나는 교실 장면에서 나타나는 수업문화 역시 교육내용을 효과적으로 전수시켜야 하는, 교육의 책무성이 연장되는 공간이자 학업의 성취도를 확인받는 공간이다. 교육과정을 중심으로 진행되는 수업문화는 통상 표면적 교육과정(formal curriculum)과 잠재적 교육과정(latent curriculum)을 중심으로 형성된다. 한국 중등교육의 수업문화를 살펴본 이용숙(1993: 45-72)에 의하면, 표면적 교육과정과 잠재적 교육과정 모두 '획일성'이란 공통점을 갖고 있다. 그는 한국 중등교육의 표면적 교육과정이 백과사전적 사실을 나열식으로 구성한 교과서와 상대 평가제도, 일제식·주입식 수업방법으로 인해 질적 빈약성을 면치 못하고 있다고 논의하였다. 이러한 획일적인 교육과정의 편제와 수업방법은 교사와 학생 간의 자유로운 상호 의사소통 구조를 근본적으로 저해하고 있으며, 오히려 경직된 수업 분위기와 구도로 수업문화를 지배하고 있음을 설명해 주고 있다. 잠재적 교육과정 역시 ① 획일주의, ② 권위주의와 위계질서에 대한 순종, ③ 형식주의와 결과 우선주의, ④ 폭력에의 순응, ⑤ 비교 우위주의와 경쟁적인 동료관계 수용 등의 특성으로 요약된다. 사실 교사와 학생 간의 자유로운 토론과 대화의 문화는 우리의 수업 장면에서 교육여건상 기대하기 쉽지 않은데, 이 같은 현상의 원인은 바로 수업 장면 자체에 잠재해 있는 표면적-잠재적 교육과정의 특성들로부터 비롯된다. 특히 이용숙은 이러한 잠재적 교육과정이야말로 학업 청소년들에게 획일성과 위계성이라는 상호 연결된 핵심 문화를 자아내게 한다고 주장하였다.

따라서 오늘날 학교문화의 주요 구성요소인 수업문화 역시 청소년들의 소질과 적성을 중시하고 이를 계발하기 위한 경험주의적 교육관이 스며들어 있기보다는, 일정한 가늠대를 기준으로 사회적 요구와 학교교육의 목표에 따라 획일적으로 구성되는 문화적 특성을 보이고 있다. 따라서 수업문화 역시 일정 가치에 의해 지배되는 준거문화적 특성을 보인다.[4]

4) 하지만 최근의 수업문화는 변신을 거듭하고 있는 실정이다. 2009학년도 개정 교육과정을 통해 등장한 '창의적 체험활동'은 수업장면을 학교 안만이 아닌 학교 밖 장면으로까지 실질적으로 확대시켰다. 특히 학교는 창의적 체험활동을 통해 학교 교육과정의 진행을 학교와 지역사회가 긴밀히 연계·협력하여 수행할 수 있게 하는 계기를 마련하게 되었다. 이어 중학교 교육과정 중 한 학기 동안 학생들이 시험부담에서 벗어나 꿈과 끼를 찾을 수 있도록 수업운영을 토론, 실습 등 학생 참여형으로 개선하고 진로탐색 활동 등 다양한 체험활동이 가능하도록 교육과정을 유연하게 운영하는 자유학기제의 등장은 향후 수업문화의 획일성을 극복할 전환점이 될 전망이다. 이를 통해 향후 수업문화의 특성변화를 예측해 볼 수 있으며 나아가 학교문화의 변신도 전망해 볼 수 있다.

(3) 학생문화와 청소년문화의 문화적 특성

학교문화의 세 번째 구성 요소인 학생문화에 대한 이해와 분석은 좀 더 신중해질 필요가 있다. 그것은 학교라는 제한된 공간에서 부여되는 '학생'이란 기호가 분명 '그 시기, 그 장면 내의 청소년'으로부터 근거하되, 청소년문화와는 다른 문화적 상징성을 내면화하고 있기 때문이다. 따라서 학생문화에 대한 이해는 학생문화 자체에 대한 이해와 함께 청소년문화의 문화적 특성과의 상호 비교를 통한 동질성 혹은 이질성을 동시에 비교해 볼 필요가 있다.

먼저, 학생문화를 윌리엄스(Williams)와 클러크혼(Kluckhorn)의 문화 개념에 기초해 보면, "청소년 중 학업 청소년들의 학교라는 제한된 공간에서 이루어지는 삶의 양식" 혹은 "학생으로서 당연히 기대되는 일련의 행동 지침이자 지표"이다. 여기서 학생문화는 학생이란 사회적 지위에 의해 형성한 문화 지대이며, 학교라는 범주는 학생이란 지위를 강화시켜주는 공간적 이미지이다. 그래서 청소년들에게 '학교'는 단순한 공간적 개념 이상이다. 그것은 본질적으로 학생이란 지위와 신분에서는 청소년시기에 갖는 자유로운 문화적 향유와는 동급 수준의 자유로움을 만끽할 수 없음을 의미한다. 즉, 교육이란 활동은 생태적으로 세대 간의 부딪힘과 교류가 있을 수밖에 없고 그 주도권이 기성세대에게 주어지고 있는 지금의 학교에서만은 청소년문화가 갖고 있는 자유로움과 해방의식은 제한적일 수밖에 없다.

이러한 제한은 사회로부터 부여되는데, 바로 기성세대의 의식으로부터 연유된다. 대체로 어른들은 '청소년'을 '학생'으로 '청소년문화'를 '학생문화'로 규정하려 한다. 청소년문화의 존재를 쉽사리 인정하지 않고 학생문화로만 보려는 이들은 청소년 시기를 '배워야 하는 학습 시기'이자 이 시기의 발달과업을 성공적으로 수행해야 하는 시기로 보려는 경향이 있다. 즉, 오늘날의 학생문화란 개념에는 청소년 시기의 생활양식을 학교라는 공간과 학생이란 사회적 지위에 제한하려는 사회적 규범이 일정하게 개입되어 있다.

그러나 청소년을 학생이란 지위로 제한하고 그들의 문화를 학생문화로만 인정한다는 것은 비학업 청소년 집단을 무시할 뿐만 아니라 청소년의 삶과 문화를 학교 중심으로 해석하려는 오류를 범한다. 비록 학교에 다니는 학업청소년이라 할지라도 그들의 삶은 학교 안은 물론 학교 밖에서도 역동적으로 이루어지고 있으며, 그 양태 역시 다양하게 존재한다는 사실들이 간과된다. 더욱이 학생문화를 형성하는 이 시기의 발달단계는 청소년이므로 학생문화를 본질적으로 청소년문화의 한 부분으로 인식하는 것이 중요하다.

청소년문화의 한 부분이란 점에서 학생문화는 청소년문화의 하위문화적 특성을 갖는다. 사실 청소년들이 취학 연령이 된 이후 학교라는 현장에 편입되면서 갖는 이른바 '학생'이라는 사회적 지위를 벗겨놓고 보면, 학생은 청소년을 이르는 호명이자 또 다른 이름이다. 그러므로 학생문화에 대한 이해에 앞서 청소년문화에 대한 이해가 전제되어야 한다.

통상 청소년문화란, 기성세대가 일구어낸 주류 문화로부터 그 자양분을 공급받고 기성세대와의 긴밀한 문화전계를 통해 형성되는 하위문화 지대이다. 그래서 청소년세대는 기성세대의 사회·경제·문화적 결과물들로부터 문화적 단초들을 담금질한 세대이다. 이들이 지금 향유하는 문화물은 부분적으로 기성세대가 형성해 놓은 정치·경제·문화·사회의 토대로부터 연계되어 있다. 동시에 이들의 문화는 기성세대의 그것과는 이질적인 특성들도 지닌다. 그것은 지금의 결과물이 기성세대에 의해 형성되었다는 점에서 연계성을 갖는 것이며, 동시에 그러한 결과물은 콩트(A. Comte)의 말을 빌리자면 청소년과 문화 역시 변화의 유기체이기에 기성세대가 형성해 놓은 위치에서 일정하게 변화·발전하였으므로 이질적이다(김민, 1997a).

특히, 최근의 청소년문화는 기성세대와 분리된 세대 영역을 공통분모로 하여 그들만의 독특성과 이질성을 갖는 문화 지대이다. 한국사회에서 70년대 중반 이후의 청소년들은 기성세대가 생산해 놓은 풍요로운 경제적 기반 위에서 노동시장에 본격적으로 진입하지 않아도 되는, 그래서 성인에게 기대되는 역할과 책무에 대해 일정 시간의 지불유예기간(moratorium)을 갖는 '사회적 유한층'이다. 마르크스적 관점을 차용하자면, 이들은 생산과정의 억압적 체제 안에 포섭되어 있지 않기 때문에 기성세대와는 달리 하부 토대의 규정에서 그만큼 자유로움을 만끽한다(백욱인 · 하종원, 1998). 즉 생산과 경제보다는 소비와 문화를 중심축으로 성장 초기부터 풍부한 대중문화의 토양 속에서 자신들의 문화적 단초들을 형성하고 단련해 온 세대이다.

다시 말하자면, 이들은 포스트모더니즘에 기반을 둔 문화 속성을 양육과정에서 학습하고, 자본주의적 소비문화양식과 정보문화가 내재하고 있는 과학문명의 합리적 사고를 탈근대적 사회발달 과정에서 자연스럽게 체화함으로써 기성세대와의 격차를 한층 벌려 놓았다. 포스트모더니즘으로부터 사상적 세례를 받고 소비문화와 정보문화로의 편입 과정에서 자신만의 문화 지대를 구축할 수 있었던 오늘날의 청소년들은 그동안 기성세대들이 고이 지켜왔고 절대적인 진리체제라 믿어왔던 지배질서에 정면으로 도전하며, 기존의 고유한 진리만을 추종하는 경직된 사유방식을 거부하기도 한다.

푸코가 자신의 이론의 무질서하고 파편적이며 분절적인 아이덴티티에 만족하며, 위계질서를 지니고 이론의 특권을 인정하는 총체화된 담론체계를 거부하는 것처럼, 오늘의 청소년들 역시 자신의 개성을 굳이 전체의 성격에 맞추려는 '소모적인 고민'을 더할 필요가 없다고 생각하고 있다(김민, 1997, b). 즉, 1990년대 이후의 이들은 이전의 청소년과는 달리 자신의 삶에 대한 주체적인 설계와 뚜렷한 주관적 요소들도 갖고 있으며, '자유로움'과 '해방의식'으로 무장하고 있는 세대이다. 따라서 오늘날의 청소년문화는 준거문화에 의해 순순히 복종당하거나 지배당하지 않으려는 '반문화'적 요소들도 발견된다. 때로는 방법론에 있어서 준거문화와는 다르게 새로움을 추구하는 이른바 '대안문화'적인 요소도 있다. 이러한 양상들은 세대 간의 문화적 공감대를 세대 내의 문화적 공감대가 압도하는 경우일수록 더욱 그러하다.

반면, 학생문화는 청소년문화로부터 자연스럽게 형성된 자유와 해방의 인식들을 인위적으로 강제함으로써 청소년들에게는 결코 자유롭지 않은 문화 지대이다. 학생들이 학교생활도 삶 전반에 대해 불행을 느끼는 근본적인 원인은 자신의 삶을 주체적으로 설계하고 영위할 수 없다는 데에 있으며, 이는 학교

내외부적 요인들로부터 연유된다(조용환, 1994: 117-149). 그런데 학생문화에서도 청소년문화에서 보이는 반문화적 요소들과 대안문화적인 요소들이 발견된다(또 하나의 문화, 1997: 143-161). 초기에는 단순히 학교문화에 대한 거부감과 반항의 표현에[5] 그쳤지만 최근에는 기존의 준거문화 자체를 바꾸려는 시도까지 하고 있다.

(4) 학교문화의 성격

학교문화는 구성원 간의 상호작용과 집단적 특성에 따라 교사문화와 수업문화, 학생문화로 구성된다. 이 중 교사문화와 수업문화는 위에서 살펴본 대로 '준거문화적' 특성을, 학생문화는 청소년문화의 '하위문화적' 특성을 지니면서 동시에 청소년문화로부터 배태되는 '대안문화'와 '반문화'적 특성을 지니고 있는 다중적인 문화 지대이다. 한편, 준거문화적 특성의 교사문화와 수업문화는 학교라는 현장을 중심으로 청소년문화의 자유로움과 해방의식으로부터 자유롭지 못한 학생문화를 강제하는 요인이라고 볼 수 있다. 즉 예전의 순응과 복종 혹은 모범과 엘리트의식으로 대표되었던 기존의 학생문화와는 달리 지금의 학생문화는 학생 주체인 청소년의 문화적 변화를 탐지하여 예전과는 다른 학생문화를 형성하게 된 것이다. 이러한 내용을 그림으로 표현하면 다음과 같다.

학교문화의 성격을 단순화시켜 표현한 [그림 3-1]을 통해 오늘의 학교문화가 어떠한 성격과 특성을 가지고 있는지를 파악할 수 있다.

---

5) 그동안 자의적 선택과는 상관없이 주어졌던 억압과 강요로부터 청소년들은 숨죽여 왔다. 그러나 1980년대 후반, 본격적으로는 1990년대 들어와 기존의 지배질서와 서술적 양식을 거부하는 포스트모더니즘과 신세대로 불리는 청소년들의 이질적인 문화적 감수성이 결합하면서 이와 같은 억압과 강요는 보기 좋게 거부당하는 대상체로 폄하되기 시작한다. 그들로부터 폭발적인 인기를 얻었던 당시 서태지와 아이들의 〈교실이데아〉, 젝스키스의 〈학원별곡〉, HOT의 〈열맞춰〉, 강산에의 〈공부해서 남 주자〉 등의 대중가요들, 그리고 학교문화에 대한 비판적 사회담론들을 견인한 영화 〈여고괴담〉 등은 학교현장에 대한 이들의 모진 현실과 도전, 저항 등을 대표적으로 꼬집은 문화물(text)들이다.

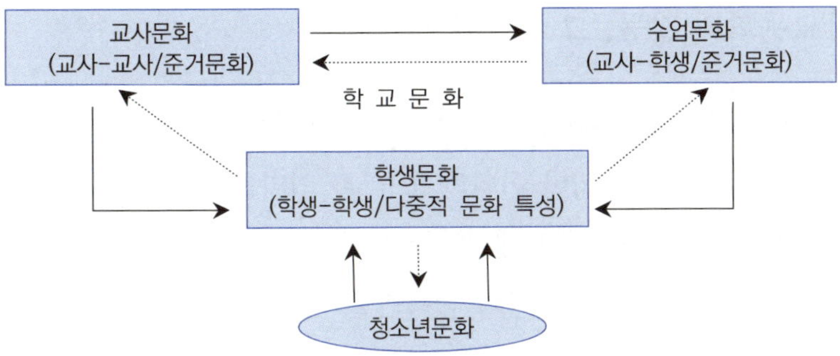

[그림 3-1] 학교문화의 특성

먼저, 실선은 주는 쪽에서 받는 쪽에 대한 영향력이 있음을 의미한다. 이와는 달리 점선은 일정한 영향력을 갖고 있되 상대 문화의 정체성을 강제하거나 인위적으로 조정하는 정도의 영향력은 아님을 의미한다. 교사문화는 수업문화와 학생문화에, 수업문화는 학생문화에, 그리고 학교문화의 바깥에 위치하고 있는 청소년문화는 학생문화에 일정한 영향력을 준다. 이러한 구도는 교사문화가 학생문화의 상층 구조에 위치하면서 수업문화를 조정하고 있고, 반대로 학생문화는 사회적 압력에 더하여 교사문화와 수업문화에 의해 학교 내에서 자율성과 주체성을 제한당하거나 상실당하고 있음을 보여준다. 학교문화의 이러한 장면을 공식적 학교문화와 비공식적 학교문화로 구분하고 있는 시라이시 요시로(白石義郎)는 학교문화를 일컬어 "학교 집단 특유의 행동양식, 특히 그 배후에 있는 가치 유형과 집단 규범"이라고 정의하면서 미리 통합되고 조정된 교사집단의 문화가 학생문화에 대한 압력으로 바뀌면서 학교문화의 갈등이 이루어진다고 논의하고 있다(조용환·황순희 역, 1992: 145).

결론적으로 지금의 학교문화는 오늘날 자유로움과 해방 의식으로 표현되는 청소년들의 문화적 감수성을 인정하지 않음으로써 이른바 학교문화의 갈등적 요소를 구조적으로 갖고 있음을 보여준다. 즉, 학교 내부에서조차도 청소년 개인 삶의 주체성과 자율성을 인정하지 않을 뿐만 아니라 오늘날 청소년 세대가 갖고 있는 독특한 문화적 감수성이 오히려 제한당하고 있음을 나타낸다. 따라서 학교문화의 갈등은 이와 같은 학교문화의 현재적 구도로부터 시작된다고 볼 수 있다.

2) 학교문화의 갈등, 그 시작과 끝

근대화 이후 가정으로부터 교육의 기능을 부여받은 학교가 말 그대로 '공부하는 공간'이라는 기본적인 의미 이외의 또 다른 의미를 갖는 이유는 청소년들이 생활시간 대부분을 이곳에서 보내기 때문이다. 그들은 생활시간 대부분을 학교 장면에서 보내면서 한정된 지식의 습득만을 전수받는 것이 아니라 그들만의 독특한 세계, 문화, 의식, 가치관을 쌓아왔다. 반면에 교사집단을 중심으로 한 지배문화적 양상의 학교문화는 제도화된 사회적 규범과 가치 규범을 형식적 그리고 잠재적 교육과정의 형식으로 청소년에게 내면화시킴으로써 학교문화의 갈등 양상이 나타나게 된다.

결국 학교문화의 갈등의 시작은 오늘의 청소년을 청소년 그대로 바라보지 않는 인식으로부터 시작된다. 청소년이 학교라는 현장에 편입되면서 이들에게는 이른바 사회가 청소년들에게 기대하는 전통적인 역할 기대의 또 다른 이름인 '학생'이란 명칭이 새롭게 부가된다. 조용환(1993: 5-17)은 학교는 청소년에게 학생의 정체를 강요하는 곳이며, 그들은 현실과 분리된 제도적 교육기관, 즉 학교에서 대부분의 시간을 보내면서 학생이라는 신분의 굴레 속에 갇혀 청소년 고유의 정체성이 퇴화되거나 부정적 이미지로 변화된다고 하였다. 그에 따르면, 학생과 청소년은 사회가 받아들이는 용어 그 자체에 있어서 차별적인 의미를 함축하고 있다. 학생은 미래를 위해 현재를 유보하는 삶의 존재이며, 그 삶의 정체성은 미래에 담보되어 있다. 만약 가정과 학교, 사회 등 청소년의 삶을 둘러싸고 있는 주요 환경들이 학생으로서의 청소년 가치에 집중한다면 결국 그 관심은 현실이 아닌 미래에 있다. 따라서 미래를 위한 그들의 현재적 삶은 늘 보호와 관리의 대상이며, 그들만의 독자성을 현실로부터 인정받기란 용이하지 않다. 그러한 의미에서 학생은 기성세대 중심의 관점에서 바라보는 안일한 청소년관(觀)이다.

반면에 청소년은 미래의 중요성을 내재하면서 동시에 현재적 삶의 의미도 중시되는 용어이다. 21세기 사회로 진입하면서 독자적 범주의 영역을 구축해야 하는 과제를 안게 되었고 그 시기의 중요성이 인정된 청소년기는 점차 청소년의 참여와 권리에 대한 세계적 흐름을 씨줄로, 이질적이고 독자적인 세대문화의 폭발적인 확산력을 날줄로 삼아 낡아빠지고 안일하기만 한 기성세대의 청소년관을 전환하도록 압박하고 있다.

그러나 여전히 청소년을 학생으로 제한하고자 하는 편협한 사회 인식은 쉽사리 전환하지 않으려는 반동성을 갖고, 학교는 여전히 삶의 지혜를 배워야 하는 숭고한 곳이며 청소년은 이러한 학습의 의무로부터 결코 벗어날 수 없다고 믿게 한다. 이러한 인식과 이에 터한 제도적 장치들은 청소년들의 실제적 삶을 극도로 제약해 왔으며, 학생이란 범주로만 묶어두어 결국 청소년 삶의 비정상적 제한이라는 결과를 가져왔다. 이른바 "어른이 생각하는 학교와 아이가 바라보는 학교" 사이에는 크나큰 괴리가 존재하는 것이다.

이에 대한 가장 명징한 대비 사례가 바로 1990년 5월 12일에 제정된 구 청소년 헌장과 지난해 10월 25일에 제정된 새로운 청소년 헌장이다. 구 청소년 헌장에서 청소년은 학생이라는 범주에 더욱 가깝다. 여기서는 청소년을 사회 구성원이라는 독립된 인격체로 정체성을 인정하고 있다기보다는 오히려 미래의 주인공으로 권리를 유보시키고자 하는 기성세대의 강고한 의지가 강조되고 있다. 그래서 모든 청소년은 "…… (미래를 위해) 스스로 적성과 능력을 갈고 닦아야 하며, 가정에서는 어른을 공경하는 몸가짐과 밝은 성품을 익혀야 하고, 학교에서는 교양과 지식과 체력을 길러야 한다. 또 사회와 국가로부터는 성장과 발달에 필요한 지원을 받아, 청소년 모두가 보호받고 사회생활에 잘 적응할 수 있도록 도움 받아야 함 ……"을 강조한다.[6] 반면에 「새로운 청소년 헌장」은 그동안

---

6) 1990년 5월 12일에 제정된 「구 청소년 헌장」의 전문은 다음과 같다.
〈청소년 헌장〉
청소년은 새 시대의 주역이다.
뜨거운 정열을 가슴에 품고 자연과 학문을 사랑하며 한 마음으로 굳게 뭉쳐 조국 발전의 일꾼이 되어, 세계와 우주로 힘차게 나아가 인류의 자유와 행복을 이룩한다.
여기에 우리 모두가 나아갈 길을 밝힌다.
1. 청소년은 출생, 성별, 학력, 직업, 그리고 신체적 조건에 따른 어떠한 차별도 받지 않는다. 모든 청소년은 적성과 능력을 갈고 닦아 스스로 어려움을 헤쳐 나아가는 슬기와 용기를 갖춘다.

학생이라는 범주에서 퇴화되거나 상실된 청소년의 지위를 성인과 동등한 사회 구성원으로서 존중하고 그 인권과 시민권을 회복하며 청소년의 자율성과 참여에 대한 사회적 약속을 명기하였다. 이는 실질적인 청소년의 권익 증진에 대한 사회 인식의 변화를 촉구하는 선언문인 셈이다. 이와는 달리 구 청소년 헌장의 각 항목은 청소년의 건강한 미래를 위해서는 청소년 개인과 가정, 학교, 사회, 국가의 의무와 책임을 명기하는 데 그치고 있다. 그런데 그 건강한 미래라는 것은 대단히 추상적이어서 보다 구체적으로 풀어볼 필요가 있다. 청소년을 학생으로 대치시킨 기존의 인식에서 학생이 자신에게 부여된 의무를 다하기 위해서는 성적 지상주의 사고와 실천이 뒤따르지 않으면 안 되었다. 그것은 곧 출세를 학력(學歷)으로 대치시켜왔던 그동안의 교육 등식과도 절묘하게 부합되는 것으로, 건강한 미래를 확실하게 보장받기 위해서는 결국 학교현장에서부터 성공된 인생을 살아야 함을 의미하였다. 청소년을 학생으로, 건강한 미래가 곧 성공된 학업생활로 제한된 인식은 그동안 청소년 삶을 희극적이라 할 만큼 비참한 실정으로 몰아갔다.

지금까지 학교에서는 소수를 위해 다수가 희생되는 것은 물론이었으며, 그 낙오의 대열에 자식을 놓치지 않으려는 학부모들의 노력은 차라리 눈물겨웠다. 낙오된 아이들은 비정한 사회로부터 비정함을 다시 배우는 악순환을 거듭하였다. 심지어 이러한 현상들로 인해 오늘날 학교가 청소년 비행 발생 요인이 될 수 있는 내적인 요인들을 갖고 있다는 논의도 제기되기도 하였다(이석재, 1998: 100-104). 그래서 이와 같은 현상을 일종의 병리 현상으로 규정하고 그 근원을

1. 가정은 청소년이 정서를 가꾸고 애정과 대화를 나누는 곳이다. 어버이는 올바른 삶의 본을 보이며, 자녀는 어른을 공경하는 몸가짐과 밝은 성품을 익힌다.
1. 학교는 청소년이 조화로운 배움을 통하여 교양과 지식과 체력을 기르는 곳이다. 자질을 존중하고, 자아실현을 통하여 삶을 윤택하게 하는 길을 가르치며, 문화의식과 민주시민정신을 높인다.
1. 사회는 청소년이 즐겁게 일하며 보람 있게 봉사하는 곳이다. 성장과 발달을 도와주며, 더불어 사는 기쁨과 여가선용의 마당을 제공하고 건전한 환경을 만든다.
1. 국가는 청소년을 사랑하고, 이들을 위한 정책에 최대의 노력을 기울인다. 배움터와 일터를 고루 갖추고, 도움을 필요로 하는 청소년 개개인을 각별히 보호하여 적응하고 자립하도록 이끈다.

기존의 가정과 사회로부터 학교교육 자체로 돌려 학교교육이 청소년문제 발생의 진원지일 수도 있다는 '학교교육 원인론'이 제기되기도 하였다. 또한 교육현실에 대한 위기적 상황 인식은 그동안 학교교육이 사회적 욕구뿐만 아니라 개인의 요구를 충분히 만족시키지 못함으로써 비롯된다고 보고, 결국 학교라는 공간은 여전히 청소년들의 생활에서 절대적 비중을 차지하고 있음에도 불구하고, 불행히도 이들에게 더 이상 '발전의 장'으로 기능하지 않는다는 비판마저 거세지기 시작하였다(조혜정, 1996).

청소년문화의 특성이 생활조건에 의해 기본적으로 규정되고 있다는 측면에서 청소년들의 생활에서 절대적 비중을 차지하고 있는 학교는 이제 정말로 이들에게 '발전의 장'으로 기능하지 않는지도 모른다. 학교교육이 교육행정에서부터 교사 교육에 이르기까지 개혁의 수단을 갖지 못하는 한, 동시에 학교교육 자체가 개혁의 현장이 되지 않는 한, 학교교육은 청소년에게 무의미한 동시에 사회적으로 생존의 가능성 역시 희박하다는 평가를 피할 수 없게 되었다(한준상, 1991). 이 같은 주장을 뒷받침하듯, 급격한 사회변화에 학교교육은 능동적으로 대처하지 못하고 있으며, 미래 사회에 부응할 수 있는 대응방안을 마련하지 못하고 있다는 혹독한 평가도 이어졌다. 즉, 학교는 인간이 만들어 놓은 사회 제도 중에서 가장 그 효율성이 떨어지고 있는 제도의 하나로서 평가받거나(Mullin, 1991), 혹은 기존의 전통적 교육행정 구조나 계획이 더 이상의 교육적 성과를 얻어낼 수 없다는 인식하에, 공식적 교육기관에서 학습자가 습득한 교육 결과에 대한 책무성을 재확인받아야 한다는 평가도 나왔다(Finn & Rebarber, 1992). 따라서 학교는 학습자를 둘러싼 여러 사회 환경과의 경쟁에서 뒤처진 기관으로 전락되었다는 비판도 받고 있다(고영희, 1985). 교육개혁위원회가 여러 조치를 강구해야 했던 1990년대의 상황은 더 이상 물러설 수 없다는 이 같은 절박한 교육현실과 인식으로부터 출발한다.

학교문화의 갈등의 끝은 곧 청소년의 제한적인 오늘의 삶을 해방함으로써 가능하다. 여기서 해방이라 함은 학생으로서의 구속과 제한으로부터 벗어남을 의미하는데, 곧 '학생으로서의 청소년'이란 이해에서 벗어나 '청소년으로서의 학생'으로 이해하는 '인식의 전환'과 구체적인 '현실 변화로의 치환'을 의미한다. 사실, 근대적 사유에 의하면 학생은 청소년을 의미하는 대표적인 이칭(異稱)이었다. 그것은 근대 이후 대중교육의 확산과 교육기회의 확대를 통해 빚어진 상징적 사건이었다. 그러나 학교는 점차 애초에 상정하였던 목표와 기능을 상실하고 오히려 교육의 부작용과 역기능을 생산하기 시작했다. 이와 관련하여 한준상(1997: 49-67)은 오늘날의 학교가 청소년의 놀이성을 파괴해 왔던 점을 심각하게 반성해야 한다고 논의한다. 이 논의의 중심에는 지금껏 학교교육이 청소년으로부터 놀이문화를 박탈하는 주요한 공간이자 기제로 작용하였다는 비판이 숨어 있다. 그는 원래 학교란 놀이 혹은 여가의 장소였으나 오늘날 청소년들은 오히려 학교로부터 놀이와 여가의 문화를 박탈당한 피폐화된 존재로 남았다고 보았다. 결국 어원적으로 '노동과 생업으로부터 벗어나 주변의 자연에 감사하거나, 절제하고 지적 탐구의 바탕이 되는 여가'라는 문화의 의미가 제대로 회복되는 학교문화만이 학교교육의 정상화를 위한 전제 조건인 셈이다. 따라서 피폐화된 청소년의 삶을 바로 세우고, 학교교육 기능의 정상화를 도모하기 위해서는 학교현장에서부터 새로운 학교문화를 세워야 하며, 이는 곧 청소년 삶의 질을 개선하기 위한 복지적 실천이자 주제에 다름 아니다. 그러기 위해서는 무엇보다 오늘날의 청소년을 학생의 지위와 신분에서 묶어 바라보기보다는 그들도 독립된 사회 구성원의 하나로 인식하는 자세가 요구된다.

4. 청소년복지 실현을 위한 학교문화의 과제

오늘날 사회는 다양한 변화의 와중에 서 있다. 이제 학교문화도 시대 변화에 부응하여 과거의 흔적들을 꼼꼼히 살펴보고 이에 근거해 새로운 학교문화를 창조해야 할 책무를 갖고 있다. 우선은 정상적이지 못하고 허물어진 학교문화부터 치유해야 한다. 우리 모두가 의도적으로 공교육 붕괴를 조장해 왔기 때문에 그 책임은 우리 모두에게 있다. 교육부도 일찍이 '21세기 지식기반 사회에 살아남을 수 있는 인재를 기르기 위해'라는 대전제를 설정하고 '교육비전 2002: 새 학교문화 창조'를 발표하면서 학교가 사회 전반의 변화노력을 수반해야 하는 실천 운동의 장면이라고 입장을 내세운 바 있다(교육부, 1998). 또한, 2009학년도 개정교육과정과 자유학기제의 시행 등으로 인해 바야흐로 입시 위주 교육, 단편 지식을 암기하는 낡은 방식의 주입식 교육이 학교현장에서 약화되거나 사라지고 학교가 전인교육이라는 본연의 위치와 기능을 회복할 것 같다.

하지만 낙관하기에는 너무 이르다. 왜냐하면 학교교육이 일관되게 교육의 본질을 추구해야 한다는 기본 명제가 지금껏 제대로 지켜진 적이 없었기 때문이다. 교육이 그 자체의 내재적 논리를 갖고 운영되기보다는, 광복 이후 지금에 이르기까지 정치·경제논리에 의해 좌충우돌하면서 역사를 질러 왔기 때문이다. 기존의 천재를 평범한 아이로 탈바꿈시킨 교육을 이제는 평범한 아이가 창의적이고 인간다운 인간으로 변하는 교육으로 바꾸어야 한다. 그 핵심은 다름 아닌 청소년의 삶의 질을 최우선으로 고려하는 학교문화의 변화에 있다.

학교문화가 변하기 위해서는 학교문화를 구성하는 교사문화, 수업문화, 학생문화 모두 변해야 한다. 교사문화와 수업문화의 변화도 중요하지만 궁극적으로 학교문화의 진정한 변화는 학생문화, 나아가 청소년문화의 변화를 탄력적으로 수용하면서 시작되어야 한다. 그런 측면에서 지금까지의 교육개혁은 교사문화와 수업문화에 치중해 온 감이 적지 않다. 그것은 역설적으로 우리의 성장세대에게 자신의 삶을 재단하고 펼쳐 보일 수 있는 기회를 주지 않았음을 의미한다. 특히 이 점은 그간 교육부에서 주도적으로 수행해 온 새 학교문화 창조란 명제의 교육개혁에서 명징하게 드러난다. 더욱이 오늘날은 지구화가 가속되어 문화적 자생력을 배양하지 않는다면 문화 기형아가 되는 시대이다. 그래서 우리의 청소년들이 스스로 문화적 자생력을 배양하고 자신의 삶에 주체적 존재가 되도록 지원하는, 보다 포괄적인 관점에서 학교문화를 창조하는 실천적 대응방안들이 구안되어야 한다.

1) 교사문화의 변화

학교에서 교사가 차지하는 위치는 중요하다. 비단 학교교육뿐만 아니라 교육의 전반적 개혁을 이루어내기 위해서는 교사집단의 자발적이고 능동적인 참여가 전제되지 않고서는 안 된다. 교사집단이 스스로 학교교육과 교육개혁의 '주체 중 하나'라는 인식하에 교육의 본질을 성취하기 위한 활동을 자발적으로 실행할 때 새 학교문화 창조도, 교육개혁도 이루어질 수 있다. 이를 위해 교사들의 인식 전환이 우선되어야 하겠지만, 교사들이 자부심을 갖고 학교생활을 할 수 있는 여건 조성도 뒤따라야 한다. 즉 새 학교문화 창조를 의도한 대로 달성하기 위해서는 교사의 의식 개혁과 질 높은 교사 양성, 그리고 교사들이 자부심과 긍지를 가지고 근무할 수 있도록 하는 여건 조성이 선행되어야 한다. 왜냐하면 학교교육의 질은 학생의 질과 동시에 교사의 질로써 평가되며, 교사의 적극적이고 자발적인 참여 없이는 학교교육의 변화와 발전을 기대하기 어렵기 때문이다.

그러나 교사문화의 변화에 있어 가장 중요한 것은 청소년 개개인을 단순히 '전체 학습자', 곧 '학생'으로 볼 것이 아니라, '하나의 인격체'이자 '청소년 개인'으로 보는 태도의 변화이다. 지금의 학교문화 위계구조상 교사집단의 문화는 획일적이며 위계적인 문화적 특성을 지니고 있다. 이러한 획일성과 위계성은 때때로 교육의 본질적 기능과 목적을 강제하기도 하는데 통상 학생 개개인의 개성은 이러한 획일적 교사문화에 수용되기 어려워 쉽사리 반문화적 양태로 낙인찍히기 마련이다. 준거와 기준을 거부하고 자신의 개성을 자연스레 드러내는 학생과 그들의 문화는, 학교 또는 사회의 집단적 기준에 의거한 교사문화의 준거문화적 특성으로 인해 문제 학생, 비행문화 등으로 낙인찍힐 뿐이다(이혜정, 1989; 조혜정, 1996).

이제 청소년 개개인의 개성과 특성을 이해하고 수용할 수 있는 교사문화의 문화적 수용력이 요구된다. 청소년을 학생으로 볼 것이 아니라 학생을 청소년으로 바라보는 인식이 중요하다. 그러기 위해서는 청소년들이 갖고 있는 문화적 기반과 특성을 이해하는 것이 선행되어야 한다. 기성세대와는 다른 요즘의 청소년들이 갖고 있는 문화적 의식, 규범, 특성들을 끊임없이 관찰하고 살펴보는 교사들의 자세와 연구관심이 요구된다. 이러한 일련의 변화를 유도하기 위해 예비 교사인력 양성과정인 사범대 교육과정에서부터 청소년문화 및 청소년 심리 등 최근 급변하는 청소년의 가치관에 대한 교직과목의 설치, 청소년지도사의 학교 내 전문인력 활용 방안의 제도화 등을 적극 검토할 필요가 있다.

2) 수업문화의 변화

교사문화의 변화를 전제로 하면 수업문화의 변화는 그렇게 어려워 보이지 않는다. 그러나 수업문화의 변화는 보다 전문적이고 복합적인 요인들이 존재하므로 변화 자체를 결코 낙관할 수만은 없는 문제이다. 여기에는 교사문화와는 별도의 외부적 요인들이 존재한다. 즉, 잠재적 교육과정이야 차치하더라도 표면적 교육과정, 이른바 무엇을 가르칠 것인가에 대해서는 부분적으로 교사가 개입될 여지와 영향력이 있을 뿐, 보다 거대한 이데올로기가 숨어 있기 때문이다. 이러한 의미는 수업문화의 변화를 촉진하기 위해서는 단지 교사 개인의 변화 노력에 의해 이루어지기보다는 보다 포괄적으로 교육과정의 계획과 운영의 변화가 전제되어야 함을 뜻한다. 그래서 수업문화의 변화 역시 교육에 관한 기성세대의 인식 전환과 합의를 전제로 한다. 보다 넓은 범주에서 기초된 교육적 토양은 교사와 학생 간의 대화와 만남의 장을 주도할 것이며, 단순히 지식 전수의 시간으로 상징되는 수업문화의 변화도 선도할 것임에 틀림없기 때문이다.

이런 상징적 사례는 적지 않다. 일찍이 교육인적자원부(1999)는 「교육발전 5개년계획」에서 학생 중심의 교육과정 운영을 근간으로 해 고등학교 과정별 필수과목 축소, 선택교과의 학교선택제를 학생선택제로 점진 전환, 단위 학교에서의 교육과정 편성권 부여 확대 등의 혁신적인 실천과제들을 명시한 바 있다. 나아가 자유학기제의 전면 도입과 시행을 앞두고 학생참여형 수업문화의 변화를 꾀하는 등 지금까지의 교사 중심의 교과활동에서 벗어나 학생 중심의 교과활동을 지향하고 나아가 교과 외 교육활동을 활성화하려는 움직임을 가속화하고 있다. 사실 지금까지의 학교교육은 정해진 지식을 어떻게 하면 효과적으로 그리고 효율적으로 가르칠 것인가라는 측면에만 관심을 두었지 학생의 요구나 기본 관심에 기초한 교육과정은 홀대해 왔다. 또 생명력 없는 교과서 속의 지식 전수도 교사 중심으로 이루어졌고 획일적인 교수방법을 사용함으로써 즐겁지 않고 풀죽은 학교문화를 유도해 왔던 것도 사실이다. 또 교육과정이 입시에 치중하다 보니, 대입 실패를 인생 실패로 인식하게 되고 이에 따른 많은 부작용도 해마다 치러 왔었다.

교사문화의 변화를 전제로 한 수업문화의 변화는 그래서 학습자 중심의 다양한 교육과정, 학습자의 욕구와 흥미에 기초하는 다양한 교수-학습 방법의 선택에 달려있다. 개인의 소질과 특기를 살려 자신의 능력을 최대한 발휘할 수 있도록 하는 수업문화의 변화가 절실히 필요한 연유가 여기에 있다.

3) 학생문화의 변화

자신의 주체적·자율적 권리와 학습의 선택권을 상실한 채 학교라는 공간에서 형성되는 학생문화는 학교문화에서 대체로 종속적인 위치에 자리하고 있었다. 반면에 오늘날의 청소년들은 과거의 청소년들과는 달리 이 같은 종속적 지위를 순순히 감내하기보다는 자신의 문화양식으로 해체·재구성하려는 적극성을 보인다. 이런 현상은 과거 학교현장에서 소외되고 내몰리기만 하던 대부분의 아이들의 그것과는 분명 다르다. 그럼에도 불구하고 학생과 학생문화에 대한 우리의 시각은 편협하였다. 학생으로서의 청소년과 학생문화로서의 청소년문화를 인정했을 뿐, 청소년으로서의 학생을, 청소년문화로서의 학생문화를 바라보지는 못했다. 학문적 연구관심도 이러한 인식의 틀에 제한되어 학생문화를 청소년문화의 한 부분으로 인정하기보다는 학교문화의 산물로만 살펴보았다. 따라서 거듭 논의했던 바와 같이 청소년으로서의 학생을 인정하고 학생문화 지대를 청소년문화라는 포괄적인 범주에서 바라보는 것이 필요하다.

특히, 학생문화, 나아가 청소년문화에 대한 지금까지의 연구는 대부분이 비동조적인 측면에 주력하여 비행문화 등 일탈적인 문화 지대에 초점을 맞추었을 뿐, 청소년문화를 총체적으로 이해하지 못했다. 물론 청소년문화는 청소년이 안고 있는 존재적 모순으로 인해 사회 전체의 지배적인 문화의 입장에서 볼 때 비동조적이라고 볼만한 요소가 동조적인 요소보다 더 많을 가능성이 있다. 그렇더라도 그 현상을 '청소년의 문제'가 아닌 '청소년의 현실'로 인식해야 한다. 그러나 유감스럽게도 그동안 청소년문제 자체도 청소년의 현실로 인식하고 연구하려는 움직임은 미흡했다(조용환, 1998).

더욱이 청소년문화연구에 있어서 최근의 신세대 사유방식과 신세대문화의 특성 연구는 부족한 실정이다. 대중문화 영역을 중심으로 형성되고 있는 문화 지대(대중음악, 영상 문화 등), 사이버 공간을 중심으로 이루어지고 있는 온라인문화 지대는 그야말로 요즘의 청소년문화의 현주소를 파악할 수 있는 영역들이다. 특히 오늘의 학생문화가 이와 같은 신세대문화 지대와 긴밀한 연계성을 두고 있으며, 그 근원적인 변화가 이루어지고 있는 모태라는 점에서 상호 연계되는 연구가 요구된다. 학생문화의 변화를 요구하기에 앞서서 학생문화에 대한 정밀한 연구 시도가 전제되어야 하는 이유가 여기에 있다. 그래서 그들 문화가 학교현장에서 어떻게 형성·연장되고 있으며, 그 특성과 성격은 무엇이고, 청소년들에게 보이는 기능과 역할은 무엇인지에 대한 후속 연구들이 향후 누적적으로 지속되어야 한다. 이러한 연구들이 선행된다면 학생문화에 대한 요구도 보다 더 구체적이고 현실적일 것이다. 그중에서도 청소년 스스로가 문화의 주체로서 자생력을 일궈야 한다는 논의는 학교문화의 시대적 변화 요구에 있어서 가장 기본적이며 중심적인 위치에서 벗어날 수 없다.

그래서 청소년들은 자신의 삶과 문화를 건강하게 향유할 수 있는 문화적 자생력을 스스로 복원하고 회복해야 하는 삶의 과제를 안고 있다. 풍요로운 문화의 향유와 구가는 스스로의 올곧은 문화적 의지로부터 나오기 때문이다. 그것은 곧 자신의 삶에 대한 주인 의식을 공고히 하는 것과 깊은 맥락이 있다. 지금까지의 수동적이고 소극적인 삶의 인식을 능동적이고, 적극적인 삶의 주체로 변신시키려는 스스로의 의지가 향후 새로운 문화 창조와 향유에 있어서 중요하기 때문이다.

동시에 청소년들은 삶의 지혜를 배우면서 이를 삶의 현장에서 실천해야 하는 과제도 안고 있다. 삶을 살아가는 데 필수적인 지식과 지혜, 이른바 미래 사회에서 요구되는 공동체의식 등을 자신의 삶에서 실현해야 한다. 물론 이와 같은 삶의 변화를 적극적으로 지원하고 청소년들의 의사와 욕구를 수렴하는 다양한 제도적 장치도 아울러 필요하다. 사실, 이러한 기회가 이전의 그들 삶에 제대로 주어진 바가 없고 생소하기만 하여 당장 성공적일 수는 없을 것이다. 또한, 학교라는 공간이 아직은 변혁의 와중에 있어서 학생문화의 위치와 정체성을 어떻게 실현할 것인가도 과중한 부담으로 다가올 것이다. 그러나 이 모든 과제의 중심에 스스로가 서 있고, 청소년 역시 학교문화 변혁과 창조의 주체자라는 인식을 굳건히 한다면, 그리고 기성세대와의 협력적 관계를 유지한다면, 시간은 걸리더라도 진정한 학교문화를 건설할 수 있을 것이다. 기성세대 역시 청소년들에게 믿음과 신뢰의 지원을 아끼지 말고 그들 스스로 문화적 자생력을 이루어낼 수 있도록 학교 안과 밖의 현장에서 적극 도움을 주어야 한다.

4) 사회의 지원과 협력

학교문화의 변화와 새로운 학교문화의 창조는 학교교육의 개혁이란 현실적 과제에 있어서 효과적인 전술일 뿐만 아니라 청소년 삶의 질적 개선과 제고라는 복지실현의 측면에서도 효율적인 전략이다. 청소년의 삶을 풍요롭게 하고 건강하게 하기 위해서는 학교문화 내부의 변화가 뒤따라야겠지만 동시에 사회 자체의 적극적인 지원과 협조 없이는 불가능하다. 전체 문화의 틀 속에서 학교문화가 나름대로 정착하려면 주변의 문화 영역들의 지원과 협조 없이는 불가능하기 때문이다. 그러한 의미에서 학교문화의 개혁은 사회변화를 전제한다.

우선 청소년을 독립된 인격체로, 사회의 동반자로 인식하는 파트너십이 필요하다. 그들을 학교현장에서의 학생으로 묶어두기보다는 삶의 일원으로, 함께 문화를 일구어내는 문화 공동체의 일원으로 인정하고 협력하는 인식의 정립이 필요하다. 더불어 학교 외 장면에서 청소년들의 삶에 건강함을 줄 수 있는, 학교 외 교육체제(out of school education system)를 정비하고 학교교육과의 유기적인 연결망도 구축해야 한다. 사실 청소년에 대한 학교 외 교육의 필요성은 UN에서도 일찍이 그 필요성을 역설하였다(유네스코한국위원회, 1998). 1964년 프랑스 그르노블에서 개최한 '청소년에 관한 전문가 회의'에서는 학교와 대학이 청소년들로 하여금 급변하는 세계에 충분히 대처할 수 있도록 준비시키는 교육은 미흡하다고 보고, 그 보완책으로 모든 국가들에 학교 외 교육의 실시를 권고한 바 있다. 여기에서는 학업 청소년뿐만 아니라 비학업 청소년, 예컨대 학업중단 청소년, 졸업생, 비진학 청소년, 추수 교육이 필요한 청소년 모두를 대상으로 이들의 욕구에 근거하는 다양한 교육과정이 학교 외 장면에 배치되어 학교교육을 보완하고 지원하는 형태의 교육체제를 제안하고 있다.

이제 청소년들에게 불리하게 작용하는 삶의 요소들을 제거하고 이 시기에 건강한 성장과 발달을 완성할 수 있도록 사회체제가 변화하는 것은 결코 미룰 수 없는 시대적 요구이며 동시에 청소년복지 실현을 위한 실천적 과제이다. 그들의 삶에 절대적인 위치로 자리 잡고 있는 학교와 학교교육은 그래서 비껴갈 수 없는 개혁의 대상이다. 무엇을 위해 왜 할 것인가라는 사회적 합의가 이루어졌다면, 이제 우리에게 남은 과제는 '어떻게 하느냐'이다. 이 점에 있어 청소년 삶의 질을 개선하기 위한 우리의 실천과제는 이제 그들의 자생성과 주체성을 신장시키기 위한 사회적 배려이다. 그것은 곧, 학생으로서의 청소년이 아닌, 청소년으로서의 학생임을 인정해주는 사소하지만 중요한 인식의 전제로부터 출발한다. 이러한 작은 실천들이 모아지면서 좀 더 큰 실천적 합의들이 이루어질 수 있다. 이렇게 우리가 합의한 실천들이 이루어진다면, "청소년의 인간다운 삶을 보장하고 청소년 스스로 행복을 가꾸며 살아갈 수 있도록 여건과 환경을 조성한다"는 새로운 청소년 헌장이 단지 선언문에 그치는 것이 아니라 당당한 우리 삶의 지표로 서게 될 것이 틀림없다.

참고문헌

고영희(1985). 학생들은 학교에서 어떻게 실패하는가. 서울: 배영사.

교육부(1998. 10. 22.). 교육 비전 2002: 새 학교문화 창조.

교육부(1999). 창조적 지식기반사회건설을 위한 교육발전 5개년계획 시안.

권일남(1999). 청소년지도의 학문적 정립방향에 대한 일 고찰. 한국청소년연구, 28. 서울: 한국청소년개발원. 5-30.

김규태(2002). 학업중단청소년 종합대책. 학업중단청소년 종합대책 수립을 위한 공청회 자료집. 서울: 한국교육개발원 · 한국청소년개발원.

김기환(1996). 학생복지를 위한 학교사회사업의 필요성. 아동복지학 4. 서울: 한국아동복지학회.

김민(1997a). 신세대문화 읽기: 대중음악과 청소년. 오늘의 청소년 11. 서울: 한국청소년단체협의회.

김민(1997b). 정보화사회에서의 신세대문화 이해. 주성대학 논문집 6. 청주: 주성대학.

김성이(1990). 사회복지학 분야에서의 청소년연구 동향과 과제. 한국청소년연구 1(2)(통권 제2호). 서울: 한국청소년개발원.

김성이(1993). 청소년복지의 개념과 의의. 청소년복지론. 서울: 한국청소년개발원.

김순흥 외(2003). 한국청소년의 삶과 의식구조. 사회연구사.

김치묵(1977). 청소년복지. 한국사회복지총람. 한국사회복지협의회.

노혁(1998). 청소년복지의 정체성 모색, 한국청소년연구 9(1). 서울: 한국청소년개발원.

또 하나의 문화 편(1997). 새로 쓰는 청소년 이야기 2. 서울: 또하나의문화.

문화관광부(2004). 제3차청소년육성기본계획. 문화관광부.

박효정(2002). 중고등학교 생활지도 내실화 방안 연구(II)- 중고등학교 생활지도를 중심으로, 한국교육개발원 연구보고 RR 2002-3.

박효정(2003). 한국중등학생의 생활 및 문화실태 분석 연구. 한국교육개발원 연구보고 RR 2003-5.

백욱인 · 하종원(1998). 컴퓨터와 청소년문화. 한국언론학회 · 한국사회학회 엮음(1998), 정보화시대의 미디어와 문화. 서울: 세계사.

서울시대안교육센터(2002). 서울시대안교육센터 운영백서. 서울: 서울시대안교육센터.

여성가족부(2013). 2013 청소년백서. 여성가족부.

여성가족부(2022). 2022 청소년백서. 여성가족부.

유네스코한국위원회(1998). 세계청소년의 권리와 책임에 관한 결의들. 청소년연구자료집 1998-6. 서울: 유네스코한국위원회.

이미리 · 조성연 · 길은배 · 김민(2014). 청소년학개론. 서울: 학지사.

이석재(1998). 청소년문제의 교육적 과제와 그 대책. 교육사회학연구 8(1). 서울: 한국교육사회학회.

이수민(1968). 청소년복지의 이념과 과제. 복지연구 2. 한국사회복지연구소.

이용교(1993). 한국청소년복지의 현실과 대안. 서울: 은평천사원 출판부.

이용교(1998). 청소년복지 연구의 동향과 과제. 청소년학연구 5(2). 서울: 한국청소년학회.

이용숙(1993). 학교교육과 청소년문화. 한국청소년개발원 편(1933). 청소년문화. 서울: 한국청소년개발원.

이종복 외(1998). 현대청소년복지론. 서울: 양서원.

이혜정(1989). 노는 애들의 세계. 서울대학교 석사학위논문.

정향진(1992). 교사집단 내 위계성의 재생산기제에 관한 연구. 서울대학교 대학원 미간행 석사학위논문.

조용환(1993). 청소년연구의 문화인류학적 접근: 청소년의 실체와 청소년문화의 이해. 한국청소년연구 4(3). 서울: 한국청소년연구원.

조용환(1994). 고등학교 학생문화의 종합적 이해와 비판. 정신문화연구 17(4). 서울: 한국정신문화연구원.

조용환(1998). 학생문화. 서울대학교교육연구소 편(1998). 교육학 대백과사전. 서울: 하우동설.

조용환 · 황순희 (역)(1992). 학교문화와 학생문화-학생의 사회학. 교육사회학. 서울: 형설출판사.

조혜정(1996). 학교를 거부하는 아이, 아이를 거부하는 사회. 서울: 또하나의문화.

조흥식(1999). 청소년학 정체성 확립의 방향과 과제: 청소년복지와 청소년학의 정체성(99 학술대회 발표논문. 1999. 2. 23.). 서울: 한국청소년학회.

차경수(1998). 청소년학연구의 전망과 과제. 청소년학 연구 5(2). 서울: 한국청소년학회.

최윤진(1998). 청소년의 권리. 서울: 양서원.

한국청소년단체협의회(2002). 2002년 청소년육성환경의 변화와 청소년운동의 방향. 청소년운동 그 전망과 과제. 서울: 한국청소년단체협의회.

한국청소년학회(1999). 청소년학 정체성확립의 방향과 과제(99 학술대회 발표논문 자료집. 1999. 2. 23.). 서울: 한국청소년학회.

한준상(1991). 청소년문제와 학교교육. 서울: 연세대출판부.

한준상(1997). 동숭동의 아이들: 청소년의 파격문화. 서울: 연세대출판부.

한준상(1999). 청소년학 연구. 서울: 연세대출판부.

Finn, C. E. Jr. & Rebarber, T. (1992). The Changing politics of education reform. In Finn, C. E. Jr. & Rebarber, T.(eds.), *Education reform in the '90s*. New York: Maxwell Macmillan.

Hechinger, F. (1992). *Fateful choice: Healthy youth for the 21st century*. New York: Hills and Wang.

Kadushin, A. (1974). *Child welfare service*. New York: Macmillan.

Kluckhohn, C. (1962). *Culture and behavior*. New York: Free Press.

McLaren, P. (1989). *Life in schools: An introduction to critical pedagogy in the foundations of education*. New York & London: Longman.

Mead, M. (1978). *Culture and commitment*. New York: Douglas.

Mullin, M. H. (1991). *Education for the 21st century*. New York: Madison Books.

Roberts, K. A. (1978). Toward a generic concept of counter-culture. *Sociological Focus* 11.

Williams, R. (1983). *Keywords*. London: Fontana.

CHAPTER 04

대중문화와 청소년문화

인간의 다양한 발달단계에 있어 '성장과 독립'이 주요 발달과업으로 등장하는 청소년기는 주목할 만한 신체적 · 심리적 · 환경적 변화를 경험하고 체득하는 시기이다. 청소년기에는 청소년 스스로가 자기 존재에 대한 관심을 표명하며 자기만의 독자적인 자아정체감을 형성하고 확립하려는 욕구가 크다. 특히 자아정체감의 형성이 인간의 전 생애에 걸쳐 이루어지는 발달과업이라 하지만, 청소년기는 자아정체감 형성의 결정적 시기(critical period)이므로, 이 시기에 이르러 인간은 본격적인 자아의식이 형성되고 자아의 일관성과 독자성을 유지하면서 '타인과 다른 독특한 개인'으로서의 자기 존재의 정체성을 획득, 수립하는 시기이다.

이러한 자아정체감 형성과정에는 자기 내면의 세계에 대한 진지한 성찰과 자각을 전제하며 동시에 의미 있는 타자(significant others)로부터 의도적 · 암묵적 영향도 받게 된다. 반두라(Bandura, 1977)의 이론에 근거한다면, 청소년들은 자신과 타인과의 관계에서 생겨나는 자기의 독자성 및 타인과의 관계성의 문제를 통해 이 시기의 자아의식과 정체성 발달에 영향을 받는다. 구체적으로, 대인관계를 통한 모델 설정과 동일시를 통해 현존의 자신과 다른 '또 한 사람의 자기' 탄생을 주도하게 되는 것이다. 따라서 이 시기에 어떤 환경으로부터 모델을 설정하고 그에 따라 어떤 형태의 동일시를 하는가라는 질문은, 자아정체성 형성이란 청소년기의 주요 발달과업 성취와 관련된 주제라 할 수 있다. 이러한 맥락에서 오늘날 영상세대라 일컫는 성장세대에게 성장기에 주요한 환경 변인으로 작용하는 대중문화가 어떤 영향을 미치는가에 대한 탐색과 검토가 필요하다. 하지만 현실은 아직까지 황색 저널리즘에 기초한 선정적인 사례 소개에 그치고, 청소년의 대중문화 수용실태와 현황에 대한 탐색은 미흡한 실정이다.

본 장은 이 같은 반성에 기초해 청소년기의 자아정체감 형성에 적지 않은 영향을 미치고 있는 대중문화에 대한 이론적 검토를 위해 작성되었다. 구체적으로 이 글은 대중문화가 청소년에게 미치는 영향을 청소년의 대중스타 수용현상을 중심으로 살펴보았다. 왜냐하면 대중문화가 청소년에게 미치는 다양한 영향 전반을 살펴보기에는 여러 제한 요소가 있고 무엇보다 대중문화가 청소년에게 미치는 영향을 청소년의 대중스타 수용실태를 중심으로 상징적으로 살펴볼 수 있기 때문이다. 특히 청소년들이 연예계 스타나 스포츠 스타를 향해 열광적인 애정과 찬사를 보내고, 스타를 모방하고 동일시하는 현상은 역할모델과 관련해 중요한 청소년 현상이자 청소년 현안과제로 대두되고 있다. 이러한 점들을 감안한다면, 청소년문화와 대중문화의 상관관계에 있어 청소년의 대중스타 수용현상은 유의미한 해석과 결과를 제공할 수 있다. 만약 이들이 대중문화 수용에 있어 대중스타의 실재를 바라보지 못하고 허상적인 이미지에 집착한 나머지 몽환적 환상에 매몰되어 신성시까지 한다면 이는 바람직한 청소년의 성장과 발달에 중대한 장애가 될 수도 있는 현상이다. 그러나 역으로 청소년들이 대중스타와의 관계에서 일방적이고 수동적인 문화수용자로부터 벗어나 하위문화 지대를 스스로 가꾸어 가는 '기회의 장면'으로 전환 · 활용하고 있다면 이는 건강한 청소년문화 지원을 위해 우리 사회가 적절한 이해와 배려를 해야 하는 지점이기 때문이다.

이 글에서는 먼저 청소년학에서의 대중문화의 의의와 문화연구에서의 대중문화가 갖는 의미를 검토하였으며, 대중스타와 대중문화 · 대중매체와의 관계성, 청소년들의 대중문화 수용현상에 대한 고찰을 하였다. 특히 청소년들의 대중문화 수용을 대중스타 수용에 초점을 맞춰 이론적으로 어떻게 해명될 수 있는지에 대한 탐색을 통해 궁극적으로 오늘날 청소년들의 대중문화 수용실태와 현상에 대한 진단을 하려는 의도를 갖고 있다. 아울러 대중문화 수용현상에 대한 이론적 이해를 확장하기 위해 현재의 대중문화 수용방식을 청소년기의 발달심리학적 측면과 문화이론적 측면에서 정리하고, 마지막으로 대중문화 수용현상이 청소년에게 미치는 영향과 이에 따른 과제는 무엇인지 논의하였다.

1. 청소년학 연구에서 대중문화의 의의와 현황

1) 1990년대의 대중문화와 청소년문화

'문화'란 곧 삶의 또 다른 이름이다. 그래서 문화는 당대의 삶살이가 그 자체로 고스란히, 그리고 숨 가쁘게 부딪치는 공간이다. 삶살이 자체를 문화라 지칭하는 수많은 학자와 그들의 논의를 차용하지 않는다 하더라도 문화를 삶에 편입시키거나 혹은 문화를 삶의 전형으로 보는 접근 방식은 보편적인 경향이다(원용진, 1996: 16-19; Bourdieu, 1995: 20-29).[1]

지금까지 인간이 사회를 이루며 삶을 이어오는 가운데 문화는 엄연히 존재해 왔으며 때로는 삶의 역사를 가르는 주요한 좌표로 그 기능을 수행해 왔다. 무릇 삶이 인간 역사의 기초가 되듯, 문화에 대한 끊임없는 인식은 과거의 삶을 반추하고 오늘의 삶을 진단하며 미래의 삶을 예견하는 역사적 의미를 갖고 있다. 그것은 곧 문화가 '과거의 삶으로부터 생명수를 받고 현재의 삶을 반영하는 거울이며, 미래 사회상을 가늠하는 잣대'라는 말에 다름 아니다. 특히, 새로운 문화를 민감하게 받아들이는 성장세대에 관심 있는 사람이라면, 문화에 대한 지적 인식의 칼날은 무뎌져서는 안 된다. 왜냐하면 문화에 대한 지적 인식은 새로운 문화에 대한 사회학적 비판과 교육적 통찰을 통해 성장세대의 올바른 문화돋움을 지지해줄 뿐만 아니라, 기존 문화와의 탄탄한 가교를 맺어줌으로써 새로운 사회적 연대, 세대적 협력을 이루는 통합적 기능까지 수행하기 때문이다.

새로운 성장세대에 대한 관심은 문화로부터 기초한다. 왜냐하면 그들의 삶의 모습과 내용, 형식이 전 세대의 그것과는 판이하기 때문이다. 전술된 문화의 개념을 대입하자면 성장세대의 문화가 기성세대의 문화와 큰 차이를 보이고

1) 원용진에 의하면 문화란 인간이 의미를 만들어 내는 실천의 장이며 따라서 문화연구는 문화의 상징적 측면에 관심을 두어야 할 것을 주장하고 있다. 피에르 부르디외(Pierre Bourdieu) 역시 지배계급의 정제된 의식의 정형으로 불린 초기의 문화적 개념을 이제는 문화·인류학적인 의미가 함의된 삶의 양식으로 이해하지 않는다면 문화적 실천을 '완벽하게' 이해할 수 없다고 하였다.

있는 것이다. 물론 새로운 세대란 어느 시대, 어느 사회에나 존재하기 마련이고 그들은 당연히 기성세대와는 어떤 식으로든 차이를 갖기 마련이다. 그럼에도 불구하고 유독 성장세대와 관련하여 최근 우리 사회에 떠들썩한 논쟁과 담론이 이는 것은 사실 요즘의 성장세대가 기성세대와 비교해 갖는 세대 차가 과거의 세대 차보다 훨씬 크고 단절적이라는 사실에 기인한다.

한국사회에 있어서 문화에 대한 지적 관심의 기원은 이미 문화가 중요한 사회적 화두(話頭)로 등장하는 1980년대까지 거슬러 올라간다. 문화와 관련해 1980년대를 상징하는 지성사적 사건이라면 단연 '사회구성체 논쟁'을 꼽을 수 있다. 획일적이며 전체주의적 문화가 중심이던 척박한 현실에서 감히 문화를 논한다는 것은 그 당시로서는 경박하기 그지없는 일이었다. 기껏해야 1980년대 초 본격 수입된 프랑크푸르트학파의 '문화산업론'을 제외하고는 문화연구 및 문화이론에 대한 논의는 거의 없었다 해도 과언이 아니던 시절이었다. 당시 문화와 자본주의 재생산의 연관 문제를 심각하게 제기한 사회구성체 논쟁은 현대사회를 재조명할 수 있는 기제를 기대하던 지식인들에게 새로운 논의의 물꼬를 터 주었다. 그람시의 그림자가 짙게 드리우고 신마르크스주의로부터 부분적으로 이론의 빚을 진 사회구성체 논쟁은 문화 등의 상부 구조적 제 요인들을 통해 자본주의라는 단단한 모순 껍질로 둘러싼 현대사회를 재단할 수 있는 가능성을 제공하였다. 특히, 1989년의 세계사적 격변과 뒤이어 터진 구소련 몰락의 숨 가쁜 드라마는 단순히 동구권 텍스트의 권위에 기대어 오던 한편의 지식인들에게 충격으로 다가왔다. 마침내 그들의 금서 목록에 올라있던 아리스토텔레스의 '시학'은 서고의 묵은 먼지를 털어내고 속속 서점의 진열대에 등장하기 시작했고, 상부 구조적 요인들에 대한 논의가 학계에도 봇물처럼 쏟아져 나오기 시작했다.

이러한 지적 관심은 직접적으로 월간 '사회평론', 월간 '예감', 주간 '시사저널' 등이 1991년, 1992년에 대중문화를 특집으로 다루게 하였으며 어지간해서는 문학과 역사의 바깥으로 관심을 주지 않았던 주요 계간지들도 1990년대 초를 정점으로 대중문화에 대한 분석적인 논문을 게재하기 시작하였다. 본격적인 문화이론을 게재하는 문화 전문 계간지 '문화과학'과 '리뷰(REVIEW)'가 창간되었고, 문화 영역에 과감하게 지면을 할애하는 '상상'과 같은 잡지도 나왔다. 이러한 지적 관심은 두루 알려진 것과 같이 1990년대 초반부터 우리의 문화적 신경을 섬세하게 자극하고 지적 소화액을 맘껏 분비시킨 다양한 문화 담론들을 창출시켰다.

이렇게 1990년대는 적어도 한국사회에서 문화에 대한 연구관심을 포괄적으로 확장하고 동시에 그 수용 영역과 대상 계층을 넓히면서 그동안 소수에게 지배되어 왔던 고급문화 대신 대중문화가 대중에게 확산·침투되는 시기였다. 이른바 고급문화에 밀리기만 하던 대중문화가 우리 사회에 화려하게 등장한 것이다. 특히, 대중문화는 1990년대 들어와 한국사회에 있어 10대와 20대 초반의 세대에게 그 주도권을 넘기면서 대중문화는 곧 청년문화, 혹은 청소년문화와 등가의 가치를 갖게 된다. 대중매체의 방송 프로그램, 대중가요, 가상세계는 물론이고 당시 오프라인에서 나타난 록카페, 노래방 등의 신문화적 상징 공간, 영상 광고 등에 있어 이들 청소년 집단은 문화적 헤게모니를 주도하며 주요 소비집단이자 동시에 생산집단이 된 것이다. 청소년을 가리켜 생비자(prosumer)라 칭하게 된 것도 이즈음의 일이었다. 따라서 이전의 주요 청소년문화 영역이었던 학생문화 대신 다양하고 이질적인 대중문화가 새로운 청소년문화의 주요 영역으로 등장하게 되었다.

2) 대중문화의 개념과 의미

대중문화는 크게 두 가지 개념으로 구분된다. 즉, "불특정 다수에 의해 향유되는 문화"란 의미의 '매스 컬처(mass culture)'와 "다수에 의해 일반적으로 동의되면서 인기가 있는 문화"란 의미의 '파퓰러 컬처(popular culture)'가 그것이다. 여기서 대중(mass)이라는 말에는 고립, 분산되어 있고 주체성을 가지지 못하고 있으며 따라서 비합리적이고 열등한 집단이라는 폄하적 의미가 담겨 있다. 반면에 파퓰러(popular)란 의미는 매스보다 중립적이거나 긍정적인 의미를 갖고 있는데, 특히 '대중적인 향유와 취향'에 대한 지지라는 의미가 함의되어 있다. 따라서 매스 컬처는 '열등한 집단의 저속한 문화'란 의미라면 파퓰러 컬처는 '다수의 사람이 향유하는 대중적인 문화'란 의미로 받아들여졌다.[2)]

이러한 맥락에서 강준만(1994: 20-22)은 대중문화 비판이란 관점에서 대중문화 자체를 상업성, 획일성, 저속성 등의 부정적 의미가 함의되고 있는 매스 컬처와, 일반 다수에 동의되는 문화란 의미가 강조되는 파퓰러 컬처에 대해 논의한 바 있다. 그는 매스 컬처에서 '매스'는 한 집단의 구성원이나 개인을 나타내기보다는 무차별적인 집합체를 의미하는 것으로 다소 경멸적인 의미를 띠고 있는 반면에, '일반적으로 넓게 확산되어 있으며 동의되고 있는'이라고 정의되는 '파퓰러'란 단어에는 대중문화의 민주적 성격에 대한 기대와 희망이 담겨 있다고 논의하였다.

매스 컬처란 개념에는 일종의 계급적 속성이 포섭되어 있는 반면에 파퓰러 컬처란 단어에는 대중문화 자체를 악의적인 개념으로 상징화하는 일부의 관점을 불식하고 나아가 대중문화이론가들에게 대중문화의 영향과 기능을 순수한 학문적 관점으로 바라볼 수 있는 여지를 제공하고 있다. 따라서 대중문화와 청소년문화 간의 관계를 바라보고자 할 때 파퓰러 컬처가 아닌 매스 컬처로 그 개념을 다룬다면, 이는 성장세대의 대중문화 향유를 쉽게 폄하시킬 우려가 있다.

흔히 대중문화의 저급한 계급성을 지적하는 이론가들은 대중문화의 존재 자체에 대한 평가 이전에 대중문화가 수용자에게 미치는 영향에 대한 논의에 집

2) 매스 컬처(mass culture)는 텍스트의 대량복제가 가능한 대중매체가 등장한 근대 자본주의 이후의 문화산물로 한정되지만 파퓰러 컬처(popular culture)는 자본주의 이전의 민중문화적 개념까지 포괄한다. 물론 현대의 파퓰러 컬처 역시 대부분 대중매체에 의해 생산·유통된다. 따라서 현대사회에서 매스 컬처와 파퓰러 컬처는 동일한 대상을 각기 다른 시각에서 정의하는 개념으로 보아도 크게 틀리지 않는다. 그러나 '삶의 양식'이라는 좀 더 보편적인 문화의 개념을 염두에 두면 매스 컬처라는 개념으로는 대중적 문화 현상의 적지 않은 부분을 놓치게 된다. 따라서 일반적인 의미에서 대중문화의 개념은 파퓰러 컬처로서의 대중문화, 즉 다수의 사람들이 소비·향유하는 문화라는 관점으로 접근하는 것이 일견 타당하다. 사실 어떤 문화든 그것이 대중의 삶 속에서 존재하며 대중에 의해 수용되지 않으면 아무런 의미가 없다(김창남, 1995: 24).

착하곤 한다. 그들이 갖고 있는 대중문화 존재에 대한 인식은 단지 고급문화 이외의 범주에 있는 잔여 문화적 양식을 의미한다. 이들에 의하면 대중문화는 고급문화의 상대적 개념이며, 저급성과 상업성이란 성격으로 포장되어 있어 건강한 문화를 저해하고 나아가 지배계급의 이데올로기를 확산시키는 주요 도구로서 개념화된다. 이러한 개념에 기초하여 이들은 규범적 비판의 칼날을 앞세워 퇴폐와 향락, 외국 문화의 무비판적 수용이라는 이름으로 지금의 대중문화양식과 문화양태, 그리고 이러한 문화 방식을 향유하는 계층에 대해 우려의 목소리를 내고 있다. 사상적 측면에서 신보수주의적 입장에 서 있는 이들에게 대중문화와 문화 환경이란 소재, 대중문화양식을 향유하는 계층은 저급한 계급성의 상징을 의미한다.

그러나 이러한 관점은 하위문화를 억압하는 지배문화의 형태라는 '문화적 종속주의', 혹은 '문화적 상대주의'를 수용하지 않는 '문화적 절대주의'라는 지적을 받으면서 고급문화의 지배적 향유 이외에는 결정적인 대안과 해결 방안을 제시하지 못한다. 또한, 이들이 지니고 있는 규범적 비판의 칼날 뒤에는 기성세대 혹은 지배집단의 편견이 도사리고 있으며, 보다 꼼꼼히 살펴보면 이러한 인식의 토대에서 문화 이데올로기의 잔재가 발견된다. 따라서 대중문화를 대중의 삶을 반영하는 거울이자 그들의 삶 그 자체로 보는 관점은 문화적 상대성을 유지하면서 동시에 오늘날 대중이 갖는 삶의 특징을 고스란히 이해하고 수용할 수 있는 관용적 관점이라 할 수 있다. 아울러 대중문화를 주요 문화적 상징으로 차용하는 오늘날의 성장세대를 폄하하지 않은 채 이들의 삶의 특성과 성격을 파악할 수 있는 유효한 관점이다.

3) 대중문화의 계급과 경계의 와해: 아비투스와 크로스오버, 그리고 퓨전

신보수주의적 언설과는 일정한 거리를 유지하면서 현대사회의 계급 분화와 계급 구조를 문화적 지형으로 분석한 부르디외(Bourdieu, 1995)는 문화의 계급성과 문화 이데올로기에 의한 새로운 패러다임을 제시하고 있다. 아비투스

(habitus)와 문화자본(cultural capital)이라는 그의 독특한 개념은 문화 분석의 주요 도구로 사용되는데, 여기서 아비투스란 "일정 방식의 행동과 인식, 감지와 판단의 성향 체계(문화적 취향)"로서 개인의 역사 속에서 개인들에 의해 내면화되고 체화되며 또한 일상적 실천들을 구조화하는 메커니즘을 의미한다. 즉, 개인의 사회적 성향들의 결합이란 의미의 아비투스는 사회의 장(場: field)에서 지배계급의 의미 있는 이해관계들—권력—에 기초해 형성되며 요구된다.

따라서 아비투스는 사회 구성원의 행위 문법의 일종으로서 특수한 실천들의 생산을 위한 도식(schema) 내에서 하나의 계급을 다른 계급과 구별 짓는 구실을 한다. 예컨대 어느 대학교수가 고급 취향을 갖고 있기 때문에 바흐의 곡을 좋아하고, 어떤 육체노동자나 상점 점원은 중간 취향을 갖고 있기에 '푸른 다뉴브강'을 좋아한다면 여기서는 각자가 향유하는 문화 취향이 개개인의 사회 계급성과 직접적인 연상이 어렵다. 그러나 그 교수가 고상한 취미를 갖고 있는 교수였던 아버지와 훌륭한 교양을 갖춘 어머니의 밑에서 좋은 취향을 체화하였다면 이는 곧 사회경제적 계급성과 긴밀한 관계성을 유지하게 된다. 즉, 교수는 그의 역사적 장면에서 일정한 문화적 자본을 상속받고 습득한 사람임을 알 수 있다. 부르디외는 이러한 일단의 변수들이 통계적으로 일정한 상관관계를 유지하면서 개개인의 행위문법—아비투스—들이 나타나며, 이러한 문화자본의 상속과 아비투스의 형성이 결국 개인과 사회에 있어서 계급 구분에 영향을 주고 있다고 밝히고 있다(참고: Lecht, 1996: 100-101).

부르디외의 이론이 설득력을 갖고 있음에도 불구하고 현대사회에서 나타나는 대중문화적 특성은 보다 복잡한 양상을 띠고 있다. 그중에 대표적인 예가 고급문화와 대중문화(mass culture)의 경계선을 무너뜨리는 '파퓰러 컬처'의 등장이다. 이러한 파퓰러 컬처의 등장이 고급문화와 대중문화 간의 계급성을 허무는 대표적 사례는 대중문화의 주요 영역이라 할 수 있는 대중음악에서 두드러지게 나타나는데, 그 양식은 '고급문화의 대중성 획득'과 '하위문화의 주류 영역으로의 성공적 진입'으로 정리된다.

예를 들면 다음과 같다. 고급문화의 전형으로 불리는 클래식 음악은 최근 새로운 편곡과 연주 양식으로 대중성을 획득하는 데 성공하고 있다. 흔히 크로스오버(cross-over)라는 문화양식은 세계적 테너인 루치아노 파바로티를 정점으로 1990년부터 새롭게 창출되어, 바네사 메이(Vanessa Mae), 유진 박 등에 이르러서는 클래식과 팝, 록 등의 경계선을 자유롭게 넘나들며 근대적 개념의 문화계급성을 무너뜨리고 있다(Storey, 1993: 20-21). 루치아노 파바로티는 1990년 푸치니의 '아무도 잠들지 않으리라'라는 음반을 영국 대중음반 판매 순위 1위에 올려놓았다. 양적인 면에 있어서 그와 같은 상업적 성공은 작곡가와 연주자, 그리고 노래를 대중문화로 만들어 놓았다. 이러한 명백한 대중적 인기는 고급-대중문화 간의 뚜렷한 구분에 대해 이의를 제기하는 데 충분한 근거가 되었다. 또한, 파바로티가 일구어낸 고급문화에서의 대중성 폭은 기존의 고급-대중문화 구분의 계급적 배타성마저 위협하였다. 최근에는 퓨전 문화(fusion culture)라 하여 장르마다의 고유 경계선과 국적마저 무너뜨리고 새롭게 차용, 융합, 창출하는 문화적 현상이 유행이 되고 있다. 이와 같은 크로스오버나 퓨전 현상들은 그간의 고급문화와 대중문화 간의 계급적 경계선을 와해시키고, 고급문화의 대중성 획득을 용이하게 하는 문화적 현상임에는 틀림없다.

한편, 1980년대 말과 1990년대에 들어와 미국의 흑인 하위계급문화의 전유물, 혹은 억압에 대한 저항의 대표적 음악 유형인 랩(RAP)이 주류 음악의 순위 척도로 유명한 빌보드 차트 수위를 차지하게 된다. N.W.A(Niggers With Attitude), 퍼블릭 에너미(Public Enemy), 아이스 티(Ice-T), 아이스 큐브(Ice Cube), 시스터 소울저(Sister Souljah), 투 라이브 크루(2 Live Crew) 등과 같은 랩 아티스트들은 급진적이고 충격적이며 가끔은 노골적이기까지 한 그들의 랩뮤직으로 주류 문화에 성공적으로 진입하였다(D. Kellner, 1997: 322-358). 한국에서도 서태지가 한순간에 기존 음악의 조류를 밀어내고 그동안 일부 소수집단과 세대에 의해 선호된 록 음악과 댄스뮤직을 주류의 흐름에 올려놓으며 결국 '주류질서의 전복자'라는 화려한 명성을 획득하게 된다(강헌, 1994: 178-201).

이렇게 고급문화가 대중성을 획득하면서, 그리고 하위문화가 주류 문화 영역을 장악하면서 90년대의 대중문화 개념은 이제 악의적인 의미를 갖고 동시에 제한적인 의미를 갖는 매스 컬처의 개념을 극복한다. 그리고 파퓰러 컬처의 대중문화 시대를 구가하게 된다. 즉, 90년대 대중문화는 계급을 구별 짓는 문화적 속성이 퇴화되고, 현대사회의 대표적 삶의 전형으로 등장하게 된 것이다. 그리고 그 대표적 삶의 전형인 대중문화의 주체로 10대와 20대의 청소년들이 자리 잡기 시작했다.

4) 청소년학에서의 대중문화연구 현황

그럼에도 불구하고 지금까지 청소년연구 영역에 있어서 대중문화는 비중 있게 다루어지지 않았다. 문화비평 혹은 매스 커뮤니케이션 영역을 중심으로 형성된 연구집단을 제외하고는 청소년학(Youthology)에서는 무관심한 편이었다. 청소년 분야에서 대중문화 논의가 활성화되지 못하고 무관심하게 된 이유는 문화향유자에 대한 '청소년'과 문화내용이자 실천행위인 '대중문화'에 대한 뿌리 깊은 폄하적 인식으로부터 비롯된다. 먼저 청소년이라는 특정 집단은 사회적 지위를 안정되게 획득한 구성원이라기보다는 전통적으로 성인이란 지위를 획득하기 위한 과정의 대상자로 간주되었기 때문에 일정한 유예기간을 감수해야 하는 개체·집단·시기로 보아왔다. 이들에게 있어서 대중문화의 향유란, 그들의 삶의 한 양식이 아닌 단순한 여가의 한 형태로 제한해 보았기 때문이다. 그래서 이러한 관념에 포섭된 대부분의 지식인들은 청소년이 향유하는 대중문화가 무국적 문화이자 가소성이 큰 불안정한 문화란 인식에 머무는 경우가 많았다. 즉, 청소년의 취향이 매우 다양하고 일회적이며, 그 시기의 특성에 따라 일관적인 문화양태를 유지하지 못함으로써 청소년의 대중문화 향유방식은 하나의 문화양식으로 인정받지 못하고 단순히 일시적인 유행으로 치부되는 경향이 강하였다. 따라서 청소년 세대의 능동적 대중문화 수용 여부와 그 가능성은 초기부터 진지하게 받아들여지기보다는 오히려 무비판적으로 유행에 빠져드는 일부 청소년문제의 하나로 치부되기 일쑤였다.

학문의 영역에서 대중문화연구가 소외받은 또 하나의 이유는 대중문화 자체를 천박하게 바라보는 지배적인 편견으로부터 기인한다. 이른바 절대적 질서와 믿음을 숭배하는 모더니스트들이 마치 계급적 속성이 잔재하고 있는 지배계급의 독단적 문화형성 과정에서 하위계급문화를 간과하듯, 학문적 영역에서 대중문화를 하나의 독립적인 연구 영역으로 주목하기란 쉽지 않은 일이었다. 고급문화와 대중문화 간의 경계선을 긋고 대중문화를 폄하함으로써 고급문화를 숭상코자 하는 입장에서 대중문화는 저항하고 부정해야 하는 대상이었다. 대표적으로 지금껏 학교를 중심으로 하는 제도 교육에서 이미 청소년 세대의 삶의 일부로 천착된 대중문화는 주요한 텍스트로 수용되지 못하였다. 중등교육의 음악 교과에서는 서구의 고전 음악과 가곡이 주류를 이루었고, 고등교육과정에서도 이러한 양상은 크게 변하지 않았다. 만약 청소년들의 대중문화 향유방식에 불만을 갖고 있다면, 먼저 우리 사회가 청소년들에게 바람직한 문화적 관점을 스스로 세울 수 있는 기회를 제공해 주었는지, 문화적 향유방식에 대한 실질적 교육의 기회를 제공하였는지, 대중문화의 실질적 창출자는 누구인지를 곰곰이 생각해 볼 일이었다. 나아가 다양한 문화적 체험의 기회가 충분히 제공되었는지에 대한 자평도 빼놓을 수는 없다. 이런 과정을 간과하고 단지 대중문화, 혹은 대중문화에 심취되어 있는 성장세대에 대해 차가운 냉소만을 보내는 것은 결국 청소년들의 문화적 이중성만을 배태시키는 교육적 책임의 방기라 아니할 수 없다.

이와 같은 이유들로 인해 문화에 대한 청소년의 주체성과 자율성에 대해 우리 사회는 애초부터 인정하지 않으려는 경향이 강하였다. 그래서 문화의 교육적 기능을 주목하면서 대중문화를 통해 청소년교육의 가능성을 진단했던 움직임은 다행스런 일이자 주목할 만한 일이었다. 특히, 서울대가 1999학년도부터 현대문화를 주도하는 대중문화를 다루는 강좌들을 개교 50년 만에 교육과정에 포함시켜 다른 학문과의 연계를 강화하는 등 인문학 개혁방안을 추진했던 것은 대중문화 연구의 활성화를 고무한 획기적인 일이었다(김대용, 1998: 113).[3] 차

3) 한국교육학회 교육철학연구회에서는 '98년도 연차 학술 대회(1998. 11. 13-14.)에서 문화 개방과 문화교육이란 주제로 '문화의 교육적 기능'을 탐색하는 작업을 시도한 바 있다.

제에 대중문화를 우리 시대의 압도적인 문화현실의 하나이자 청소년에게도 그들의 감수성과 의식을 표출하는 주도적인 표현 양식으로 당당히 인정하는 사회적 인식의 변화가 뒤따라야 한다. 특히 오늘날의 청소년문화가 이미 대중문화로부터 영향을 적지 않게 받고 있는 현실을 감안하여 그들의 문화양태와 문화공간들을 면밀하게 분석하는 이론가들의 노력들이 지속적으로 이루어질 필요가 있다.

2. 청소년의 대중문화수용에 대한 이론적 고찰

1) 대중매체와 대중문화, 그리고 대중스타

대중스타의 탄생은 대중문화의 확산과 같은 궤적을 그린다. 역사적으로 대중문화의 확산은 기술적 혁신에 근거한 매체(media)의 발명·발달의 역사와 밀접하다. 따라서 대중스타와 대중문화 그리고 대중매체는 삼각형의 세 꼭짓점에서 서로 연결된 동일한 크기의 변과 같다. 근대 사회에 들어와 과학기술의 획기적 발달에 힘입어 세 꼭짓점을 연결하는 각각의 변은 서로 상응하는 체제를 이루며 그 영역을 부단히 확장하기 시작하였다. 하지만 실제로 각 영역을 확장하는데 기본적인 힘을 부여한 것은 단연 대중매체였다. 대중매체가 인류의 일상에 안착하면서 삼각형의 영역에 포섭된 공간은 무한히 확장되기 시작하였고 그 힘 역시 놀라울 정도로 증폭되기 시작하였다.

구체적으로 라디오의 발명은 대중스타와 대중문화의 탄생을 동시에 알린 전조였으며 최초로 대중스타를 '대중'이 공유할 수 있도록 한 계기였다. 초기 무선전신의 기술적 발달을 기초로 말과 음악을 고주파 라디오 전파로 전환하여 송·수신할 수 있게 되면서, 인간은 의사소통에 있어 비로소 구어단계와 인쇄단계를 넘어 전자단계로 들어서게 되었다. 매체유형에 근거해 구어단계, 인쇄단계, 전자단계로 의사소통의 역사를 구분한 포스터(Poster, 1991)의 '정보양식론(mode of information)'에 따르면, 각 역사단계에 해당하는 의미생산과 교환의 정보양식은, 인간의 존재양태와 주체를 결정하고 재결정하는 방식으로 인간의 사회적 관계를 구조화, 재구조화, 탈구조화한다. 이 점에 있어 라디오는 본격적인 전자단계의 의사소통체계를 제공하였고, 특히 전자매체를 중심으로 인적 관계의 분리(메시지의 발신자와 수용자)와 각 주체를 연결 짓는 물적 상품(프로그램, 스타 등)의 존재를 본격화했으며 상호 간의 관계 역시 구조화를 이루게 한 최초의 매체였다.

필름의 발명과 기계적 촬영술의 비약적인 발전에 힘입어 초기 활동사진(motion picture)이 영화(movie)로 탈바꿈한 이래, 은막의 대중스타가 이미지를 앞세워 대중에게 강력한 힘을 발휘하게 된 계기는 할리우드(Hollywood) 영화산업의 등장과 밀접하다. 제2차 세계대전 이후 막강한 자본을 배경으로 등장한 할리우드 영화산업은 잘 구성된 각본과 당시 최첨단의 영화기술을 앞세워 효과적인 스타산업 시스템을 꾸려가기 시작하였다. 대중으로 하여금 실재와 허상의 경계를 무력화하는 다양한 영화장치 중에서도 스타는 단연 효과적·효율적인 장치였다. 허상의 이미지로 구성된 은막의 스타들은 대중으로 하여금 실재를 잊게 하는 존재이자 현실에도 지대한 영향을 미쳐 이제는 경계의 무력화뿐만 아니라 실재 자체를 바꾸는 힘으로도 기능한다. 그래서 은막의 스타들은 당대의 유행을 창출하면서 삶의 형식과 내용의 변화를 유도하는 기제로 작동되었다. 스타들의 헤어스타일이나 메이크업, 패션 스타일, 심지어 스타가 입었던 청바지가 당대의 기준으로 작용하면서(이경기, 1995: 104-108) 대중문화의 인공성에 대한 은막스타의 힘은 강력하기만 하였다.

TV는 대중문화가 일상문화로 안착할 수 있게 한 매체였다. 또한, 프로그램과 수용자와의 관계에서 거대한 자본의 힘을 역시 일상적으로 부여하는 계기를 제공한 매체였다. 이로써 대중스타는 수용자의 일상을 지배하는 힘을 구조적으로 갖추게 되었고, 동시에 자본의 권력 앞에서는 수동적이고 종속적인 위치를 점유하게 되었다. 이는 TV라는 대중매체와 수용자와의 사이에 영향력 있는 이데올로기적 중개자, 혹은 탁월한 대중의 상품 구매력을 유인하는 상품 그 자체로서의 대중스타가 비로소 일상적으로 배치되었음을 의미하며, 곧 스타산업 시스템이라는 새로운 문화산업의 주도적 기능이 향후 TV를 중심으로 발현될 것이라는 예언으로 받아들여졌다(White, 1987).

여기에 더해 VTR은 전파와 필름이 갖는 일회적이고 공공적인 힘을 사적 영역에서 누적적이고 안정적으로 포섭 가능하게 하는 물리적 기계력을 발휘하였다. 특히 비디오 매체는 현실의 끊임없는 재현과 상업적 이윤 추구의 독특성을 음악을 통해 연결함으로써 뮤직 비디오라는 새로운 장르의 상품을 탄생케 하였고, 나아가 청소년문화를 지배적인 소비문화로 편입시킨 장본인이라는 지적을 받기도 하였다(Jameson, 1985). 특히 뮤직비디오 클립만을 전문적으로 송출하는 M-TV의 탄생은 TV와의 성공적인 매체 결합을 주도하였고, 아울러 본격적인 영상세대의 문화적 감수성을 보편화시킨 대표적인 매체였다. 즉, 이전의 활자세대와는 확실히 다른 문화적 감수성을 대중화시킨 매체로서 문화적 측면에서의 세대 차를 강화시킨 매체로 평가받기에 이르렀다.

그러나 이러한 매체의 역사는 오늘날 성장세대의 문화적 의미를 충분히 설명하기에는 부족하다. 대중문화의 흐름과 맥락에서 지금의 성장세대가 갖는 독특한 문화적 특징을 아우르고 포섭하는 일대 상징으로 요약되는 컴퓨터와는 비교할 수 없다. 현대 청소년문화의 대중문화적 특성을 압축하여 보여주는 컴퓨터는 이전의 메시지 발신자와 수용자의 일방적 커뮤니케이션(one way communication) 관계를 쌍방적 커뮤니케이션(two way communication) 관계, 나아가 다방향 커뮤니케이션(multi-way communication)으로 전환함으로써 수용자인 대중의 참여를 가능케 하였고, 과학기술의 적응력이 빠른 성장세대가 대중문화의 주도권을 잡게 함으로써 수용자의 핵심 세력으로 성장세대를 자리매김하게 한 혁신적인 매체였다. 특히 개인용 컴퓨터를 기반으로 획기적인 발달의 속도를 보인 정보통신기술과 네트워크 테크놀로지에 의해 창출된 인터넷은 가상현실을 창출하면서 현실의 시간과 공간을 확장하였으며 나아가 소비자로서 국한되었던 수용자 대중의 기능을 생산의 영역까지 넓히는 주력 미디어로 컴퓨터를 자리잡게 하였다.

컴퓨터와 인터넷은 대중문화와 대중스타의 영역에 독특한 전환점을 제공하였는데 먼저, 대중문화의 영역에서 컴퓨터와 인터넷은 수용자이기만 했던 대중이 자생적 문화 생성력을 발휘할 수 있는 통로와 공간을 제공하였다는 점에서 특기할 만하다. 특히 컴퓨터의 전지전능한 기술적 힘은 '특수한 개인의 문화 생산력의 산물'로 인식되어 왔던 문화예술의 영역에 대중이 용이하게 참여할 수 있도록 하는 기반이 되었다. 아울러 인터넷의 힘을 빌려 수용자 간의 네트워크를 구축함으로써 수용자 개인들은 집단적 체계를 갖추어 또 다른 공공의 힘을 발현하게 하는 계기를 부여하였다. 지금까지의 대중매체가 '대중을 대상으로' 하는 대중적 매체라 한다면 컴퓨터와 인터넷은, 그리고 최근의 스마트폰 등의 뉴미디어의 등장은 쌍방향－다방향 전달체계와 네트워크 체계를 기반으로 '대중으로부터의' 문화생성을 가능케 하는 대중문화의 진정성을 발현한 것이다.

대중매체의 발달과 대중문화의 변화는 대중스타의 영역에도 곧 전이되어 팬과 스타 간의 일방향적 관계와 제한적 소통 양식에 적지 않은 영향을 미치게 되었다. 주지하다시피 컴퓨터와 네트워크 테크놀로지의 발달에 근거한 과거 PC통신과 지금의 인터넷은 팬들의 스타에 대한 소통을 원활하고 용이하게 하였으며 단위 집단의 게토(ghetto)를 형성할 수 있게 하였다. 특히, 인터넷을 기반으로 '사이버 커뮤니티'를 형성할 수 있게 되면서 팬들은 동일한 대중스타를 선호하는 집단 간의 집단적 의식과 행동을 용이하게 할 수 있게 되었다. 사이버 커뮤니티(cyber-community)는 팬에 대한 스타의 일방적 영향력을 제어하는 기반이 되었으며 팬과 스타 간의 상동성을 가능케 하였고, 어떤 점에 있어서는 오히려 스타에 대한 팬의 방어·제어적 장치의 기능까지 가능케 하였다.

이처럼 대중매체의 출현과 역사적 발달은 대중문화의 일상화는 물론이고 대중문화가 인간 삶의 전범(典範)으로 안착하게끔 확산하는 기능을 발휘하였다. 특히, 대중스타를 중심으로 살펴보면 대중스타와 대중문화를 향유하는 대중 사이 혹은 대중스타와 팬과의 관계에 있어 힘의 역동성을 전환하고 변주하는 주요 요인으로 작용하였다. 동시에 청소년문화의 관점에서 보자면 그동안 대중문화수용자의 위치에서 주변부에 머물렀던 청소년을 주도적인 문화의 향유자, 소비자, 그리고 생산자의 위치에 이르게 한 요인이었다.

2) 대중문화에 대한 비평: 편입문화론과 발터 베냐민

대중매체로부터 근원적 힘을 빌린 대중문화의 등장과 속성에 대한 문화이론가들의 평가는 상반적이다. 전술한 바와 같이 강준만(1994)은 대중문화 비판이란 관점에서 매스 컬처(mass culture)와 파퓰러 컬처(popular culture)를 구분하여 논의한 바 있다. 문화향유 주체인 대중을 어떻게 보느냐라는 인식의 차이에 따라 이처럼 대중문화는 고급문화에 대한 저항적이고 폄하적인 개념(매스 컬처)으로 사용되거나, 중립적으로 평균적인 대중의 문화, 혹은 새로운 가능성의 문화(파퓰러 컬처)로 호명되는 상반적 평가를 받고 있다.

대중문화를 소위 매스 컬처처럼 폄하적인 문화로 살펴보는 이론가 집단에는 매슈 아널드(M. Arnold)와 리비스(F. R. Leavis)가 있다. 문화를 일컬어 위대한 인간의 정신적 유산, 인류 최고의 완성적인 관념으로 제한하는 아널드와 리비스주의자들에게 대중문화는 단지 '비(非)문화'이자 '반문화'에 불과하다. 아널드에게 있어 진정한 문화는 두 가지 의미를 갖는다(Storey, 1993). 하나는 문화가 곧 지식 체계라는 점으로 이 점에 있어 문화가 물질적 문명과 차이를 가지며 나아가 그 지식 체계는 완전무결한 지적 체계로 곧 뛰어난 인간 사고와 표현의 정수임을 의미한다. 또 다른 하나는, 문화란 이성과 신의 의지가 널리 퍼지도록 노력하는 것으로 여기서 문화가 갖는 빛과 아름다움은 문화 자체가 인간에게 도덕적·사회적 이득을 준다는 성격을 명확하게 해 준다. 즉, 문화는 완벽에 대한 연구이며 이 완벽은 어떤 것을 가진다는 의미보다는 어떤 것이 되어 가는 것을 뜻하며, 일련의 외적 상황에서 드러나는 것이 아니라 정신과 영혼의 내면에서 이루어진다는 점이다. 다시 말하면 매슈 아널드에게 있어서 문화는 최선을 알기 위한 노력이며 또한 모든 인류를 위해 그런 지식이 널리 알려지도록 하는 노력이다. 따라서 인류가 진정한 문화를 향유한다는 것은 문화가 갖는 빛과 아름다움으로 인해 인간의 정신과 영혼의 내면을 그리고 삶마저 완벽하게 하는 과정이다. 반면에 진정한 문화의 영역에 포섭되지 않는 대중문화는 이들에게 있어서 단지 결핍의 상징, 인간의 삶을 몰개성화로 이끄는 기제로 평가될 뿐이다. 나아가 대중이 대중문화의 공허한 텍스트와 생산물을 소비한다는 것은 삶의 기본적이고 진정한 욕구에 대한 대리만족과 억압의 형태에 지나지 않고 따라서 대중문화를 소비하면 할수록 진짜 욕구에 대한 만족은 더욱 어렵고 이와는 상반되게 대중의 공허감은 더욱 커져 이런 순환적 작용에 따라 대중문화는 더욱 널리 소비된다고 보았다. 그 결과 대중문화의 중독자를 양산하며 그들에게 대중문화의 향유는 지루함과 산만한 시간 죽이기 사이에서 충족되지도 못하며 끊임없이 오가는 하나의 악몽일 뿐이란 것이다.

이러한 관점을 대중문화에 대한 비판이론으로 구축한 이론가들이 바로 프랑크푸르트학파(Frankfurt School)이다.[4] 후기 자본주의사회의 성격 변화에 주목하여 문화를 집중적으로 연구한 프랑크푸르트학파의 이론가들은 문화산업의 측면에서 대중문화를 비판하였다. 정보기술의 사회적 영향을 낙관적으로 전망하고 있는 포스터의 정보양식론과는 달리, 프랑크푸르트학파의 비판이론은 자본주의가 발전하여 후기 산업사회에 이르자, 하부구조로서 경제생산의 사회관계가 사회 · 정치 · 문화생활의 전 과정, 즉 상부구조를 결정하는 것이 아니라, 반대로 사회의 의미체계가 생산과 지배의 사회관계를 재생산하는 주요 메커니즘으로 작용하고 있음을 주목하였다. 프랑크푸르트학파 가운데 아도르노(Adorno), 호르크하이머(Horkheimer), 마르쿠제(Marcuse) 등의 연구자들은 이러한 논의를 전개시켜 '편입문화론(incorporation theory of culture)'을 완성시

4) 물론, 매슈 아널드와 리비스주의 그리고 프랑크푸르트학파 사이에는 분명한 경계가 있다. 예컨대 아널드와 리비스주의자들은 대중문화가 문화적 · 사회적 권위에 위협을 가한다고 염려한 반면에 프랑크푸르트학파는 오히려 대중문화가 사회적 권위를 유지한다고 주장하였다. 아널드와 리비스는 대중문화의 수용이 '무정부'를 초래한다고 보았으나 프랑크푸르트학파는 '순응'을 예견하였다. 그러나 대중문화에 대한 접근 방식에 있어서 발터 베냐민을 제외한 대부분의 프랑크푸르트학파 이론가들은 많은 면에서 리비스주의의 전통에 부합한다(Storey, 1993: 149-160). 이는 프랑크푸르트학파의 비판이론이 애초부터 대중문화가 갖는 가능성보다는 후기 자본주의 속성에 삼투되는 대중문화의 부적 영향에 대해 더 큰 무게 중심을 가진 결과이기도 하다.

켰다.

대중문화를 이데올로기와 자본주의 사회의 상업성을 결합한 문화산업의 산물이라고 비판하는 이들에 따르면, 후기 자본주의사회의 지배계급은 기술혁신을 통하여 모든 것을 상품화함으로써 기존의 지배체제를 유지하고 확장한다고 보았다. 특히 대중매체에 기반하고 있는 문화산업(culture industry)이 후기 자본주의 사회의 핵심 산업으로 등장하게 되었다. 문화산업은 문화상품을 대량 생산하고 대량 소비를 자극한다. 노동시간의 단축과 함께 생산된 재화를 고임금의 형태로 일정 수준 재분배받게 된 노동자 계급은, 자본주의의 물질적 풍요에 편입해 안주한다. 이들로 하여금 앞다투어 문화상품을 소비하도록 유인하는 것이 바로 문화산업이다. 대중매체를 통하여 대량으로 쏟아져 나오는 문화상품은 사람들을 획일화하고 탈개성화하여 수동적인 소비 대중으로 만든다. 대중문화가 인간의 건강한 비판력과 창의력을 마비시키고, 저항 정신을 고갈시키며, 변혁 의지와 에네르기를 지배체제 안으로 흡수하는 것으로 바라본 것이다.

하지만 대중문화와 문화산업이 미치는 효과를 부정적으로 평가하지 않는 이론가도 있다(이민희, 2001: 24). 그 대표적인 이론가가 바로 발터 베냐민(Walter Benjamin)이다. 역시 프랑크푸르트학파의 일원이었던 그는 문화산업이 야기하는 복제성, 재현성과 같은 문화적 변동이 대중들에게 그 전과 전혀 다른 예술 수용방식과 가능성을 제공함으로써 능동적인 수용자로 치환하는 기능을 갖는다고 논의하였다. 그는 대표적으로 회화(繪畫)와 영화를 비교하면서, 수용자들은 수동적으로 텍스트의 의미를 읽어야 하는 회화와 달리, 텍스트와 비평적인 거리를 확보할 수 있게 하여 대중이 능동적으로 텍스트를 읽을 수 있게 하는 계기를 제공하는 영화의 수용방식을 주목하였다. 그가 보기에 문화산업의 등장은 예술 수용방식에 있어 획기적으로 수용자의 능동적인 측면을 부각시킨 것으로 보였다. 이러한 그의 논의는 자신의 논문 '기술복제 시대의 예술 작품'에서 '아우라의 파괴'라는 개념으로 압축되고 구체화된다(Benjamin, 1973: 219). 그에 따르면 고유한 예술작품에는 그것만이 지니는 '광휘(Aura)'가 있다. 그런데 이 광휘는 실제로 존재하는 어떤 실체적 특성이 아니라 단지 감상하는 이들이 시공간적으로 유일무이하며 일회적으로 감상할 수밖에 없는 예술 작품에 덧붙인 의미일 뿐이다. 말하자면 아우라란 단 하나뿐인 예술 작품에서만 느낄 수 있는 유일무이한 일회적 현존성이다. 가짜가 아닌 진품이 가지는 절대적 권위에 대해 전통적인 예술을 대할 줄 모르는 대중은 감히 이의제기를 할 수가 없다. 말하자면 예술작품을 종교적 대상처럼 무비판적으로 받아들여 왔는데 그런 수용자의 수동성을 낳은 중요한 특성이 바로 아우라라는 것이다. 그런데 기술복제가 가능한 시대, 문화산업이 등장한 시대에 들어서면서 예술 작품의 복제와 재현은 가능하게 되었다. 그러면서 예술 작품의 진품성은 그다지 중요하지 않게 되었다. 아우라가 파괴되기 시작한 것이다. 그 파괴의 주체는 바로 문화산업이었고, 이러한 아우라의 파괴는 대중의 문화수용에 있어 능동적 수용을 가능케 한 지점이었다(김민, 2002).

3) 청소년 대중문화수용에 대한 시사점

대중문화의 성격에 대한 상반된 이 두 비평은 오늘날 대중이 대중문화를 어떻게 소비하며 문화산업은 수용자에게 어떤 영향을 미치는가에 대한 담론을 이끄는 주요 축이다. 특히, 프랑크푸르트학파의 편입문화론과 베냐민의 논의는 이러한 축의 핵심에 놓여있다. 즉, 편입문화론에 따르면 후기 자본주의 사회의 문화산업에 의해 생성되는 대량적 문화는 그 문화를 소비하는 대중으로 하여금 수동적 수용자로 위치하게 하며, 나아가 소수계급의 이데올로기적 지배에 포섭되게 하고 대중문화의 상업성에 매몰되게 한다. 수용자는 대중문화를 소비함으로써 탈개성화되며 수동적인 소비대중에 머무른다. 이들에 따르면 대중문화와 문화산업은 대중의 비판적 의지와 창의력을 마비시키고, 저항정신을 고갈시키며, 동시에 변혁의 의지까지 앗아간다. 이와 관련하여 대중문화의 소비를 통해 비판력과 저항력을 상실하고, 감각적인 삶에 탐닉하는 현대인을 마르쿠제는 일차원적 인간으로 개념화한 바 있다(Marcuse, 1968). 반면에 베냐민은 현대 문화산업이 갖는 대중문화의 독특성으로 인해 과거의 소극적이고 수동적인 문화적 수용체제로부터 현대인이 해방되고 있음을 예언하고 있다. 텍스트와 수용자 대중 간의 미시적인 힘의 관계를 주목한 그에 따르면 문화산업은 문화적 텍스트의 수용에 있어 대중을 기존의 수동적 수용자의 위치에서 벗어나 능동적 문화소비를 하는 주체로 전환시켰다고 보고 있다.

여기서 우리는 이러한 문화수용과정에 대한 상반된 논의와 흐름이 고스란히 청소년의 대중문화소비에 대한 담론에도 연장되고 있음을 주목할 필요가 있다. 즉, 청소년의 대중문화소비 양식이 대중문화에 의한 지배의 양식에 함몰되는 것인지, 아니면 대중문화의 향유를 통해 청소년은 바야흐로 대중문화를 지배하는 주체로 대두되고 있음인지에 대한 논의가 가능하기 때문이다. 실제로 청소년이 수동적인 대중문화 소비주체인지, 아니면 전통적으로 소극적 대중문화 소비세력의 자리에서 벗어나 이제는 적극적인 대중문화의 향유자인지에 대한 논의는 최근 청소년문화 현장 및 대중문화 수용실태—특히, 대중스타 수용실태와 관련하여—에 대한 분석적 연구뿐만 아니라 대중문화의 전반적 측면에서 청소년의 지위와 역할을 가늠케 하는 중요한 논의의 지점이 된다.

사실 이러한 논의는 지금까지 적지 않게 수행되어 왔는데 특별히 대중스타 수용과 관련한다면 대체로 초기 문화산업 과정에서 청소년은 전자의 지위와 역할을 수행하는 것으로 주로 논의되었고, 최근에는 후자인 능동적 소비자의 논의가 대두되고 있는 것으로 보인다. 즉, 한국사회의 경우 1990년대 이후 대중문화의 최대의 수혜자라 할 수 있는 성장세대가 등장하면서 초기에는 대중스타에 대한 일방적인 모방과 추종 현상이 '오빠부대'라는 신조어를 낳게 하였고(청소년대화의 광장, 1995), 이후에는 청소년이 대중문화의 구매력을 본격적으로 가지게 되면서 창조적 문화소비자 혹은 문화 생비자(prosumer)라는 이칭(異稱)까지 확보하면서 팬덤 문화라는 신조어를 낳기도 하였다(Fiske, 1992: Jenkins, 1992: 조은 외, 2000). 특히 이러한 논의의 배경은 컴퓨터와 인터넷 등의 뉴미디어가 발달하면서 대중문화에 대한 참여의 기회와 통로가 많아지는 주변의 변인과도 관련이 깊다.

3. 청소년의 대중스타 수용에 대한 이해

1) 선행연구 검토

서구권에서는 성장세대가 대중문화의 주 소비자 세력으로 등장하기 이전에도 청소년들의 대중스타 수용실태에 대한 연구는 수행되어 왔는데, 장르상으로는 대중음악을 중심으로 수행되었고(Bennet & Ferrell, 1987; Brown & Hendee, 1989; Denisoff & John, 1983, 최우신 · 김영희, 1999: 172에서 재인용; Roe, 1993: 40-55; Kellner, 1995: 469-526; Raviv 외, 1996), 전통적으로는 청소년 하위문화 연구를 중심으로 전개되어 왔다. 이를테면 딕 헵디지(Dick Hebdige, 1979)의 고전적인 책 '하위문화(subculture)'는 1976년에서 1977년에 이르는 영국의 펑크 하위문화(punk subculture)에 기반해 테디 보이부터 라스타파리안스에 이르는, 주로 여자청소년의 컬트 문화를 다루었다. 헵디지의 연구는 청년 하위문화에 대한 최초의 이론적 설명으로 평가되고 있다. 또한, 클럽문화에 지대한 관심을 두고 있는 사라 손톤(Sarah Thonton, 1996)은 1990년대 오해되고 있던 청소년의 문화현상을 미디어를 통한 대중음악의 이입 과정을 중심으로 사회학과 문화연구에 기반해 연구하였다. 특히, 사이먼 프리스(Simon Frith)를 지도교수로 두고 스트래스클라이드 대학(Strathclyde University)에서 박사학위 논문을 청구한 이래 사라 손톤의 지속적인 청소년 하위문화연구는 문화사회학에 대한 피에르 부르디외의 논의가 갖는 이론적 가능성을 청소년 하위문화에 실제로 적용, 확장한 것으로 평가되고 있다(Redhead, 1997: 102).

이러한 선행연구들을 요약해 살펴보면 다음과 같다. 먼저, 대중스타 수용현상에 있어 서구 청소년들은 대중음악 장르의 대중스타를 선호하고 있고, 연구자들은 청소년의 스타수용 현상의 상징적 영역으로 대중음악 장르를 선호하고 있었다.[5] 아울러 이러한 현상을 탐색하는 연구방법으로 실증적 연구와 함께

5) 이는 우리의 경우도 마찬가지인데 이를테면 초기의 연구들, 특히 청소년대화의 광장(1995)과 최우신, 김영희(1999)의 연구가 그렇다. 이 연구에서 우리나라 청소년들이 가장 좋아하는 대중스타는 대중음악 가수들이었다. 구체적으로 청소년대화의 광장에서는 '좋

다양한 학제적 접근을 취하고 있다. 특히 청소년 하위문화, 혹은 클럽문화라는 영역을 통해 시도되는 일련의 문화연구(cultural studies) 작업들은 대중매체와 대중문화, 그리고 대중스타라는 도식 안에 청소년을 주 화자(話者)로 삼는 부가적 연구업적까지 얻고 있다.

반면에 우리의 경우는 아직까지 청소년과 대중스타 간의 관계 설정에 있어 일방적 모방 혹은 추종의 현상으로 분석하는 관점이 뚜렷하다. 물론 초기 강명구(1993)의 청소년 하위문화에 대한 포괄적 연구와 김창남(1995)의 문화 분석적인 연구가 있지만, 아직까지 대종을 이루는 선행연구들은 오빠부대(청소년대화의 광장, 1995)와 같은 일방적 추종 관계의 설정에 가깝다. 그래서 청소년은 오늘날 대중문화의 주요 소비자임에도 불구하고 여전히 대중스타와의 관계에 있어 객체화된 상태에 머물러 있는 실정이다.

1990년대 이후의 연구들도 역시 이러한 맥락에 있는데, 이를테면 조아미(1998: 1-20)는 연구를 통해 대중음악을 중심으로 청소년들의 스타 모방 및 수용실태를 '우상화(idolization)'라는 개념으로 포섭해 다룬 바 있다. 또한, 최우신과 김영희(1999) 역시 연예인과 그 팬으로서의 청소년 간의 관계를 일방향적 관계(스타 → 청소년 팬) 안에서 청소년을 수동적 문화향유자라는 존재로 다루었다. 따라서 두 연구 모두 '우상화'란 개념을 사용하였지만 정작 우상에 대한 청소년의 모방 행동이나 숭배 행동은 일반인들이 생각했던 것처럼 보편적 현상은 아니라는 결과를 낳았거나(조아미, 1998: 14), 혹은 연예인을 선호하는 청소

아하는 스타의 활동 영역'이란 질문에 가수 37.7%, 탤런트 24.5%, 농구선수 22.7%, 영화배우 4.8%, 개그맨 4.0%의 순이었다. 최우신, 김영희의 연구에서도 청소년이 '좋아하는 연예인의 유형'으로 가수가 67.7%로 압도적이었다(배우 26.5%, 개그맨 4.1%의 순). 대중스타 중에서도 가수가 선호되는 주된 이유는 직업 특성상 청소년들의 공감을 지속적으로 얻을 수 있기 때문인 것으로 추측된다. 즉 맡은 배역이나 상품에 따라 이미지를 변환시켜야 하는 배우나 모델과는 달리 가수들은 추구하는 음악에 따라 비교적 일관된 메시지를 전달하기 때문이다(최우신 · 김영희, 1999: 179). 조아미(1998)의 연구도 물론 청소년대화의 광장 연구 결과를 토대로 삼았지만, 청소년의 대중스타 우상화 현상에 대한 연구에 있어 대중음악 가수들을 대상으로 삼아 수행하였다. 특히 청소년과 대중스타와의 영향과 관계에 있어 대중음악이 주요 영역으로 다루어지는 이유는 아무래도 관련 문화산업의 주 소비자 세력이 10대 청소년인 것과 무관치는 않다.

년의 성향을 우상화라는 개념의 우산으로 쉽게 덧씌우는 경향을 갖고 있다(최우신 · 김영희, 1999: 186).[6]

이러한 이론적 경향성은 흔히 우리 사회가 갖는 청소년들에 대한 일반적 통념에 기초한다. 즉, 청소년들은 그들이 처한 현실적 억압과 구속을 대중문화의 향유를 통해 해소하거나 대리 만족의 도피처로 삼으려는 경향을 보이고 있어, 대중문화의 핵심적 전파자라 할 수 있는 대중스타를 무의식적으로 동경하고 모방하려는 하위문화를 생산할 것이라는 기대가 그것이다. 실제로 임희섭(1986)은 오늘날 많은 도시의 청소년들이 중압감과 열등감을 불러오는 현실 장면을 외면하고 비슷한 입장의 다른 청소년들과 어울려 그들 나름으로의 생활양식과 보람을 찾으려고 하고 있으며, 그들은 텔레비전이나 영화를 통해서 알게 되는 대중문화 취향의 청소년문화를 형성하고 그들의 화제도 대중문화의 스타들을 중심으로 엮어지게 된다고 논의하였다. 그들은 알게 모르게 대중문화의 스타들을 동경하고 그들을 모방하려 하며 대중음악과 춤을 즐기고 서로 어울리는 가운데 청소년 하위문화를 만들어 가고 있으며 이것을 청소년 대중문화의 실체로 보고 있다.

그러나 최근 적극적인 대중문화의 수용자인 일부 청소년 집단의 경우에는 이러한 논의에서 비껴나 있음도 주목할 필요가 있다. 이를테면 팬클럽을 조직하고 클럽 활동에 적극적인 청소년들이 여기에 포함되는데 우리 사회에서는 1990년대 서태지 신드롬 이후 본격적으로 등장하였다. 이른바 대중문화의 수용에 있어 적극적 수용자라 할 수 있는 신세대 청소년의 등장이 바로 여기에 해당한다. 김현섭(1999)은 이와 관련해 서태지 음악을 통한 하위문화적 접근이 필요

6) 여기서 최우신과 김영희의 연구 결과는 조아미의 연구 결과와 대비된다. 조아미는 일반인이 생각하는 정도로 청소년들의 대중스타 추종과 우상화 수준이 그렇게 높지 않게 나왔다고 보고한 반면, 최우신과 김영희의 연구는 응답자 중 우상화 수준이 '상'인 집단이 20.9%이고 전체적으로는 '중간 이상'인 집단이 86.1%로 나타나 일반적인 현상이었다고 보고하였다. 두 연구 모두 라비브(Raviv) 외(1996)의 청소년의 우상화 연구에 사용한 조사지 문항을 번안 · 수정하였는데 이처럼 상반된 연구 결과가 나타난 것이다. 이는 향후 우리나라 청소년의 대중스타 수용실태에 대한 종합적이고 정밀한 후속 연구가 필요하다는 점을 시사하는 대목이다.

하다면서 단순히 서태지라는 가수를 음악적 잣대로만 평가할 것이 아니라 새로운 '문화적 아이콘'으로 그를 칭해야 한다고 언급하였다. 실제로 빌보드지로부터 문화적 아이콘이란 찬사를 얻었던(Billboard, 1996. 4. 20.) 서태지는 팬들과의 공명 지대를 확보하고 이를 기반으로 청소년의 하위문화적 진지를 구축하여 '가수' 서태지가 아닌 '서태지' 그 자체로 자리매김되었으며 이러한 자리매김에는 이미 탈권위적이고 자유로운 사유로 무장한 10대의 열렬한 지지가 있었기에 가능하였다. 이들의 지지는 서태지 은퇴 이후 서태지기념사업회를 중심으로 자신들만의 '서태지 문화'를 생성하는 문화적 힘으로 치환되는데 이는 우리 사회의 대중문화, 특히 청소년 하위문화에 있어 획기적인 사건이었다. 어쩌면 서태지 팬들이 보인 이 같은 하위문화적 자기 역동성 혹은 문화적 자생력은 서태지가 문화적 아이콘이 아니라 서태지의 팬들이 문화적 아이콘임을 상징하는 대표적인 사례라 할 수 있다.

일부이긴 하지만 대중문화에 대한 적극적인 참여와 대중스타에 대한 상동성을 발휘하는 청소년들은 흔히 대중문화에 휩쓸리거나 대중스타에 일방적으로 추종할 것이라는 일반적 통념과는 다른 문화양식을 갖고 있었다. 양재영(1994)은 청소년 집단의 대중문화 수용과정을 연구하면서 문화산업의 논리가 일방적으로 청소년들에게 전달되거나 적용되는 것은 아니며 이들은 나름의 방식으로 대중문화를 수용·변용시키며 그 과정에서 자신들의 욕구를 만족시키고 있다고 보았다. 그의 연구는 팬클럽에 참여하면서 대중문화를 적극적으로 수용하는 청소년 집단의 하위문화를 대상으로 삼아 이들의 대중문화 수용과 소비행위가 적극적이고 능동적이며 대중문화와 청소년 간의 단순한 도식에서 벗어나 문화소비자인 청소년 상호 간에도 역동적인 힘이 작용하고 있다고 보았다. 즉, 그들은 문화산업 및 대중스타의 영향과는 상관없이 독자적으로 팬클럽 활동을 통해 서로 동질감을 느끼고 또 결속력을 갖는 등 일종의 집단 정체성을 보이면서 문화적 주체 가능성까지 보여준 것이다. 피스크(Fiske, 1992) 역시 과거와는 달리 팬들이 문화산업의 상업적 상품의 소비에서 벗어나 팬 자신들만의 문화도 생산한다고 지적하면서 과거의 소비와 수동성으로 상징되던 팬을 능동성과 저항성의 측면에서 해석해야 한다고 주장하였다.

실제로 최근의 팬 문화는 문화적 텍스트를 선택하는 행위는 물론 텍스트에 접근하는 방식과 해석의 형태에 있어 기존의 지배적인 문화수용 양식과 차이를 보여준다. 따라서 청소년의 대중스타 수용실태에 대한 접근과 분석은 오빠부대와 같은 대중스타에 대한 일방적 수용실태에서 지금의 팬덤(fandom)이라고 불리는 적극적 수용의 실태까지 다룰 필요가 있다.

2) 대중스타 수용: 발달심리적 측면에서의 이해

청소년들은 스타를 보면서 자기만의 신화를 꿈꾼다. 청소년들은 규격화되고 틀에 박힌 현실의 불만을 스타를 통해 혹은 스타가 창출하는 문화적 상품(노래, 공연, 경기 등)의 향유를 통해 심리적으로 보상받고 위로받는다. 이들은 자신과 스타를 동일시함으로써 스타를 자신의 꿈을 실현하는 대리적 창구로 삼거나 혹은 현실을 유예하는 기제로 사용하기도 한다. 청소년들은 그러한 경험 자체만으로 자신의 현실을 위로받고 수용하며 나아가 스타와의 적극적인 결합을 통해 공동체의식까지 형성, 집단적 동조행동마저 불사한다. 아이러니컬하게도 이들은 스타가 허상의 모습이며 인위적으로 꾸며지고 연출된 '상품화된 이미지'임을 알면서도 그렇게 스스로를 인식하며 규정하는 데 그침이 없다.

청소년기에 스타를 중심으로 형성하는 신화적 이미지와 그에 따른 동일시 현상은 일찍이 청소년 발달의 독특한 특성을 통해 익히 알려져 왔다. 전통적으로 발달심리학적 측면에서 살펴보는 이 견해는 청소년의 대중스타 수용현상을 다음과 같이 네 가지 측면에서 논의해 왔다.

첫째, 청소년기의 대중스타 수용은 이 시기의 심리적 긴장과 갈등, 그리고 이들이 처한 현실세계의 억압된 불만과 욕구를 효과적으로 해소하거나 혹은 도피하는 현상으로 인식되었다. 청소년기는 심리적 긴장과 갈등으로 점철되며 이는 마치 통과의례처럼 겪어야 하는 이 시기의 보편적 현상으로 정의되어 왔다. 스탠리 홀(S. Hall)의 '질풍노도기'를 비롯하여 '심리적 이유기', '성장폭발의 시기', '주변인' 등 다양한 청소년기의 이칭(異稱)은 이 시기의 정서적 불안을 대표하는 개념들이다. 또 '개인적 우화'와 같은 개념은 대중스타 혹은 대중스타가 산출한 텍스트들이 청소년들에게 어떻게 전달되고 대리 표명되는지를 설명하는 개념이다.

정서적 긴장감과 현실적 불만·욕구를 가득 안고 있는 청소년들은 이러한 불안정한 정서를 대신 표출할 통로와 도피의 기회를 갖고자 하며 그러한 효과적 방법의 하나로 대중문화, 특히 대중스타를 깊게 수용하거나 심취하려는 경향을 보인다는 것이다. 핵심은 정서적 긴장감이 높을수록, 현실적인 불만과 욕구가 많을수록 대중문화, 혹은 대중스타에 대한 일방적 의존성이 높다는 점이다. 실제로 TV와 영화를 보는 행위는 프로이트식으로 말하자면 '억압된 욕망'을 대리한다는 샌디 플리터만루이스(Sandy Flitterman-Lewis, 1987)의 포괄적 견해는 정서적 불안정성의 수위가 높은 청소년의 경우 그 경향이 높으리라는 점을 짐작하게 한다. 이러한 입장은 다시 김창남(1995)의 연구에서 '나만의 상상적 공간으로의 도피'라는 개념으로 지지되었다.

둘째, 발달심리학적 견해에서 청소년기는 부모 이외에 다양한 역할모델의 대상을 추구하는 시기이다. 청소년기 이전에는 청소년들에게 부모가 거의 전지전능한 신과 같은 존재로 비춰졌다가 추상적·논리적 사고가 가능해짐에 따라 부모의 한계를 인식하게 되고 따라서 새로운 인간상을 추구하는 과정에서 대중매체를 통해 접하는 대중스타를 모델로 삼는다(조아미, 1998: 1-2). 즉 청소년기에는 동성의 부모에게 국한되었던 동일시의 범위가 넓어지면서 다양한 범주에서 역할 모델의 대상을 찾게 되는데 이때 대중매체에 의해 이미지화된 대중스타가 역할 모델이 된다. 따라서 청소년들의 대중스타에 대한 모방과 숭배의 현상은 이 시기에 있어서 의식적이고 무의식적인 동일시 과정, 역할모델을 추구하는 과정으로 파악되며, 청소년기의 자연스런 표현의 양식으로 간주되기도 한다(최우신·김영희, 1999: 187).

셋째, 청소년기에 수용되는 대중스타는 수용자 자신의 자아정체성 형성과 수립에도 영향을 미치지만 동시에 대중스타가 이성일 경우, 이 시기의 이상적인 이성형으로 간주되면서 청소년기의 성 정체감(gender identity) 정립에도 영향을 미친다. 흔히 청소년들은 이성 친구 선택에 있어 잘생긴 사람이 성격이나 능력, 성취 등의 심리적 특성에서도 우세할 것으로 믿는 경향이 있는데(Udy & Eckland, 1984, 한상철 외, 1997: 52에서 재인용), 이 같은 경향은 특히 저연령층의 청소년들과 여성 청소년들에게 강한 것으로 나타났다. 이러한 청소년기의 발달적 특성은 대중스타의 외모에 쉽게 집착하는 청소년의 스타수용실태와 매우 밀접한 관련이 있다. 이를테면 대중스타 추종에 있어 고등학생보다 중학생이 가수의 외모를 더 중시하고 또 이 같은 경향이 남성보다 여성 청소년에게 더욱 높다는 공통된 선행연구(조아미, 1998; 최우신 · 김영희, 1999; Raviv, 1996)들의 결과가 이를 지지한다.

넷째, 청소년기에는 대중스타에 대한 집단적 추구를 통해 또래집단과의 동질성을 확보하고 대인관계를 확장하는 등 이 시기의 심리사회적 발달 특성과 밀접하다. 청소년기는 또래들과의 동조적 행위에 민감한 시기이며 이러한 사회적 교류와 관계의 강화는 이 시기의 자아정체성 형성과 또래 문화의 정립에 지대한 영향을 미친다. 특히, 동조성을 청소년기의 발달적 특징이라 할 때, 이는 곧 대중스타를 중심으로 이들이 보여주는 다양한 집단적 동조 행위들, 즉 동일한 가치관이나, 태도, 행동 패턴, 문화양식을 쉽게 이해할 수 있는 단서라 할 수 있다.

이처럼 청소년의 발달심리학적 측면에서의 대중스타 수용방식의 이해는 긴장과 갈등 심리의 해소를 위해, 현실 도피적 기제로, 대리 만족과 대리 체험의 대상으로, 역할 모델의 대상이자 이상적인 이성형의 모형으로 추구되고 있으며, 나아가 자신과 동질의 사고와 행동을 구현하는 집단적 체험의 장으로 정리된다. 특히 집단적 동질성의 확보와 추구를 중심으로 보이는 대중스타에 대한 일방적이고 의존적인 수용은 흔히 모방과 숭배의 형식으로 전화되어(Raviv, 1996) 흔히 '오빠부대'라는 추종 현상으로 보이기도 한다.

여기에 덧붙여 청소년의 대중스타 수용방식이 추종적 경향을 띠고 있는 데에는 이민희 외(1999: 34)의 연구에서도 언급한 바와 같이 청소년문화의 형성이 대중매체에 의존하는 경향이 점점 더 높아지고 있다는 점도 고려할 필요가 있다. 즉, 청소년문화 형성에 있어 대중매체에 대한 심각한 의존이 대중스타의 의존성을 낳는다는 지적은 가뜩이나 해방구가 거의 없는 오늘날의 청소년들이 문화적 상품주의가 강한 대중매체에 의존케 함으로써 결국 대중스타를 중심으로 형성되는 스타산업 시스템에 종속하게 한다는 논의로도 이해될 수 있기 때문이다.

3) 대중스타 수용: 문화이론적 측면에서의 이해-팬덤을 중심으로

대중스타가 청소년의 하위문화를 결정짓는 주요한 변수라는 사실은 문화이론가들에 의해 수행된 다양한 선행연구들을 통해 명백히 밝혀졌다. 청소년은 대중스타가 산출하는 문화상품을 소비하면서 서로 간의 동질성을 확인하고, 공유하며,[7] 점차 자신들의 문화양식을 산출해 간다. 10대 청소년의 문화소비성향과 문화산업 간의 영향력에 관심을 모으고 있는 이들 연구들에 따르면 청소년 하위문화가 점차 스타와의 일방적 관계에서 벗어나 팬의 주체적 참여성향이 뚜렷해지면서 자신들의 문화 지대를 창조하고 확장하는데, 이를 일러 팬덤(fandom)이라 부르고 있다(Fiske, 1992; Thornton, 1996).

최근 우리 사회도 청소년들이 팬덤이라는 이름으로 대중문화의 수용 형태를 변형시키면서 하위문화(subculture), 클럽 문화(club culture)를 형성, 조직적으로 자기들만의 게토를 구성하는 데 열중하는 것으로 나타나고 있다. 일찍이 인디 음악, 테크노 음악 등 장르로는 음악을 중심으로, 지역으로는 서울의 홍익대와 이태원을 중심으로 형성되는 하위문화, 클럽문화는 여전히 완숙한 수준이라 보기는 어렵지만 적어도 역동적 측면에서 보자면 이미 온라인에서는 왕성한

---

7) 여기서 공유는 대중스타가 산출하는 음악, 공연, 작품, 영화 등 문화적 텍스트에 대한 공유가 있고, 대중스타 자체를 문화적 텍스트로 삼는 공유가 있다. 스타가 산출하는 문화적 텍스트에 대한 공유는 대체로 저연령층의 청소년이나 남성 청소년, 그리고 대중스타에 이제 막 몰입하는 청소년 하위문화에서 주로 보이는 공통된 경향이다. 반면에 스타 자체를 공유하는 경향은 연령이 높을수록, 여성일수록, 그리고 팬덤 문화가 일정 수준에 도달한 팬클럽에 의해 공통적으로 나타난다(Susan McClary, 1994).

활동을 벌이고 있다. 온라인상의 팬클럽 활동실태를 살펴보면 과거 전통적으로 스타덤(stardom)에 근거하는 스타 추종의 활동에서부터 팬덤(fandom)에 가깝거나 본격적인 팬덤 현상을 야기하는 팬클럽이 있는 등 다양한 실정이다. 여기서 팬덤이란 용어는 열광적으로 추종한다는 뜻의 'fanatic'과 집단적 증후군이라는 뜻의 '-dom'이 결합된 말로 원래는 특정 대상에게 지나치게 몰두하는 사회적 병리 현상을 지칭하던 말이었다. 이 단어에 새로운 의미를 부여한 이는 존 피스크(John Fiske)로, 그는 1989년경에 적극적인 대중문화수용자들을 더 '평범한' 수용자 층과 구분하기 위해 이 용어를 사용하였고, 그때부터 이 용어는 청소년 하위문화를 읽는 새로운 키워드로 부각되었다(Fiske, 1992). 이들은 선호하는 대상 스타에 대한 열렬한 관심과 애정, 열광과 환호를 억압된 욕망의 탈출구로 삼는데 이들이야말로 대중스타 탄생의 구조적 배경이자 원천이며 동시에 스스로가 스타덤에 오르려는 속성도 갖는다.

팬덤 문화와 비슷한 용어로 일본 청소년 하위문화 현상에서 사용되는 '오타쿠(お宅)'라는 용어가 있다. 이 용어 역시 팬덤이란 용어와 유사한 맥락에서 이해된다. 즉, 처음에는 어느 한 현상이나 분야에 몰입하는, 일종의 편집증(paranoid)적 행태를 갖는다는 점에서 사회 병리적 증후로 보았다.[8] 원래 '당신, 댁'이란 뜻을 가진 오타쿠란 용어는 일본어의 가타카나로 풀이하면 '이상한 것을 연구하는 사람'이란 의미이다. 오타쿠는 남들에게 이상하게 보일 만큼 대중문화 현상에 적극적으로 몰입한다는 점에서 팬덤과 동일한 의미의 용어이다.

8) 젠킨스(Jenkins, 1992)에 따르면 스타와 팬 간에 보이는 사회 병리적 증후는 20세기 근대성의 기능성 장애징후이자 자율 결핍의 상징으로 묘사되며, 공동체의 부재와 불완전한 정체성으로 인해 위로를 받아야 하는 현대인의 끊임없는 시도로 표상된다. 이러한 현상을 압축적으로 보여주는 영화가 바로 영화 '더 팬(The Fan)'이다. 이 영화에서는 야구에 미친 주인공이 삶에 아무런 희망도 없이 오로지 야구만이 삶의 전부라고 생각하며 야구에 집착하는 병리적 현상을 그리고 있다. 이 영화에서 주인공은 자기가 좋아하는 야구선수를 위해 살인마저 저지른다. 곧 영화는 팬을 사회적 병리현상의 일부로 비정상적으로 어느 한 곳에 집착하는 개인으로 묘사한다. 한편, C세대(Chemical-generation: C-generation)라는 용어도 있는데 이 용어는 원래 약물에 중독되어 일상을 향유하지 못하는 사람을 지칭하였다가 최근에는 팬덤, 매니아, 오타쿠와 같이 어느 한 분야나 대상에 몰입하여 일상적 생활 과제를 수행하지 못하는 사람을 지칭하는 말로 사용되고 있다.

하지만 팬덤이 단지 대중스타와 그들이 산출한 문화상품에 적극적으로 동조하며 조직적으로 움직인다고 해서 새롭게 주목받는 것은 아니다. 또한, 이들이 최근 스타와 사회에 놀라울 정도로 거대한 압력을 행사하는 이익 집단화가 되고 있다는 점도 충분한 해명이 되지는 않는다. 그보다는 오히려 팬들이 대중문화 생산물의 '적극적 소비와 수용'의 차원을 넘어 대중문화 텍스트의 생산에 직·간접적으로 참여하며, 나아가 다양한 방법으로 문화의 생산과정에 적극적으로 개입하려는 개인적·집단적 의지를 갖고 있다는 점이 더 중요하다.

나아가 젠킨스(Jenkins, 1992)는 팬의 적극성이 일정한 유형과 패턴을 가진다고 논의하면서 팬에 대한 대안적인 용어로 영역침범자(poachers)와 유목민(nomads)이라는 용어를 제안한다. 어떤 텍스트가 나타나든 그것의 일방적 수용자가 아닌, 그 반대편에 자리 잡은 새로운 수용자들은 그들의 유용성과 즐거움에 따라 오히려 텍스트를 취사선택하는 능동적인 수용자로 바뀌었으며 그러한 의미에서 영역침범자를 의미하는 poachers를 제안한다. 또, 끊임없이 다른 텍스트를 접하고 새로운 자료들을 전용하며 새로운 의미를 만든다는 의미에서 nomads라는 용어도 도입하였다. 여기서 poachers나 nomads 모두 오늘날 팬의 능동성과 적극성, 생산성을 새롭게 해석한 용어라 할 수 있다.

이처럼 팬덤 현상이 사회문화적으로 의미를 갖는다는 것은 문화론적 측면에서 청소년의 대중문화수용, 특히 청소년과 대중스타와의 관계에 있어서 적지 않은 의의를 제공한다. 즉, 새로운 문화소비 주체세력이자 생산세력으로 대두된 오늘날의 청소년들과 그들의 하위문화의 자생적 특성을 통해 프랑크푸르트학파가 우려하였던 획일적이고 천편일률적인 대중문화의 틀을 무너뜨릴 수 있게 되었고 나아가 무비판적인 소비주체 세력의 지위에서 비판적인 생산주체로 청소년 수용자의 지위가 전환되고 있음을 시사한다. 그런 점에서 팬덤은 프랑크푸르트학파의 편입문화론을 전복할 수 있는 또 다른 문화적 힘을 갖춘 셈이다.[9)]

---

9) 피스크(Fiske, 1992)는 오늘날의 팬집단이 지닌 주요 특징 중의 하나로 '생산성'을 꼽았다. 마돈나의 10대 소녀 팬들이 마돈나라는 대중문화 아이콘을 소비하면서, 자신의 성이 갖는 의미를 기존의 가부장적 지배문화에 지배되지 않은 채 스스로 통제하며 만들어 내고 있으며, 저항이든 수용과 변용의 방식이든 간에 이런 팬덤의 행동양식은 이미 주어진 대

따라서 팬덤 문화는 우상화와 다르다. 일방적인 대중스타에 대한 동일시와 숭배, 모방이 우상화의 개념에 포섭되는 현상이라 한다면, 팬덤 문화는 신성성이 강조되는 스타의 허상을, 그리고 그 허상을 실재처럼 포장하는 이미지를 실체로 치환시켜 결국 스타와 팬들과의 관계에 있어 동등성을 확보한다. 이러한 동등성은 팬으로 하여금 스타와 스타가 산출하는 문화 자체를 그리고 그 의미까지 능동적으로 해석하고, 스타가 의도하지 않은 의미까지 적극 생산하는 힘을 갖게 한다. 실제로 영국의 청소년 하위문화 연구들은 스타와 팬의 관계에서 헤게모니의 수평적 형평성이 유지되면서부터 이러한 문화적 자발성들이 청소년 하위문화의 자생력을 강화시켜 집단 간의 공동 영역과 그 경계를 실현시켜 클럽 문화를 형성하는 기반으로 작용한다고 논의하였다(Redhead, 1997).

여기서 팬들은 팬덤의 대상을 여러 번 반복해 보면서 상세히 관찰하는 행위를 통해 점차 이야기 구성 방식을 자신들의 통제하에 두며 수용자로서의 자신을 단순한 일반 수용자가 아닌 능동적인 수용자로 변화시킨다. 이처럼 팬들은 텍스트에 대한 능동적 해석을 통해 의미를 적극적으로 해석하고 생산한다. 팬들에 의해 수행되는 능동적인 해석은 팬덤의 특수한 수용 양식, 즉 비판적이고 해석적인 실천의 특수한 경향이다. 이렇게 스스로를 규정하고 포섭하는 과정에서 팬들은 팬 공동체의 선호된 해석을 실천하게 된다. 텍스트에 대한 해석을 공유하는 사람들은 서로 팬 조직을 결성하여 활동하기도 하는데, 이러한 조직적인 공유는 팬 개인에게 텍스트에 대한 지식을 넓혀주고 새로운 텍스트를 생산・분배・소비하기도 하며 스스로의 힘을 확대시킨다.

또한, 팬 집단은 대안적인 사회 공동체로서의 가능성까지 함의한다. 즉, 팬덤

중문화를 무비판적으로 받아들이는 태도와는 거리가 멀다는 것이다. 이처럼 팬들은 겉보기에는 지배집단의 정치적, 경제적 이해관계를 대변하는, 지배문화로서의 대중문화에 동조하는 것 같아 보이지만 실제로는 지속적으로 그들 자신의 이해관계, 즉 기존과는 다른 자신만의 새로운 정체성을 창출하는 식으로 대중문화를 소비한다. 이러한 청소년 팬들의 새로운 소비문화의 변화와 관련하여 일찍이 세르토(Michel de Certeau)는 '창조적 소비'라 하였으며 그러한 팬들을 일러 '창조적 소비자'라 하였다. 세르토의 용어를 빌리자면 오늘날의 청소년들은 대중문화의 창조적 소비자로 새롭게 등장하고 있으며 나아가 생산의 영역까지 침범하는 창조적 생비자인 셈이다.

집단은 자신들의 불만족스러운 현실에 대항하여 창조성과 차이를 수용하는 데 보다 개방적이며 경제적인 고려보다는 인간적인 문화를 형성하여 민주적 가치가 재생산되고 가공되며 촉진되는 공간으로 기능한다. 실제로 이런 사례가 오래전에 있었다. 2001년 4월 2일 당시 '대중문화 개혁을 위한 연대 모임'에서는 한국 대중음악의 발전을 염원하는 팬의 입장에서 균형 있는 음반시장 발전, 내실 있는 공연문화 활성화, 다양한 음악 장르의 공존을 통한 대중음악의 체질개선이란 목표 아래 시민운동, 음악 소비자 운동, 팬덤 문화운동을 전개한 바 있다.

> "우리들은 한국 대중음악의 발전을 염원하는 일반 음악팬들로서 균형 있는 음반시장의 발전과 내실 있는 공연문화의 활성화, 다양한 음악장르의 공존을 통한 대중음악의 체질개선을 위해 지금 이 순간부터 본격적인 시민운동, 음악 소비자 운동, 팬덤 문화운동을 펼치고자 합니다. …… 중략 …… 우리들은 이 운동이 결실을 볼 수 있도록 장기적인 정책대안을 가지고 끈질기고 당당하게 연대할 것입니다. 대중음악의 개혁을 염원하는 음악팬들과 음반소비자들과 팬덤 문화집단들의 적극적인 참여를 호소합니다."
>
> (대중문화 개혁을 위한 연대 모임의 선언문 중에서)

이상의 논의에서 살펴보면 청소년의 대중스타 수용현상은 발달심리적 측면에서 살펴보든 혹은 문화이론적 측면에서 살펴보든 청소년의 자아정체감 형성 과정에서 나타나는 자연스러운 현상이며 문제는 청소년 대중이 자신에게 미치는 대중문화의 영향력에 대해, 그리고 구체적으로는 대중스타의 힘에 대해 수동적이거나 일방적인 의존성을 가질 때라는 것이다. 특히, 여기서 의존성이라는 것은 청소년 수용자가 어떤 상황에 놓여있는가에 따라 같은 정도의 자극이라 해도 상대적으로 큰 편차가 나는 것임을 주목할 필요가 있다. 즉, 두 논의 모두 대중스타에 대한 청소년의 수용이 일방적으로 수동적이거나 의존적일 때 청소년 개인의 발달이나 청소년 하위문화의 형성과 정립의 차원 모두에 긍정적이지 않을 수 있음을 시사하고 있다.

이와 관련하여 피스크(J. Fiske, 1992)는 청소년 집단을 연령, 계급, 그리고 자본으로부터 소외된 집단이라고 규정하고 이들은 팬덤 문화의 소비를 통해 자신들의 결핍된 문화자본(cultural capital)을 획득하고 다른 사람들과의 차별성을 지님으로써 자신의 정체성을 확보하고자 한다고 논의하였다. 그에 따르면 자신들의 억압된 육체적, 정신적 욕구를 표출하지 못하는 상황에서 그리고 다양한 자신의 독창성과 정체성을 보장받지 못하는 상황에서 스타는 그들의 영웅이자 신화로 기능한다고 보았다. 즉, 스타에 대한 의존성이 개별 수용자 주체의 상황적 요인과 밀접함을 보여주는 것으로 이러한 시각과 입장은 발달심리학적 견해와도 일치한다.

4. 청소년 대중문화수용의 영향과 과제

1) 대중스타 수용이 청소년에게 미치는 영향

청소년기에 대중스타를 수용하고 추종하는 경험은 청소년들에게 어떠한 영향을 미치는가? 그것은 성장세대에게 긍정적인 경험인가, 아니면 부정적인 경험인가? 또한, 그것도 아니면 이 시기에 자연스럽게 거쳐야 하는 통과의례적인 것이며 일종의 중립적 자극이어서 개인에 따라 달리 나타나는 것인가? 사실 이 질문에 대한 응답의 필요성은 일찍이 제기되었지만 우리의 경우 선행연구들은 그리 많지 않다. 이는 첫째, 청소년의 소비문화와 관련해 팬덤 현상이 비교적 최근에 나타났고, 둘째, 관련 연구자들이 청소년의 대중문화 수용 및 대중스타 수용과 관련해 지속적인 연구관심을 기울이지 않았거나 쉽게 관심을 갖지 않은 영역이었기 때문이다. 설사 선행연구가 있다 해도 일반화하기 어려워 이 부분에 대한 응답은 결국 긍정적 영향과 부정적 영향의 가능성 모두를 열어놓고, 이를 중심으로 논의할 수밖에 없다.

우선 청소년기에 대중스타를 수용하는 경험이 갖는 긍정성은 다음과 같다.

첫째, 자기 인식을 촉진하는 계기가 되어 청소년 자신이 자아정체감의 형성과 수립에 긍정적인 영향을 미칠 수 있다는 점이다(Raviv 외, 1996). 또한, 대중스타 수용의 경험은 개인의 자아정체감뿐만 아니라 집단적 정체성과 소속감도 갖게 하는데 이러한 집단적 정체성과 소속감의 형성·발전과정에서 청소년 수용자는 다시 자신의 자아정체감 형성·수립과정에 긍정적인 영향을 받을 수 있다. 이처럼 자아정체감 형성과 수립에 대중스타 수용경험이 긍정적인 효과를 발휘할 수 있다는 개연성은 일찍이 행동주의 심리학의 사회학습이론에서 모델링 효과(modeling effect)로 지지된 바 있다.

둘째, 이 시기의 대중스타 수용은 청소년들로 하여금 다양한 문화경험을 체득하는 기회이자 공간으로 작용할 수 있다. 개인적으로 스타와의 다양한 접촉 시도 및 접촉 경험을 통해, 혹은 서로 좋아하는 팬클럽 활동을 통한 집단적 체험을 통해, 청소년들은 스타와의 상호작용, 또 다양한 친구들과의 상호작용 경험을 얻을 수 있으며 이러한 문화적 경험은 청소년이 사회적 존재로 성장하는 데 긍정적인 영향을 미칠 수 있다. 특히 팬클럽 활동은 인터넷과 스마트폰의 보급에 따라 오프라인상의 팬클럽에서 온라인과 모바일상의 팬클럽으로 주 활동 무대를 옮겨가 연예인 관련 홈페이지는 좋아하는 아이돌 스타의 프로필, 일정, 음악 등 각종 정보를 함께 나누는 한편 게시판으로서의 기능도 수행하면서 활발한 상호 작용을 하고 있다. 팬클럽 회원들은 그 집단의 회원이라는 정체성을 형성하면서 서로 간의 동질감을 공유하고 심지어는 같은 가족이라는 소속감마저 느낀다. 이러한 적극적이고 집단적인 스타수용 현상은 스타에게는 자정적 효과를 주는 옴부즈맨의 역할, 모니터링의 기능도 갖는다. 즉 스타가 팬의 입장을 고려하면서 자신의 태도와 행위를 제한하는 것으로 이는 또 다른 의미에서는 적극적인 문화소비자로서 탈바꿈한 지금의 청소년 팬들의 위세를 대변하는 사례이다.

셋째, 이러한 경험은 청소년기의 긴장과 갈등, 현실에 대한 불만과 억압되었던 욕구들을 대리 분출하는 스트레스 해소의 기능, 통로까지 수행한다. 실제로 김창남(1995)은 대중음악을 중심으로 청소년 하위문화를 분석하면서 청소년들은 대중음악을 통해 자신의 스트레스를 해소하고 대중문화를 향유하는 행위를 통해 억압적 욕구와 현실 불만을 해소하고 있음을 논의하였다.

넷째, 청소년들의 대중스타 수용은 아직까지 대부분의 청소년은 소극적인 개인적 수용에 머물고 있지만, 일부의 경우 대중스타 수용을 통해 적극적인 사회참여 기회를 갖고 있으며,[10] 스스로가 사회변화의 주체라는 경험을 하는 기회도 된다.[11] 대중문화의 영역에서 활발하게 벌어지고 있는 시민운동 차원의 활동이나 오프라인 영역에서 자기 목소리를 키우는 사이버 커뮤니티가 많아지면서 이 같은 경향은 더욱 활성화되고 있는 추세이다. 청소년들은 기성세대와 사회에 팬클럽과 대중스타야말로 자신들의 이야기를 하는 상징이며 동시에 이들을 중심으로 사회에 자신의 목소리를 전달하는, 효과적인 소통의 통로이자 공간으로 인식함으로써 기꺼이 '오빠부대'에 참여하거나 팬덤 현상을 주도하기도 한다.

다섯째, 청소년들은 대중스타를 비롯하여 문화산업이 창출하고 주도하는 대중문화의 소비를 통해 창조적 소비의 경험을 누리고 이를 통한 창조적 소비자,

---

10) 오래전 한 일간지(조선일보. 2001. 8. 26.)에 흥미로운 기사가 실렸다. 그 기사는 아래와 같다.
"지난 23일 한국음악저작권협회는 '이재수 음반에 대한 협회 입장'이라는 해명문을 홈페이지에 올렸다. 컴백홈 패러디를 둘러싼 서태지와 '음치가수' 이재수 측의 법정 다툼과 관련, 이재수 측에게 노래 사용을 사전 승인한 적이 없으며 분쟁의 쟁점인 '저작 인격권' 보호를 위한 규정과 관리가 미흡했다고 자인하는 내용이었다. 서태지가 지난달 소송을 낸 직후 서태지 팬클럽은 연일 이메일로 서태지를 옹호하는 여론 공세를 펴면서, 협회와 문화관광부엔 저작권 관리 소홀에 대한 해명을 요구했다. 음악저작권협회는 결국 팬클럽의 끈질긴 항변에 두 손을 들고 말았다."
이 현상은 단지 한 팬클럽의 끈질긴 의사 표명에 의해 음악저작권협회가 승복하였다는 본문의 기사 말고도 두 스타 사이의 갈등과 분쟁에 팬이 어떻게 작동하고 있는가를 살펴볼 수 있는 좋은 텍스트가 된다. 실제 두 스타의 다툼 속에 나름대로 합당하다고 생각하는 팬클럽의 팬들은 매우 활발하게 자신의 의사를 표명하였으며, 이는 상대방 팬클럽의 활동과 비교하면 적극적이었다. 해당 스타는 법정에서 소까지 제기했지만 대부분의 의견 제시는 팬 차원에서 주도적이었다.

11) 팬들의 사회참여에 대한 사례 중 전술한 "대중문화 개혁을 위한 연대 모임"은 전형적인 시민운동의 한 사례라 할 수 있다. 이와는 달리 자신들이 좋아하는 스타의 이름으로 사회참여한 사례가 있는데 탤런트이자 영화배우인 J씨의 팬클럽 '아도니스'의 사례가 그것이다. 아도니스는 그들이 좋아하는 연예인 J씨의 이름을 앞세워 복지시설 봉사를 벌이는 사회참여 활동을 전개해 화제를 모았다. 팬들의 이런 활동은 단순히 팬클럽 차원의 사회봉사 활동, 사회참여 활동으로 끝나지 않고 연예인 J씨의 이미지에도 긍정적인 영향을 미쳤다.

문화생비자로서의 경험과 지위까지 얻고 있다. 이들은 대중스타 수용 및 대중문화향유 과정에서 단순히 소비에 머물지 않고 창조적인 그들만의 하위문화마저 형성하고 생성할 수 있다. 실제로 팬과 픽션(fiction)이란 용어가 합성된 팬픽(fanfic)이란 10대 문화는 팬클럽 회원들이 스타를 주인공으로 삼아 서로 돌려가며 이야기를 짓고 읽는 것으로 팬클럽 활동의 연장선상에서 살펴볼 수 있는 현상이다. 물론 이러한 팬픽이 일부의 경우, 동성애적 경향을 띠고 있고 성적 표현과 묘사가 많아 문제라고도 지적되지만, 문화적 생산자로서 적극 참여하는 기회를 제공하고 팬과 스타 사이에 팬이 고정적으로 참여하는 공간과 기능을 부여했으며, 그리고 스타를—여전히 상상의 영역에서는 벗기지 못하였지만—신성의 영역에서 분명하게 탈화(脫化)시켰다는 점은 의미가 있다.

한편, 대중스타 수용현상이 청소년에게 미치는 부정적 영향은 다음과 같다. 대체로 이러한 부정적 영향은 긍정적 측면이 과도하거나 혹은 스타에 지나치게 의존하는 데 기인한다.

첫째, 청소년 팬의 스타에 대한 지나친 수용과 의존적 경향은 편집증적 성향을 불러올 수 있으며 이로 인해 이 시기의 다른 발달과업 수행에 악영향을 미칠 수 있다. 이를테면 신체적·정신적 건강이나 학업에 소홀히 하거나 다른 사람과의 대인관계 형성에도 부적 영향을 미칠 수 있다(한국청소년문화연구소, 1999).

둘째, 지나친 집단적 동질성은 청소년 팬클럽들을 새로운 '이익단체'로까지 변모시키며 이들이 지지하는 연예인의 '보호'와 '위상 확립'을 위해서는 스스로에게만 '합당한 폭력'으로 규정될 수 있는 과격한 집단행동까지 서슴지 않기도 한다. 특히 문제화되고 있는 안티 사이트까지 포함하여 악플을 포함해 각종 사이버 테러와 폭력이 끊이지 않고 있음은 아직 우리 팬클럽 수준이 미성숙함을 보여주는 증거이기도 하였다.

셋째, 청소년기의 대중스타 수용현상은 이 시기에 자연스러운 현상이고 또 이러한 현상에 10대 청소년들이 적극적이라는 점 때문에 쉽게 문화산업의 함정, 소비 산업사회의 상업성에 성장세대가 포착되어 희생자가 되기 쉽다는 점이다. 따라서 건강한 성장세대의 여러 잠재적 가능성이 자칫하면 철저히 계산된 자본의 그물망에 사로잡혀 이용만 당할 우려가 있다. 이것은 그간 후기 자본주의 사회가 갖는 철저한 상업적 본성과 관련하여 10대 청소년들의 대중스타 수용현상에 대한 기성세대의 대표적인 우려였다. 이러한 우려는 작게는 기획사의 스타 마케팅에 의해서, 크게는 자본주의 사회의 배금사상과 물신풍조에 의해 확산되었다.

마지막으로, 대중스타 수용현상이 단순히 문화적 포퓰리즘(populism: 대중추수주의)의 경향에 종속될 수도 있다. 팬덤이란 현상이 단지 긍정적 가능성만 갖고 있지 않고 문화소비자의 힘을 너무 지나치게 과대평가함으로써 초래될 수 있는 부적 영향이 바로 문화적 포퓰리즘이다. 즉, 각 개인이 갖는 다양성과 독특성에 기인하는 스타수용 현상보다는 집단적·대중적 인기와 경향에 압도됨으로써 본질적인 팬덤 자체의 건강성을 잃을 수도 있다. 특히, 문화가 만사를 해결한다거나 문화를 소비하는 대중들을 무조건 찬양하는 최근의 '문화 포퓰리즘적' 경향이 청소년 대중스타 수용에도 영향을 미칠 가능성은 적지 않다.

2) 과제와 대응방안

적극적인 대중문화의 향유자인 청소년 팬클럽은 대중문화산업을 뒷받침할 소비층을 활성화하고 스타·기획자·미디어가 독점하던 권력을 청소년 소비자들도 공유케 하며 일정 영역에서는 청소년의 참여도 가능케 한다는 점에서 긍정적이다. 그러나 일부 연예인의 비도덕적 행동에 대한 맹목적 편들기, 팬클럽 간의 극심한 반목, 광신적 청소년들의 일탈행위 등 아직은 빈곤한 철학과 설익은 열정은 향후 극복해야 할 숙제이다. 스스로가 성숙의 단계를 거쳐 발전해 간다면 흔히 오빠부대라고 폄하받기만 했던 수동적 소비자로만 여겨져 온 10대 청소년 팬들은 바야흐로 대중문화 권력을 견제하는 대안적 집단으로의 전환도 가능하다. 문제는 청소년들의 대중문화 및 대중스타 수용현상이 어느 정도의 수준에서 어떻게 전개되고 있는지에 대한 적확한 실태의 파악이다. 이것이 전제되어야 그에 따른 적절한 사회적 이해와 지원방안을 제시할 수 있기 때문이다.

이러한 맥락에서 향후 제기되는 과제와 이에 따른 대응방안을 제시하면 다음과 같다. 먼저, 청소년들의 대중문화의 수용현상이 연령과 성별, 가정의 소득수준과 경제적 지위에 따라 차별적인 수용과 격차가 있음을 감안할 때(Raviv, 1996), 한국사회에서 청소년 대중문화 수용현상에 대한 면밀한 실태연구가 수행될 필요가 있다. 특히 우리의 경우 지역에 따른 문화적 향유의 격차가 크고, 연령 및 성별, 가정의 소득에 따른 격차 역시 크다는 점을 감안하여 대중문화수용에 대한 현황 및 실태연구가 선행되어야 한다.

둘째, 청소년시기의 열정적인 문화적 욕구를 건강한 하위문화 영역으로 변환할 수 있도록 체계적인 청소년문화 지원전략을 수립할 필요가 있다. 청소년 하위문화의 건강성이 담보될 수 있는 문화적 통로와 기회를 체계적으로 수립·구축하여 성장세대에게 제공할 필요가 있다. 오늘날 청소년의 대중스타 수용이 갖는 부적 영향은 대중문화 텍스트와 정보의 속물근성(snobbism)에 일부 청소년들이 지나치게 몰입함으로써 야기되는 결과이다. 즉 대중스타를 포함하여 대중문화가 산출하는 다양한 텍스트들과의 관계에 있어 건강한 자신을 지켜나가기 위하여 현실의 문화 영역을 더욱 강화하여 청소년으로 하여금 다양한 문화경험을 그 시기에 체험하도록 종합적인 청소년문화 지원전략을 구축해야 한다. 여기에는 다시 다음과 같은 세부 방안들이 고려될 수 있는데, 첫째, 지역사회 중심·청소년 중심의 국가지원 전략방안을 수립하여야 한다. 최근 지역별 문화산업단지 구축 등 문화콘텐츠 개발에 국가적 차원의 관심과 지원이 이루어지고 있는데, 청소년문화 지원이란 관점에서 보다 세밀하고 체계적인 지역 중심의 문화지원 전략 수립과 청소년 중심의 문화콘텐츠 개발에 더욱 많은 관심과 지원이 요구된다. 둘째, 지역사회의 다양한 문화 인프라를 활용하여 청소년 문화 리터러시(literacy) 함양을 위한 문화교육을 학교와 지역사회 중심으로 전개하는 방안을 고려해 볼 필요가 있다. 이는 각 지역사회에 설립된 청소년시설 및 다양한 청소년단체 활동들을 통해서 현실적으로도 가능한 일이다. 나아가 이렇게 청소년문화 교육에 가용 가능한 자원과 프로그램들을 묶어 청소년문화 네트워크 형태로 구축해 보는 방안도 고려해 볼 필요가 있다. 특히, 이러한 모든 현실 수준에서의 청소년문화지원 전략들은 청소년을 대중문화산업의 건강한 주체적 생산자로 키움으로써 단순히 대중문화수용에 대한 대응 전략에 머물기보다는 청소년들이 자신의 적성과 흥미에 기초하여 문화를 수용하고 문화창조성을 기를 수 있도록 여건을 조성한다는 차원에서 더욱 의의가 있다.

셋째, 지나친 소비 위주의 일방적 문화추종에서 벗어나 청소년의 주체적·자생적인 문화수용과 문화적 창출의 기회 장면이 가능하도록 지원하는 방안도 필요하다. 여기에는 저연령층과 여자청소년의 스타추종 경향이 다른 층과 비교해 크다는 점을 감안하여 다양한 층을 대상으로 하는 지원방안으로 확보되어야 한다. 특히 청소년들이 주체적으로 그들의 문화를 스스로 만들고 실험하고 실천하는 체험적 문화활동 장면으로 대중문화 수용현상이 이루어지도록 유도하고 지원하는 방안이 검토되어야 한다. 이를테면 대안적 문화운동의 형태로 청소년의 팬클럽 활동을 유도하고 조직하며 지원하는 것이 하나의 사례라 할 수 있다. 대부분의 팬클럽을 직·간접적으로 지원하는 기획사를 통해 이러한 영향력을 확보하고 유도할 수도 있다는 점을 감안하여 새로운 청소년운동의 한 모델로 정립되도록 지원하는 '청소년 팬클럽 문화운동'을 청소년활동 영역의 주요 영역으로 삼고 모범적인 사례들을 전파할 필요도 있다. 특히, 청소년들의 대중스타 관련 자생적이고 자율적인 활동을 지원하기 위해서는 그에 적합한 시설과 프로그램이 확보될 수 있어야 그 효과가 극대화될 수 있다. 따라서 청소년들의 대중문화에 대한 욕구가 건강하게 발산되고 소통될 수 있는 시공간의 확보와 프로그램 개발·보급도 요청된다.

마지막으로, 청소년의 대중문화 수용에 있어 청소년들을 '문화적 마취 상태'로 바라보는 기성세대와 사회적 인식의 전환도 필요하다. 청소년들이 문화의 주체적 참여자로 충분히 기능할 수 있으며 자발적이고 자생적인 문화향유와 생산·소비가 가능함을 인식하여야 한다. 단순히 대중문화수용 및 대중스타 수용에 있어 억압하고 규제하는 차원에서 벗어나 이제는 청소년들이 대중스타와의 관계를 통해 그들 속에 잠재되어 있는 창의적인 에너지를 생산적인 방향으로 이끌고 갈 수 있도록 지혜를 모아야 할 때이다.

참고문헌

강명구(1993). 소비대중문화와 포스트모더니즘. 서울: 민음사.
강준만(1994). 대중문화의 겉과 속. 서울: 한샘출판사.
김대용(1999). 한국대중문화의 교육적 의미. 교육철학, 21. 서울: 한국교육학회 교육철학연구회. 113-141.
김민(2002). 청소년문화의 이해. 청소년문화복지아카데미 자료집. 서울: 품 청소년문화공동체.
김창남(1995). 대중문화와 문화실천. 서울: 한울아카데미.
김현섭(1999). 서태지 담론. 서울: 세훈문화사.
양재영(1994). 청소년집단의 대중문화 수용과정에 관한 연구. 서울대학교 대학원 미간행 석사학위논문.
이경기(1995). 재미있는 영화이야기. 서울: 삼호미디어.
이민희 외(1999). 청소년 대중문화 수용실태와 대책. 서울: 한국청소년개발원.
이민희 외(2001). 청소년의 문화산업 참여여건 조성방안에 관한 연구. 서울: 한국청소년개발원.
임희섭(1986). 사회변동과 가치관. 서울: 정음사.
조아미(1998). 청소년의 대중가요 가수 우상화 현상에 대한 분석. 청소년학연구 5(1).
조은 외(2000). 청소년 언더문화 현장연구: 문화생비자(prosumer)로서 청소년. 서울: 한국간행물윤리위원회.
청소년대화의 광장(1995). 오빠부대 어떻게 볼 것인가. 서울: 청소년대화의광장.
최상근 · 차성현 · 조용환 · 현주(2009). 고등학생의 학업생활과 문화연구. 서울: 한국교육개발원.
최우신 · 김영희(1999). 청소년의 연예인 우상화 현상의 특성. 한국청소년학연구. 10(2). 서울: 한국청소년개발원.
한국청소년문화연구소(1999). 매니아문화 읽기: 청소년 매니아문화의 현황과 과제. 청소년문화포럼, 1(1). 서울: 한국청소년문화연구소.
한상철 · 조아미 · 박성희(1997). 청소년심리학. 서울: 양서원.

Bandura, A. (1977). *Social learning theory*. Englewood Cliffs. NJ: Prentice Hall.
Benjamin, W. (1973). The work of art in the age of mechanical Reproduction. *Illuminations*. London: Fontana.
Bennet, H. S. & Ferrell, J. (1987). Music video and its epistemic socialization. *Youth & Society*. 18, 344-362.
Brown, E. F. & Hendee, W. R. (1989). Adolescent and their music: Insight into

the health of adolescents. *Journal of American Mass Media*. 262, 1659-1663.

Denisoff, R. S. & John, B. (1983). The sociology of popular music: A review. *Popular Music Society*. 9, 51-62.

Fiske, J. (1992). The cultural economy of fandom. In Lisa A Lewis(ed.), *The adoring audience: Fan culture and popular media*. London & New York: Routledge.

Flitterman-Lewis, Sandy. (1987). Psychoanalysis, film and Television. In Allen, Robert C.(ed.), *Channels of discourse: television and contemporary criticism*. The University of North Carolina. 김훈순 역(1992). 텔레비전과 현대비평. 서울: 나남.

Hebdige, Dick. (1979). *Subculture: The meaning of style*. London: Methuen.

Jameson, F. (1985). Postmodernism and consumer society. In H. Foster(ed.), *Postmodern culture*. London: Pluto.

Jenkins, Henry. (1992). *Textual poachers: Television fans and participatory culture*. London & New York: Routledge.

Kellner, Douglas. (1995). *Media culture: Cultural studies, identity and politics between the modern and the postmodern*. London: Routledge; 김수정 · 정종희 (역)(1997). 미디어문화: 영화, 랩, MTV, 광고, 마돈나, 패션, 사이버펑크. 서울: 새물결.

Marcuse, H. (1968). *Negations*. London: Allen Lane.

McClary, S. (1994). Same as it ever was: Youth culture and music. In Andrew Ross & Tricia Rose (ed.), *Microphone friends: Youth music & youth culture*. New York & London: Routledge.

Poster, M. (1991). *Mode of information*. Cambridge: Polity Press.

Raviv, A., Bar-Tal, D., Raviv, A., & Ben-Horin, A. (1996). Adolescent idolization of pop singers: Causes, expressions, and reliance. *Journal of Youth and Adolescent*, 25, 631-649.

Redhead, S. (1997). *Subculture to club culture: An introduction to popular cultural studies*. Oxford: Blackwell Publishers Ltd.

Roe, Keith. (1993). Academic capital and music taste among Swedish adolescents. *Young-Nordic Journal of Youth Research*. 1(3), 40-55, Uppsala: Swedish Science Press.

Storey, J. (1993). *Cultural theory and popular culture*. London: Simon and Schuster; 박모(역)(1994), 문화연구와 문화이론. 서울: 현실문화연구.

Thornton, Sarah. (1996). *Club Culture: Music Media and Subcultural Capital*. Hanover and London: Wesleyan University Press.

White, M. (1987). 이데올로기 분석과 텔레비전. In Allen, Robert C.(ed.), *Channels of Discourse: Television and Contemporary Criticism*. The University of North Carolina; 김훈순 (역)(1992). 텔레비전과 현대비평. 서울: 나남.

CHAPTER 05

청소년의 성문화

청소년들은 성(性)에 대해 무엇을 알고 있으며, 어떤 생각을 하고 있을까? 청소년들이 공유하는 성문화는 어른들의 그것과 다른 것일까? 대부분의 어른들은 성의 세계를 성인의 전유물로 생각하지만, 청소년들의 삶에서도 성은 매우 중요한 것이다. 많은 청소년들이 성을 낭만적이고 열정적이며 신비로운 것으로 바라보고 긴장과 설렘을 갖는 반면, 어른들의 머릿속에 잠재되어 있는 청소년들의 성문화는 늘 걱정스럽고 보호해야 될 대상이다. 왜 그럴까?

우리 사회 대부분의 어른들은 청소년들이 공유하고 있는 성문화에 대해 부정적인 시각을 갖고, 특히 스마트폰이나 인터넷을 통해 잘못된 성문화가 형성되어 있을 것이라고 가정한다. 그러나 어른들의 이러한 시각을 청소년들은 어떻게 받아들이고 있을까?

이 장에서는 청소년기에 발달하는 성 심리를 바탕으로 청소년들이 지닌 성에 대한 생각과 성행동 및 이들이 공유하는 성문화에 대해 살펴보고, 성문화 속에 존재하고 있는 사회적인 문제에 대해서도 살펴보고자 한다.

1. 성과 성문화

성에는 몇 가지 개념이 있다. 하나는 생물학적 성을 나타내는 'sex'의 개념이고, 두 번째는 사회 · 문화적 성의 개념인 'gender'의 개념이며, 나머지 하나는 성에 대한 전반적인 태도를 나타내는 'sexuality'의 개념이다. 즉, sex는 생물학적으로 형성된 남자와 여자를 구별하는 개념이며, gender는 사회 · 문화적 환경에 의해 학습된 것으로서 남성성/여성성 혹은 성역할(gender role)과 관련이 깊은 개념이고, 전성(全性)의 개념으로 사용되는 sexuality는 개인이 성에 대해 가지고 있는 감정, 사고, 환상, 꿈, 가치관, 신념 등을 의미하는 것으로서 성적 성격(sexual personality)이라고도 한다. 그러므로 sexuality는 성정체감(gender identity)과 관련이 깊다고 할 수 있을 것이다.

한편, 성문화란 특정 사회구성원들이 성에 대해 공유하고 있는 삶의 총체적 양식을 나타내는 것으로서 '청소년 성문화'는 청소년들이 공유하고 있는 성에 대한 가치관, 태도, 감정, 행동 등 성(性)에 대한 전반적인 생활양식을 의미한다.

2. 청소년기의 성 발달

1) 제2차 성징의 발달과 신체상

청소년기의 시작은 사춘기(puberty)의 발달에서 비롯된다. 사춘기가 되면 뇌하수체의 기능이 활발해져서 성호르몬과 성장호르몬이 많이 분비되고, 이는 이 시기의 성장급등(growth spurt)과 성적 성숙(sexual maturation)을 이끈다. 특히 남성의 고환과 여성의 난소와 같은 생식선(gonads) 혹은 성선(sex glands)의 발달은 생식 기능과 2차 성징의 발달을 이끌어준다. 즉, 남자청소년들의 경우, 고환과 음낭, 음경이 커지고, 정자생산이 증가하며 몽정을 경험하고 턱수염이 나며 목소리의 변화가 일어난다. 여자청소년의 경우에는 초경이 시작되고 유방이 발달하며 자궁과 질이 커지고 골반이 확대된다. 또한 청소년기가 되면 남자와 여자 모두 음모와 액모가 발생한다(정옥분, 2019).

이와 같은 신체·생리적 변화는 청소년들의 신체 조건을 특징짓게 되며 결과적으로 이 시기 청소년들의 신체상(body image)에도 영향을 미치게 된다. 신체상이란 자신의 외모, 신체조건 및 운동능력에 대한 전반적인 느낌, 생각, 태도 등을 말한다. 즉, 청소년들은 자신에게 일어나고 있는 신체·생리적 변화에 관심을 갖게 되고, 변화상태에 대해 만족 혹은 불만족을 느끼게 되는 것이다. 이들은 또한 어떤 신체적인 조건이 더 매력적이며, 특히 이성에게 더 매력적인 신체조건은 무엇인지에 대해서도 관심을 갖게 된다. 그러나 대부분의 청소년들은 자신의 신체조건에 대해 만족을 하지 못하는데(주간조선, 2016. 6. 17.), 특히 한국의 10대 여자 청소년들은 77% 이상 자신의 외모에 만족하지 못하고 57% 이상 성형을 원하는 것으로 나타났다[1](세계일보, 2006. 10. 8.). 일반적으로 여자청소년들은 남자청소년에 비해 외모에 더 많은 가치를 두고 있는 것으로 알려졌는데(정옥분, 2019), 외모에 자신감이 없는 청소년들은 학교를 빠지거나, 사회적 모임을 피하고, 집에만 틀어박혀 있는 등 사회적 활동과 학문적 활동을 기피하는 것으로 나타났다(세계일보, 2006. 10. 8.). 신체상이 긍정적일수록 학업성취가 높다는 연구결과(신명희 외, 2017) 등은 청소년들의 이러한 심리를 뒷받침하는 것이다. 또한 청소년들은 정상체중인데도 자신이 뚱뚱하다고 인식하는 왜곡된 신체이미지를 갖기 쉬운데, 의학신문(2022)에 의하면, 한국의 중·고등학생 중 24.2%는 비만도를 나타내는 체질량지수(BMI)와 상관없이 스스로를 비만이라고 생각하고 있었다[2](의학신문, 2022. 1. 6.).

1) '아름다움, 자신감, 그리고 아시아의 10대'에 관한 주제로 도브가 아시아 지역의 한국, 대만, 홍콩, 싱가포르, 인도네시아, 태국, 베트남, 필리핀, 말레이시아 등 9개국 15~17세 여성 1000명(한국인 100여 명)에게 진행한 외모에 대한 인식조사 결과(세계일보, 외모고민에 우리들의 일그러진 10대 소녀들 2006.10.08.)

2) 연세대 강남세브란스병원 가정의학과 이지원 교수와 을지의대 노원을지병원 가정의학과 이준혁 교수 연구팀이 12~18세 청소년 60,389명을 대상으로 한 '영양교육 실태와 식습관, 아침식사 여부, 외모 및 신체 이미지'에 대한 인식조사 결과(의학신문. 청소년기 영양교육 식습관·신체 형성에 큰 영향. 2022. 1. 6.)

외모와 신체적 조건은 청소년들에게 매우 예민한 사항이기 때문에, 부정적인 신체상을 가진 청소년들은 일반적으로 스트레스 수준이 높아지고 심리적으로 불안정한 상태에 이를 수 있다.

그렇다면 부정적인 신체상은 왜 형성되는 것일까? 청소년들은 왜 왜곡된 신체상을 갖게 되는가? 여기엔 여러 가지 이유가 있을 수 있으나, 무엇보다도 외부 요인이 크게 작용한다고 볼 수 있다. 특히 청소년은 그가 속한 사회 환경이 여성과 남성의 신체조건을 어떤 관점에서 어떻게 평가하느냐에 따라 영향을 많이 받는다. 청소년들에게 '얼굴천재' 혹은 '얼굴깡패', '피지컬 킹' 등의 표현이 유행하는 것도 외모와 신체 조건에 대한 우리 사회와 청소년들의 심리를 반영하는 것이다. 또한 어릴 때부터 균형 잡힌 식습관과 관련된 영양교육을 받는 것도 매우 중요하다. 근래 보고된 자료(의학신문, 2022. 1. 6.)에 의하면, 영양교육을 받지 않은 청소년들은 올바른 영양교육을 받은 청소년들에 비해 왜곡된 신체이미지를 더 많이 갖고 있는 것으로 나타났다.

한편, 신체상은 청소년 개인의 내적 요인과도 관련이 깊다. 특히 자아존중감과 정적인 상관관계를 나타내는데, 자신의 외모에 만족하는 청소년들은 자아존중감이 높고, 자아존중감이 낮은 청소년들은 대부분 부정적인 신체상을 갖는다(김정순 · 김영남, 2009; 정옥분, 2019). 더욱이 긍정적인 신체상을 가질수록 청소년들의 심리적 행복감도 더 높아지는 것으로 보고되고 있어서(신명희 외, 2017), 신체상은 청소년들의 제반 삶에 영향을 미치는 매우 중요한 심리적 요인임을 확인하게 된다.

다행스럽게도 신체상은 한번 형성되면 고착되는 것이 아니라 발달과정에서 얼마든지 변화 가능한 심리적 요소이다. 그러므로 우리 사회가 여성과 남성에 대한 왜곡된 신체상을 지양하고, 어릴 때부터 영양교육을 통해 신체건강에 대한 올바른 인식을 심어주며, 청소년들의 자아존중감을 향상시키는 노력들을 병행한다면, 청소년들이 건강한 신체상을 형성하고 유지하는 데 큰 도움이 될 것이다.

2) 청소년기의 성 심리

홀(S. Hall)은 '청소년기(1904)'라는 그의 저서에서 청소년기를 '질풍노도(storm & stress)'의 시기로 표현하였다. 이것이 청소년기의 보편적인 발달 특성을 나타내는 것이라고는 말할 수 없지만, 많은 사람들은 청소년기를 나타내는 이러한 표현에 대해서 대부분 공감하고 있다. 우리나라에서도 일찍이 민태원(1930)이 '청춘예찬(青春禮讚, 한국명수필선, 2022)'에서 "청춘! 이는 듣기만 하여도 가슴이 설레는 말이다. 청춘! 너의 두 손을 가슴에 대고 물방아 같은 심장의 고동을 들어보라. 청춘의 피는 끓는다 ……"로 청춘을 표현하면서 청소년들의 이러한 정서를 반영한 바 있다.

이유가 어떠하든지 청소년기의 정서는 일반적으로 격렬하면서도 불안정한 것으로 묘사되어 왔다. 이것은 사춘기 변화와 밀접한 관련이 있는데, 헐럭(E. Hurlock, 1975)은 사춘기의 급격한 신체·생리적 변화가 청소년들의 심리적 변화에 커다란 영향을 미치고 있다고 주장하였다. 즉, 혼자 있고 싶어 하는 고립의 욕구가 증가하여 프라이버시를 중요시하고 가족과 떨어져 혼자 있는 것을 즐기는 것과, 정서성(emotionality)이 증가하여 감정이 예민해지고 화를 잘 내는 것도 신체·생리적 변화에 의해 나타나는 청소년들의 심리적 변화라고 하였다. 또한, 지나치게 수줍어하고 자신의 신체 변화에 민감한 것과 불안감이 증가하여 자신감이 감소하는 것 등도 바로 급격한 신체·생리적 변화에 의해 나타나는 것이라고 그는 지적하였다.

이러한 심리적 변화는 청소년들의 일상생활에서 흔히 발견되는데, 하루 종일 방 안에 혼자 있어도 지루해하지 않고, 온·오프라인에서 자기만의 세상을 만들어 가며, 유난히 부끄러움을 타거나 조그만 일에도 화를 잘 내는 등, 이전과는 다른 모습들을 보여주는 것이다.

청소년들의 이러한 민감하고 격렬한 정서는 성에 대한 그들의 태도에서도 그대로 나타난다. 즉, 청소년들은 자신이 성적으로 매력이 있는지에 대해 관심을 갖게 되고 외모에 대해 매우 민감하게 반응한다. 방 안에서나 길을 가다가도 거울만 있으면 들여다보고, 옷이나 머리 모양에 무척 신경을 쓴다. 또한 이성 앞에서 부끄러움을 잘 타면서도 때로는 지나치게 호들갑을 떨기도 하며, 짝사랑을 잘 하고, 그리워하는 대상에 대해 가슴앓이를 많이 한다. 이들은 이성을 보더라도 그(녀)의 외모에 크게 반하는데, '얼굴천재' 혹은 '얼굴깡패', '피지컬 킹' 외에 겉으로 드러나는 모습이 멋있으면(예를 들어, 표정이나 몸짓이 멋있거나), 금방 반해 버리고 그(녀)의 겉모습을 그 사람의 인격과 동일시한다. 또한, 자신이 좋아하는 이성에 대해서는 맹목적으로 추종하면서 반대로 싫어하는 대상에 대해서는 무조건 배척하는 양상 등도 청소년들에게서 많이 발견되는 특성들이다. 이와 같은 양상들은 모두 청소년들의 성심리를 반영하는 것이라고 할 수 있는데, 이들이 경험하는 이성 혹은 성에 대한 감정 상태는 변화와 강도가 매우 커서, 때로는 청소년 스스로도 자신의 감정을 통제하지 못하는 경우가 종종 발생하게 된다.

그러나 이 시기 모든 청소년들이 이성에 대해 관심을 갖고 성에 대해 매력을 느끼는 것은 아니다. 일부 청소년들은 오히려 성에 대해 두려움이나 지나친 혐오감을 갖고 부정적인 감정과 태도를 갖기도 한다. 이들은 대부분 이성에 대해 무관심하려고 하고, 이로 인한 갈등이나 혼란을 가치 없는 것으로 여기는데, 이러한 청소년들의 태도는 금욕주의(asceticism)나 주지화(intellectualization)의 형태로 나타날 수 있다. 금욕주의나 주지화가 빈번하게 사용되는 청소년들은, 성적 충동을 느끼거나 성에 관심을 갖는 것을 지나치게 두려워하고, 이와 연관된 활동에 참여하기를 거부하며, 정치나 도덕 혹은 사회 현상과 같은 문제에 몰입하여 토론하는 것을 즐기는 등 지적인 활동을 통해 자신의 성에 대한 욕구나 감정을 통제하게 된다.

이와 같이 청소년기에 이르면 발달적으로는 성적 능력과 욕구가 증가하지만, 성에 대한 관심과 태도는 금욕주의나 주지화의 방어기제전략 발생 정도에 따라 양극의 현상을 띤다고 볼 수 있을 것이다.

3. 청소년과 사랑

1) 이성에 대한 관심

사춘기를 거치면서 청소년들은 성에 대한 관심과 욕구가 증가하여, 이성에 대한 관심이 증가하고 때로는 이성과의 친밀한 교제도 요구하게 된다. 청소년이 이성과의 관계를 통해 친밀감을 형성하는 것은 이 시기의 주요 발달과업이기도 하다. 이전 시기까지 동성 또래와 더 많은 경험을 나누었던 청소년들은 이제 사춘기의 발달로 성적 성숙이 일어나면서 이성 교제를 원하고, 이성에게 성적 욕망 및 충동도 느끼게 된다. 설리번(Sullivan)도 전청소년기(preadolescence)를 지나 초기 청소년기(early adolescence)가 되면, 사춘기의 생리적 변화로 인해 성적인 욕구를 경험하고 이성 친구들과 만족스러운 관계를 형성하길 원한다고 하였다(Sullivan, 1953). 우리나라 청소년의 경우도 대부분 중학교 때 이성교제를 시작하고(김점순, 2013; 장휘숙, 2009; 정진주, 2019), 고등학생의 절반 이상은 이성 교제 경험이 있는 것으로 나타났다(김혜원・이해경, 2002). 또한 오프라인뿐만 아니라 온라인에서도 이성교제가 활발하게 이루어지고(김영문, 2010), 이성 교제를 하고 있지 않은 청소년들도 대부분 이성 교제를 원하고 있는 것으로 나타났다(강현주, 2000).

한편, 청소년들이 이성 교제를 하게 되는 이유는 이성에 대해 알고 싶거나, 함께 즐기고 싶거나, 데이트를 함으로써 성취감을 얻거나, 파트너를 갖고 싶어서이며, 실제로 이성 교제를 통해 청소년들은 이러한 기능을 얻는 것으로 나타났다(박진규, 2003). 그러나 이성 교제를 하는 장소는 청소년들의 학교생활 형태에 따라 다른 것으로 나타났는데, 박진규(2003)는 소위 '범생이'들은 도서관이나 학원 및 독서실에서 공부와 지적 자원을 교류하면서 이성 친구와 데이트를 하고, '날라리'들은 당구장, 비디오방, 록카페 등에서 매력적인 외모와 염색, 화장, 섹시함 등과 관련된 자원을 교류하면서 데이트를 한다고 하였다. 이들은 대부분 학교, 학원, 동아리와 같은 단체 활동을 통해서 이성 친구를 처음 만나게 되지만, 미팅이나 소개팅과 같이 이성 친구를 만나는 것 그 자체가 목적인 모임을 통해 이성 친구를 만나게 되는 경우도 많으며(강현주, 2000; 장휘숙, 2009), 인터넷 채팅이나 폰팅을 통해 만나는 경우도 증가하고 있다(강현주, 2000; 김영문, 2010; 방은령, 2001, 2003).

그러나 이러한 이성에 대한 관심은 청소년들이 남녀공학에 재학하느냐 그렇지 않느냐에 따라서 다른 양상을 보일 수 있다. 오래전 조한혜정(1998)은 남녀공학에서 남녀 합반을 한 학교를 다닌 학생의 경우, 남녀 간의 상호작용이 이성애적인 관계에 국한되지 않고, 포괄적으로 이루어지는 반면, 남녀 분리 학교를 다닌 경우엔, 이성을 오로지 이성으로만 보는 경향이 높다고 주장하였다. 즉, 남녀 분리 학교를 다니는 청소년들이 일반적으로 이성에 대해서 더 민감하고 격렬한 감정을 가질 수 있는데, 이 경우 청소년들은 이성에 대해서 환상을 갖기 쉬워진다는 것이다. 그러나 이것 또한 청소년 개인마다 차이가 있을 수 있으며, 특정 변인과 상관없이 일반적으로 청소년기는 다른 발달 단계에 비해서 이성에 대해 현실감보다는 환상(fantasy)을 더 많이 갖는 경향이 있다.

2) 풋사랑

위와 같은 이성에 대한 환상은 풋사랑(puppy love)[3]으로 연결되기 쉽다. 풋

3) 헐럭(E. B. Hurlock)은 이성에 대한 관심의 발달을 설명하는 이론에서 puppy love의 개념을 사용하였다. 헐럭은 이성에 대한 관심은 개인에 따라 차이가 있으나 다음과 같이 크게 5단계를 거쳐 발달한다고 하였다. 초기 성적 단계(1-5세: 양육자에게 애정, 남녀 구별없이 친밀감을 가짐), 성적 대항기(6-12세: 동성에게 친밀감, 이성에게 대립감을 가짐), 성적 혐오기(12-13세: 이성에 대해 심한 대립감을 가짐), 성적 애착기(13-15세: 이성 연장자에 대한 강한 애착을 보임), 이성애 단계(15-20세)가 그것인데, 이성애 단계는 다시 송아지 사랑(calf love), 강아지 사랑(puppy love), 연애단계(romantic love)로 나누어진다. 이를 구체적으로 살펴보면 송아지 사랑 단계 - 15, 16세 정도에 나타나며 이 시기는 이성 일반에 대한 사모와 같은 감정이 생기는 시기로 사춘기 때의 심리적 이유가 불완전하기 때문에 생긴다. 이때는 이성에게 접촉할 용기가 없기 때문에 연장인 이성의 외형적이고 일시적인 가치에 쉽게 빠지게 된다. 그 대상은 선배, 연예인, 영웅, 스포츠맨, 교사 등이며 대개 연상의 이성일 경우가 많다. 강아지 사랑 단계 - 16세에서 18세 정도의 청소년들로서 이성에 대한 관심이 연장자에서 같은 또래의 이성으로 바뀌고 이성 전반에게 애정을 품는다. 일대일의 교제보다는 두세 사람의 동료와 같이 만나며 상대의 주의를 끌기 위해

사랑이란 어떤 것일까? 독자들 중엔 이루어지지 않은 첫사랑의 추억을 간직하고 있는 사람들이 있을 것이다. 그것이 만약 10대 시절의 일이었다면, 더욱 풋풋한 사랑으로 남아있을 것이다.

일반적으로 어른들은 청소년들의 사랑을 풋사랑이라고 표현한다. 마치 덜 익은 과일이 채 영글기 전에 나무에서 떨어지듯이, 청소년들의 사랑도 그렇게 어설프게 익다가 결국엔 열매를 맺지 못한다는 뜻이다. 그러나 짝사랑을 하거나 이성교제를 하고 있는 청소년들도 과연 그들의 사랑을 풋사랑이라고 생각하고 있을까? 영화 'Love Actually'에서 흐르고 있는 이들의 노래(Puppy Love)를 한번 들어보자.

"And they called it puppy love.
Oh, I guess they'll never know,
How a young heart really feels
And why I love her so.
And they called it puppy love
Just because we're in our teens
Tell them all it isn't fair
To take away my only dream.
I cry each night my tears for you
My tears are all in vain.
I'll hope and I'll pray that maybe someday
You'll be back in my arms once again.
Someone help me, help me, help me please
Is the answer up above

서 동성친구의 비판에도 불구하고 이성에게 적극적으로 접근한다. 연애단계 - 19세에서 20세까지로서 일반적인 '연애'를 하게 된다. 이때에는 자기의 부족감이나 결여감을 보상하려는 노력의 일환으로 상대를 찾는다. 한 사람의 이성에게 관심이 집중되고 대중과 더불어 행해지는 사회활동을 기피하고 두 사람만이 만나서 행동을 같이 하려고 한다.
그러나 본문에서 저자가 사용한 puppy love는 헐럭의 강아지 사랑을 나타내기보다, 조금 더 일반적인 개념으로서 청소년들의 불안정하고 환상에 빠진, 열정적이나 제대로 영글지 못하는 사랑의 특징을 표현한 것이다. 따라서 발달적으로는 헐럭의 이성애단계 전체가 포함될 수 있으며, 본 저자는 이를 '풋사랑'으로 표현하고자 한다.

How can I, how can I tell them
This is not a puppy love ……."

현재의 50대 이상 어른들에겐 향수 어린 멜로디로 남아있을 올드 팝 'puppy love'의 가사 속에는 어른들의 이러한 시각을 답답해하던 그 시절 청소년들의 마음이 담겨 있는데, 오늘날 청소년들에게도 이러한 마음은 그대로 남아있는 것 같다. 근래에 제작된 영화나 드라마에서도 이 음악이 자주 사용되고 있는 것을 보면 이 노래가 오늘날에도 여전히 청소년들의 마음을 반영하고 있다고 할 수 있을 것이다.

그러나 청소년들의 마음이 이렇게 절절하다 하더라도, 청소년들의 이성에 대한 사랑은 성인에 비해서 열매를 맺지 못하는 경우가 더 많은 것이 사실이다. 비록 청소년기에 이르면 성적 성숙이 이루어지고 이성에 대한 관심도 증가하지만, 막상 이성 교제가 시작되면 그 지속기간은 성인들에 비해서 매우 짧게 나타난다. 청소년들 자신도 청소년들의 이성 교제기간은 100일을 넘기기 힘들며, 100일을 넘기면 기념식을 가질 정도로 아주 오래 유지한 것이라고 반응하고 있다(방은령, 2004). 이러한 현상은 오늘날 청소년들의 삶이 일시적이고 즉흥적인 것이 특징인 디지털 문화 속에서 대부분 이루어지고 있다는 것과도 결코 무관하지 않겠지만, 그보다는 청소년기의 발달적인 특성이 보다 더 큰 원인이라고 할 수 있을 것이다.

이러한 현상을 이끄는 청소년기의 발달적인 특성들 중 하나는, 청소년들은 대부분 이성에 대한 매력을 시각적으로 먼저 느낀다는 점이다. 즉, 청소년들은 이성에 대해 일반적으로 외모나 신체적 조건을 보고 가장 큰 매력을 느끼기 때문에 교제를 통해서 이성의 특성을 알고 매력을 느끼기보다는, 먼저, 이성의 외모와 신체적 조건에 매력을 느끼고 교제를 시작하는 경향이 있다. 따라서 이들은 처음에 이성의 외모나 신체 조건을 보고 가졌던 매력과 호감을, 이성이 지닌 다른 모든 특성에도 일반화시키게 되어, 결과적으로 상대방에 대해 실제와는 다른 환상을 갖게 되는 것이다. 이러한 환상은 교제를 하면 할수록 현실자각으로 점점 깨어지게 되고, 결국엔 두 사람의 관계를 힘들게 만들 수 있다.

두 번째는 이성을 만나 교제할 때, 청소년들은 대부분 친밀감이 급격히 증가하고 열정적인 감정을 갖기 때문에 관계가 매우 급속도로 진행되는 반면, 상대방에 대한 실망도 빨리 경험하게 된다는 점을 들 수 있다. 특히, 여자와 남자의 성에 대한 정서는 차이가 있는데 청소년 여자의 경우, 좋아하는 이성과 낭만적 사랑(romantic love)을 추구하는 반면, 남자의 경우는 열정적 사랑(erotic love)을 추구하기 때문에,[4] 이러한 성차가 둘의 친밀감을 유지하는 데 장애가 될 수 있다. 즉, 이성교제를 할 때, 서로에게 자신의 감정을 강요함으로써 갈등을 빚게 되고, 결과적으로 상대방에게 부담과 불편함을 주게 되는 것이다.

세 번째는 청소년기 동성 또래집단의 영향력을 들 수 있다. 청소년기는 어느 발달 단계보다도 동성 또래집단의 영향을 많이 받으며 동성 친구와의 우정을 매우 중요하게 생각하는 시기이다. 따라서 이성 교제를 하는 청소년은 이성을 사귐으로써 동성 친구와 공유하는 범위가 줄어드는 것을 미안하게 생각하고, 동성 친구들 또한 이성 교제를 하는 친구에게 섭섭한 마음을 강하게 나타낸다. 즉, 청소년기는 동성 친구와 이성 친구와의 관계를 균형 있게 유지하지 못하는 경향이 있다. 친구와의 관계에서 이러한 갈등을 갖게 되면 청소년은 어느 한쪽을 선택해야 한다고 판단하게 되고, 동성 친구와의 우정을 중요시하는 청소년들은 이성 교제를 중단하는 결정을 내리게 된다.[5]

마지막으로 청소년기에 이성교제 기간을 단축시키게 만드는 요인으로 청소년기 자아중심적인 사고를 들 수 있다. 자아중심적 사고의 특성은 사회인지와 현실자각이 결여되어 있다는 것이다. 이러한 청소년기 자아중심적 사고엔 상상의 청중(imaginary audience)과 개인적 우화(personal fable) 및 이상주의(ideal ideology) 등이 있다. 하루 종일 외모에 신경 쓰면서 상대방이 나를 보고 좋아할 모습에 들떠 있고(상상의 청중), '우리의 사랑은 영원하다'고 믿으며(이상주의), 이 세상에서 나보다 더 너를 사랑하는 사람은 없다고 확신하게 되는 것(개인적

4) 평균적인 차이를 의미하며, 청소년 개인적으로 다를 수 있다.
5) 개인에 따라 이와 반대되는 선택을 하기도 한다.

우화) 등은 바로 자아중심적 사고가 지배하기 때문에 나타나는 현상들이다. 이러한 자아중심적 사고는 '나의 사랑하는 마음은 선(善)'이고, '내 사랑을 몰라주는 너는 잘못된 사람'이며, '너와 헤어지면 나는 삶의 의미를 잃게 되어 절대로 살아갈 수 없을 것'이라고 믿게 만든다. 이러한 믿음은 상대방에게 '나를 진정으로 사랑한다면, 내가 원하는 것을 다 들어주어야 한다'고 강요하게 되는데, 이러한 태도는 자신의 욕구에 초점을 맞추어 상대방을 배려하지 않음으로써, 결국 관계를 악화시키는 요인으로 작용하게 된다.

청소년기의 사랑이 성인기에 비해 유난히 짧게 지속되는 것은 바로 이와 같은 발달적인 요인들이 크게 작용하고 있기 때문이라고 할 수 있다.

3) 사랑의 유형

그렇다면 사랑에는 어떤 유형들이 있을까? 과연 어떤 사랑이 영원할 수 있을까? 삼각형 이론을 통해 자신의 견해를 피력하는 스턴버그(R. Sternberg, 1986)는 사랑에도 세 가지 기본요소가 필요하다고 주장하였다. 그가 주장한 기본요소는 친밀감(intimacy), 언약(committment), 열정(passion)인데, 그는 이 요소들이 정삼각형을 이룰 때 가장 이상적인 사랑이라고 보았다. 즉, 어느 한쪽이 길쭉하게 삐져나오거나 혹은 짧고 불안정한 모양의 삼각형이 되는 것은 바람직하지 않으며, [그림 5-1]과 같이 세 요소가 균형을 이룬 안정된 모양의 정삼각형을 이룰 때 가장 이상적이고 영원할 수 있다고 주장하였다. 그가 주장하는 세 가지 요소 중 '친밀감'이란 사랑하는 관계에서 상대방의 행복에 대한 관심 및 상대방과 결합하고 싶어 하는 감정을 말하는 일종의 정서적 요소를 말한다. 또한, '열정'은 사랑하는 사람과 생리적 차원에서의 욕구나 흥분을 일으키는 요소로서 신체적 매력이나 성적 욕구가 여기에 해당되며, 이것은 성행위 등을 이끌어주는 일종의 동기적 요소가 된다. 마지막으로 '언약'은 자신이 사랑에 빠져 있음을 인식하는 것으로서 동시에 이 사랑을 오랫동안 유지할 것이라고 약속하는 행위이다. 따라서 이것은 일종의 의무 행위로서 스턴버그는 이를 사랑의 인지적 요소라고 보았다.

[그림 5-1]은 스턴버그의 사랑의 삼각형을 나타낸 것이며, 〈표 5-1〉은 사랑의 3요소에 따른 여덟 가지 사랑의 형태를 나타낸 것이다.

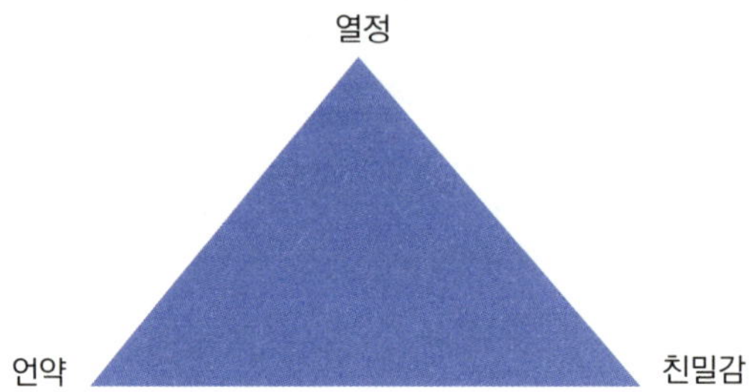

[그림 5-1] 스턴버그의 사랑의 삼각형

〈표 5-1〉 스턴버그의 사랑의 3요소와 사랑의 형태6)

사랑의 형태	정서적 요소 친밀감	동기적 요소 열정	인지적 요소 언약
우정(friendship)	O	X	X
열정적 사랑(infatuation)	X	O	X
공허한 사랑(empty love)	X	X	O
낭만적 사랑(romantic love)	O	O	X
얼빠진 사랑(fatuous love)	X	O	O
우애적 사랑(companionate love)	O	X	O
완전한 사랑(consummate love)	O	O	O
사랑이 아닌 것(nonlove)	X	X	X

청소년들은 주로 어떤 형태의 사랑을 하고 있을까? 물론 이것은 청소년 개인마다 차이가 있을 수 있지만, 청소년기의 발달적인 특성을 고려해 볼 때, 스턴버그 이론에서는 대개 열정적 사랑이나 낭만적 사랑을 하기가 쉽다. 그 모양은 [그림 5-2]와 같은데, 어느 한쪽으로 기울어진 모습이 불안정한 상태임을 상징

6) 로버트 스턴버그 외(1988)가 편집한 "The psychology of love". Yale University Press. [최연실 외 공역(1994). 사랑의 심리학. 하우]를 참고하여 구성함

적으로 나타낸다.

그렇다면, 청소년들에게 완전한 사랑이란 존재하지 않는 것인가? 정삼각형의 안정된 모습은 기대할 수 없는 것인가? 반드시 그렇다고 단정할 수는 없을 것이다. 청소년기에도 개인에 따라서는 친밀감과 열정과 언약을 조화롭게 발전시켜 정삼각형의 완전한 사랑을 할 수도 있다. 그러나 이 시기의 발달적인 특성을 고려해 볼 때, 청소년들은 정삼각형의 사랑보다는 어느 한쪽으로 기울어진 사랑을 하기가 더 쉽다는 것이다. 더욱이 청소년기 자아중심성은 사랑을 하는 순간 '우리의 사랑은 다른 사람들의 사랑과 다르다, 이 세상 모든 연인이 헤어져도 우리의 사랑은 영원하다'고 믿게 만든다. 또한 '나는 너를 사랑하므로 나의 모든 것을 너에게 준다', '네가 나를 사랑한다면, 내가 원하는 대로 다 해주어야 한다'는 등의 비합리적인 신념을 쌓아가기 쉽다. 결과적으로 청소년들은 현실감을 갖지 못한 채 환상(fantasy) 속에서 열정적 혹은 낭만적 사랑을 하다가 사랑의 결실을 맺지 못하는 경우가 자주 발생하게 된다.

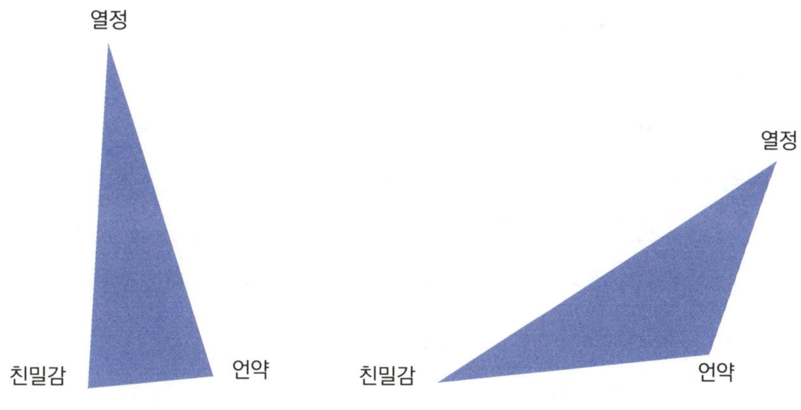

[그림 5-2] 청소년기의 열정적 사랑(좌)과 낭만적 사랑(우)

4) 청소년들의 성의식과 성행동

오늘날 청소년들은 성에 대해 어떤 생각을 갖고 있을까? 그리고 이들이 수용하는 성행동은 어디까지일까? 성의식과 성행동 간에는 서로 밀접한 관련이 있는데(백혜정 · 김은정, 2008) 성의식이 성행동에 영향을 미치기도 하고(김신영, 2005), 성행동이 성의식에 영향을 주기도 한다(권희경 · 장재홍, 2003). 20여 년 전만 해도 우리나라 청소년들은 성의식과 성행동 간의 관계에서 전통적인 성문화의 영향을 많이 받은 것으로 보인다. 강현주(2000)에 의하면, 이성교제와 성 관련 행위 등에서 이들은 남녀 유별적 성의식을 지니고 행동을 한다. 서울시 중고등학생 511명을 대상으로 조사한 그의 연구에서, 청소년들은 남자가 여자에 비해 성개방적인 태도를 보였고, 혼전 순결에 대해서는 남녀 모두 여자가 더 잘 지켜야 한다고 생각하고 있었으며, 여자에 비해 남자가 '남성다움과 여성다움'을 더 강조하고, 혼전 성관계와 성 일탈에 대해 긍정적인 것으로 나타났다. 이러한 현상은 남녀 청소년 모두 여자와 남자에 대한 성행위의 기준에서 여자에게 더 엄격한 태도를 지니고 있으며, 남자 청소년이 보다 더 남녀 구별을 하고 있다는 것을 말해준다. 이것은 뉴 밀레니엄(new millennium) 시대에 들어선 후에도 우리의 전통적인 성문화가 청소년들에게 영향을 미치고 있었음을 나타내는 것이다.

전통적인 우리의 성문화는 이중적이고 가부장적인 것이 특징이다. 이것은 조선왕조시대 유교 정책의 영향을 받은 것인데, 전통적 유교 문화에서 여성과 남성의 성행동은 서로 다른 기준에 의해서 허용되었다. 가장 큰 특징 중의 하나는 남자의 성적 욕구는 무제한 허용되고, 여자의 성적 욕구는 철저히 억압되었다는 점이다. 비록 포스트모더니즘(post-modernism)에서 울트라 모더니즘(ultra-modernism)으로까지 표현되는 21세기는 다양성과 초월성 및 극단성이 혼재하면서 기존의 규범과 질서가 무너졌다고 보고 있지만, 우리 사회의 성문화는 이러한 혼란 속에서도 전통적인 이중 규범이 지속되어 왔다고 볼 수 있다.

그럼에도 불구하고 청소년들의 성행동은 이전 과거에 비해서 개방적이고, 즉흥적인데, 이러한 현상은 남녀 모두에게서 나타나고 있다. 2002년의 연구(김혜원 · 이해경, 2002)를 보면 고등학생 55% 이상이 이성교제 경험이 있으며, 남자 13.5%, 여자 8.1%가 성관계를 경험한 것으로 나타났다. 이들 중 남자 70%, 여자 80% 이상이 이성교제를 하면서 성관계를 맺었으며, 여자 약 5%는 성매매에 의해 성관계를 경험한 것으로 나타났다. 부산 시내 남녀고등학생 769명을 대상으로 조사한 박은령(2000)의 연구에서도 청소년들은 대부분 순결을 지켜야 한다고 응답하면서도 응답자의 10% 이상이 성 경험을 한 것으로 나타났다. 특히 남학생, 인문계 학생, 형제가 있는 경우, 음주 및 흡연을 하는 청소년들이 순결에 대해 덜 긍정적이며, 성관계에 대해서는 더 적극적이었다. 그러나 성관계를 갖게 되는 이유는 남녀 간에 차이가 있었는데, 남자 청소년들은 대체로 호기심이나 성충동 혹은 분위기에 휩쓸려서 성관계를 갖게 되는 반면에, 여자 청소년들은 사랑하기 때문에 혹은 상대방이 원해서 성관계를 갖게 된다고 응답하였다(김혜원 · 이해경, 2002; 박현이, 2000; 이명화, 1998).

한편 이와는 조금 다른 양상의 연구결과들도 있다. 제11차(2015) 청소년건강행태온라인조사통계(교육부, 보건복지부, 질병관리본부, 2015)를 보면, 청소년의 성관계 경험률은 5.0%로 나타나고 있다. 또한 한국과 네덜란드 고등학생들의 성의식과 성행동을 조사한 박은하의 연구(2016)에서도 한국 청소년들은 55%가 순결을 지켜야 한다고 생각하면서도, 성행동에서는 99%의 청소년이 성 경험을 하지 않은 것으로 나타났다. 이러한 결과는 앞서 제시한 연구들보다 약 15년이 흐른 뒤의 실태를 나타내는 것으로서, 청소년들의 성의식은 과거보다 더 개방적이 되었으나, 성행동은 오히려 더 신중하게 하고 있다는 것을 나타내는 것이다. 물론 이와 같은 결과는 연구대상이나 연구과정에서의 다양한 변수로 인해 영향을 받을 수도 있으나, 실태결과만을 놓고 본다면 이와 같은 해석이 가능해진다.

청소년들이 이성 교제를 할 때, 성행동을 처음 경험하는 시기에 대해서도 다양한 의견이 있다. 일반적으로 관련 연구들은 청소년들의 첫 성경험시기가 점차 빨라진다는 것에 동의한다(신명희 외, 2017; 정옥분, 2019). 2000년 MBC 청소년 백서에서 청소년들이 처음 성관계를 경험하는 시기는 대개 중학교 말경인 것으로 나타났는데, 11차(2015)청소년건강행태온라인조사통계(교육부 · 보건복지부 · 질병관리본부, 2015)에서는 평균 13.2세로 나타났다. 15년 전에 비해 약 1년 정도 빨라진 셈이다. 그러나 비슷한 시기 중앙일보가 실시한 '대학생성의식 리포트'(2014)에서는 조금 다른 양상을 보인다. 이 리포트에서는 대학생 중 45.6%가 성경험을 하였는데, 이들이 첫 경험을 한 시기는 대부분 고등학교를 졸업한 이후의 시기였던 것으로 나타났다(약 70% 이상). 이 보고서에서는 성경험 대상자의 6.8%만이 17세 미만에 첫 경험을 한 것으로 응답하였다.

이와 같이 조사시기와 연구대상에 따라 다양한 결과가 나타남에도 불구하고, 우리 사회엔 청소년들이 성에 대해 점점 더 개방적이고, 점점 더 빨리 성경험을 한다는 시각이 지배적이다. 이러한 시각을 갖게 된 데에는 여러 가지 원인이 있을 수 있으나, 무엇보다도 오늘날 모든 세대가 온라인을 통해 시간과 공간을 초월하여 일상을 공유하는 것이 가능해졌고, 이로 인해 청소년들과 성인들 간의 성문화 경계가 허물어진 것이 가장 큰 원인이라고 볼 수 있을 것이다. 우리의 삶에서 온라인상의 사이버 공간이 차지하는 비중이 상상할 수 없을 정도로 확장된 가운데, 온라인을 통한 성 문화 또한 급속도로 확장되어, 디지털양식에 친숙한 청소년들은 이러한 성문화에 대한 접근성이 매우 높아지고 있다.

결과적으로 오늘날 청소년들은 온라인에서의 다양한 경로를 통해 성인의 성문화 혹은 왜곡된 성문화를 더욱더 쉽게 접할 수 있게 되었다. 더욱이 청소년들의 주(主) 생활 공간이 모바일로 이동되고, 유튜브(Youtube)나 넷플릭스(Netflix) 등의 OTT(Over-The-Top) 시장이 보편화되면서 성에 대한 정보도 무차별적으로 노출되고 있다. 이로 인해 네티즌들 간에 성에 대한 감정과 욕구를 자유롭게 표출하는 문화도 익숙해지고 있는데, 이러한 문화는 청소년들의 성의식과 성행동을 더욱 개방적으로 만들어, 오프라인에서도 자연스럽게 성행동으로 이어지게 만들 수 있다. 더욱이 연령이 어릴수록 디지털 문화에 더 빨리 적응할 수 있다는 점을 감안하면, 앞으로 성행동을 경험하는 시기는 더욱 빨라질 수 있고, 왜곡된 성문화가 청소년들 사이에 확산될 가능성도 더욱 크다고 할 수 있을 것이다. 이정윤과 이명화(2003)는 일찍이 서울시에 있는 중학생 1,022명을 대상으로 조사한 연구에서, 인터넷 음란물을 접촉한 청소년들은 그렇지 않은 청소년들에 비해서 성에 대한 개념을 성기 중심으로 인식하고 있으며, 성행동에 대해서도 윤리·도덕적 기준이 덜 엄격하다고 보고한 바 있다.

또한, 이성과의 성행동을 통해 성 욕구를 표현하지 않더라도 청소년들은 자위행위나 음란물을 통해 자신의 성적 욕구를 분출할 수 있다. 김혜원과 이해경(2002)의 연구에서는 남녀고등학생 36.7%가 자위행위를 경험하였으며, 이들 중 약 절반 정도가 1달에 1~2회의 자위행위를 경험하고 있고, 거의 매일 자위행위를 하는 경우도 약 9%에 이르고 있는 것으로 보고하고 있다. 특히, 자위행위는 여학생에 비해 남학생들이 훨씬 더 많이 경험하고 있으며, 만족도도 더 높은 것으로 나타났다. 중앙일보가 대학생 1254명을 대상으로 실시한 2014 대학생 성의식 리포트에서도 남자대학생 92.3%, 여자대학생 29.8%는 자위행위를 하는 것으로 보고되고 있다(온라인 중앙일보 입력 2014. 5. 23.). 그러나 자위행위 후, 청소년들은 죄책감을 느끼기도 하는데 이러한 경험은 남자에 비해 여자가 더 많이 느끼는 것으로 나타났다. 청소년들이 자위행위 후, 죄책감과 수치심을 느끼는 것은 일반적인 현상이지만, 지나친 죄책감은 성에 대해 부정적인 생각을 갖게 하고, 일상생활이나 결혼 과정 및 결혼 후 성생활에도 나쁜 영향을 미칠 수 있다는 점에서(서울시 교육청, 1998) 자위행위에 대한 올바른 정보제공과 지도가 중요해진다. 박찬비(2001)도 죄책감을 느끼는 청소년들은 그렇지 않은 청소년들에 비해 자기존중감이나 정서안정성이 낮고, 대인관계 능력도 떨어진다고 보고하여 이를 뒷받침하고 있다.

한편, 청소년의 개방된 성의식과 청소년 비행과의 관련성을 주장하는 견해도 있다. 이러한 관점은, 비행 청소년의 성의식이 개방적이라는 일련의 연구 결과들(김태근, 1997; 박찬비, 2001; 신명희 외, 2019; 윤진 · 박윤창 · 김근영, 1996; 조양순, 1998)이 뒷받침하고 있는데, 이들은 개방적인 성의식을 가질 경우, 성적 환경에 많이 노출되어 있을 수 있기 때문에, 성비행과 쉽게 관련될 수 있다고 주장한다.

4. 청소년과 성역할

거리를 활보하고 있는 청소년들을 보면 남녀를 구별하기가 어려울 때가 있다. 특히 머리 모양이나 옷은 거의 구별이 되지 않는다. 대학 캠퍼스에서 남학생들이 귀걸이나 목걸이를 하고 엷게 화장을 하거나 여학생들이 스포츠형 머리에 킥보드를 타고 등하교를 하는 것은 이제 자연스러운 일이 되었다. 청소년들이 주로 일하는 편의점이나, 카페 등의 일터에서도 남녀의 역할은 크게 다르지 않다. 그렇다면 이것은 어떤 현상을 나타내는 것일까? 흔히 말하는 유니섹스(unisex)의 현상인가? 아니면 양성성(androgyny)의 개념인가?

일반적으로 청소년기에는 성역할(gender role) 집중화 현상(Centralization)이 일어난다. 성역할 집중화 현상이란 성역할에 대한 고정관념이 증가하는 것을 말한다. 우리 사회의 보편적인 성역할 고정관념 속에는 여자의 경우, 부드럽다, 따뜻하다, 수동적이다, 의존적이다, 얌전하다, 나약하다 등이 있고, 남자의 경우, 딱딱하다, 냉정하다, 공격적이다, 독립적이다, 강하다 등이 포함되어 있다.

성역할 집중화 현상은 남녀 청소년 모두에게 나타나지만, 특히 여자들에게 더 보편적인 현상이라고 할 수 있다(허혜경 · 김혜수, 2002). 청소년기에 성역할 집중화 현상이 일어나는 이유는 청소년기의 발달적 특성 때문이라고 볼 수 있는데, 사춘기 동안 남성적, 여성적 외모와 신체 조건을 갖게 된 청소년들은 부모와 사회가 요구하는 성역할에 대한 기대를 갖게 되고, 이성에 대한 관심이 증가하면서 보다 고정적인 성역할에 충실하게 된다. 또한 이 시기에는 '상상의 청중'으로 인해 다른 사람들이 나를 주시하고 있다는 생각을 많이 하게 되므로, 사람들이 기대하는 성역할을 하려고 노력하게 된다.

그러나 모든 청소년들이 성역할 집중화 현상을 보이는 것은 아니다. 특히 현대사회가 양성성의 개념을 높이 평가하면서 남녀의 성역할을 구별할 수 없는 모델을 자주 노출시키기 때문에, 청소년들 사이에 성역할 고정 관념이 지배적인 모습은 점차 줄어들고 있다. 특히 가정에서 자녀의 수가 하나 혹은 둘로 줄어들면서, 자녀들도 대부분 양성적인 역할을 하도록 고무되고, 이들의 주 생활 공간인 온라인에서도 서로의 성(sex)을 노출시키지 않은 채 교류하는 경우가 많기 때문에 자연스럽게 양성적인 성역할을 경험하게 된다.

그럼에도 불구하고 우리나라 청소년들 중 상당수는 자신의 성이 안고 있는 고정관념으로부터 자유롭지 못한 것으로 알려지고 있다. 강영삼 등(김혜경 · 이해경, 2002 재인용)이 전국에 있는 1,931명의 청소년들을 대상으로 조사한 연구 결과에서 남녀 청소년 모두 '남자다워야 한다', '여자다워야 한다'는 부담을 안고 있는 것으로 나타났는데, 강지연(2016)은 남자 청소년의 남성역할 고정관념이 여자청소년의 여성역할 고정관념보다 더 높다고 하였다. 왜 그럴까?

일반적으로 성역할은 사회화 과정을 통해 형성되는 사회문화적 특질로 설명되고 있다. 그러므로 성역할을 형성하는 데에는 개인이 일생을 통해 경험하는 가정과 사회환경이 매우 중요한 요소로 등장한다. 이와 같은 맥락에서 부모의 기대, 양육 환경, 교육 매체, 온라인 환경 등은 오늘날 청소년들이 성역할을 형성하는 데 결정적인 역할을 한다고 볼 수 있다. 그렇다면, 오늘날의 청소년들이 성역할 고정 관념에 대해 부담을 안고 있다는 것은 이들을 둘러싼 환경이 청소년들에게 성역할 고정 관념을 전달하고 있다는 것을 의미한다고 할 수 있을 것이다.

실제로 대부분의 부모들은 현대사회에 들어서면서 아들과 딸에게 과거와는 다른 방식으로 서로 다른 성역할을 기대하고 있는데, 아들에게는 전통적인 성역할을, 딸에게는 보다 양성적인 성역할을 갖도록 기대하는 경향이 있다. 이것은 부모가 자녀의 성역할에서 남성이 지닌 고정 관념에 보다 가치를 두고 있기 때문에 남성의 역할은 그대로 유지하되, 자신의 딸은 보다 강하고 진취적인 사람이 되기를 기대한다는 것이다. 즉, 부모들은 딸에게만 양성적인 사람이 되기를 기대하는 것이다. 그러나 이와 같은 부모들도 대부분 타인에 대해서는 또 다른 입장을 취하게 된다. 즉, 자신의 딸에게는 양성적인 사람이 되기를 희망하지만, 가정 밖의 여자들에겐 전통적인 성역할을 기대하는 것이다. 특히 이러한 입장은 어머니보다 아버지에게서 더 많이 나타난다. 따라서 여자 청소년들은 성장하는 동안 가정에서는 양성적인 사람이 되도록 자극을 받다가 사회에 나가서는 보다 전형적인 성역할을 하도록 강요받기 때문에 많은 갈등을 겪기도 한다.

그러나 남자 청소년에게도 이와 비슷한 현상은 일어나고 있다. 대부분의 가정에서 부모들은 아들에게 전통적인 성역할을 기대하지만, 사회에서는 남자에게 보다 양성적인 성역할을 기대하기 때문에 남자 청소년 역시 성장하면서 성역할에 대한 많은 혼란과 갈등을 겪게 된다. 그러므로 남녀 청소년들은 모두 아동기와 청소년기 동안 가정에서 학습하였던 성역할과 사회에서 기대하는 성역할 사이에 괴리를 느끼게 되고 성역할에 대한 부담을 경험할 수 있는 것이다. 일반적으로 청소년들이 느끼는 성역할에 대한 부담은 〈표 5-2〉와 같다.

그러므로 오늘날 청소년들은 그 어느 시대보다도 혼란스럽고 갈등을 갖게 하는 성역할 사회화 과정을 경험하고 있다고 볼 수 있다. 그러나 가정과 사회가 모든 청소년들에게 성역할에 대한 이중 규범을 적용하지 않고 합리적이고 양성적인 기준을 적용한다면, 이와 같은 현상은 보다 줄어들 수 있을 것이다.

〈표 5-2〉 청소년들이 느끼는 전통적 성역할에 대한 부담

남자 청소년	여자 청소년
남자답게 씩씩해야 한다.	밤에 돌아다니면 위험하다.
힘이 세야 한다.	술, 담배를 하는 것은 보기 좋지 않다.
강해야 한다.	행동이 조신해야 한다.
힘든 일도 잘 할 수 있어야 한다.	아이를 낳고 키워야 한다.
겁이 없어야 한다.	힘이 너무 세면 여자답지 못하다.
울면 안 된다.	애교가 많아야 한다.

5. 사이버공간에서의 성문화

오늘날 청소년들의 주된 삶의 공간은 사이버(cyber) 세상이다. 학생 청소년들의 경우, 학교생활을 제외한 거의 모든 시간을 사이버 공간에서 보낸다. 노트북, 태블릿 PC, 스마트폰 등을 통해 청소년들은 학습을 하거나 친구들과 교제를

하고, 혼자만의 여가 활동도 즐긴다. 특히, 스마트폰을 통한 사이버공간에서의 정보획득과 여가활동 및 교류는 학생 청소년들이 아닌 경우에도 대부분의 젊은 이들 생활의 많은 부분을 차지하고 있어서, 잠시도 손에서 스마트폰을 놓지 못하는 경우가 많다. 이들은 OTT나 인터넷 게임 중독에 빠져 일상생활에 지장을 주는 경우도 점차 늘어나고 있다. 한국정보화진흥원(현, 한국지능정보사회진흥원)의 2012년 인터넷 중독실태조사 분석결과에 따르면(여성가족부, 2013), 10-19세 청소년들 중 인터넷에 중독된 청소년의 비율은 10.7%에 이르는 것으로 나타났다. 과도한 인터넷 중독은 학습시간을 침해하고 수면부족을 야기하여 청소년들의 정신적, 신체적 건강을 약화시켜 청소년들의 건강한 성장과 발달을 저해하게 된다(여성가족부, 2013). 또한 한국콘텐츠진흥원(2020)이 2019년에 진행한 청소년들의 게임과몰입종합실태조사에 따르면, 청소년들의 게임과몰입 위험군은 2012년 1.2%에서 2019년 2.4%로 두 배 증가하였다.

또한, 사이버 세상은 상호작용성(interactivity)이 존재하기 때문에 청소년들은 이곳에서 단순히 매체가 전달하는 메시지나 영상을 보고 있는 것이 아니라 실제로 메시지에 참여함으로써 사용자(user)로서 사이버 문화를 향유하게 된다. 이곳에서 청소년들은 현실세계에서는 체험할 수 없는 다양한 세계를 경험하게 되는데, 때로는 흥분과 신비감으로, 때로는 성취감으로 청소년들은 사이버 세상을 맞이한다.

근래 메타버스(metaverse)는 청소년들의 이러한 흥미를 더욱 증가시켰다. 청소년들의 삶 속에서 사이버 세상이 차지하는 비중이 커지면서, 사회적으로 문제가 되고 있는 것 중의 하나는, 청소년들의 성문화가 사이버 세상에서 새롭게 형성되고 있다는 점이다. 기존에 오프라인에서 이성에 대한 관심을 보이고 이성을 만나며 교제를 하는 과정이 이제는 사이버 세상에서 이루어지고, 청소년들이 궁금해하는 성에 대한 정보도 사이버 세상 안에서 다 찾을 수 있게 되었다. 또한, 오프라인에서 윤락가나 주점 및 음란물들이 청소년들의 성적 욕구를 자극하듯이 사이버 세상에서도 청소년들의 성적 욕구를 자극하는 유해한 콘텐츠들은 즐비하게 나열되어 있다. 그렇다면 사이버 세상에 구축되어 있는 청소년들의 성문화는 어떤 것일까?

먼저 여성가족부와 교육부가 실시한 2014년 인터넷 스마트폰 이용습관진단 조사 결과를 보면(여성가족부 보도자료 2014. 6. 30.), 초등 4학년에서 고등학교 1학년까지의 156만여 명 학생 중, 10만 5천여 명이 인터넷 중독 위험군에 속하며, 스마트폰 중독 위험군은 이보다 많은 18만 7천여 명인 것으로 나타났다. 한국콘텐츠진흥원(2020)도 청소년들의 게임과몰입 위험군이 2012년 1.2%에서 2019년 2.4%로 두 배 증가하였다고 보고한 바 있다. 한편, 인터넷 중독 위험군의 경우엔, 여자보다 남자가 약 1.7배 높고, 스마트폰 중독 위험군의 경우엔, 남자보다 여자가 약 1.6배 높은 것으로 나타났다.[7] 2002년에도 이미 청소년들은 대부분 하루 평균 3시간 이상 컴퓨터를 사용하고 있는 것으로 나타났는데(방은령 · 조성연, 2002), 이들 중 상당수는 인터넷을 통해 음란 채팅을 하거나, 음란물에 접속한 것으로 나타났다(김민, 2002; 김혜원 · 이해경, 2002; 여성가족부, 2023. 3. 23.; 이해경, 2002; 정보통신윤리위원회, 2001). 또한 여성가족부는 보도자료(2023. 3. 23.)를 통해 아동청소년 대상 성매수와 성착취물 제작 등은 인터넷 채팅을 통해 알게 된 경우가 각각 86.5%, 71.3%에 이른다고 발표하였다. 이 자료에 의하면, 가해자와 피해자가 인터넷을 통해 만난 최초 접촉 경로는 채팅앱이 51.1%로 가장 많았고, 이 중 피해 아동 · 청소년이 인터넷을 통해 만난 가해자와 실제 오프라인 만남까지 이어진 경우가 72.2%에 달했다. 아동 · 청소년 대상 성매수의 경우, 스마트폰 등 온라인을 통해 이루어진 경우가 86.5%로 나타났고, 아동 · 청소년 대상 디지털 성범죄는 가해자에 의한 촬영 · 제작인 경우가 74.2%, 유포 피해를 입은 경우가 15.5%, 유포된 이미지에서 얼굴 혹은 신상정보가 노출되어 피해자를 식별할 수 있는 경우가 34.6%로 나타났다.[8]

7) 중독위험군이란 인터넷 스마트폰 고위험자 사용군 및 잠재적 위험 사용자군을 통칭하는 것이다. 고위험 사용자군은 인터넷 스마트폰 사용으로 인하여 일상생활에서 심각한 장애를 보이면서 내성 및 금단 현상이 나타나는 수준을 말하고, 잠재적 위험 사용자군이란, 위험사용군에 비해 경미한 수준이지만, 일상생활에서 장애를 보이며 사용시간이 늘어나고 집착을 하게 되는 수준을 말한다(여성가족부 보도자료 2014. 6. 30.).

8) 2023년 3월 23일 대한민국정책브리핑 여성가족부 '아동청소년 대상 성범죄 발생 추세 및 동향 분석 공표' 중 일부를 발췌함

대부분의 부모나 성인들이 염려하는 부분이 바로 이것으로서, 청소년들이 스마트폰이나 태블릿 PC 및 노트북을 사용하고 있을 때, 대부분의 부모들은 자녀가 음란물 등 유해한 환경에 노출되어 있지 않을까 염려하게 된다. 근래 구글, 네이버, 유튜브 등과 같은 검색엔진이 우리 삶의 많은 부분을 지배하게 됨으로써 이러한 우려는 더욱 증가되고 있다. 특히, 검색엔진을 통해 온라인상에서 음란 채팅이나 음란물에 접속 후 몰입이 되어 자주 접속하는 경우는 성에 대한 왜곡된 태도를 가질 수 있고, 자아존중감이 낮으며 가족이나 친구 관계에서 문제가 있는 등, 정상적인 일상생활을 하는 데 어려움이 있다는 점이(이정윤·이명화, 2003) 더욱 우려된다. 또한 중독 위험군에 속하는 이들은 대부분 외로움, 소외감 등이 지배적이어서 심리적으로 안정감을 갖고 있지 못한 것으로 나타났는데, 그럼에도 불구하고 자신은 대인관계에서 매우 유능하다고 느끼고 있는 등 왜곡된 지각을 하고 있는 것으로 알려지고 있다.

또한, 여성가족부의 발표(2023. 3. 23.)와 같이 온라인상에서의 음란 채팅이나 음란물 접촉의 경험은 오프라인에서의 성행동으로 연결되기 쉽다는 점에서 더욱 문제를 심각하게 만든다. 이 경우 인터넷을 통해 왜곡된 성지식과 성 태도를 형성하고 있기 때문에 오프라인상에서도 건전한 성행위가 이루어지기는 거의 불가능하다. 실제로 청소년들은 온라인에서 채팅을 통해 성매매를 제안하거나 제안받고 협상을 하게 되는데, 청소년들의 성매매가 이루어지는 경로가 대부분 인터넷을 통해서라는 것(방은령, 2003; 여성가족부, 2023. 3. 23.)도 인터넷이 청소년들의 불건전한 성문화를 구축하는 주요 요인이 될 수 있다는 것을 말해준다.

한편 근래 확장되고 있는 메타버스(metaverse)의 세계도 청소년들에겐 위험요소가 될 수 있다는 주장이 제기되고 있다. 미국의 '디지털 증오 대응 및 상식미디어 센터'의 연구에 따르면 청소년들이 메타버스에서 얼굴·눈 움직임 정보 수집, 메스꺼움·눈 피로 등 생리적 손상, 따돌림·폭력위협·성적 콘텐츠 등 학대 행위 노출 같은 위협에 직면할 수 있다는 것이다(연합뉴스, 2023. 3. 3.). 우리나라 정부에서도 이러한 문제에 대응하기 위해 건전한 메타버스 생태계를 조성하고 활성화시키기 위한 메타버스산업진흥법 제정을 추진하고 있다(연합뉴스, 2023. 3. 2.).

그러나 사이버 공간이 청소년들에게 불건전한 성문화의 장소로만 사용되는 것은 아니다. 청소년들은 사이버 공간 안에서 또래나 동호인별로 동아리를 만들어 회칙을 정하고 회원을 모집하여 동아리만의 대화방을 통해 교제를 하기도 한다. 이 과정에서 자연스럽게 이성과의 교제가 이루어지는데, 사이버 공간이라는 특성을 이용하여 시간과 공간에 구애받지 않고 자유롭게 대화를 나누면서 친밀감을 형성하기도 하고 오프라인에서의 정기적인 만남을 통해 보다 가까운 관계로 발전시켜나가기도 한다. 이러한 과정은 오프라인에서 첫눈에 반해 열정적인 사랑을 하다가 금방 식어버리는 풋사랑에 비해서, 서로를 조금씩 알아가는 과정을 통해 보다 건전하고 지속적인 교제를 할 수 있는 장점이 있다.

한편, 대부분의 청소년들은 사이버 공간에서 자신만의 공간을 마련하고 다른 사람의 방문을 허용하는데, 블로그나 카페를 꾸미거나, 짧은 동영상을 만들어 유튜브에 올려서 나를 소개하고 내방자들과 소통하면서 이성교제의 기회도 갖게 된다. 또한 인스타그램(Instagram), 페이스북(facebook), 트위터(twitter), 카카오스토리 등과 같은 SNS를 통해 정보를 교환하고 대인관계망을 형성하기도 한다. 이와 같이 사이버 공간에서 나누는 동호인끼리의 대화방은 청소년들에게 건전한 이성 교제의 장으로서도 기능적으로 작용할 수 있으며, 이 과정에서 이루어지는 자유로운 토론이나 정보 교환은 청소년들이 새로운 성지식과 성의식을 구축하는 데 유용하게 작용할 수 있다. 또한, 사이버 공간에서 탄생한 문학이나 예술이 청소년들의 성문화를 새롭게 구축하기도 한다. 오래전 텔레비전을 통해 방영된 '옥탑방 고양이'나 영화로 만들어진 '그놈은 멋있었다'는 사이버 공간에서 베스트셀러를 기록한 인터넷 소설로서, 청소년 네티즌들은 매회 인터넷을 통해 소설을 읽고 의견을 서로 교환하면서, 이성교제와 혼전동거에 대한 그들의 입장을 새로이 구축하기도 하였고, 웹툰에서 묘사되는 이성 간의 교제나 성문화도 청소년들의 성의식과 성문화에 영향을 주고 있다. 한편, 최근엔 지상파는 물론 케이블 방송의 프로그램들이 다시보기를 통해 청소년들의 일상생활에 깊이 파고들고 있는데, '하트시그널(시즌 1, 2, 3)'이나 '비정상회담(2014)' 등의 방송 프로그램은 젊은이들의 이성교제과정을 보여주거나 성문화를 주제로 한 토론을 통해 바람직한 성문화에 대한 담론을 끌어내기도 하였다.

6. 청소년 성범죄와 성보호

청소년들의 성문화와 관련하여 사회적으로 문제가 되는 것은 여러 가지이다. 인터넷을 통한 음란물이 청소년들에게 무차별적으로 노출되는 것, 자발적인 성매매 청소년이 늘어나는 것, 가출 청소년과 10대 미혼 부모가 증가하는 것, 10대 성매수자가 증가하는 것, 청소년을 이용한 음란물을 청소년이 제작하는 것, 개방된 성의식과 행동이 청소년 비행과 연결되는 것, 데이트 폭력이 증가하는 것 등, 사회적으로 심각한 수위에 놓여 있는 성문제들도 많이 있다. 더욱이 인터넷이라는 매체가 등장하면서 이제 성문제는 시간과 공간에 구애받지 않고 청소년들에게 빠르게 전파되고 있다.

우리나라의 경우 여러 가지 청소년 성문화와 관련된 문제 가운데에서 현재 사회의 관심을 가장 많이 받고 있는 것은 아동청소년 성매매[9] 현상이다. 2000년 1월 14일 청소년의 성 보호에 관한 법률안이 국회에 통과되고, 그해 7월 1일자로 시행되면서, 우리 사회의 청소년 성매매에 관한 문제가 본격적으로 다루

9) 용어 '青少年 性 賣買'는 과거 援助交際란 용어에 대한 대체용어로서 사용된다. 돈을 주고 미성년자들과 성관계를 갖는 이른바 원조교제라는 용어는 일본어로서, 우리말로는 적합하지 않다는 점과 性의 잘못된 사용에 대한 의미가 나타나지 않는다는 점 등이 제기되어 서울경찰청이 일반인과 경찰을 대상으로 원조교제에 대한 대체용어를 공모한 결과, 2001년 5월 15일 '청소년 성 매매'를 대체용어로 선정, 발표하였다. 경찰청은 청소년 성 매매라는 용어가 청소년의 성을 사는 성인은 물론 대상 청소년의 행위도 잘못되었다는 것을 지적하는 용어이기 때문에, 청소년들에게 보다 책임 있는 행동을 유도할 수 있고, 청소년의 성 보호에 관한 법률상의 법률적 용어와도 일치하여 적합한 용어라고 선정기준을 발표하였다. 그러나 청소년보호위원회에서는 청소년 성 매매 근절을 위한 보다 계도적인 측면에서, 성을 판 청소년보다 성을 산 성인의 책임이 더 크다는 점을 들어 '청소년 성 매매'보다는 '青少年 性 買收'가 더 적합한 용어라는 의견을 내고 '청소년성매수'로 표현하고 있다. 본고에서는 청소년성매매와 청소년성매수를 문단에 따라 필요한 경우 혼용하여 사용하였다.

어지기 시작하였다. 이 법률은 2009년 아동청소년의 성보호에 관한 법률로 전면 개정되어 청소년들의 성보호 대상 연령이 점차 낮아지고 있음을 반영하였다. 또한, 2004년에는 아동 청소년 대상 성범죄자에 대한 신상 공개 제도가 강화되는 성보호법 개정안이 마련되고, 성매매 특별법이 시행되면서 청소년 성매매에 대한 사회의 시각은 보다 더 엄격해졌다.

불과 20여 년 전만 하더라도 우리나라 언론에서는 일본의 원조교제 현상을 대단한 충격으로 받아들이고, 이 기이한 현상은 일본이란 나라의 성문화 특성의 하나로 다루었으나(방은령, 2000), 그 후 3년도 채 안 되어, 원조교제는 우리나라 성문화 혹은 청소년문제의 매우 많은 비중을 차지하게 되었고, 이미 1990년대 말에 우리나라 중고생 2%가 성매매 경험이 있다는 놀라운 결과들이 보고된 바 있다(한국일보, 2001. 6. 20.).

아동 청소년 성매매란 아동청소년의 성(性)을 팔고 사는 행위를 말하는데, 여기에는 성을 판 청소년과 청소년의 성을 산 상대방이 존재한다. 현재 아동청소년의 성 보호에 관한 법률에서는 '아동 청소년 성 매수'를 범죄 행위로 규정하고(제2조), 이들에 대한 신상공개를 하고 있다. 그러나 아동·청소년을 대상으로 성매매를 강요하거나 알선한 사람들의 신상정보도 공개를 해야 한다는 주장이 제기되면서(해럴드 경제, 2014. 7. 11.), 성매매 강요·알선 행위자들의 경우에는 현재 제한적으로 신상공개를 하고 있다. 특히 피해자가 13세 미만이며, 가해자가 재범의 우려가 있을 경우는 대부분 공개를 원칙으로 하는데, 폭행·협박을 이용해 아동·청소년에게 성을 팔게 하는 행위는 아동·청소년을 대상으로 한 성폭력 범죄와 죄질이 다를 바가 없다고 판단한 것이다.

여성가족부(2023. 3. 23.)가 발표한 2022년 아동·청소년 대상 성범죄 발생 추세 및 동향 분석 결과를 보면, 아동청소년 대상 강간, 유사강간 및 강제추행은 전년 대비 10.6% 감소한 반면, 아동·청소년 성착취물 제작·배포 등의 범죄는 전년 대비 61.9% 증가한 것으로 나타났다. 특히 성매매 강요 범죄자의 평균 연령은 19.3세로 나타났는데, 이는 아동청소년을 대상으로 한 성매매 강요와 성매매 알선·영업 범죄의 가해자 중 청소년이 차지하는 비중이 매우 크다는 것을 나타낸다. 또한 온라인을 매개로 시작된 디지털 성범죄가 오프라인에서도 강간이나 성매수 등의 성범죄로 이어지는 경향이 강하다는 측면에서 심각한 우려를 갖게 한다. 최근에는 아동청소년들이 이용하는 메타버스를 통해서도 성피해가 발생하고 온라인 그루밍도 심각한 상황으로 파악되고 있다(여성가족부, 2023. 3. 23.).

이상을 종합하면, 아동청소년 대상 성범죄에서 피해자뿐만 아니라 가해자의 연령도 점차 낮아지고 있는 것을 볼 수 있다. 더욱이 청소년들의 성매매에 대한 인식이 점점 개방화되어 청소년 스스로 적극적으로 성을 팔고 알선하는 경우가 늘어난다는 점에서 우리 사회가 아동청소년들의 성매매 또는 알선을 대처하는 방식이 점점 더 어려워지고 있다.

더욱이 청소년 성매매는 주로 인터넷을 통해 발생하기 때문에 스마트폰이 손에서 떨어지지 않고 사이버 공간에서의 생활이 많은 부분을 차지하는 청소년들에게, 성매매의 위험은 일상생활에서도 노출되어 있다고 볼 수 있다.

그동안 이루어진 청소년 성매매 및 성범죄의 실태 경향을 정리해보면, 첫째, 온라인 플랫폼이나 인터넷 채팅이 청소년 성범죄의 중요한 경로가 되고 있고, 둘째, 청소년 성범죄는 증가추세이며, 셋째, 청소년성범죄의 피해자와 가해자 모두 연령이 점차 낮아지고, 넷째, 성범죄에 대한 청소년과 성인들의 도덕불감증이 우리 사회에 만연하고 있다는 것이다. 방은령(2003)도 청소년 성매매에 대한 현상을 다음과 같이 요약한 바 있는데, 이와 같은 현상은 현재도 지속되고 있다.

- 청소년 성매매가 이루어지는 주된 경로는 인터넷 채팅이다.
- 청소년 성매수자의 직업이 다양하며 전문직 종사자, 사회 지도층 인사가 많다.
- 청소년 성매매 사범은 반복적으로 성매매를 한다.
- 청소년 성매매 사건은 7월과 8월에 많이 발생한다.
- 파렴치범 청소년 성매수자가 많다(어린이집 원장이 자신의 원아 대상, 정신지체 여중생 대상, 의사가 병원 환자 여고생 대상 등).

- 사이버 팸이 청소년 성매매를 조장하기도 한다.
- 가출 청소년의 50% 이상, 채팅 청소년의 30% 이상이 성매매 제의를 받는다.
- 청소년 성 범죄자 신상 공개 대상자 중 성매매 사범의 비율이 높아지고 있다.
- 성매매 청소년의 연령이 낮아지고, 재학생 비율은 높아지고 있다.
- 성을 사는 성인의 연령은 낮아지고, 학력은 높아지고 있다.
- 청소년들 간의 성매매가 증가하고 있다.
- 성매매에 대한 청소년과 성인의 도덕불감증이 심각한 수준이다.
- 성매매 사범은 반복적으로 범죄를 저지른다(청소년/성인 모두).
- 사이버 가족, 휴대폰 광고가 청소년 성매매를 촉진하는 원인이 된다.
- 대부분의 청소년들이 성매매 제안이나 유혹에 노출되어 있다.
- 성매매 청소년의 증가로 성매매 대가가 낮아지고 있다.
- 청소년 성매매가 이루어지는 장소는 여관이나 성매수자의 주거공간이 대부분이다.

따라서 청소년 성매매를 포함한 성범죄를 근절하고 청소년을 보호하기 위해서는 다음과 같은 측면에서의 대책이 마련될 필요가 있다. 첫째, 재학생 청소년들의 성매매 증가 현상에 대한 대책을 마련하는 것이다. 일련의 실태 조사 관련 자료들은(방은령, 2002; 여성가족부, 2023. 3. 23.) 성매매 청소년들 중 재학생의 비율이 점차 높아지고 있는 경향을 나타내고 있는데, 이것은 두 가지 측면에서 살펴볼 수 있다. 하나는 청소년 성매매가 7월과 8월 사이에 급증한다는 것과 다른 하나는 청소년 성매매의 주(主) 경로가 스마트폰이나 인터넷 사이트를 통한 채팅이라는 점이다. 7, 8월은 학생들의 방학 기간이자, 휴가철이고, 날씨가 더워 집 밖에서 밤을 새우는 데 어려움이 없는 것은 물론, 이로 인해 청소년 가출이 증가(방은령 외, 2009)하는 시기이다. 또한 이미 20여 년 전에 청소년들 거의 대부분 인터넷을 사용하고 있다는 것(방은령 · 조성연, 2002)과 학생 청소년들의 인터넷 주 사용 시간대가 한밤중이라는 것도(방은령 · 조성연, 2002) 재학생 청소년들의 성매매 경험을 증가시키는 원인이라고 볼 수 있다. 즉, 이 시간은 가족들이 모두 잠든 시간이어서 컴퓨터나 스마트폰 사용을 가족 누구의 방해도 받지 않고 혼자만의 공간에서 할 수 있으며, 이러한 상황은 청소년들이 부적절한 채팅에 몰입되도록 유혹하게 된다.

또한 한국의 청소년들은 대부분 학교생활과 학원생활로 낮 시간 동안에는 거의 인터넷을 사용할 수 없다는 현실적인 여건도, 한밤중에 채팅이나 인터넷 검색엔진에 쉽게 몰입하게 하고, 성매매의 유혹이나 제안에 노출되게 만들어, 결과적으로 재학생의 성매매 비율을 높여주게 된다는 점을 간과해서는 안 될 것이다.

그러므로 재학생 청소년들의 성매매 현상을 감소시키려면, 방학 동안 비용의 부담 없이 즐겁고 유익하게 청소년들이 참여할 수 있는 건전한 프로그램을 보급하는 일과 평소 청소년들의 스마트폰이나 인터넷 사용 환경을 개선시켜주는 것이 급선무이다. 그러나 이와 같은 방안은 교육 제도와 같은 근본적인 측면에서의 개선이 이루어지지 않고는 불가능한 것이므로, 교육 전반을 포함한 청소년정책에 대한 전반적인 재검토가 이루어져야 할 것이다. 한편, 인터넷상에서 청소년들이 사용하는 인터넷 포털사이트의 건실한 운영을 위해 청소년보호위원회에서는 2004년 12월 '청소년보호를 위한 사이버윤리 평가척도'를 개발하고, 국내 9개 포털 사이트를 대상으로 한 평가결과를 공표하였다. 이는 인터넷 역기능으로부터 청소년을 보호하기 위해서는 인터넷 사이트 운영업자의 적극적인 청소년 보호시책 참여가 중요하다고 보고 이를 유도해 낼 수 있는 평가장치를 마련한 것이다. 이를 통해 앞으로는 포털 사이트의 청소년 대상 사이버 윤리 실천 수준을 평가할 수 있게 되었다. 다만, 구글, 유튜브, 틱톡 등 국내의 제도가 적용되기 어려운 인터넷 검색엔진이 계속 추가되고, 평가 후 조치사항에 대한 제도를 보다 체계적으로 마련해야 한다는 과제가 남아있다.

두 번째는 올바른 성교육을 실시하는 것이다. 이러한 문제가 거론될 때마다 원론적으로 다루어지는 내용이지만, 이는 아무리 강조해도 지나침이 없다. 청소년이나 어른이나 올바른 성지식과 성의식을 갖게 된다면, 자신의 성을 함부로 사용하지 않는 건강한 성태도를 지니게 될 것이다. 현재 청소년 성매매의 대상 청소년과 대상 성인의 연령이 점차 낮아지고 있으며, 10대에 의한 성매수도 점차 늘어나고 대상 성인과 청소년 모두 성매매에 대한 도덕불감증도 심각한 수준이다. 또한, 청소년 한 부모들도 점차 증가하고 있는데, 이들 중 다수는 출산과 양육에 대한 계획 없이 임신을 한 것으로 나타났다(방은령 외, 2012, 2013). 성교육은 국가와 학교 및 가정에서도 제대로 실시되어야 하지만, 언론이나 미디어의 역할도 매우 중요하다고 본다. 일반적으로 언론이나 방송들은 성문제를 다룰 때에 대중의 호기심을 자극하거나 관심을 끄는 것에 초점을 두는 경향이 있으나, 성에 대한 문제를 언론 혹은 방송기관에서 호기심이나 재미 삼아 다룰 경우, 사람들의 성에 대한 인식을 왜곡시킬 우려가 있으며, 특히 청소년들에게 미치는 영향은 매우 크다. 따라서 언론과 방송은 물론, 유튜브나 네이버 등 인터넷 플랫폼에서도 보다 신중하고 진지하게 이러한 문제를 다루어야 하며, 꾸준히 관심을 갖고 독자들이 성을 바르게 알고 사용할 수 있도록 계도하는 데 큰 역할을 하여야 할 것이다.

세 번째는, 성매매 청소년들에 대한 대처 문제를 제도적으로 보완해야 하는 것이다. 현행법에서는 성매매 청소년에 대하여 형사 처벌을 면제하고, 법원 소년부에 의한 보호사건으로 처리할 수 있도록 규정하고 있다(아동청소년의 성보호에 관한 법률 제4장). 그러나 실제 제도의 운영에서는 경찰과 검찰이 성매매 청소년을 보호사건으로 처리하도록 적극적으로 노력하지 않고, 경찰 혹은 검찰 수사 단계에서 대부분의 대상 청소년이 훈방 조치되거나 보호자에게 인계되거나 쉼터와 같은 민간 보호시설로 인계되는 경향이 나타나고 있다(청소년보호 2002~20). 이와 같은 결과는 대상 청소년들로 하여금 청소년 성매매는 대상 성인만이 처벌을 받는 것이기 때문에 자신들은 이러한 행위를 해도 괜찮다고 생각하게 만들며, 따라서 성매매 행위를 가벼이 여기고 다시 반복적으로 행하거나 이를 상습적으로 악용하는 청소년들도 발생하게 만들 수 있다. 이로 인해 성매매 청소년들에 대한 쌍벌 제도의 문제가 오래전부터 제기되어 왔으나(방은령, 2000), 쌍벌 제도에 대한 효과적인 방안이 도출되지 못하여 아직까지 효율적으로 적용되지 못하고 있는 실정이다. 현재, 아동청소년성보호에 관한 법률(2023년 10월 12일 개정 시행) 제44조에 가해아동청소년에 대한 처리규정을 두고 있는데, 14세 이상 16세 미만 청소년의 경우, 소년부 송치 후 보호처분을 내리도록 규정하고 있다. 그러나 가해청소년들의 성범죄행위가 날로 심각해지고 있는 것을 고려할 때 향후 보호 처분의 기준을 강화시키고, 엄격하게 시행하여 청소년들이 성범죄를 저지르거나 혹은 이 과정에서 법을 악용하는 행위 등을 하지 않도록 조치하는 제도 개선이 요구된다.

네 번째는 성범죄 청소년을 위한 보호시설과 재활 프로그램을 확충하는 일이다. 아동청소년성보호에 관한 법률에서는 보호 처분을 받은 성매매 대상 청소년들을 보호시설과 상담시설에서 선도 보호하도록 위탁하는 제도가 마련되어 있다. 그러나 현재 이 제도의 효과성은 크다고 보기 어려운데, 효과성을 높이려면 관련 전문가를 확보하여 성범죄 청소년들에 대한 선도 보호 및 재활 프로그램이 전문적이고 효과적으로 운영될 수 있도록 제도적인 장치를 보완해야 할 것이다.

다섯 번째로 성범죄 청소년들의 피해자가족과 가해자 가족을 보호하고, 이들이 건전한 가족구성원으로서 살아갈 수 있도록, 보호 장치 혹은 재활 프로그램을 마련해야 한다. 많은 경우 성범죄의 피해 혹은 가해청소년들의 가족환경이 열악하고, 가족의 일상생활이 파탄에 이르는 것을 고려해 볼 때, 이들의 가족이 모두 보호받고 건강해질 수 있도록 제도적 · 사회적 지원이 마련되어야 할 것이다. 피해자와 가해자 입장에서, 이 두 가족을 제도적으로 다 보호한다는 것은 매우 어려운 일이며, 접근방안을 찾아내기도 현실적으로 어려운 일이지만, 건강한 사회구성을 위해 반드시 해결해 나가야 할 문제이다.

여섯 번째는, 청소년 성범죄자 신상 공개 제도를 강화하고 효율적으로 시행하는 것이다. 아동청소년성보호에 관한 법률에서는 고(高)위험군의 청소년 대상 성범죄자를 신상 공개할 때에 사진과 실제 거주하는 현주소를 공개하도록 되어 있으나, 이에 대한 찬반논의는 지금도 끊이지 않고 있다. 청소년 성범죄자 신상 공개 제도의 모델이 되고 있는 미국의 메건법(Megan's Law)의 경우, 성범죄의 등급에 따라 약간의 차이는 있으나, 일반적으로 3등급 범위 내에서는 이름, 신상 및 사진, 직장 혹은 학교, 주소, 차량 및 차량번호, 범죄에 관한 개요 등을 공개하고, 일반인들은 인터넷 사이트를 통해 성범죄자로 등록된 사람들의 정보를 검색할 수 있으며, 관련 기관에 이와 관련된 보고서도 요청하여 열람할 수 있도록 하고 있다. 특히 어린 아동을 대상으로 한 성범죄자의 경우는 그의 집 앞에 아동 성범죄자라는 표시를 하도록 하게 하여, 당사자가 범죄를 다시 저지르거나, 이웃에서 범죄 사실을 모르고 변을 당하는 경우를 사전에 막고 있다. 주마다 약간의 차이는 있으나 전반적으로 미국의 메건법에서는 성 범죄자에 대해 등록 제도를 실시하고 있고, 등록기간(공개기간)은 최저 10년에서 종신까지이며, 등록 시기는 성범죄로 인한 구속 출소 후 즉시 혹은 30일 이내에 이루어지도록 되어 있어, 성범죄자에 대한 처벌 효과가 매우 크다고 보고되고 있다(청소년보호 2001-25). 성인의 아동청소년성범죄의 죄질과 우리 사회와 피해자에게 미치는 해악의 심각성을 고려할 때, 아동성범죄자에 대한 신상공개제도는 지금보다 오히려 더 강화될 필요가 있다. 우리나라에서도 신상공개제도를 효율적으로 시행하여 아동청소년 성 범죄자에 대한 규제 효과가 지속적으로 유지되도록 강화할 필요가 있다.

마지막으로 아동청소년을 대상으로 증가하고 있는 온라인 그루밍(online grooming) 성범죄나 데이트 폭력에 대한 대응책을 마련하는 것이다. 그루밍 성범죄란 상대방을 심리적으로 지배한 뒤 성적 노예로 만들어 성폭력을 가하는 것을 말한다(네이버 어학사전 소년중앙 시사용어). 아동청소년들은 온라인에서 알게 된 낯선 사람과 친구가 될 수 있다고 생각하며, 현실에서 말하기 어려운 일들을 온라인에서 털어놓으면서 큰 위안을 얻기 쉬운데, 이러한 아동청소년들의 정서적 불안을 이용하여 심리적으로 지배한 후 성적 착취를 하는 것이 바로 온라인 그루밍 성범죄이다. 대표적인 사례가 우리 사회를 떠들썩하게 했던 'N'번방 사건으로, 이러한 유형의 성범죄 또한 청소년이 가해자인 경우가 점차 늘어나고 있다. 한편, 경찰대 치안정책연구소의 '치안전망 2023' 보고서에 따르면, 데이트 폭력의 경우에도, 데이트폭력 10대 피의자의 수는 전년 동기 대비

60.1% 늘어 세대별 가장 큰 폭의 증가세를 보인 것으로 나타났다(한겨레, 2023. 1. 1.). 이 보고서에서는 데이트폭력 10대 청소년 피의자가 늘어난 원인으로 폭력적인 매체 환경을 지적하고 있는데, 특히 유튜브 등을 통한 자극적이고 폭력적인 1인 인터넷 방송에 아동청소년들이 무방비로 노출되는 것이 가장 큰 위험요인이라고 분석하였다. 따라서 온라인에서의 사용자 매너와 규제에 대한 제도마련이 무엇보다도 시급한데, 온라인 특성상 어느 한 국가가 시행할 수 있는 문제는 아니므로, 사이버 세상의 질서체계 확립을 위한 국가 간의 논의와 협력체계 구축이 절실히 요구된다.

한편, 성범죄와 성문화에 대한 문제는 기본적으로 가정과 학교로부터 받는 인간존중에 대한 교육과 관련된다. 성장하는 동안 올바른 성의식과 성태도를 자연스럽게 형성하는 것이 무엇보다 중요한 것이다. 이와 더불어 온라인 그루밍과 데이트폭력 등과 같은 행위들이 얼마나 위험하고 사악한 죄를 범하는 것인지 깨닫도록 관련 제도 및 홍보정책을 인터넷 플랫폼 등 다양한 매체를 통해 적극적으로 시행한다면, 이에 대한 발생률도 점차 감소될 수 있을 것이다.

참고문헌

강지연(2016). 청소년의 성역할고정관념에 영향을 미치는 요인: 한부모가족과 양부모가족 자녀 비교를 중심으로. 이화여자대학교 대학원 석사학위청구논문.

강진경 · 정태연(2001). 사랑에서 관계지위와 관계적 특성에서의 차이: 남녀대학생을 중심으로. 한국심리학회지: 여성, 6(1), 1-21. 한국여성심리학회.

강현주(2000). 한국의 청소년 성의식에 관한 연구. 고려대학교 대학원 석사학위 논문.

교육부 · 보건복지부 · 질병관리본부(2015). 제11차(2015) 청소년건강행태온라인조사통계.

국무총리 청소년보호위원회(2000). 청소년의 성 보호에 관한 법률 해설. 청소년보호 2000-43.

국무총리 청소년보호위원회(2001). 청소년 성 매매 유입 예방교육 프로그램 개발 연구. 청소년보호 2001-23.

국무총리 청소년보호위원회(2001). 청소년 성보호 현황과 대책 연구. 청소년보호 2001-24.

국무총리 청소년보호위원회(2002). 청소년고용 티켓다방 근절방안 토론회. 청소년보호 2002-25.

국무총리 청소년보호위원회(2002). 청소년대상 성범죄자 치료 및 재활프로그램 연구. 청소년보호 2002-40.

국무총리 청소년보호위원회(2002). 청소년의 성보호에 관한 법률개정 공청회. 청소년보호 2002-20.

국무총리 청소년보호위원회(2004). 청소년의 성보호에 관한 법률 개정안. 자료집.

김민(2002). 청소년문화의 이해. 청소년문화복지아카데미 자료집. 서울: 품 청소년문화공동체.

김영문(2010). 사이버 공간에서의 여학생들의 이성교제 실태에 관한 연구. 서울: 동국대학교 행정대학원, 석사학위청구논문.

김점순(2013). 중학생의 이성교제 실태에 관한 연구. 부산: 동아대학교 교육대학원, 석사학위청구논문.

김정순 · 김영남(2009). 남녀 중학생의 체형인식 및 식생활 태도와 자아존중감. 한국가정과교육학회지, 21(1), 123-139. 한국가정과교육학회.

김태근(1997). 청소년의 성의식, 성행동과 비행의 관계-고등학생을 중심으로-. 연세대학교 대학원 석사학위논문.

김현경 · 최수정 · 김미영 · 양경미 · 임미림(1999). 성지식, 성태도에 관한 우리나라 연구내용분석. 보건교육건강증진학회지, 16(1), 167-185. 한국보건교육건강증진학회.

김혜원 · 이해경(2002). 고등학생들의 성행동경험분석. 청소년학연구, 9(1), 247-272. 한국청소년학회.

김혜원 · 이해경(2003). 함께 배우는 성. 학지사.

문화방송(MBC)(2013). 청소년백서.

민태원(1930). 청춘예찬. 민태원 외(2022). 한국명수필선. 와이엔엠.

박은령(2000). 청소년의 이성교제와 성에 대한 태도에 관한 연구. 동아대학교 교육대학원 석사학위 논문.

박은하(2016). 한국과 네덜란드 청소년의 성의식 및 성행동에 관한 비교 연구. 청소년학연구, 23(4), 345-366, 한국청소년학회.

박진규(2003). 청소년문화. 학지사.

박찬비(2001). 성의식, 성행동과 자기개념 및 정신건강의 상관연구. 성신여자대학교 대학원 석사학위논문.

박현이(2000). 10대 남자 청소년의 성행태에 대한 조사. 10대 임신과 남자의 무책임, 무엇이 문제인가? 제2회 10대 임신예방을 위한 대토론회 자료집.

박현진 · 이혜아 · 박보미 · 신윤희 · 전승희 · 김의정 · 김연재 · 박혜숙 · 오경원 · 최선혜 · 김양하(2022). 청소년건강행태조사 심층조사(식생활, 신체활동, 비만 및 체중조절 영역) 항목 개발. *Public Health Weekly Report 2022; 15*(47): 2853-2872. 질병관리청.

방은령(2000). 원조교제에 대한 연구 3: 처벌과 보호대책. 한국청소년복지학회 춘계학술대회 자료집: 청소년의 성문제와 성보호, 61-74.

방은령(2003). 청소년 성매매 현상과 대처방안. 청소년복지, 5(1), 21-36. 한국청소년복지학회.

방은령 · 김지연 · 황여정(2013). 청소년한부모가족종합대책연구 2. 총괄보고서. 경제 인문사회연구회 협동연구총서 13-36-01-03.

방은령 · 백지숙 · 김영순 · 김혜원 · 임영택(2009). 청소년상담. 신정출판사.

방은령 · 백혜정 · 김지연 · 김혜영(2012). 청소년한부모가족종합대책연구 1. 총괄보고서. 경제 인문사회연구회 협동연구총서 12-23-01.

방은령 · 이소희 · 김민 · 김민규 · 김민정 · 김호영 · 도미향 · 오영재 · 조성연 · 조아미 공역(2002). 인터넷 중독의 이해. 학지사.

방은령 · 조성연(2002). 청소년들의 인터넷 사용실태 조사연구1: 이메일과 채팅 사용실태를 중심으로. 청소년복지, 4(1), 101-123. 한국청소년복지학회.

방은령 · 조성연 · 이용교(2000). 청소년의 원조교제에 대한 탐색적 연구. 청소년복지 2(2), 99-116. 한국청소년복지학회.

서울시 교육청(1998). 성과 행복. 서울시 교육청.

성윤숙 · 이소희(2002). 게임방청소년들의 일탈사례. 한국청소년복지학회 추계학술대회자료집.

소년중앙 시사용어. 그루밍 성범죄. 네이버 어학사전.

세계일보(2006. 10. 8.). "외모고민"에 우리들의 일그러진 10대 소녀들.

신명희 · 서은희 · 송수지 · 김은경 · 원영실 · 노원경 · 김정민 · 강소연 · 임호영(2017). 발달심리학 2판. 서울: 학지사.

여성가족부(2014. 6. 30.). 보도자료.

여성가족부(2014). 2013 청소년백서.

여성가족부(2023. 3. 23.). 정책브리핑. 아동청소년 대상 성범죄 발생 추세 및 동향 분석 공표.

연합뉴스(2023. 3. 3.) 미 민주당, 메타에 “메타버스 앱 청소년에 팔지 마” 경고.
윤가현(1998). 성문화와 심리. 학지사.
윤진 · 박윤창 · 김근영(1996). 음란출판물 접촉과 청소년의 성관련 태도 및 비행간의 관계. 한국심리학회지: 발달, 9(2), 79-90. 한국발달심리학회.
의학신문(2022. 1. 6.). 청소년기 영양교육 식습관 · 신체 형성에 큰 영향.
이명화(1998). 음란매체접촉에 따른 성갈등에 성태도와 지식이 미치는 영향. 한양대학교 교육대학원 석사학위 논문.
이정윤 · 이명화(2003). 음란물을 자주 접하는 청소년의 성 및 심리사회적 특성. 청소년상담연구, 11(1), 32-41. 한국청소년상담복지개발원.
이해경(2002). 청소년들의 음란물, 음란채팅, 폭력게임 중독경험에 대한 비교분석. 청소년학연구, 9(1), 91-114. 한국청소년학회.
장휘숙(2009). 청년심리학 4판. 박영사.
정옥분(2019). 발달심리학 3판. 학지사.
조양순(1998). 비행청소년의 성의식에 관한 연구. 경기대학교 교육대학원 석사학위논문.
조한혜정(1998). 청소년성문화: 성적주체로서의 인식을 중심으로. 한국여성학, 14(1), 7-40. 한국여성학회.
주간조선(2016. 6. 17.). 우리들의 일그러진 외모집착증.
하수정(2011). 부산시 초등학교 5, 6학년의 이성교제 실태와 성지식 · 성태도에 관한 조사 연구. 울산대학교 교육대학원, 석사학위청구논문.
한겨레(2023. 1. 1.). 데이트폭력 10대 가해자, 1년 새 60% 늘어…전연령 증가폭 최대.
한국게임산업개발원(2004). 청소년게임중독 예방프로그램 개발연구.
한국부모교육학회(1998). 성교육학. 교육과학사.
한국콘텐츠진흥원(2020). 2019 게임 과몰입 종합 실태조사.
한상철(2004). 청소년학. 학지사.
한상철 · 김혜원 · 설인자 · 임영식 · 조아미(2003). 청소년문제행동. 학지사.
허혜경 · 김혜수(2002). 청년발달심리학. 학지사.

Hall, G. S. (1904). *Adolescence: It's psychology and its relations to physiology, anthropology, sociology, sex, crime, religion, and education.* Englewood Cliffs, New Jersey: Prentice-Hall.
Hurlock, E. (1975). *Developmental psychology (4th ed.).* NY: McGraw-Hill.
Santrock, J. W. (1996). *Adolescence* (6th ed.). Brown & Benchmark.
Sternberg, R. J. (1986). A Triangular theory of love. *Psychological Review*, 93, 119-135.
Sullivan (1953). The interpersonal theory of psychiatry. In Eds. H. S. Perry & M. L. Gawel (1997). The interpersonal theory of psychiatry. W. W. Norton &

Company, Inc.
Warrers, S. O. (2001). *Overcoming internet addictions*. Ann Arbor: Servant Publication.

〈관계 법령〉
아동청소년의 성보호에 관한 법률
여성폭력방지기본법
청소년보호법

〈언론〉
동아일보(전자신문). 2003. 10. 31.
세계일보(전자신문). 2006. 6. 8.
연합뉴스(전자신문). 2023. 3. 3.
의학신문(전자신문). 2022. 1. 6.
조선일보(전자신문). 2004. 7. 8.
주간조선(전자신문). 2016. 6. 17.
중앙일보(전자신문). 2014. 5. 23.
한겨레(전자신문). 2023. 1. 1.
한국일보(전자신문). 2001. 6. 20.
해럴드 경제(전자신문). 2014. 7. 11.

〈TV 프로그램〉
채널 A. 하트시그널 시즌 1, 2, 3, 4
JTBC(2014). '비정상회담.'

〈영화〉
'Love Actually'(2003)

CHAPTER 06

청소년과 글로벌문화

청소년이 중심이 되어 생성해 가는 글로벌문화 현상은 청소년문화 영역에서 아직 다루어진 적이 없는 주제이다. 최근 인터넷을 중심으로 하는 전(全) 지구적 네트워크가 가능해지고, 사이버스페이스라는 새로운 공간을 자유자재로 이용하는 N세대가 출현함에 따라 청소년 글로벌문화가 형성되기 시작하였다. 과거 글로벌문화의 흔적은 주로 군사적 · 경제적 · 문화적으로 강력한 영향력을 갖고 있는 특정 국가가 그렇지 못한 국가들에 자국의 가치관, 전통, 문화를 전파하고 이 과정에서 이익을 얻으려는 문화제국주의의 형태로 진행되었다.

그러나 최근 문화의 글로벌화라는 현상은 매우 복합적인 맥락을 가지며 나타난다. 즉, 글로벌문화는 반드시 문화제국주의가 아닌 지역 문화의 세계화를 의미하는 '글로컬 문화(glocal culture)'의 성격도 지니면서 생성된다. 대한민국의 K-POP이나 드라마를 중심으로 하는 한류 현상을 대표적인 예로 들 수 있다. 그렇기에 청소년문화 현상을 이야기할 때 글로벌화는 반드시 고려해야 할 조건이자 중요한 주제로 성장하였다. 뉴미디어 등 각종 신기술과 매체에 익숙한 청소년에게 글로벌문화는 더 이상 낯설지 않으며 무한한 흥미와 새로운 세계를 연결해 주는 주제가 되었다.

따라서 이 장에서는 글로벌문화가 청소년에게 가지는 의미, 글로벌문화를 설명하는 이론적 관점과 문화제국주의 및 글로컬 문화에 대하여 살펴보았다. 또한, 청소년 글로벌문화 생성의 주요한 매체로 자리 잡고 있는 인터넷을 비롯한 뉴미디어의 특성과 글로벌 청소년문화의 한 유형인 한류 현상에 대해서도 살펴보았다.

1. 글로벌문화에 대한 이해

1) 글로벌문화의 개념

오늘날 통용되는 Globalization이라는 의미가 인류에게 보편적으로 사용된 것은 1960년이다. 'The Economist'에 수록된 자동차 수입 관련 기사에서 그 기원을 찾을 수 있다. 즉, 선진 기술로 개발된 자동차 시장이 전 세계적으로 확장되면서 국가 및 지역 간에 글로벌화가 촉진되었다는 것이다. 이후 1961년 웹스터사전에 Globalis, Globalization에 대한 어의 규정이 나타나면서 명문화되었다(양기근, 2001: 124; Robertson, 1992). 초기의 Globalization 현상은 문화적 측면보다는 국가 간, 지역 간의 무역 확대를 위한 경제적 필요에서 생겨났음을 알 수 있다.

일반적으로 "글로벌화란 국가 단위의 경계가 약화 또는 무력화되고 세계 전체가 하나의 단위로 통합되어 기존의 국경을 무의미하게 만드는 과정"(Waters, 1998)으로 정의한다. 교통과 통신의 급속한 발달이 글로벌화를 가속화시켜 전 세계의 상호연관성을 강화시키면서 지구촌 사회는 전반적으로 공통의 가치를 지니게 되었다. 특히, 인터넷을 비롯한 전(全) 지구적 범위의 정보통신 수단의 발달은 글로벌화에 결정적 역할을 해 왔다.

그러나 최근 우리가 자주 사용하는 Global이라는 개념은 오래전부터 있어온 현상이다. 글로벌화의 기원은 영국, 스페인, 포르투갈, 네덜란드 등이 지배하던 제국주의 시대로 거슬러 올라간다(이재현, 2013). 그때에는 주로 정치・군사적 패권주의에 기초한 글로벌화가 이루어지면서 자연스럽게 제국주의 문화가 피지배국가에 이식되는 형태로 진행되었다. 예로 음식, 음악, 의복, 사회적 규범 등이다. 본격적으로 글로벌화가 진행된 시점은 19세기부터이다. 19세기에 자본주의가 급속하게 발전하면서 국가 간의 교역과 교류의 확대, 그리고 지역 간 이주민의 증가로 현재와 비슷한 글로벌화가 촉진되었다. 그러므로 글로벌화는 현대에 들어 새롭게 나타난 현상이라기보다는 역사적으로 연속성을 갖는 현상으로 이해하는 것이 타당하다. 쟁점은 글로벌화가 이루어지는 범위와 각 사회의 구성원에게 미치는 영향력이 과거와 현재 간에 차이가 발생한다는 점이다.

일반적으로 글로벌화에 대한 주장은 크게 정치적·경제적·문화적 영역으로 나누어 살펴볼 수 있다. 먼저, 정치 분야에서는 민주주의라는 정치이념의 확산을 중심으로 전개되었다. 1990년대를 전후하여 소련 및 동독을 비롯한 동유럽 국가들의 사회주의가 붕괴하면서 민주주의의 글로벌화가 확대되었다. 물론, 아직까지 세계의 모든 국가와 사회를 아우르는 단일 정치체제가 확립되지는 않았지만, 정치적 세계화는 민주주의라는 지향점이 있는 실체적 개념이며, 정치이념의 측면에서 이미 민주주의라는 공통분모를 확보하고 있다(이기석, 2011: 4). 최근에는 민주주의라는 정치적 차원의 개념을 정확하게 이해하지 못할지라도 사회 구성원들이 민주주의를 외치고 신봉하는 현상이 전 세계 곳곳에서 발견된다. 2010년부터 2011년까지 절대 왕권이나 절대 독재체제를 유지하던 리비아, 시리아, 이집트 등 아랍권에서의 민주화 운동은 정치적 글로벌화의 한 예라고 할 수 있다.

경제 분야의 글로벌화는 자본을 중심으로 나타났다. 이는 정치체계의 변화와 맥락을 같이한다. 위에서 언급한 바와 같이 1990년대를 전후하여 사회주의 체제가 붕괴하면서 자본주의 경쟁체제가 특정 국가나 지역에 얽매이지 않는 세계시장으로 확대되었다(주형일, 2006: 167-168). 유럽 국가와 북미 국가를 하나의 경제블록으로 묶는 유럽연합(European Union)과 북아메리카 자유 무역 협정(North American Free Trade Agreement) 등이 그러한 예이다.

문화의 글로벌화는 디지털기기의 급속한 발전에 기인한다. 인터넷을 비롯한 SNS로 무장한 세대는 세계 어느 지역에서 어떤 문화가 새로이 생성될지라도 동 시간대로 공유하는 특징을 보인다. 즉, 디지털기기는 과거에 생각할 수 없었던 시간적·공간적 한계를 극복할 수 있게 하여 문화의 지구촌화를 촉진하였다. 그러나 일부에서는 문화의 글로벌화라는 트렌드, 그리고 이를 가능하게 한 새로운 디지털기기의 역할을 인정하면서도 문화의 글로벌화가 야기하는 잠재적이고 현재적인 많은 부정적 결과들에 우려를 표명한다. 문화의 '다양성'과

'정체성'을 둘러싼 논쟁이 그것이다. 문화의 다양성을 주장하는 사람들은 어느 사회이든지 세계화가 촉진되면서 단일 문화의 존재는 불가능하다고 본다. 국가 간에 이주민이 증가하면서 단일 민족이나 한 사회 속에서 다문화 사회가 형성되는 것을 필연적 현상으로 본다. 그러므로 서로 다른 문화를 가진 집단이 만나 서로를 배척하지 않고, 차이를 인정하면서 함께 공존하는 방식이 중요하다고 본다. 문화는 정량적으로 측정할 수 없음에 따라 모든 문화가 갖는 본래의 독특한 성질을 인정하는 문화적 상대주의[1]가 필요하다는 주장이다.

반면, 문화적 정체성을 주장하는 이유는 고부가 가치를 지닌 자국의 문화산업을 보호하고자 하는 관점도 있겠지만, 더 근본적으로는 문화 정체성이 그 나라의 자주적이고 자율적인 생존과 긴밀한 관계를 맺고 있다는 사실에 기반한다. 주로 단일 민족이나 방어적 문화 정책을 고수하는 민족과 국가를 중심으로 등장하는 주장이다. 문화의 속성 중에는 시간이 지남에 따라 서로 이질적인 문화가 만나(문화접변[2]) 제3의 문화를 만들어낸다는 문화변동 현상이 있음을 고려할 때, 한 문화의 정체성 유지가 쉬운 과제는 아니다. 단, 우리의 전통문화가 글로벌화를 통해 유입된 외래문화보다 열등하다는 인식하에 서구문화에 열광하는 행태가 문제이다.

따라서 글로벌문화는 문화적 차원에만 국한하는 것이 아니라 글로벌화(globalization)라는 총체적 구조 변화를 구성하는 한 축이다. 논자에 따라 달리 규정되기도 하지만 글로벌화는 자본주의 발전을 축으로 하는 인류 발달의 현 단계를 지칭한다는 점에서 이견이 없다. 정리하면 문화의 글로벌화는 "국가 간에 커뮤니케이션, 교역, 여행이 증가하고, 국가나 민족 사이의 경계를 넘어 문화가 확산되는 현상"이라고 정의할 수 있다(Bell et al., 2004). 즉, 한 문화가 다른 국가, 민족의 문화와 접촉하여 새로운 제3의 문화를 생성해 내거나 한 사회의 구성원이 타 지역의 문화를 수용하여 향유하는 현상이 문화의 글로벌화이다.

---

1) 다른 문화를 이해하는 데 있어 사회마다 그들 나름의 독특한 문화를 가지고 있다는 것을 인정하고 존중하는 태도. 반대 개념으로는 문화적 절대주의가 있다.
2) 서로 다른 두 문화체계의 접촉으로 문화요소가 전파되어 새로운 양식의 문화로 변화되는 과정이나 그 결과를 말한다.

더 나아가 국경 없이 동질의 문화를 지구촌 구성원이 수용하고 향유하는 현상이다.

2) 글로벌문화에 대한 이론적 관점

글로벌문화는 국가, 지역 간의 상이한 문화가 접촉 또는 혼용되면서 생겨난 것으로 이러한 현상을 설명하는 관점은 크게 세 가지로 구분하여 살펴볼 수 있다.

첫째, 어느 특정한 문화가 다른 문화들을 지배하면서 결국 동질적인 세계문화를 형성한다는 문화제국주의(cultural imperialism)적 시각이다. 문화제국주의는 중심부 국가인 서구사회의 문화가 팽창적으로 주변부 국가에 침투하여 문화적 독창성을 파괴하고 문화 간에 지배-종속관계가 형성된다는 입장이다.

둘째, 상대적으로 평등하다고 전제하는 문화와 문화가 접촉하였을 때, 그 사이에서 일어나는 상관관계에 초점을 맞춘 이론들이다. 전통적인 문화전파이론(diffusion theory)은 두 사회의 문화가 서로 다른 문화를 채택하고 수렴함으로써 상호 유사성이 증가하는 문화변용 현상에 초점을 두고 있다. 또한 문화 소비자의 적극적 반응을 강조하는 문화수용이론(reception theory)은 외래문화에 대한 재해석과 문화적 할인(cultural discount), 혹은 토착화 가능성을 인정한다. 문화의 글로벌화는 지구촌과 대응할 수 있는 동질화된 관점으로 개념화될 것이 아니라 서로 상이한 국가들과 권역들에서 생겨나고 그것들이 글로벌문화를 구성하는 복합적이고 다양한 현상으로 인지된다는 주장이다(Crane, 2002: 1). 그러나 글로벌문화에 대한 문화전파이론과 수용이론은 문화제국주의를 비판하고 다른 방향을 찾고자 하는 가능성을 제시해 주고는 있으나, 문화다원주의나 문화다양성을 지나치게 바람직한 원리로만 인식하려는 경향을 보인다는 비판을 받기도 한다. 이에 대해서 프랑수아 드 베르나르는 다양성이란 개념이 각각의 요소가 서로 무관한 것이 아닌 대립되거나 불일치하고 모순되는 의미를 갖는 개념임을 강조한다(베르나르 · 김창민 외, 2005: 17). 문화의 다양성 담론과 관련하여 문화들을 서로 비교 가능하고 상호 간에 교류하는 '존재'로 인식하는 것은 개인과 집단을 막론하고 각각의 문화가 독특한 정체성을 가지고 있음을 전제로 한다. 따라서 문화적 정체성에 따라 이를 누릴 수 있는 권리인 문화권에 대한 인정이 문화다양성 논의의 중심이 된다.

셋째, 다양한 문화들이 상대적 자율성을 가지고 교류하면서 새로운 이질적인 지역문화들이 생겨나고 상호공존하게 된다는 시각이다(Warnier, 1999; 김정수, 2008: 268-269에서 재인용). 즉, 문화의 글로벌화는 문화 자본에 의해 상당한 영향을 받는 것이 사실이지만, 이로 인해 완전히 동질의 글로벌문화만을 생성하는 것이 아니라, 제3의 새로운 문화가 만들어지기도 한다는 것이다. 즉, 글로벌문화는 긴장, 경쟁, 갈등이 존재하는 가운데 새로운 문화가 접촉, 생성, 발전하는 다차원적인 성질을 갖는 것으로 본다.

2. 글로벌화와 문화제국주의, 글로벌 문화

1) 글로벌화와 문화제국주의

일반적으로 문화제국주의(cultural imperialism)는 경제적으로 강력한 국가들이 그렇지 못한 국가의 가치관, 전통, 문화를 예속시키고 이를 자국의 문화 관점들로 대체시켜 그 우위를 통해 이익을 얻으려는 지배 과정을 의미한다. 미국이나 서구 유럽 국가들과 같이 고도로 자본주의가 발달한 국가들은 글로벌화를 통해 경제적 이익을 추구해 왔을 뿐만 아니라, 서구의 지배적인 문화 가치를 확산해 왔으며 이런 과정에서 다국적 기업, 특히 미디어나 정보통신 기업이 결정적인 역할을 수행했다(이재현, 2013).

글로벌화와 마찬가지로 문화제국주의의 역사는 매우 오래되어 그 기원이 로마제국 시대까지 거슬러 올라가기도 한다. 그 당시 건축, 법, 음악 등 대부분의 영역에서 로마 문화는 유럽 전역에 전파되고 수용되었다. 혹자는 유럽의 문화는 로마 문화의 모방과 변용의 결과라고도 주장한다. 또한, 오늘날 문화제국주의의 '수단'으로, 제3세계 국가의 차세대 지도자가 될 사람들이 구미 국가들에서 유학하며 해당 국가의 가치관과 이데올로기를 교육받아 자국에 이식하는 형태도 있다. 더욱 중요한 역할을 수행하는 것은 구미의 미디어 기업이다. 할리우드 영화와 텔레비전 프로그램, BBC나 CNN 등이 제공하는 글로벌 뉴스 프로그램 등은 서구의 관점을 제3세계를 포함해 여타 국가에 전파하는 역할을 수행한다(Schiller, 1976). 이런 서구 가치관을 담은 문화적 산물의 기저에는 서구 가치관과 삶의 방식이 여타 국가의 가치관과 삶의 방식에 비해 우월하다는 인식이 깔려 있다.

한편, 앞에서 살펴본 문화확산이론에 따르면, 우수한 문화는 자유경쟁에 의하여 열등한 문화를 갖고 있는 한 국가나 사회로 자연스럽게 유입된다고 하였다. 그러나 문화제국주의자들은 문화확산이론을 비판한다. 문화적 유입 현상은 자연스러운 자유시장 논리가 아니라 자본을 중심축으로 하는 서구 국가들의 의도된 계획으로 이해된다. 예로 1950년대와 1960년대 미국을 중심으로 하는 서구 국가들이 제2차 세계대전 후의 새로운 질서에 제3세계 국가들을 편입시키기 위하여 자국의 문화, 규범, 이데올로기 등을 그들 국가에 전파한 사실들이다. 반면, 제3세계 국가들은 서구 중심의 문화가 그들 나라의 근대화 과정에 기여할 것이라 판단하여 서구 문화를 적극 수용하는 태도를 보였다. 그 결과 제3세계 국가들에서는 서구 중심의 규범, 문화, 이데올로기와 자국의 그것들이 동질화되는 현상을 경험하였다.

최근 이와 같은 문화제국주의의 확산에 대응하기 위한 대항 문화적(counter-cultural) 움직임도 관찰된다. 중국과 같은 국가는 인터넷이 자국에 대한 감시수단으로 활용되고 있다고 인식하고 있으며, 특히 중국은 구미 국가들의 '언론통제'라는 비판에도 아랑곳하지 않고 구글(Google)의 일부 정보를 차단하는 정책을 시행하기도 했다. 인터넷이라는 문화제국주의의 채널을 구미 국가들이 장악하고 있기는 하지만, 일부 국가들의 문화 산물이 이를 통해 세계적으로 유통되고 있는 것 또한 부인할 수 없는 현상이다. 예를 들어, 우리나라의 K-POP은 유튜브나 페이스북과 같은 SNS를 통해 아시아 국가들을 넘어 유럽, 남미 등 여러 국가에서 돌풍을 일으키고 있다. 이것은 '문화적 동질성'을 기반으로 아시아 지역에 확산되었던 1세대 한류와 명확히 구별되는 '문화적 혼종화(cultural hybridization)[3)]' 현상이다(이재현, 2013).

그러나 최근 들어 미국과 유럽을 중심으로 제기되었던 일방적 문화제국주의 현상에 대한 비판론이 나타나고 있으며, 그 내용은 다음과 같다.

첫째, 문화제국주의 비판론자들은 글로벌문화 현상을 과거와 같은 중심과 주변, 지배와 피지배라는 이분법적 개념으로 나눌 수 없다고 본다. 즉, 중심 국가와 주변 국가라는 일방적, 획일적 개념으로 설명할 수 없다는 것이다(임동욱, 2009). '중심·주변 모델'은 미국 중심의 지배적 문화가 주변 국가의 문화를 침해하고 문화적 다양성을 해친다는 문화제국주의의 핵심적 명제이다. 그러나 최근 한국을 비롯한 제3세계 국가들의 드라마, 음악, 패션이 미국이나 유럽 등지의 국가에서 트렌드화되고 있는 현상은 문화제국주의의 시각으로 글로벌문화를 해석하기에 한계가 있음을 보여준다.

둘째, 서구 문화를 받아들이는 국가의 수용자들은 더 이상 과거처럼 피동적·수동적 존재가 아니라고 본다. 오히려 제3세계 문화 수용자들은 능동적이고 적극적인 수용 과정을 거친다. 즉, 수용자가 처한 문화적 맥락과 사회적 상황, 심리적 상황에 따라 문화를 해석하고 재생산하는 복합적 존재로 기능한다(Ang, 1985; Liebes, 1985). 그러므로 문화제국주의 비판론자들은 더 이상 미국을 비롯한 서구의 문화가 다른 나라들의 문화를 소멸시키거나 동질화시키지 못한다고 주장한다.

셋째, 아시아의 한국, 중국, 일본을 비롯하여 일부 중남미 국가들도 컴퓨터 및 텔레비전 프로그램, 영화 등의 미디어 산업이 발전하였고, 특히, 스마트폰의 생산, 보급은 오히려 미국 등의 서구 국가를 앞지름에 따라 더 이상 서구 중심의

---

3) 서로 다른 문화가 뒤섞이면서 다중적인 정체성을 가진 문화를 의미한다. 중심국의 문화가 주변국으로 전파될 때 주변국의 고유한 지역문화와 결합되어 중심국의 문화와 다른 새로운 문화 현상을 보이는 것이다. 문화의 혼종성은 문화의 세계화 과정에서 자연스럽게 발생하는 것이라는 주장과 초국가 미디어 기업들이 자신들의 문화를 세계로 확산시키기 위해 의도된 전략에 따라 만들어낸 것이라는 주장이 있다.

문화가 큰 영향력을 발휘하지 못한다고 본다(임동욱, 2009 참조). 따라서 현대 사회에서는 더 이상 일방적인 문화제국주의는 존재하지 않는다고 주장한다. 오히려 한국의 드라마, 음악 등이 아시아 국가로 전파되는 한류 열풍은 문화제국주의의 역전 현상을 보여준다.

2) 문화제국주의와 글로컬[4] 문화

글로벌화 담론에서 문화의 글로벌화라는 현상은 복합적인 맥락을 갖는다. 이른바 글로벌문화를 지역 문화의 글로벌화로 볼 것인지, 아니면 서구문화의 전 지구적 확산으로 보는 문화제국주의적 시각으로 이해해야 하는지 모호하다. 즉, 글로벌문화는 문화제국주의가 아닌 지역 문화의 세계화를 의미하는 '글로컬 문화(glocal culture)'의 성격도 갖는다.

먼저, 문화의 글로벌화라는 현상을 문화제국주의적인 시각으로 보면 문화는 제국주의의 정치적, 경제적 이데올로기를 확대·재생산하는 촉매제 역할로 이해할 수 있다. 그러나 글로벌화 현상 속에서 현재의 문화는 단순히 지배와 피지배라는 이분법적인 관계로 설명할 수 없는 복합적인 성격을 갖는다. 이것이 문화의 글로벌화가 근대 제국주의 시대의 문화 지배와 다른 점이다.

글로벌문화는 중심과 주변, 지배와 피지배의 관계가 명확하지 않고 생산과 수용의 구분이 명확하게 형성되어 있지 않으며, 오히려 주변에서의 적극적인 요청으로 국지적 문화가 국가의 틀을 넘어서 지구적 규모로 확장된다. 글로벌문화의 형성은 오히려 제국주의적 문화 지배의 확장이라기보다는 국지적 문화의 탈국가화와 지역 문화의 전 지구적인 대두로 설명할 수 있다. 말하자면 현재의 글로벌문화는 미국, 혹은 유럽 중심의 문화로 전 지구가 통합되는 것이 아니라, 세계의 권역 문화들이 국지적 특성을 가지고 자생적인 토대 위에서 다원화된다고도 볼 수 있다(이동연, 2006). 예로는 우리나라 K-POP 스타들의 패션이 세계적으로 인기를 끌고, 싸이의 '강남스타일' 유튜브 동영상 조회 수가 14억

4) 글로벌(global)과 로컬(local)에서 유래하는 조어(造語)

건을 넘었으며, 세계 각 민족의 고유 음식과 의복 문화가 서로 잡종 교배하는 일련의 사례들이다. 이러한 현상들은 과거와 달리 미국을 비롯한 서구 국가의 문화가 우월한 문화로 인식되어 제3세계 국가에 일방적으로 이식되었던 경험과 다른 특성을 보인다. 글로벌문화가 다원화된 문화들의 공존 속에서 지역 문화의 세계화를 의미하는 '글로컬 문화' 현상도 함께 갖는다고 보는 이유가 바로 여기에 있다.

따라서 문화의 생성, 접변, 확대 과정이 디지털 기술의 혁신으로 짧은 시간에 전 세계에 재현될 수 있는 것이 문화의 글로벌화이며, 전(全) 지구적 문화시장에서 지역문화의 세계화를 의미하는 개념이 '글로컬 문화(glocal culture)'이다(김창민 외, 2005). 과거와 달리 서구 중심의 문화가 주변부 국가의 문화에 의해 역침입을 당해 위협을 받는 현상이 나타난 것이다. 물론, 지역문화의 글로벌화 과정에는 거대 자본이 개입하여 이익을 창출하기 위한 의도적 마케팅 전략이 내포되어 있다. 즉, 초국가적인 문화자본의 논리가 강력하게 작용하여 지역문화의 글로벌화를 진행시킨다는 점을 간과할 수 없다. 이것이 과거 문화제국주의와 현재의 글로벌문화가 차별화되는 지점이다. 문화제국주의 시대 문화 생산물은 제국주의의 이데올로기를 전파하는 상징적 힘을 발휘하는 것이 주된 목적이었다면, 글로벌시대의 문화는 자본형성을 목적으로 하는 상품교역이 중심을 이룬다고 할 수 있다.

3. 인터넷과 청소년 글로벌문화

1) N세대의 출현과 글로벌문화 형성

미국의 N세대(Net Generation)를 연구한 탭스콧(Tapscott, 2000)은 N세대를 1999년을 기점으로 2세에서 22세에 이르는, 디지털 매체에 둘러싸여 성장하는 첫 세대로 정의한다. 탭스콧은 뉴미디어의 디지털 과학기술 혁명을 일상적으로 경험한 베이비붐 세대들의 자녀들이 이전 세대와는 다른 방식의 행동 양식과 가치체계를 내재화하고 체화함으로써 '세대적' 특성을 보여준다고 주장한다. 최근 우리나라에서도 인터넷 혁명의 진행으로 N세대 논의가 활발하게 진행되고 있다. 김문조(2001)는 사이버스페이스라는 새로운 공간을 체험한 청소년층은 특징적인 의식과 행동을 보여주는 경향이 있음을 지적한다.

이 과정에서 인터넷이라는 특정한 기술이 N세대 삶의 질서를 새롭게 구축해 내고 이러한 삶의 질서가 특정한 행동 양식을 형성해 나간다는 점에서 청소년들의 경험은 '세대적 특수성'을 갖는다고 할 수 있다. 동시에 인터넷은 청소년을 문화의 소비자뿐만 아니라 생산자로 성장시켰으며, 국가 간의 경계를 허물고 전(全) 세계적 문화와 소통할 수 있는 통로적 역할을 하고 있다.

청소년들은 이제 영화, 음악, 광고 등 대중문화의 영역에서부터 오락 및 상품 생산의 영역에 이르기까지 거대한 '문화 권력'을 행사하고 추동하는 집단이 되고 있으며, 그들의 빠른 이동성은 자본과 상품의 회전력을 강화시키고 있다. 특히, 영화, 음악, 패션, 게임 등의 영역에서 글로벌문화를 형성함에 있어 청소년층이 선도 역할을 수행하고 있다. 일본에서 유행한 청소년의 패션문화가 바로 우리 청소년에게 전파되고, 다시 우리 청소년들이 열광하는 대중음악이 세계적 음악문화로 확장된다. 이 과정에는 N세대의 특성이 기여한 바 크다. 자유를 최고의 가치로 여기고 모든 걸 자신의 취향에 맞추며 재미, 스피드와 혁신을 즐겨하는 모습은 청소년층이 글로벌문화 형성의 주인공이 될 수밖에 없는 특성과 맞닿아 있다.

과거 산업사회 속에서 청소년의 일상이 여가와 일 또는 여가와 공부로 이분화되는 시간 개념으로 구획되었다면, 이제 인터넷은 N세대의 일상을 '접속'과 '접속 중지'의 축을 오가는 분절화된 시간성으로 구성해 내고 있다. 즉, 인터넷 접속이라는 행위는 글로벌한 세계 공간과의 접속을 의미한다. 청소년들이 인터넷 속에서 접촉하는 국내외 사이트는 그들의 취향과 필요에 의하여 선택된다. 이 점에서 인터넷 접속은 글로벌문화에 접속하는 창구이며 청소년에 의한 글로벌문화 형성의 기제가 된다고 할 수 있다.

2) 네트워크와 청소년 글로벌문화

인터넷의 발달에 따른 네트워크의 확산을 가장 적극적으로 수용한 집단은 바로 청소년계층이다. 사이버 공간은 현실 세계에서의 사회적 삶이 시·공간적으로 재구조화된 공간이다. 사이버 공간을 이용하게 된 청소년들은 이전에 비해 거리낌 없이 자신의 신념을 드러내고 특정 집단에 공개적으로 소속할 수 있게 되었으며, 여러 경로로 국내외의 다른 집단들과 연결될 수 있게 되었다. 특히, 오프라인에서는 시·공간적 제약으로 지구촌과의 네트워크 형성이 어려웠으나, 인터넷이 갖는 네트워크의 기능으로 다른 세계와의 소통이 실시간으로 가능해졌다. 이러한 이점으로 사이버 공간은 청소년의 생활세계를 변화시키는 대안공간으로 확장해 나아가고 있다.

네트워크는 형성되는 장에 따라 '오프라인 네트워크(off-line network)'와 '온라인 네트워크(on-line network)'로 나눌 수 있다. 컴퓨터와 인터넷이 대중화되면서 네트워크의 개념은 점차 온라인 네트워크를 가리키는 의미로 자리 잡아가고 있다. 네트워크가 갖는 특징이 왜 청소년 글로벌문화 형성의 기제가 될 수 있는가를 살펴보면 다음과 같다.

첫째, 네트워크는 비위계적이다. 네트워크는 시작과 끝이 고정되어 있지 않다. 방사형의 연결 구조는 독립적이고 비위계적인 구조의 공동체를 형성한다(김현미, 2003). 한 지역의 청소년들은 인터넷 네트워크를 통하여 다른 지역의 다양한 사람들과 소통할 수 있으며 다양한 글로벌문화를 접촉할 수 있다. 네트워크는 시작과 끝이 고정되어 있지 않음에 따라 세계의 모든 지식, 정보, 문화를 수용할 수 있는 중요한 수단이 된다. 오늘날 새롭게 등장한 디지털 노마드(digital nomad)[5]라는 신조어는 네트워크의 출현에 따른 현상으로 이해할 수 있다. 이 용어는 휴대폰, 노트북, PDA 등과 같은 첨단 디지털 장비를 휴대한 채 자유롭게 떠도는 사람들이 디지털 기기를 이용하여 시·공간의 제약 없이 인터넷에 접속하여 필요한 정보를 찾고 쌍방향 커뮤니케이션을 나누는 사람들

5) 정보기술의 발달로 등장한 21세기형 신인류를 뜻하는 용어

을 지칭한다. 이 과정에서 디지털 노마드족은 자연스럽게 글로벌문화 형성의 주체로 기능한다.

둘째, 네트워크는 개방적이다. 네트워크 구조에서는 하나의 연결점에서 다른 연결점으로의 이동이 가능하다. 자유로운 이동성은 자유로운 참여를 보장하고 새로운 연결점의 탐색과 수용으로 무한히 확장된다(김현미, 2003). 청소년들이 컴퓨터 앞에 앉아 네트워크에 접속하게 되면 세계의 모든 사이트와 연결할 수 있다. 여기에는 성, 인종, 직업, 연령 등이 익명화되어 청소년 개인의 관심사와 취향에 따라 모든 사이트에 대한 참여가 가능하다. 이러한 특성은 청소년이 글로벌문화 형성 과정에 주체적 단위로 참여할 수 있게 해 준다. 앞에서 살펴본 N세대의 빠른 이동성과 협업이라는 특성이 인터넷 네트워크의 개방성과 맞물려 청소년에 의한 글로벌문화 형성의 주요한 요소로 작용하고 있다.

셋째, 네트워크는 탈중심적이다. 네트워크 속에서는 그 어느 곳이라도 중심이 될 수 있다(김현미, 2003). 네트워크에서는 주도하는 입장과 수용하는 입장이 때로는 바뀔 수 있고, 겸할 수도 있다. 즉, 글로컬 문화가 글로벌문화가 될 수 있다. 이것은 기존에 미국과 서구 중심의 국가들이 주도하였던 글로벌문화가 이제는 여타 국가의 구성원들에 의해서도 주도될 수 있음을 시사한다. 우리나라가 주도해 나아가는 한류 현상이나 중남미 지역의 토착 문화에 기반하여 생성된 레게문화 등이 네트워크의 탈중심적 현상에 기인한 글로벌문화의 한 예라고 할 수 있다.

넷째, 네트워크는 다원적이다. 이질적인 내용과 개념들이 획일성보다는 다원적으로 존재하며 그 자체적 특성을 갖고 성장한다(김현미, 2003 참조). 일종의 탈경계화, 탈영토화를 중심 개념으로 하는 혼종화 현상이 나타난다. 과거의 전통과 근대, 고급문화와 대중문화 등의 전통적인 이분법이 해체되고, 대중문화, 민중문화, 고급문화 등이 서로 뒤섞이고 새롭게 '재(再)전환'된다. 이처럼 네트워크의 발달은 일방적 문화제국주의 현상이 희석되고 청소년을 비롯한 제3세계 등 새로운 주체가 글로벌문화 형성의 한 축으로 성장하는 데 기여한다.

3) 사이버공간과 청소년 글로벌문화

사이버 공간은 문화 생산과 문화 향유의 경계를 허문다. 청소년이 사이버 공간 속에서 몰입하는 새로운 문화 현상이 글로벌문화로 발전하기도 하고, 또한 그것의 주요 소비자가 되기도 한다. 그러므로 청소년들의 사이버공간 속에서의 교류와 만남은 자신의 생활방식과 삶의 의미체계, 즉 넓은 범위에서의 문화를 형성하는 데 중요한 영향을 미치고 있다.

일반적으로 사이버 공간에서 만들어가는 글로벌 청소년문화 형성의 주요 도구로는 〈표 6-1〉과 같이 웹진, 포털사이트, 블로그 등을 들 수 있다.

〈표 6-1〉 글로벌 청소년문화 생성의 도구(예시)

분류	특징
웹진	• 웹(web)+잡지(magazine): 인터넷상에서 발간되는 잡지 - 멀티미디어적 요소의 도입, 독자와의 쌍방향 커뮤니케이션 가능 • 메일진(mailzine): 편지(mail)와 잡지(magazine)의 합성어. 인터넷 메일을 통해 독자에게 다양한 콘텐츠를 제공하는 잡지
포털 사이트	• 정보검색 서비스나 커뮤니티와 같이 사용자가 정기적으로 이용할 수 있는 서비스 제공(네이버, 네이트, 구글 등)
블로그	• 웹(web) 로그(log)의 줄임말 - 자신의 관심사에 따라 일기 · 칼럼 · 기사 등을 자유롭게 올릴 수 있고, 개인출판 · 개인방송 · 커뮤니티까지 다양한 형태를 취하는 1인 미디어의 일종

① 웹진

유명한 검색 엔진 창에 '웹진'을 검색해 보면, 헤아릴 수 없을 정도의 웹진 사이트가 뜬다. 이제 웹진은 하나의 사이버 문화 형태로 성장했다고 해도 과언이 아니다.

먼저, '웹진(webzine)'이란 인터넷 네트워크를 뜻하는 웹(web)과 잡지를 뜻하는 매거진(magazine)의 조합어로서 웹상에서 볼 수 있는 잡지를 뜻한다. 웹진은 컴퓨터에 접속된 네트워크를 통해 정보를 제공하기 때문에 문자나 그림은 물론 움직이는 영상이나 사람의 목소리까지 다양한 정보를 제공하는 것이 특징이다. 또 메일진(mailzine)은 가입자의 이메일(e-mail)로 정보를 보내 준다는 점에서 변화된 모습을 보이지만 기본적으로 웹진의 형식을 따르고 있다(http://terms.naver.com/entry.nhn?docId=15873&cid=43659&categoryId=43659).

웹진이 단기간에 이렇게 발전한 이유는 인터넷이 보급되었고 IT(Information Technology) 산업 기술이 크게 발달했기 때문이다. 또한, 운영비용이 비교적 적게 들기 때문이기도 하다. 더불어 기성 언론에 대한 불만의 표현으로 많은 이들이 웹진을 만들기 시작함에 따라 '웹진 전성시대'가 열렸다 해도 과언이 아니다. 초기 웹진은 주로 자본력에서 한계를 느낀 이들이 의기투합한 소집단 위주였다. 그러나 인터넷 업체가 늘어나고 서비스가 확대되면서 상황은 달라졌다. 웹상에 공간을 제공하고 홈페이지 툴 등을 제공하는 서비스 업체들이 마케팅 방향으로 '네티즌의 참여 유도'를 내세움에 따라 웹진의 독자층은 더욱 급속히 늘어났다(http://ojs4907.blog.me/220106005076). 예로 파운틴 문화콘텐츠 웹진에서는 도서, 영화, 애니메이션, 게임, 음악, 공연, 전시 등 다양한 분야에 걸쳐서 매거진 및 게시판이 운영되고 있다(http://www.fountainwz.com/). 이 웹진은 궁극적으로 다양한 문화가 서로 교류함으로써 그들만의 문화를 즐기는 것이 아닌 서로의 문화를 존중하고 다양한 문화들이 공존할 수 있는 공간으로 기능하고 있다.

이제 웹진은 사이버공간 속에서 문화를 창출해 내고, 다시 글로벌문화를 생성해 내는 주요 공간으로 기능하고 있다. 이처럼 웹진이 청소년 글로벌문화 형성의 도구로 기능할 수 있었던 것은 다음과 같은 특성에 기인한다.

- 상호작용성(interactivity)이다. 상호작용성은 뉴 미디어가 대표적으로 추구하는 중요한 요소 중 하나로 기존의 매스미디어와 비교하여, 사이버공간 속에서는 누구나 정보의 소비자이고 생산자가 될 수 있으며, 이러한 상호작용성으로 인해 다차원적인 커뮤니케이션이 가능하기 때문이다.
- 탈공간성과 비동시성(asynchronism)이다. 탈공간성은 인터넷을 이용하는 사람들이 어디에 존재하는가보다는 그들이 누구인가에 기초한 커뮤니케이션을 가능하게 한다. 청소년들이 지리적 접근성의 문제로 정보의 중

심으로부터 멀리 떨어져 있다는 사실은 더 이상 불리한 조건으로 작용하지 않아 보다 많은 청소년들이 동등한 기회를 제공받을 수 있게 되었다. 또한, 비동시성은 청소년들이 원하는 시간대에 원하는 정보를 송수신할 수 있게 해줌으로써 청소년 글로벌문화 형성의 도구로 기능하게 해준다.

- 텍스트 중심의 커뮤니케이션 기능이다. 최근 웹진은 멀티미디어의 발달로 문자뿐만 아니라 음성과 영상 등의 기능이 첨가되어 보다 정확한 커뮤니케이션이 가능해졌다. 또한 텍스트를 중심으로 이루어져 있기 때문에 하이퍼텍스트 시스템을 이용하여 비순차적인 읽기와 쓰기, 정보의 저장과 추출을 할 수 있고, 이용자가 정보를 쉽게 재가공해 사용할 수 있게 되어 청소년들이 지구촌의 다양한 문화 현상을 이해하고 새로운 문화를 창출하는 것을 가능하게 하였다.
- 속보성(immediateness)이다. 웹진은 어떤 매체보다도 빨리, 그리고 넓은 지역의 많은 사람들에게 새로운 뉴스를 전달할 수 있다. 청소년들이 지구촌 어디에 존재하든지 새로운 문화 현상을 가장 빠르게 접하여 문화 수용자이자 문화 확산의 주체자로 기능할 수 있게 해 준다.

② 포털사이트

포털사이트란 현관문이란 뜻으로 정보검색과 커뮤니티를 통합한 형태의 웹사이트를 말한다. 다시 말해 인터넷의 방대한 정보를 수집하여 인터넷 사용자에게 정보의 바다로 안내해 주는 길잡이 혹은 게이트웨이의 역할을 하는 사이트를 의미한다.

포털사이트를 보다 구체적으로 분류하면, 웹 크롤러가 수집한 많은 인터넷상의 웹문서 중 사용자가 검색한 정보만 추출해서 보여 주는 검색사이트, 인터넷을 통해 상품을 사고파는 전자상거래사이트, 소프트웨어나 바탕화면 등의 자료를 받는 데 사용하는 다운로드사이트, 어떤 주제에 관한 상세한 정보를 알려주는 정보사이트 등 다양한 형태가 있다(http://terms.naver.com/entry.nhn?docId=932608&cid=43667&categoryId=43667).

최근 국내 포털은 다각화 차원에서 여러 가지 서비스를 실시하였고 단순한 웹페이지 안내에서 벗어나 개인 홈페이지나 정보 게시판 외에 기존의 신문, 방송, 인터넷 매체 등으로부터 수집한 수만 건에 가까운 기사와 정보를 제공하게 되었다. 더욱이 최근에는 동영상으로 이루어진 여러 가지 뉴스와 각종 지식, 정보가 제공되고 있다. 따라서 인터넷 이용자들은 한곳에서 다양한 서비스를 받을 수 있게 되었다. 특히, 정보 검색 서비스는 포털사이트에서 제공되는 서비스 중 가장 많이 이용되는 서비스로서 각 포털사이트의 활성화에 있어서 가장 중요한 기능을 수행한다. 이제 포털사이트는 일상적인 정보에서부터 전문적인 학술 분야의 정보까지 다양한 정보와 지식들을 제공하고 있다(김여진 · 정봉훈 · 손소화 · 김성태, 2008).

'코리안클릭'의 국내 인터넷 사용 실태 조사에 따르면 국내 인터넷 이용자 수가 조사대상의 80%를 차지하고 있고, 그 가운데 99.4%가 월 1회 이상 포털사이트를 방문하고 있는 것으로 나타났다. 특히, 인터넷 주(主) 이용 층인 10~20대 초반의 청소년 포털사이트 이용률은 95% 이상인 것으로 나타났다(코리안클릭, 2008). 이처럼 청소년층이 포털사이트에 집중적으로 몰리는 이유는 위에서 살펴본 바와 같이 포털사이트가 인터넷에 접속할 때 처음으로 거치게 되는 관문이기 때문이다. 특히, 포털사이트는 검색, 뉴스 서비스, 커뮤니티, 쇼핑 등의 각종 서비스를 종합적으로 제공하여 인터넷 이용자들이 특정 서비스를 위해 다른 사이트를 굳이 방문하지 않아도 된다는 점이다. 따라서 포털사이트는 점차 모든 서비스를 제공하는 '토털(Total) 사이트'로 변모하고 있으며 검색 기능을 비롯한 다양한 서비스는 포털을 인터넷 안에 존재하는 가장 대중적인 매체로 만들고 있다. 또한, 포털은 이용자 수만큼이나 광고 수익을 비롯한 많은 이익을 창출하면서 미디어 산업 환경에도 상당한 변화를 주고 있다(김여진 · 정봉훈 · 손소화 · 김성태, 2008).

이제 포털사이트는 사이버 속에서 청소년문화가 형성되는 주요한 공간이다. 포털사이트는 기획 및 운영자(문화 생산자)와 접속자(문화 향유자)가 만나는 장이며, 교류와 상호작용을 바탕으로 한 다양한 문화 활동이 이루어지는 공간이다. 사이버공간에 익숙한 청소년들은 포털사이트의 특성을 능동적으로 활용하고 있으며, 문화 생산과 향유를 통해 글로벌문화를 확장해 나아가는 도구로 활용하고 있다. 특히, 최근에는 만화, 음악, 패션 등을 전문적으로 검색할 수 있는 전문 검색 포털사이트가 생겨남에 따라 청소년들은 자신의 취향과 관심사에 따라 세계적 문화 정향을 파악하고 이와 관련한 글로벌문화를 형성해 나아가는 데 능동적으로 활용하고 있다.

③ 블로그

블로그는 웹(web) 로그(log)의 줄임말로 1997년 미국에서 처음 등장하였다. 새로 올리는 글이 맨 위로 올라가는 일지(日誌) 형식으로 되어 있어 이런 이름이 붙었다. 일반인들이 자신의 관심사에 따라 일기 · 칼럼 · 기사 등을 자유롭게 올릴 수 있을 뿐 아니라, 개인출판 · 개인방송 · 커뮤니티까지 다양한 형태를 취하는 일종의 1인 미디어이다(http://terms.naver.com/entry.nhn?docId=1222051&cid=40942&categoryId=32854).

최근에는 블로그에 댓글(Reply)과 트랙백(Track back)을 달 수 있게 함으로써 독자와 블로그 사이에 의사소통이 확장되었다. 블로그는 기술적 · 상업적인 제약 없이 누구나 자신의 생각을 사이트에 올려 다른 사람들과 공유할 수 있다는 특성 때문에 기존의 언론을 보완할 수 있는 대안언론으로서도 주목을 받고 있다.

따라서 블로그는 단순히 특정한 인터넷 기술이자 시대적 유행으로 보는 것이 아니라, 온라인 소통이라는 커다란 사회 기능의 현재적 모습으로 보는 것이 바람직하다. 블로그는 자신만의 생각과 관점은 있지만 소통할 기회를 갖지 못했던 개인들이 참여하는 가상의 공론장으로도 이해할 수 있다. 마치 고대 그리스 도시 국가에 아고라[6] 광장이 있어 민회나 재판, 상업, 사교 등의 다양한 활동이 이루어진 공간과 유사한 역할을 수행하고 있다. 이것이 가능한 이유는

6) 고대 그리스 도시국가의 광장으로 민회(民會)나 재판, 상업, 사교 등의 다양한 활동이 이루어졌다. 오늘날에는 공적인 의사소통이나 직접민주주의를 상징하는 말로 널리 사용된다.

위계가 사라진 평등성, 어떤 주제이든 얘기할 수 있는 평등성, 보편적 규범과 합리적 정당화가 이루어지는 합리성 등이 가능한 공간이기 때문이다. 청소년들이 사이버 공간을 선호하는 특성과 동일하다. 이러한 특성으로 청소년들은 블로그를 직접 운영하거나 타인의 블로그를 방문하여 댓글이나 트랙백을 통하여 특정 문화에 대한 의견을 소통하며 거대한 트렌드를 생산해 내기도 한다. 즉, 청소년들은 글로벌문화 형성과정에서 블로그를 적극 활용하고 있다. 블로그는 청소년들의 참여와 실천이 가능한, 소통을 통한 새로운 문화 생성의 공간으로 기능하고 있다.

그러나 많은 연구가 지적하고 있듯이 디지털 기술이나 컴퓨터 자체가 청소년들이 자동적으로 글로벌문화 생산자가 될 수 있는 창의성을 제공하는 것은 아니다. 실제로 우리는 사이버 공간이 만들어 내고 있는 특정 유형의 정체성에 주의를 기울여야 한다. 인터넷이 만들어낸 사이버 공간은 익명성을 기초로 하여 자아가 확장될 수 있는 새로운 공간이므로 현실에서의 행동들이 아주 과장된 형태로 또는 증폭되거나 축소된 형태로 변형되어 일어나기도 한다(황상민, 2000: 24). 즉, 사이버 공간에서 청소년들이 보이는 행동은 현실 공간과는 다른 법칙에 의해 좌우되기 때문에 사이버 공간의 청소년 심리는 새로운 연구 대상이 된다. 홍성태(2000)는 사이버 사회의 익명성을 기초로 만들어지는 정체성을 '내적 정체성'으로 규정하는데, 이는 "타자에게 드러나지 않으며 내가 나에 대해서 생각하는 정체성"(홍성태, 2000: 83)으로 정의한다. 이 정체성은 사이버공간에서 청소년들이 사기, 욕설, 스팸 메일, 크래킹 등의 반사회적 행태들을 낳는 원천이 되기도 한다. 결국 사이버 공간은 청소년들에게 많은 긍정적 기능을 주는 것도 사실이지만, 위에서 지적한 바와 같이 부정적 문화 형성의 공간으로도 기능할 수 있음에 주의를 기울여야 한다.

4. 한류와 청소년 글로벌문화

1) 한류란?

한류라는 용어는 2000년대 들어서 주목받기 시작했다. 한류를 한마디로 표현하면 한국유행문화(韓國流行文化)의 약자로 "1990년 말부터 중국, 홍콩, 대만, 베트남 등의 국가와 지역에서 한국의 대중문화와 인기 연예인을 동경하며 한국 문화를 배우려고 하는 일련의 문화 현상"으로 정의된다(중앙일보, 2005. 1. 3. 1면). 특히, 2000년 이후에는 이들 지역에서 대중문화뿐만 아니라 한국 관련 제품을 선호하는 현상이 나타났다. 드라마, 가요, 영화를 통해 한국에 대한 긍정적 이미지를 갖게 된 외국인들이 김치, 고추장, 라면, 가전제품 등을 선호하는 현상까지 나타났는데 이러한 모든 현상을 가리켜 넓은 의미에서 한류(韓流)라고 부른다. 뉴욕 타임스를 비롯한 영어권 국가의 언론에서는 한류라는 단어를 그대로 번역한 'Korean Wave' 또는, 열병이라는 뜻을 나타내는 'Korean Fever' 라는 용어를 사용하고 있다(이경화, 2006).

이처럼 최근 한류라는 정의의 범주가 점차 확대되기 시작하면서 한류 현상은 단지 해외에서 부는 한국 대중문화의 소비 풍조만을 지칭하는 것이 아니라, 한국 사회에 실질적인 경제 효과와 직접적인 사회관계망을 맺는 현상으로도 이해되기 시작했다. 이러한 변화는 신한류(新韓流)라는 용어에서 나타나는데, 이 용어는 "외국에서 불고 있는 한류 열기를 한국으로 끌어들여 이를 관광, 패션, 쇼핑 등에 맞게 재가공해 거둬들이는 실질적인 효과"를 의미하는 용어로 사용된다(신윤환, 2002). 이제 한류 현상은 한국의 대중문화만을 의미하는 것이 아니라 한국의 총체적인 대외 역량을 지칭하는 개념으로 발전하고 있다.

2) 한류의 발전 과정

한류 현상은 〈표 6-2〉와 같이 크게 3기로 나누어 살펴볼 수 있다. 제1기는 태동기로 드라마, 영화, 가요가 아시아 지역에서 인기를 얻기 시작한 시기이다. 일반적으로 1997년부터 2000년대 중반까지가 여기에 해당한다. 제2기는 발전기로 아이돌스타 중심의 K-POP이 그 중심에 있다. 2000년대 중반부터 2010년대 초반까지로 아시아, 유럽 일부 국가, 아프리카, 중동, 중남미, 미국 일부 지역 등에서 젊은 층을 중심으로 K-POP이 인기를 얻은 시기이다. 제3기는 확장기로 2010년대 초반 이후부터 한국의 전통문화, 문화예술, 대중문화 등이 전 세계로 확장되기 시작한 시기이다.

〈표 6-2〉 한류의 발전 단계

구분	한류 제1기	한류 제2기	한류 제3기
시기	1997년~2000년대 중반	2000년대 중반~2010년대 초반	2010년대 초반 이후
특징	한류의 태동 영상콘텐츠 중심	한류의 확산 아이돌스타 중심	한류의 다양화
핵심 장르	드라마, 영화, 가요	대중문화, 일부 문화예술	전통문화, 문화예술, 대중문화
대상 국가	아시아	아시아, 유럽 일부 국가, 아프리카, 중동, 중남미, 미국 일부 지역	전 세계
주요 소비자	소수의 마니아	10-20대	세계 시민
주요 매체	케이블 TV, 위성 TV, 인터넷	유튜브, SNS 등	모든 매체

출처: 구사사, 2013.

① 한류의 탄생(제1기)

한류는 1990년대 후반부터 2000년대 초반까지 중국, 대만, 베트남 등지에서 본격화되었다. 가족, 휴머니티, 순애보 같은 사랑을 주제로 한 드라마가 아시아인에게 공감을 불러일으켰고, 역동적인 댄스 음악이 청소년들을 열광시켰다. 한류는 2000년과 2003년에 잠시 주춤했지만, '겨울연가', '대장금'의 인기로 이전보다 더 넓은 아시아권으로 확대되었다. 2004년 일본에서 방영된 '겨울연가'는 일본 중년 여성들의 폭발적인 호응을 이끌어 내어 과거에는 우리가 일본의 대중문화를 모방하는 경향이 있었으나, '겨울연가'의 인기로 한류가 일본에 연착륙하는 역전 현상을 보였다. 이 시기 한류의 주요 장르는 드라마, 가요, 영화 등으로 대상 지역은 아시아권에 머물렀다.

② K-POP(제2기)

한류는 2000년대 중반부터 2010년대 초반까지 새로운 모습으로 변화하는데, 그 중심에 K-POP이 있었다. 1998년 대만에서 시작된 클론의 인기는 중국으로 확산되었고, 2000년 H.O.T의 북경 공연 이후 우리의 대중가요가 한류를 선도하기 시작했다. 하지만 한국의 대중가요, 그중에서도 주로 아이돌 가수 또는 댄스그룹의 음악을 가리키는 K-POP이 하나의 고유명사가 된 것은 2011년 6월 프랑스 파리의 르 제니트 드 파리(Le Zenith de Paris)에서 열린 SM타운 콘서트를 기점으로 한다.

K-POP이 글로벌문화로 성장할 수 있었던 사회적 조건은 소셜미디어의 발전에 기인한다. 유럽지역에서 K-POP의 열풍은 유튜브, 페이스북, 트위터 등 뉴미디어에 기반한 홍보 전략과 현지 10~20대 청소년들의 SNS를 이용한 전파에 힘입은 바 크다. 2000년대 후반부터 소셜미디어는 K-POP이 세계와 만나는 주요한 창구가 되었다. 한류 2기는 우리의 대중문화가 아시아를 넘어 글로벌화되어 세계가 우리의 대중문화에 관심을 갖기 시작한 시기이다.

③ K-Culture(제3기)

2012년 1월 30일에 설립된 한류문화진흥단은 K-POP을 비롯한 한류를 K-Culture로 자연스럽게 연결시킬 수 있는 방안을 모색하였다. 즉, K-Culture는 우리의 전통문화, 문화예술, 문화콘텐츠 모두를 포괄하는 개념으로 발전한다. 나아가 K-Culture의 장르는 문화 영역을 넘어서서 한국을 표상하는 모든 것을 세계와 공유하고자 추진되었다. 예로 음식 한류, 의료 한류 등으로 탈(脫)문화적 성격이 포함되어 있다. 그러나 K-Culture의 글로벌 확산을 지속하기 위해서는 아직 진출하지 못한 한류의 불모지를 개척하고 기진출 국가의 한류 수요층을 확대해야 한다. 즉, 한류의 주(主) 소비자층을 청소년에서 성인층까지 확장해야 한다. 이를 위해서는 외국에서 유학 중인 학생과 교포, 그리고 현지의 한류 마니아 등을 한류 확산의 조력자(facilitator)로 적극 활용하고, 지역 및 소비층의 관점에서 한류 확산을 위한 최적 경로를 모색해야 한다. 더불어 위에서 지적한 바와 같이 한류 3.0에서는 음악, 드라마, 영화뿐만 아니라 캐릭터, 애니메이션, 미술, 문학 등으로 한류의 장르를 다각화해야 한다.

이상에서 살펴본 한류 현상이 글로벌문화의 확산 속에서 유의미한 것으로 인정되기 위해서는 문화 산물의 속성에 대한 분석이 전제되어야 한다. 일반적으로 한 국가의 문화 산물이 문화제국주의의 채널을 통해 세계적으로 유통되고 수용되기 위해서는 자국의 문화적 가치가 제거된, 이른바 '탈코드의 산물'이어야 가능하다는 주장이 있다(Castells, 1996). 이런 점에서 K-POP 등 한류가 우리의 고유한 문화 가치를 담고 있는지, 아니면 서구 가치의 또 다른 표현인가를 냉철하게 점검해 보아야 한다. 만약 후자라면, 이것은 또 다른 문화제국주의의 아류라고 간주할 수밖에 없다.

또한, 한류 현상을 평가할 때 학문적으로 고려해야 할 점은 SNS와 같은 인터넷 서비스가 결정적인 역할을 수행했다고 보는 다분히 기술 결정론적인 해석이 타당한가 하는 점이다. 나아가 이런 역할을 수행하는 SNS를 구미 국가들이 통제하고 있다는 점에서 '다양한 글로벌 문화의 활성화'는 궁극적으로 이런 국가의 기업에 이득이 되는 뜻하지 않은 결과를 가져올 수도 있다는 점에 주의를 기울여야 한다.

3) 한류와 청소년 글로벌문화

한류는 한국문화에 관심을 갖고 있는 연령층의 폭을 대폭 확장시키는 역할을 하였다. 기존에 한국을 인식하고 있던 계층은 비교적 노년층과 교육을 받은 계층이었지만, 한류를 통하여 10대부터 30대 연령층까지 한국문화에 대한 관심

연령층이 확대되었다. 이들 젊은 층은 한국에 대한 이미지를 인식하기 이전에 이미 한국문화를 수용하고, 이미 수용된 한국문화에서 느끼는 우호적 이미지로 한국에 대한 국가적 이미지를 형성해 나아간다. 특히, K-POP에 나타난 아이돌 스타의 노래, 댄스, 패션, 헤어스타일 등은 전 세계적 청소년 문화로 트렌드화되어 그들의 일상생활에 큰 영향을 미치고 있다. 과거 문화제국주의가 미국을 비롯한 서구 중심의 국가와 기성세대가 주축이 되어 확장되었던 경험을 가졌다면, 한류 현상은 탈서구적 국가와 청소년층이 중심이 되어 글로벌문화를 형성하고 있다.

이러한 현상은 글로벌문화를 형성하는 기제가 다원화되었음을 의미한다. 물론, 소셜미디어 등 과학기술의 발전도 그것에 큰 영향을 준 것이 사실이지만, 청소년층이 생산·공유하는 문화가 더 이상 주류문화의 하위문화로서 위치하지 않는다는 사실을 보여준다. 최근 청소년을 비롯한 성인 세대가 한류에 열광하는 현상에서 그러한 주장에 대한 타당성이 입증된다. 디지털 기기를 자유자재로 사용하고 네트워크에 관심이 많은 청소년들은 그 어떤 세대보다도 전 지구적 문화를 접촉·전파하는 역할에서 선도적 위치에 있다. 탭스콧(Tapscott)이 주장한 바와 같이 N세대는 자유, 협업, 스피드 등을 중시하는 특성을 갖고 있다. 이러한 특성은 청소년이 자신의 주체성과 능동성을 바탕으로 글로벌문화를 만들어가는 주요 세대임을 보여준다.

혹자는 강남스타일의 유례없는 성공을 '혼종화(混種化)'의 결과로 이해하기도 한다. 혼종화의 실천은 20세기 후반 급속히 진행된 글로벌화의 지배적 문화현상이기도 하다. 앞으로 한류가 중국, 더 나아가 전 세계를 무대로 지속적 발전을 이루기 위해서는 전파되는 문화와 수용하는 문화가 화합 내지 융화되는 과정을 거쳐야 할 것이다. 그동안 한류는 문화적 교류가 결여된 채 일방적인 흐름으로서 전파자 역할만 담당했으나, 이제는 현지 문화와의 상호작용 속에서 활로를 모색해야 할 것이다. 일방적인 문화의 흐름은 오해와 불신, 그리고 반한류 현상을 자극하는 결과를 낳을 수 있기 때문이다.

현재 글로벌화는 경쟁력의 확보라는 국가 및 기업의 생존 문제에서부터 개인간 소통의 다양성이라는 문화적 차원에 이르기까지 다양하게 논의되고 있다. 즉, '글로벌한 환경'을 갖는다는 것은 여러 영역에서 개인의 일상생활의 변화를 가져왔고, 그 영향은 '로컬의 개인'에게까지 미치고 있다.

그렇기에 청소년문화에 있어서도 글로벌화는 반드시 고려해야 할 조건이자 중요한 주제가 된다. 이는 삶을 살아가는 환경적 조건, 인간관계적 조건의 변화를 의미하며, 청소년이 앞으로 살아갈 사회의 방향성이기도 하다. 특히, 뉴미디어의 발달로 인해 각종 신기술과 매체에 익숙한 청소년에게 글로벌한 변화는 그리 낯설지 않으며, 무한한 흥미를 이끌어 내는 요소가 되고 있음을 고려할 때 이 주제의 의미는 더욱 커진다.

참고문헌

구사사(2013). 한류열풍의 파급효과 및 발전방안에 관한 연구. 순천향대학교 대학원 국제통상학과 석사학위논문.

김문조(2001). 정보화 시대의 청소년. 광주사회조사연구소. 사회연구, 2, 11-34.

김여진 · 정봉훈 · 손소화 · 김성태(2008). 포털사이트 이용자의 가치체계 연구: 래더링 결과를 중심으로. 한국언론학보, 52(6), 365-433.

김정수(2008). 세계화 문화산업 그리고 문화 정책: 문화 생산의 글로벌화에 따른 정책적 딜레마와 대응방안. 한국행정학회 conference자료. 2008. 1월. 266-289.

김현미(2003). 사이버 공간 경험의 의미와 청소년문화. 청소년학연구, 10(4). 211-232.

노용오(2005). 청소년문화론. 서울: 구상.

뮌히, 리하르트(2005). 긍정과 전복 사이에서, 세계화 시스템 속에서의 대중문화. 김창민 외(편역)(2005). 세계화 시대의 문화논리. 파주: 한울아카데미.

박영은(2010). 현대 러시아의 온라인 게임 문화. 한양대학교 아태지역연구센터.

베르나르, 프랑수아 드(2005). 문화 다양성 개념의 재정립을 위하여. 김창민 외 편역(2005). 세계화 시대의 문화논리. 파주: 한울아카데미.

신윤환(2002). 동아시아의 "한류" 현상: 비교 분석과 평가. 동아연구, 42, 5-54.

양기근(2001). 세계화 시대의 평화의 문화 실현 전략. 고황논집, 29, 121-136.

이경화(2006). 한류방송이 일본인의 한국이미지 인식에 미친 영향 연구. 단국대학교 정보통신대학.

이기석(2011). 문화 다양성 협약 이후 전통예술정책의 방향에 대한 연구. 예술전문사 학위논문. 한국예술종합학교.

이동연(2006). 문화의 세계화와 문화자본의 논리. 문화과학, 47, 64-89.

이재현(2013). 디지털문화. 서울: 커뮤니케이션북스.

임동욱(2009). 문화제국주의의 비판적 고찰: 단선적 문화제국주의에서 역동적인 국제적 문화 유동으로. 한국언론정보학보, 45, 151-186.

조민식(2012). 인터넷과 청소년 일상문화의 변형: 청소년 온라인 게임문화를 중심으로. 청소년문화포럼, 30, 84-124.

주형일(2006). 보도사진의 해석에 관여하는 여러 문제에 대한 고찰. 인문연구, 50, 155-170.

캉클리니, 네스토르 가르시아(2005). 세계화와 정체성 논의에 대한 또 다른 시각. 김창민 외 편역, 세계화시대의 문화논리. 파주: 한울아카데미.

코리안클릭(2008). 국내 인터넷 사용 실태 조사(조사분석 08-02). 서울: 코리안클릭.

홍성태(2000). 사이버 사회의 문화와 정치. 서울: 문화과학사.

황상민(2000). 사이버 공간에 또 다른 내가 있다. 서울: 김영사.

Ang, I. (1985). *Watching Dallas*. London: Mechuen & Co.

Bell, D. Loader, B. D. Pleace, N. & Schuler, D. (2004). *Cyberculture: The key concepts*. London & New York: Routledge.

Castells, M. (1996). The information age: Economy, society and culture, vol. I, *The rise of the network society*. Cambridge, MA & Oxford: Blackwell.

Crane, D. (2002). Culture and globalization, *Global culture: Media, arts, policy and globalization*. London and New York: Routledge. 1-28.

Liebes, T. (1985). Ethnocriticism: Israelis of moroccan ethnicity negotiate the meaning of 'Dallas'. *Studies in Visual Communication*, 10(3), 45-78.

Morris, M. & Ogan, C. (1996). The internet as mass medium. *Journal of Computer Mediated Communication, 15(1),* 139-51.

Robertson, R. (1992). Globalization, *social theory and global culture*, London: Sage. 179-201.

Schiller, H. I. (1976). Communication and cultural domination. Armonk, NY: International Arts and Sciences Press.

Tapscott, Don. (2000). Growing up digital: Net generation. McGraw-Hill. Singapore.

Warnier, Jean-Pierre. (1999). *La mondialisation de la culture;* 주형일 역(2000). 문화의 세계화. 파주: 한울.

Waters, M. (1998). 세계화란 무엇인가(Globalization). 이기철(역). 세계화란 무엇인가? 서울: 현대미학사.

〈일간지〉

중앙일보(2005. 1. 3.). Soft power, Soft Korea.

〈사이트〉

http://ojs4907.blog.me/220106005076.

http://terms.naver.com/entry.nhn?docId=1222051&cid=40942&categoryId=32854.

http://terms.naver.com/entry.nhn?docId=15873&cid=43659&categoryId=43659.

http://www.fountainwz.com/.

CHAPTER 07

청소년과 여가

청소년기에 여가가 가지는 중요성은 그 어느 시기에 못지않다고 할 수 있다. 본 장에서는 오늘날 다양한 학문 분야에서 학제적으로 활발하게 수행되고 있는 청소년 여가 연구의 성과를 바탕으로 청소년의 여가가 가지는 다양한 특징과 학술적 정책적 논의의 주요 의제들을 소개하였다.

먼저 1절에서는 청소년의 여가를 이해하기 위해 필요한 여가에 대한 기본적인 논의를 간략하게 소개하였다. 다양한 여가의 개념과 여가활동의 유형, 여가제약과 여가만족과 같은 여가 연구의 주요 개념을 소개하였고 여가의 역사적 변화와 현대 여가 연구의 주요 쟁점을 제시하였다.

2절에서는 청소년 여가와 관련된 주요 개념으로서 생애주기, 여가 사회화, 가족 여가, 청소년 일탈 등을 다루었으며 최근 중요하게 학술적으로 논의되고 있는 주제인 발달적 관점의 논의와 불평등의 재생산 논의를 소개하였다. 청소년의 긍정적인 잠재력을 향상시키는 것에 초점을 맞춘 발달적 관점을 논하고 이를 바탕으로 등장한 여가교육 프로그램을 소개하였으며, 부르디외의 문화자본에 영향을 받아 라루가 제시한 양육방식에 따른 청소년 여가의 차이가 사회불평등의 재생산에서 가지는 의미를 논의하였다.

끝으로 3절에서는 한국 청소년의 여가 현황을 소개함으로써 앞으로 한국 청소년의 특성을 고려한 청소년 여가 연구가 필요함을 제시하였다.

1. 여가 연구의 이해

여가는 생애과정 전반에 걸쳐 중요한 의미를 갖지만 청소년기에 가지는 중요성은 그 어느 시기에 못지않다고 할 수 있다. 청소년기에 이루어지는 여가 사회화가 성년 이후 여가 활동의 선택에 중요한 영향을 미칠 뿐만 아니라 다양한 여가 활동이 자신의 다양한 잠재적 가능성을 발견하는 데 도움을 줌으로써 경력 개발과 자아 형성에도 기여한다(Super, 1984).

오늘날 청소년 여가 연구는 사회학, 심리학, 체육학, 관광학, 교육학, 가족학 등 다양한 학문 분야에서 학제적으로 활발하게 수행되고 있다. 또한 정책적 실천적 관심과의 관계가 긴밀한 것도 청소년 여가 연구의 특징이다. 특히 미국의 경우를 보면 최근 1990년대 이후 청소년에 대한 발달적 관점(developmental perspective)을 학계와 정책 분야가 공유하면서 실천적 관심과 학제적 연구 수행의 상호보완적 발전 관계가 강화되고 있다.

이 글에서는 청소년의 여가를 이해하기 위해 필요한 여가에 대한 기본적인 논의를 소개하고 청소년 여가와 관련된 주요 이슈들을 논의한 후 끝으로 한국 청소년의 여가 현황을 간단히 소개함으로써 앞으로 청소년 여가 연구의 방향에 대한 시사점을 제시하고자 한다.

1) 여가 연구의 주요 개념

(1) 여가의 개념

청소년 여가를 이해하기에 앞서 여가 연구가 가지는 복합적 성격을 이해하는 것이 필요하다. 우선 여가에 대해서 정의를 내리고 이해하는 데 대해서 다양한 관점들이 존재한다(이장영, 2004; Kelly & Freysinger, 2000). 여가 개념에 대한 다양한 이해는 혼란을 야기하기도 하지만 학문적 논의를 풍성하게 만드는 원천이기도 하다. 가장 널리 사용되는 방식은 시간으로서 여가를 바라보는 것이다. 일하거나 공부하면서 보내는 의무적인 활동이나 생리적 욕구 해결을 위한 필수적인 활동을 제외한 나머지 시간으로 여가가 규정된다.

시간으로서의 여가를 측정하는 방식은 다양한데 가장 용이한 방식은 설문지를 이용하여 응답자에게 하루에 여가시간을 얼마나 갖는지를 물어보는 방법이다. 우리나라에서는 대표적으로 문화체육관광부와 한국문화관광연구원이 2년 주기로 수행하는 「국민여가활동조사」에서 이러한 방법을 사용한다. 여가에 대한 다양한 항목들을 동시에 질문하는 조사에서는 불가피한 방법이지만 응답자의 주관적 측정에 의존하는 한계를 가진다.

여가시간을 더 정교하게 파악하는 방식으로는 일기 형식의 조사가 있다. 이 조사에서는 응답자에게 하루 24시간 동안의 활동 내용을 평일과 주말을 구분하여 기록하게 한다. 우리나라에서는 통계청이 수행하는 「생활시간조사」가 이 방식을 사용한다. 이 방식은 신뢰성은 높은 편이지만 응답 부담이 크고 시간과 비용이 많이 들기에 자주 수행되기 힘들다는 한계를 가진다. 「생활시간조사」의 경우 5년 주기로 수행된다. 그 외 방법으로는 페이저나 시계를 차고 있다가 신호를 받으면 자신의 활동을 보고하게 만드는 경험표집방식(ESM: experience sampling method)이나 주간 시간의 야외 활동에 대한 관찰을 통해 측정하는 장소표집(spot sampling)이 사용되고 있다(Larson & Verma, 1999).

시간으로서 여가의 개념은 객관적 기준에 의해 여가를 규정한다는 점에서 널리 사용되지만 다른 활동을 제외하고 남는 잔여적 의미로 여가를 규정한다는 한계를 가진다(파커, 1996). 이러한 한계를 인식하여 여가시간을 자유시간(free time)이 아니라 재량시간(discretionary time)으로 이해하기도 한다. 여가시간을 개인의 재량에 맡겨진 시간으로 보았던 시각은 과거부터 존재했으나 최근에는 자유시간과 재량시간을 구분함으로써 여가시간의 성격을 새롭게 조명하고자 한다. 자유시간이 일이나 개인적 관리를 하고 결과적으로 남은 여분의 시간이라는 의미라면 재량시간은 본인의 선택에 의해 활동을 선택할 수 있는 시간이라는 적극적 의미를 가진다. 경험적 연구의 측면에서 재량시간에 대한 논의는 시간사용조사의 자료를 통한 기존의 시간 구분 방식이 가지는 일면성을 지적한다. 일이나 가사노동에 투입하는 시간을 반드시 불가피한 것으로 볼 수 없으며 시간 압박(time pressure)에 대한 논의가 과장된 것이었음을 시사한다(Goodin et al., 2005). 청소년 정책 분야에서는 청소년의 자율적 선택을 강조하면서 여가시간을 자유시간보다 재량시간으로 바라보아야 한다는 흐름이 대두되고 있다(Merita & Tolman, 2003; UN, 2005). 이에 따르면 여가시간은 청소년 스스로가 어떤 활동을 할지 결정할 수 있는 시간으로서 다양한 활동들에 자율적으로 참여하여 공동체와 지역사회를 위해 기여를 할 수 있는 시간으로서 규정된다.

여가의 주관적 차원을 강조하는 개념들은 적극적으로 여가의 의미를 규정한다. 여가를 특정한 활동으로 규정하는 관점에서는 여가 활동을 본인이 스스로 하고 싶어서 하는 활동으로 파악한다. 여가를 의무로부터 벗어난 활동으로 보아 휴식을 취하거나 창의적 능력을 발휘하는 기회라고 규정하거나(Dumazedier, 1967), 자유로움과 내재적 동기(intrinsic motivation)에 의해 움직이는 것으로 여가를 이해하였고(Neulinger, 1974), 심지어 바라는 것도 성취하는 것도 없는 상태를 여가로 규정하기도 하였다(deGrazia, 1964).[1] 여가에 대한 고전적 논의에서 여가를 이와 같이 구속이 없는 가운데 내재적 동기에 의해서 수행되는 활동으로 바라본 것은 지금까지도 여가의 속성에 대해 널리 퍼진 이해이다.

여가의 주관성을 강조하면서 마음의 주관적 상태로도 여가를 보는데 이와 관련된 개념이 칙센트미하이가 시간이 흐르는지도 모를 정도로 몰입되어 있는 상태를 지칭하는 개념으로 제시한 플로(flow)이다(Csikszentmihalyi, 1990). 플로를 경험하기 위해서는 도전과 기술이 모두 적정하게 높은 수준으로 부합해야 한다(p. 74). 이와 같은 칙센트미하이의 논의는 최적의 여가 체험을 위해서는 어떠한 조건이 갖추어져야 하는지에 대한 관심을 불러왔다. 칙센트미하이 스스로는 일에서 몰입의 경험을 찾지 못하고 여가에서 대신 몰입의 경험을 찾는 사회로 변화하는 경향에 대하여 비판적이었다. 뚜렷한 도전이 존재하지 않는 여가보다는 확실하게 도전적 상황이 많은 일에서 몰입의 경험이 더 많이 발생하기 때문이다(Csikszentmihalyi & LeFevre, 1989). 특히 몰입의 경험이 적은 수동적 여가에 대해서 비판적이었으며 도전에 상응하는 기술을 갖추고 수행하

1) Kelly & Freysinger(2000)에서 재인용.

는 능동적 여가에서 주로 몰입 경험이 발생한다는 점을 강조하였다(칙센트미하이, 1999).

여가 개념을 이해하기 위해서는 이와 유사한 다른 개념들과의 차이를 구분하는 것이 중요하다. 놀이(play)와 레크리에이션(recreation)이 대표적이다(Kelly & Freysinger, 2000). 놀이는 항상 아이들의 즐거움을 추구하는 행위라는 특징을 갖고 있는데 이러한 놀이는 호이징가가 호모 루덴스(homo ludens)의 개념에서 제시한 것처럼 인간의 근본적인 특성에 속한다. 놀이를 인간의 근본적인 특성으로 볼 때, 일과 여가는 객관적으로 구분되기보다 각 영역을 구성하는 차원이 되며 놀이성(playfulness)이 여가적 성격을 판단하는 중요한 기준이 된다. 놀이터 같은 직장 환경에서 일이 놀이와 같은 즐거움을 줄 수 있다면 직장도 여가의 차원을 내포하는 것으로 볼 수 있다. 여가가 자유로움을 강조하는 데 비해 레크리에이션에는 회복(restoration)이라는 의미가 내포되어 있다. 즉 우리가 일과 학습에서 지친 상태로부터 회복하여 다시 본업으로 돌아갈 수 있는 상태를 만든다는 기능론적 사고가 바탕에 깔려 있다.

(2) 여가활동의 유형

여가 활동은 다양한 영역에서 이루어지는 행위들을 포괄한다. 「국민여가활동조사」의 경우 여가 활동의 유형이 문화예술관람활동부터 문화예술참여활동, 스포츠관람활동, 스포츠참여활동, 관광활동, 취미오락활동, 휴식, 기타 사회활동에까지 이른다.

학문적으로는 이와 같이 다양한 여가활동을 여러 방식으로 구분한다. 이론적으로 엄밀하게 규정된 것은 아니나 적극적 활동과 소극적 활동이라는 구분이 많이 사용된다. 대체로 TV 시청과 같은 미디어 소비활동이나 단순 휴식을 소극적 여가 활동이라 분류하고 문화예술활동이나 스포츠 참여와 같은 활동을 적극적 여가 활동이라 본다. 경험적 연구에서는 대개 소극적 여가 활동은 삶의 질에 부정적으로 연관되고 적극적 여가 활동은 삶의 질과 긍정적으로 연관되는 것으로 나타난다(예컨대 Holder et al., 2009).

스테빈스는 진지한 여가(serious leisure)와 일상적 여가(casual leisure)를 구분하였다(Stebbins, 1982). 진지한 여가는 참을성을 갖고 수행하여 경력이 개발되고 지식, 훈련, 기술을 습득하며 지속적인 혜택을 얻을 수 있고 특정한 에토스가 형성되며 자기 자신과의 동일화로 정체성 형성과 관련되는 여가활동이다. 진지한 여가의 개념은 여가 활동이 일에 비해 별다른 비중을 갖지 않는 사소한 것이라는 인식을 바꾸어 놓은 중요한 개념이 되었다.

청소년 여가에서는 최근 구조화된 여가(structured leisure)와 비구조화된 여가(unstructured leisure)의 구분이 중요하게 사용되고 있다. 구조화된 여가 활동의 중요한 특징은 성인에 의한 감독, 여가 시간 사용을 위한 장소의 제약, 기술 개발에 대한 초점 등이다(Mahoney et al., 2005; Caldwell & Falk, 2012). 청소년의 자원적 참여와 성인에 의한 감독이 공존한다. 구조화된 여가 활동에서는 기술을 습득하고 특정한 목표를 달성할 것을 지향한다. 그래서 구조화된 청소년의 여가 활동으로 보기 위해서는 최소한 주 1회 이상 또래 집단의 정기적 만남이 포함되어야 함이 주장되기도 한다(Mahoney & Stattin, 2000). 구조화된 활동은 참여자가 누구인지, 어느 장소에서 수행하는지, 어떤 활동을 수행하는지, 언제 수행하는지에 따라 다양한 형태로 존재하지만 청소년의 발달을 위한 목적을 공유한다는 공통점을 갖는다.

(3) 여가제약과 여가만족

여가는 자유로운 삶의 영역으로 이해되지만 그렇다고 희망하는 여가 활동을 누구나 할 수 있는 것은 아니다. 여가를 하는 데 있어서 희망하는 여가 활동을 하지 못하도록 만드는 요인들에 대해서는 다양한 구분 방식이 있다. 켈리는 시간과 자원의 한계 외에도 다른 사람들의 생각이나 다른 사람들과의 관계 형성도 제약조건으로 작용할 수 있음을 제시하였다(Kelly, 1982). 가장이 휴일에 가족들의 바람에 따라 자신이 하고 싶은 여가 활동 대신 가족들이 원하는 여가 활동을 선택하게 되는 것이 이러한 제약요인의 한 예이다. 또 다른 제약요인으로는 스스로에 대한 정체성, 가치관과 심리적 완고함 등이 작용한다.

여가제약에 대하여 좀 더 체계화된 논의는 크로퍼드와 동료들에 의해 제시되었다(Crawford & Godbey, 1987; Crawford et al., 1991). 이들은 여가제약을 내재적(intrapersonal) 제약, 대인적(interpersonal) 제약, 구조적(structural) 제약의 3범주로 구분하면서 이들 사이에 위계적 관계가 존재함을 주장하였다. 내재적 제약은 개인의 심리적 상태와 태도와 관련되는 것으로서 여가에 대한 취향과 상호작용하면서 가장 먼저 직면하는 제약이다. 이 제약이 극복되면 대인적 제약을 겪게 된다. 대인적 제약은 여가활동을 함께 할 동료집단이나 가족구성원과의 관계에서 발생한다. 대인적 제약이 없거나 타협을 통해 극복되면 구조적 제약에 직면하게 된다. 구조적 제약은 시간, 비용, 시설에 대한 접근 가능성의 한계에서 발생하며 내재적 대인적 제약이 극복된 이후에 여가 실천을 가로막는 방해 요인이 된다.

여가제약의 이론적 개념화는 여가연구 분야에 많은 경험적 연구를 촉발시키면서 기여했는데 그 중요한 연구결과를 보면 대체로 연구내용이 구조적 제약에 집중해 있으며 비용과 시간, 시설 이용 가능성이나 시설의 수준, 사회적 지리적 격리, 개인의 기술이나 능력 등이 중요하게 작용하는 것으로 나타난다. 가장 두드러진 제약 조건은 시간과 비용의 문제였으나 인구사회집단의 특성에 따라 가장 중요한 제약 조건에는 상당한 차이가 있음이 나타났다(Jackson, 2000). 근래 논의의 강조점은 여가제약이 존재한다고 여가활동이 발생하지 않는 것은 아니라는 점이다. 즉 실제 많은 경우에는 여가제약이 있더라도 협상이 이루어지고 다른 방법을 찾아서 여가활동을 실천하게 된다는 점을 주목하게 되었다.

다음으로 중요한 연구주제가 여가활동의 만족도에 대한 것이다. 여가 연구에서 일찍이 경험적으로 정립된 주제가 여가 활동이 주관적인 삶의 만족도에 미치는 긍정적인 영향이다. 국내외의 다양한 연구들에서 여가 활동이 삶의 만족도에 미치는 긍정적 영향들이 보고되었다. 그렇다면 여가 활동은 왜 삶의 만족도에 긍정적인 영향을 미치는 것인가? 이에 대해 이소아홀라는 여가 활동이 일과 달리 내재적 동기에 의해서 추동된다는 특성이 중요한 역할을 한다고 제시하였다(Iso-Ahola, 1980). 여가 활동의 종류에 따라서도 여가 활동이 삶의 만족도에 미치는 영향에 차이를 보인다. 적극적인 여가 활동이 삶의 만족도에 긍정적인 영향을 미치는 반면 TV 시청과 같이 소극적인 여가 활동은 부정적인 영향을 미치는 것으로 나타났다.

2) 여가의 역사적 변화

근대적인 형태의 여가는 산업사회의 등장과 함께 나타난 것으로 해석된다. 로버츠는 근대적인 여가의 성격을 규정하는 네 가지 맥락적인 특성을 노동조직의 변화, 시장경제, 자유민주주의, 공동체의 약화라고 제시하였다(Roberts, 1999). 특정한 장소에서 특정한 시간 동안만 노동을 수행하는 조직형태가 보편화된 것이 일과 분리된 여가를 가능케 했으며, 시장경제를 바탕으로 여가활동에 대한 현실적인 선택의 폭이 넓어질 수 있었고, 자원적인 조직 결사의 자유가 다양한 여가활동의 기반이 되며, 확대가족, 종교집단, 이웃집단 등의 전통적인 형태의 공동체가 약화되면서 여가활동에 대한 개인의 실질적 선택이 가능해졌다.

이와 같이 근대적 여가가 산업사회의 출현과 맞물려있지만 여가의 역사적 변화에 대한 논의는 유럽 역사에서 그리스 시대까지 거슬러 올라가며 그 특징에 대해서는 여가연구의 주요 저자들이 거의 인식을 같이하고 있다(파커, 1995; Kelly & Freysinger, 2000; Roberts, 1999; 김문겸, 2004).

그리스 시대에는 여가를 진리 추구와 같은 성격으로 파악하였다. 이러한 여가에 대한 이해는 플라톤과 아리스토텔레스의 관념론적 철학에 의해 뒷받침되었다. 여가는 진리를 탐구하고 명상을 수행하는 성격을 갖는 활동으로서 학교와 같은 어원인 schole라고 불렸다. 반면 노동은 사회적으로 가치가 떨어지는 활동이었다. 이러한 그리스 시대의 여가관은 한편으로 압도적 다수의 노예노동에 의해서 가능했던 세계관으로 비판받기도 하지만 다른 한편으로 여가가 가질 수 있는 이상적 가치를 제시했다는 점에서 의의를 인정받는다.

다음으로 로마 시대의 여가는 제국의 통치를 위한 수단으로서 여가 활동이 활용된 사례로 해석된다. 실업과 빈부격차의 문제가 심했던 로마제국은 사회적 안정과 질서 유지를 위해 휴일을 늘리고 오락적 여가 활동을 적극 활용했다. 시민들의 사회적 불만을 누그러뜨리기 위하여 서커스, 글래디에이터, 목욕탕이 보급되었다. 이와 같은 여가의 정치사회적 기능은 다른 많은 정치사회체제에서도 반복하여 관찰된다(칙센트미하이, 1999).

중세 유럽의 여가는 가톨릭교회의 지배에 의해 크게 영향을 받았다. 사도 바울의 금욕적 신학을 수용한 교회에 의해 향락적 여가 활동이 교리의 가르침에서는 제약되었으나 실제 민중들에게 다양한 종교 축제가 허용되었다. 금욕적인 사회가 체계적으로 유럽에서 구현된 것은 종교개혁 이후의 변화였다. 여기에 더하여 산업사회의 출현에 의해 일과 여가의 공간적 시간적 분리가 진행되면서 근대적 의미의 여가가 등장하는 배경이 되었다.

산업혁명 초기 장시간 노동의 열악한 조건이 더 이상 생산성 향상의 추세와 병립되지 않게 되자 합리적 레크리에이션 활동의 중요성이 강조되기 시작했다. 건전한 여가 활동을 통해 노동의 수행에 지장을 미치지 않을 수 있는 여가 활동의 필요성이 인식되기 시작했고 이를 뒷받침할 수 있는 사회기반시설들이 공공의 지원을 바탕으로 보급되기 시작했다. 아동과 여성을 산업노동으로부터 보호하기 위한 조치들이 도입되었고 노동시간이 토요일 오전으로 단축되고 휴가제도가 도입되면서 본격적인 여가 활동이 제도화되기 시작했다. 사회정치적으로 계몽적인 자본가와 노조의 영향이 결합하였으며 특히 포디즘의 보급과 함께 소비사회가 등장하고 복지 사회가 확대되면서 가처분소득의 증가와 여가시간의 증대가 본격적인 여가사회의 출현을 가능케 했다. 하지만 이러한 혜택이 모든 사회집단에게 고르게 영향을 미친 것은 아니었다. 일하는 여성이 가정과 양립하고자 하는 경우 여가 시간이 오히려 감소하였고 전문직, 자영업 직종의 종사자 역시 여가시간의 증가를 경험하기 힘들었다. 최근에는 포스트포디즘과 포스트모던 사회에서 새로운 성격의 여가가 나타났는가의 질문이 계속되고 있다.

우리나라 여가 활동의 변화에 대해서도 금욕적인 박정희 정권 시기가 지난 후부터 혹은 경제성장을 기반으로 여가 활동이 증가하면서 본격적인 여가사회가 등장한 것으로 판단하는 경우들이 많다. 장시간 노동시간과 낮은 수준의 삶의 질을 개선하기 위해서 정부의 여가 정책이 도입되었다. 특히 주 5일제 도입 혹은 주 40시간 근무제 도입이 중요한 분기점이 되었다. 다양한 근로시간제 및 휴가제도가 되었으며 여가 친화 기업을 정부가 인증하는 수준에까지 여가정책이 확장되었다.

기능적인 차원에서 최근 청소년 여가가 강조되는 경향도 나타나고 있다. 학교 폭력이 여가 활동에 대한 관심을 갖게 만드는 계기가 되었다. 여가 교육의 중요성에 대한 인식이 증대하였다. 최근에는 사회경제적 양극화가 국민의 삶의 질에 미치는 영향을 완화시키기 위하여 문화, 여행, 스포츠 활동을 통합하는 바우처가 도입되었다.

3) 현대 여가 연구의 주요 쟁점

(1) 상품화와 자발적 참여

자본주의 사회에서 여가 활동은 상품화의 경향을 보여 왔다(파커, 1995; Roberts, 1999). 이러한 주장은 자원주의적 조직(voluntary organization)을 기반으로 수행하던 활동이 상품경제의 틀로 들어왔음을 의미한다. 이를 통해 소비문화의 영향이 두드러지게 나타난다. 상품화의 대표적인 경우가 스포츠 관람 행위의 증가이다.

또한 상품화의 증가는 표준화와 합리화를 수반하는 경우들이 많았다. 상업화가 되면서 여가활동이 자본주의 상품경제의 틀로 들어오면서 경제적 합리성의 차원에서 조직되기 시작했다. 미국의 사회학자 조지 리처(2004)는 이러한 변화들을 맥도널드 상점에서 진행된 합리화가 사회 전반에 걸쳐 확산되는 현상이라고 해석하여 맥도널드화(McDonaldization)를 주장하였다. 여가 활동에 있어서 맥도널드화는 과정이 무시되고 여가 활동의 목표 달성과 효율성이 강조되거나 양적인 성취가 강조되는 방향으로 변화가 나타났다. 예컨대 오늘날 에베레스트 등산의 경우 등반대가 과거에는 한 달가량 걸어서야 도착했던 등산 출발 지점까지 헬리콥터로 빠르게 이동한다. 여전히 사고가 발생하는 것을 볼 때 에베레스트 등산에서의 합리화가 완전히 이루어진 것은 아니라도 극한의 여가 활동이 맥도널드화의 영향 속에 놓여 있음을 보여준다. 이는 또한 여가 활동이 가지고 있는 자발적 성격을 수동적인 방향으로 이끄는 원인이 된다.

이와 같은 상품화의 영향이 획일적으로 일방적인 방향으로만 진행되는 것은 아니다. 최근 정보통신기술의 발전에 힘입어 나타난 프로슈머의 등장이나 웹 2.0의 논의는 여가에 있어서 새로운 변화를 가져온 것으로 평가된다. 청소년 여가에서도 온라인 소통을 활용한 자발적 동호회 활동은 상품화의 경향에 반하는 자발적 참여의 활동으로 중요한 사회적 의미를 갖게 된다.

(2) 온순화

문명화 이론이 여가 연구에 미친 영향이 크다. 독일의 사회학자 엘리아스(1999)는 유럽의 역사를 분석하여 문명화 이론을 제시하였는데, 엘리아스와 더닝은 여가 활동에 문명화 이론을 적용하여 폭력의 분출이 억제되는 온순화(pacification) 과정이 발생하였음을 지적하였다(Elias & Dunning, 1969). 과거 중세 축구는 마을 주민들이 명확한 규칙도 없이 축구, 럭비, 하키, 폴로가 뒤엉킨 형태로 참여하여 많은 부상자가 속출하였던 폭력적 활동이었다. 산업화의 시기에 영국에서 규칙이 도입되고 스포츠 활동으로 분화되면서 폭력성이 규제되는 온순화의 과정이 나타났다.

하지만 이러한 주장에 대해 많은 논란이 있었다. 과연 온순화의 과정이 일방적으로 진행되는 것인가? 예컨대 권투의 인기 하락은 폭력의 공개적 노출을 외면하는 온순화의 과정으로 볼 수 있는 반면 더 폭력적인 형태인 이종격투기의 대두는 온순화 과정과는 반대되는 경향이라 할 수 있다.

청소년의 여가활동도 이와 같은 온순화 과정의 영향을 받는 것으로 볼 수 있다. 청소년과 관련한 폭력의 발생에 대해 과거보다 사회가 더 민감하게 반응하는 것이 사실이다. 하지만 그렇다고 청소년의 여가시간에 폭력의 발생이 감소한 것인지는 분명하지 않다. 오히려 '왕따'와 같이 비물질적이지만 더 충격이 큰 정신적 폭력이 두드러지고 있다. 또한 신자유주의적 규제 철폐에 따라 도시에서 야간경제가 활성화되면서 음주가 증가하고 일탈적 폭력 현상이 증가하는 것도 여가 활동의 온순화, 문명화 과정의 반대 사례 발생으로 지적되고 있다.

(3) 미디어의 영향

19세기 말부터 진행된 라디오, 텔레비전, 비디오, 인터넷에 이르기까지 미디어의 발전은 가정 내 실내에서 진행되는 여가 활동에 큰 영향을 미쳤다. 미디어의 사용은 전기의 보급에 따라 가족들이 실내에서 함께 즐기는 여가활동의 증가를 가져왔고 여가의 상업화를 촉진하는 데에도 작용하였다.

미디어의 영향은 특히 청소년의 여가에서 두드러진다. 아넷은 청소년에게 미디어 소비가 가지는 의미를 다섯 가지로 보았다(Arnett, 1995). 청소년은 미디어를 통해 무엇보다 엔터테인먼트를 추구한다. 미디어를 통해 주로 대중문화가 소비되는 것과 맥을 같이한다. 이러한 과정을 통해 정체성 형성이 이루어지는데 특히 성적 정체성의 형성이 미디어 소비 과정에 의해 큰 영향을 받는다. 또한 청소년은 센세이션을 추구(high sensation)하는 경향이 있어서 이러한 욕구를 미디어 소비를 통해 충족시킨다. 현실에서 경험하는 다양한 문제에 대응(coping)하는 방식으로도 미디어를 활용한다. 학습의 지루함을 견디기 위해 음악을 들으며 작업을 하거나 스트레스를 받았을 때 헤비메탈이나 록과 같은 음악을 크게 듣는 것이다. 이와 같은 미디어 소비를 통해 청소년은 청소년 문화나 하위문화와 동일시함으로써 직접적인 대면 접촉을 넘어서 더 큰 집단 속에 속한다는 소속감을 갖게 된다.

미디어가 여가활동에서 차지하는 비중이 증가한 것은 수동적 여가의 증가를 가져온 것으로 해석된다. 이는 청소년의 여가 활동이 대중문화의 강력한 영향 속에 놓이는 배경이 된다. 또한 미디어 여가활동은 기존에 존재하였던 단체 활동을 대체하는 효과를 가져옴으로써 "개인주의화된 여가(individualized leisure)"를 촉진한다(UN, 2005). 하지만 컴퓨터와 인터넷의 사용은 미디어의 영향에 대해서 새로운 기대를 낳게 만드는 배경이 된다. 인터넷이 여전히 수동적인 여가의 도구로도 이용될 수 있지만 사회적 상호작용이 인터넷을 통해 이루어짐으로써 적극적으로 참여할 수 있는 도구가 되기 때문이다.

(4) 일과 여가

일과 여가의 관계가 여가 규정에 중요하기 때문에 노동의 성격이 달라짐에 따라 여가에 대한 사회적 규정도 크게 달라진다. 일과 여가의 관계에 대해서는 1960년대 많은 연구가 이루어졌는데, 직업적 일의 특성이 여가활동의 선택에 어떻게 영향을 미칠 것인가에 대한 관심이 많았다. 이와 같은 논의는 당시 산업사회가 포디즘의 안정적인 상황에서 노동자들이 겪는 노동의 지루함이 여가활동의 선택에 어떻게 영향을 미치느냐는 관심에 바탕을 두고 있다. 당시 슈퍼나 윌렌스키 등 많은 학자들이 일과 여가의 관계에 대한 유형화를 제시하였는데 가장 대표적인 논의는 파커가 제시한 세 가지 유형이다(Parker, 1972). 파커는 여가 활동에서 일에서 찾지 못하는 것을 추구하는 대립 유형, 일의 연장선상에서 유사한 활동을 여가로 즐기는 확장 유형, 일과 여가 사이에 별다른 관계가 존재하지 않는 중립 유형을 구분하였다. 하지만 이와 같은 유형 분류에 많은 예외가 따르는 상황에서 경험적인 증명의 한계에 대한 비판을 받았다.

앞서 제시한 진지한 여가에 대한 논의는 여가가 가지는 중요성이 강조되지만 여가가 일과 같은 성격을 갖게 됨을 보여준다. 최근의 논의는 리드비터(Leadbeater)가 제시한 프로암(Pro-Am)에 대한 논의가 있다(Leadbeater et al., 2004). 직업이 아닌 여가활동이지만 집중적이고 지속적인 활동을 통해 프로페셔널의 수준에 근접한 경우를 프로암이라 부르는데 이들은 사회경제적으로 중상층 이상에 속하며 경제자본과 문화자본을 모두 갖춘 경우들이 많다.

또 다른 중요한 개념으로는 프로슈머에 대한 논의가 있다. 토플러에서 시작한 이 개념은 특히 웹 2.0의 개발 이후 새로운 이슈로 등장하기 시작했다. 소극적인 소비자로서 활동하는 것이 아니라 적극적으로 생산자로서 참여하거나 생비자나 공동생산자로 불린다. 이와 같은 프로슈머의 활동은 소극적 소비활동이나 상품화가 가져오는 한계점을 극복할 수 있는 새로운 사회발전의 가능성으로 각광을 받기도 하였다. 하지만 이들에 대한 과도한 긍정에 대한 비판적 우려도 제기되고 있다. 아마추어의 활동에 대한 무조건적인 가치부여가 오랜 훈련을 받은 프로페셔널의 가치를 무시하는 것이 아니냐는 비판이 제기되었다.

일 같은 여가도 많아지고 있다. 피트니스의 경우를 보면 피트니스 참여는 여가시간에 자발적으로 수행하는 활동이지만 일과 같은 성격을 강하게 갖고 있으며 비만에 대한 사회적 구별 짓기에 대응하는 전략으로 활용된다는 점에서 일과의 연관성이 크다.

일은 여가활동이나 삶의 질의 수준에 크게 영향을 미친다. 일의 교대 근무가 여가에 미치는 부정적 영향이 그 한 예이다. 포스트포디즘의 체제로 넘어가면서 일과 여가 사이의 경계가 허물어지고 노동시간의 조직이 탈표준화되면서 일 중독 사회를 우려하는 목소리가 높아지고 있다. 쇼어는 소비에 대한 유혹 속에 과도한 소비 지출이 이루어지고 이를 유지하기 위한 과잉 노동이 미국사회에서 나타나고 있음을 비판하여 큰 반향을 불러일으켰다(Schor, 2008). 이와 같은 일중독의 사회에서 여가를 지키기 위한 대표적인 흐름이 일과 삶의 균형(work-life balance)을 찾자는 것이다.

2. 청소년 여가

1) 청소년 여가의 주요 개념

(1) 생애주기와 청소년 여가

파커는 청소년기의 여가가 가지는 특성을 세 가지 관점에서 제시하였다(파커, 1995). 첫째는 사회화 과정의 시기라는 점이고, 둘째는 역할과 지위의 변화가 이루어지는 전환의 시기이며, 셋째로 청년문화의 시기라는 점이다. 이와 같은 청소년기 여가의 특징에 대한 설명들은 대체로 심리적 발달단계에서 청소년기의 특성에 대한 논의나 가족의 생애주기에서 청소년기가 가지는 특징에 대한 논의에 바탕을 두고 있다. 심리적 발달단계에 대한 논의에 크게 영향을 끼친 것이 에릭슨(E. Erikson)의 정체성 형성 이론인데 이에 따르면 청소년기는 정체성 발달에 중요한 시기가 된다. 따라서 청소년기의 여가는 정체성 발달과 깊은 연관을 갖게 된다. 슈퍼(D. Super)의 경력개발 이론에 의해서도 청소년기의 여가가 가지는 중요성이 강조된다. 슈퍼의 이론에서 청소년기는 경력개발을 위한 탐색기에 해당하는데 여가 활동이 청소년의 잠재성을 파악하는 중요한 계기를 제공해 주는 것으로 주장되었다.

따라서 생애주기의 관점에서 보면 청소년기는 대체로 여가사회화의 기능을 바탕으로 이후의 성년기나 노년기의 여가활동을 준비하는 생애단계로 인식된다. 윤소영(2010)은 「생활시간조사」의 자료를 분석하여 우리나라 현실에 맞도록 여가참여 · 확장기, 여가선택 · 집중기, 여가지속 · 몰입기로 이루어진 3단계의 여가생활주기를 제시하였다. 이에 따르면 청소년기는 주로 여가참여 · 확장기에 해당하며 관심 영역이 진로선택, 대학입학, 자아정체감 형성이고 정책적으로는 이들이 여가체험을 확대할 수 있도록 지원해 주어야 한다.

청소년 여가의 조건들이 이전과 사뭇 달라졌다는 주장도 제기되고 있다. 앞서 밝혔던 현대 여가를 이해하는 중요한 키워드들은 모두 청소년 여가의 변화에 영향을 미치는 중요한 조건들이다. 상품화의 진전에 따른 소비문화와 미디어의 영향, 인터넷을 중심으로 한 자발적 참여의 증가 등은 청소년 여가의 성격을 규정짓는 중요한 요인이다. 특히 로버츠는 청소년의 여가를 고찰할 때 우리가 우선 청소년의 상황이 이전과 달라진 점들을 고려해야 함을 주장하면서 다음과 같은 다섯 가지 사실들을 지적하였다(Roberts, 1998). 첫째, 청소년기가 실제적으로 길어졌다는 점이다. 물론 이러한 논의는 청소년기를 어떻게 규정할 것인가의 문제이기도 하다. 우리가 청소년기를 법적 연령으로 규정하지 않고 성인으로서의 실제 역할을 수행하는 시기라고 규정한다면 청소년기가 길어졌다는 점에 대해서 동의할 수 있을 것이다. 즉 과거에 비해 더 늦게 취업하고 더 늦게 결혼을 통한 가정의 성립에 나선다는 점에서 청소년기가 연장되었다는 점을 볼 수 있다. 우리나라도 평균 취업 연령이나 혼인 연령이 상당히 늦춰졌다는 점에서 청소년기의 연장이라는 주장이 적용 가능하다. 둘째, 청소년들의 개인사가 다양화됨으로써 개인화되었다고 할 수 있다. 물론 이러한 점은 우리의 경우 부분적으로만 적용될 수 있을 것이다. 셋째, 청소년의 미래가 불확실해졌다는 점이다. 이러한 상황은 우리나라의 최근의 상황에도 적용될 수 있다. 과거에 비해 청년들의 노동시장 진입이 어려워졌다. 대학 졸업 후에도 좋은 일자리를 기약하기 어렵다. 대학 교육만으로는 부족하고 개인적인 노력으로 과외의 조건, 이른바 스펙을 만들어야 하는 상황이다. 넷째, 청소년들이 과거에 비해서 더 많은 위험을 감수해야 한다는 점이다. 다섯째, 가족에 의존하는 기간이 늘어났다.

생애주기 이론이 여전히 설명력을 유지하지만 청소년의 상황 조건의 변화가 청소년의 생애단계에 대한 규정에 미치는 영향이 고려되어야 한다.

(2) 여가 사회화

여가 사회화(leisure socialization)는 청소년의 여가 활동과 체험이 중요한 이유를 설명해 주는 개념이다. 한 사람이 어른이 되어서 주로 하게 되는 여가 활동은 돈이나 시간과 같은 조건들에 의해서 영향을 받지만 어렸을 때 자신이 해 본 활동에 의해 크게 영향을 받는다. 아동 결정론과 평생 학습론이 대비된다고 할 수 있다. 두 주장이 어느 정도 모두 경험적으로 적합성을 갖지만 아동기보다 더 여가 사회화에 중요한 시기를 가지는 단계는 없다고 평가한다(Kelly, 1982). 가족, 친구 등과 같은 "직접적으로 접촉하는 공동체(immediate communities)"가 준거집단의 역할을 수행한다.

이소아홀라(Iso-Ahola, 1980)는 여가 사회화에 대한 사회심리학적 모형을 제시하였다. 여가 사회화는 여가에 대한 기본적인 지식을 습득하고 근본적인 태도와 가치관을 형성하며 다양한 여가 기술과 동기를 습득하는 과정이다. 부모와 같은 사회적인 에이전트는 여가 행동 유형과 기본 가치를 전승하는 데 중요한 역할을 수행한다. 즉 어떤 여가가 좋고 나쁜지를 판단하는 기본을 전승한다. 여가 사회화는 사회적 가치와 심리적 보상이 결합된 복합적 과정으로 진행된다. 그의 이론적 모형에 따르면 사회문화적 영향 속에서 사회적 행위자와 개인 경험의 레퍼토리가 상호작용을 하며 이를 바탕으로 자신의 능력을 인지하고 자기 결정을 수행하여 여가 활동에 참여하게 된다. 중요한 점은 이러한 여가 참여의 결과가 다시 자신의 능력에 대한 인지에 영향을 미치고 주변의 사회적 행위자와 자기의 여가 활동 레퍼토리에 영향을 미치는 피드백 과정으로 이루어진다는 것이다. 여가 활동의 성공적 경험이 본인의 능력에 대한 자각과 주변의 인식, 본인의 경험 선택지에 다시 영향을 미침으로써 다음의 여가 활동 참여에 궁극적으로 영향을 미치게 된다. 이와 같은 순환 과정을 통해 여가 사회화가 진행된다. 여가 사회화가 여가에 대한 사회적인 규범을 부모나 학교로부터 수동적으로 받아들여 내면화하는 과정이 아니라 본인의 참여에 따라 역동적으로 변화되는 과정임을 제시하였다.

다수의 연구들은 청소년기 여가 활동이 성인이 되어서도 지속된다는 결과를 발표하였다. 하지만 이러한 연구들에 방법론적 쟁점이 남아 있는 경우들이 많다. 성인들에게 과거 청소년기 여가 활동을 회고하게 했을 때 현재 수행하는 여가 활동과 관련 있는 활동들을 중심으로 회상할 가능성이 크기 때문이다. 하지만 종단적 연구들은 이러한 방법론의 문제를 넘어서 여가 활동의 연속성을 경험적으로 밝히면서 여가 사회화의 중요성을 드러냈다(Scott & Willits, 1989, 1998).

(3) 가족 여가와 청소년 여가

가족 안에서 일차적으로 여가 사회화가 이루어진다는 점에는 대체로 이론의 여지가 없다(파커, 1995). 청소년 여가는 특히 가족들과의 관계 속에서 사회화가 진행되고 가족 구성원과의 여가 활동이 큰 비중을 차지한다는 점에서 가족 여가와 밀접한 연관을 가진다.

윤소영(2009)은 가족여가의 정의와 특성을 기능론적 관점에서 제시하였다. 즉 가족여가를 “가족의 상호작용을 높일 수 있는 여가활동에 가족구성원이 함께 참여하는 것”이라 규정하며 가족여가를 통해 가족의 통합적 기능, 심리적 안정 기능, 교육적 기능 등의 긍정적 기능이 향상될 수 있음을 제시하였다.

가족 여가와의 관계를 보면 부모와 함께 하는 여가 활동이 청소년의 삶의 질에 긍정적인 영향을 미치는 경우가 많고 청소년의 여가 활동에 다양한 요인들이 영향을 미치는데 특히 부모와의 관계가 중요한 영향을 미친다. 예컨대 어머니의 경제 활동 참여 여부가 자녀인 아동의 여가 활동에 영향을 미친다.

(4) 청소년 일탈과 여가

청소년의 일탈 행위와 여가 활동의 관계에 대한 경험적 연구들이 많이 수행되었다. 여가시간에 느끼는 지루함(boredom)이 일탈적 여가 활동으로 연결되기 때문에 지루함에 대비되는 흥미(interest)를 여가활동에서 찾을 수 있기 위해 필요한 노력들이 진행되고 있다.

범죄학적인 관점에서 접근하는 청소년 여가는 다음과 같은 네 가지 관점을 주로 강조하였다(Caldwell & Smith, 2006). 첫째, 시간 채우기 관점이다. 사회친화적인 행동으로 시간을 채워야 일탈 행동을 하지 않게 된다는 것이다. 둘째, 일탈한 또래와의 관계가 중요하다는 관점이다. 특정한 여가활동들을 하게 되면 일탈 행위나 일탈적인 하위문화와의 접촉을 갖게 될 가능성이 커진다. 셋째, 비공식적이고 성인의 감독이 있는 여가활동과 그렇지 않은 여가 활동 사이에 일탈행위를 하게 될 가능성이 차이 난다. 넷째, 개인과 환경 사이의 상호작용이 중요하다. 자기 통제와 사회규범의 수용이 청소년을 일탈 행동을 하지 않도록 만든다.

구조화된 여가활동과 비구조화된 여가활동이 일탈적 여가 활동에 미치는 영향이 다르다(Mahoney & Stattin, 2000). 비교과 활동에 대한 참여가 일탈행위의 가능성을 감소시킨다. 인적 자본, 사회적 자본, 문화적 자본을 향상시킴으로써 범죄 행위의 가능성을 감소시킨다. 여가활동이 범죄 예방에 도움이 되고 여가 교육이 이에 영향을 미칠 수 있다(Caldwell & Smith, 2006). 하지만 이러한 일탈적 여가에 대한 구분 자체가 가지는 성격을 상대적으로 이해해야 한다는 주장도 제기되었다. 일탈적 여가의 구분이 어려운 사례들 중 하나가 그라피티 같은 경우라 할 수 있다. 그라피티는 과거 청소년의 대표적인 일탈적 여가활동으로 지탄을 받아왔으나 최근에는 거리예술의 하나로 각광을 받기도 한다.

2) 발달적 관점

(1) 발달적 관점의 대두

청소년 연구의 역사를 보면 세 가지 단계로 구분할 수 있다(Lerner, 2005). 이에 따르면 초기의 연구는 청소년기가 질풍노도의 시기라는 점을 강조한 연구에 영향을 받았다. 이 시기의 연구는 특히 당시 청소년 연구의 선구자라 할 수 있는 홀(S. Hall)의 언명에 크게 영향을 받았다. 1960년대 중반 이후 청소년 연구는 과학적이고 실증적인 연구를 강조하면서 새로운 시기를 맞이하게 된다. 연구의 방법에 있어서 변화가 있었으나 청소년의 시기를 부정적인 관점에서 조망한다는 점에서는 이전 시기와 공통점을 가진다. 1990년대 이후 새로운 관점이 강조되기 시작하였다. 발달주의 심리학의 영향력이 확장되면서 소수 청소년의 일탈 문제에 관심을 갖기보다 대다수 청소년의 긍정적인 잠재력을 향상시키는 것에 초점을 맞춘 것이다.

발달적 관점에서는 구조화된 여가 활동과 비구조화된 여가 활동을 구분하면서 방과 후 활동의 중요성을 강조하였다. 구조화된 여가 활동과 구조화되지 않은 여가 활동을 비교해 보면 구조화된 여가 활동의 긍정적 의미가 더 많이 강조되어 왔다. 구조화되지 않은 여가 활동은 일탈행동으로 연결될 수 있다는 점이 강조되었다. 하지만 구조화되지 않은 여가 활동도 참여하는 청소년의 자율성을 키울 수 있다는 장점을 갖고 있다.

(2) 여가 교육

긍정적인 여가 효과를 증가시키고 부정적인 영향은 감소시키고자 하는 대표적인 개입이 여가 교육이다. 다양한 주체들이 여가교육 모델을 개발하였다. 청소년 여가교육은 장애가 있는 특수 청소년들을 대상으로 한 교육과 일반적인 청소년들을 대상으로 한 교육으로 나뉜다.

대표적인 여가 교육 프로그램으로 TimeWise 프로그램이 있다(Caldwell &

Faulk, 2012; Caldwell & Smith, 2013). 이 프로그램은 일탈행동에 대한 예방의 목적이 강하다. 건강을 추구하고 위험 행동과 약물남용을 방지하기 위한 목적을 가지고 개발되었다. 국립보건원(National Institute of Health)과 국립약물중독연구원(National Institute on Drug Abuse)이 기금을 지원하였다.

브론펜브레너로 대표되는 생태학적 시스템 이론(ecological system theory)이 기본적인 이론적 틀로 작용하면서 개인적 특성, 사회적 요인, 지역사회 요인, 문화적 요인 등을 고려하였다. 이 틀 안에서 여가와 관련되는 자기결정이론, 제약이론, 플로이론 등을 적용하였다. 6가지의 핵심적 수업 주제는 1) 개인적으로 만족스럽고 의미 있는 여가활동과 관심을 결정하고, 2) 건강한 여가활동에 참여함으로써 얻게 되는 혜택을 인식하며, 3) 동기부여가 건강한 여가활동에 대한 참여와 체험에 미치는 영향을 깨닫고, 4) 여가시간에 지루함은 감소시키고 최적의 체험을 증가시키며, 5) 원하는 활동에 참여하기 위해 책임 있는 행동을 하는 방법을 배우고, 6) 희망하는 활동을 하는 데 제약이 되는 원인을 밝히고 이를 극복하는 방법을 배운다. 이외에도 6가지의 부가적 주제들에 대해서 학습을 하는데 다른 사람들을 여가에 대해서 교육하고, 의사 결정과 위험 감수, 플로 도달, 스트레스 관리, 친구, 변화 등에 대해서 교육한다. TimeWise의 교육 결과에 대한 평가는 긍정적이어서 학생들의 지루함을 줄이고 여가활동에 대한 관심을 높였으며 지역사회 여가활동 기회에 대한 인식 수준을 높이고 여가활동을 계획할 수 있는 능력을 향상시켰다. 또한 부분적으로 약물 남용 수준도 낮아진 것으로 나타났다(Caldwell et al., 2004). TimeWise 교육의 성과를 바탕으로 남아프리카에서도 HealthWise라는 여가교육 프로그램을 운영하였다. 여기에서도 긍정적인 평가 결과를 얻었다. 다양한 여가교육을 볼 때 지역사회와의 관계가 중요하며 청소년이 여가의 필요성에 대해 인식하고 기술과 지식을 개발하는 것이 중요하다.

하지만 다른 한편으로는 발달적 관점에 바탕을 두고 있는 여가교육에 대한 강조가 과잉일정(over-scheduling)이 아니냐는 비판이 대두되고 있다. 청소년이 여가시간에도 많은 여가프로그램에 부모의 결정에 따라 반강제적으로 참여함으로써 오히려 스트레스를 많이 받는 역효과가 발생하는 것이 아니냐는 비판이다. 이러한 비판은 주로 미디어에 의해서 촉발되었다. 하지만 과잉일정의 주장을 지지하지 않는 연구결과들이 다수 발표되었다. 여가활동과 여가교육에 참여하는 미국 청소년들의 동기가 부모의 강압에 의하기보다는 대부분 내재적이며(Mahoney et al., 2006), 방과 후 활동 참여에 따른 부정적인 효과는 무시할 만한 수준에 머물고 있다(Luthar et al., 2006). 하지만 방과 후 활동의 긍정적 효과는 곡선적인 형태를 취하고 있어서 적정한 수준의 활동을 할 때 긍정적 효과가 가장 높게 나타난다는 연구결과도 제시되었다(Knifsend & Graham, 2012). 따라서 미국 청소년들이 여가프로그램 참여에 시달린다는 미디어의 주장이 과장된 측면이 있기는 하지만 적정한 수준을 찾는 것 역시 필요한 일이라는 점을 볼 수 있다.

3) 불평등의 재생산

(1) 여가와 불평등

사회학적 논의에서 불평등과 관련된 여가 활동에 대한 논의는 베버(M. Weber)에까지 거슬러 올라간다. 베버는 마르크스(K. Marx)가 강조했던 사회계급에 대한 논의 이외에 불평등의 중요한 원천으로서 명예와 위신을 공유하는 지위집단이 존재함을 주장하였다. 사회계급이 시장상황을 공유하는 것처럼 지위집단은 생활양식을 공유하는 집단이다. 이러한 점에서 지위집단은 여가활동과 밀접한 관련성을 가진다. 지위집단에 대한 논의는 역사적으로 산업사회로의 이전 이후에도 유럽에 남아있던 귀족 사회의 영향을 지적하는 개념이었다. 이후 미국 사회학에서 마르크스주의 불평등 이론의 한계를 지적하고 보완하는 개념이 인식되어 확산되었다.

여가와 좀 더 직접 연결되는 논의로는 베블런(T. Veblen)이 여가 계급(leisure class)에 대한 논의에서 제시한 과시적 여가와 과시적 소비에 대한 주장에 크게 영향을 받았다. 현재에는 마르크스, 베버 등의 고전적인 논의를 종합한 부르디외(P. Bourdieu)의 문화자본론이 중요한 영향을 미치고 있다. 부르디외는 유럽의 공교육이 무상으로 수행됨에도 사회불평등이 교육을 매개로 재생산되는 과정에 대한 관심을 기울였다. 교육사회학적으로 부르디외가 제시한 설명은 가정 내에서 이루어지는 사회화의 영향에 따라 일정한 태도의 차이를 갖게 되는데 이러한 차이가 무상교육으로 경제적 장벽이 없음에도 불구하고 공교육의 장에서 사회불평등의 재생산이 이어지는 원인이 된다는 것이다. 부르디외의 논의는 교육의 현장에서 더 나아가 다양한 일상생활의 영역에서 계급적 차이가 나타나는 현상에 대한 이론적 설명의 기반을 제공하였다. 『구별짓기』에서는 음악, 미술, 사진, 장식 등과 같은 다양한 일상의 영역에서 계급적 취향의 차이가 반복하여 유사한 형태로 나타남을 경험적으로 제시하였다(Bourdieu, 1984). 이러한 차이를 가져오는 원인에 대한 설명으로 부르디외는 취향을 생성하는 체계로서 아비투스(habitus)의 개념을 제시하였다. 부모의 영향 속에서 계급적인 차이를 가지고 형성되는 아비투스의 영향으로 다양한 삶의 영역에서 계급적 취향의 차이가 반복하여 관찰된다는 것이다. 이와 같은 논의는 여가와 불평등의 관계를 이해하는 데에도 중요한 시사점을 가진다. 다양한 여가활동에서 나타나는 개인의 선택을 단순히 본성에 가까운 취향의 결과로만 해석할 수 없고 사회계급적 차이가 반영된 결과로 볼 수 있기 때문이다.

(2) 양육방식과 청소년 여가

여가는 사회 불평등의 중요한 차원을 형성하는데 청소년의 여가 활동은 특히 사회불평등의 재생산과 가지는 관계라는 점에서 중요성을 가진다. 이러한 청소년의 여가활동과 사회불평등의 재생산이 가지는 관계를 잘 드러내는 논의로서 라루의 “조화로운 양육(concerted cultivation)”에 대한 논의가 등장하였다(Lareau, 2011). 라루는 부르디외의 이론적 설명에 기초하여 12가구에 대한 참여관찰을 통해 노동계급과 중산계급의 양육 방식 차이가 두드러짐을 제시하였다. 중산계급의 조화로운 양육 방식에서는 부모가 자녀의 여가활동에 직접적으로 개입하여 대화를 통해 자녀가 다양한 여가프로그램에 참여하도록 조절을 하는 반면, 노동계급의 자연 성장법에서는 자녀를 방목하고 자녀는 주변의 친구들과 어울리며 시간을 보내게 되며 자녀와의 관계는 대화보다는 주로 지시에 의해 이루어진다. 이와 같은 양육방식의 차이로 중산계급의 자녀는 학교에서 더 잘 적응할 수 있으며 미래의 지위경쟁에서 유리한 위치를 차지하게 된다.

이와 같은 연구 결과는 많은 관련 연구들을 촉발시켰다. 대체로 양적 연구들은 라루의 주장을 지지하였다. 다만 다른 요인들에 비해 계급적 차이가 가지는 상대적 중요성에 대한 주장에 대해서는 성별 차이나 인종 간 차이가 여전히 중요성을 가진다는 비판 정도가 제시되었다. 독일에서 사회경제패널조사 자료를 이용하여 2001년부터 2012년까지의 추세를 분석한 결과 음악, 자원봉사, 스포츠, 춤/연극 등에 참여하는 청소년의 비율이 증가추세에 있는 것이 나타났다(Hille, 2014). 학교 수업 시간의 증가로 스포츠 활동에 참여하는 시간이 줄고 있다는 일반적인 평가와 달리 그들의 여가활동이 교육지향적인 여가활동에 참여하는 비율이 증가하는 것으로 해석되었다. 반면 비공식적 여가 활동은 감소추세로 나타났다. 어머니의 교육수준이 중요한 역할을 수행하는 것으로 나타났다. 즉 어렸을 때 부모의 교육수준이 높고 사회경제적 지위가 높을수록 여가활동의 중요성을 인식하고 교육지향적인 여가활동에 많은 시간을 보내도록 한다는 것이다. 이와 같이 청소년 여가 활동을 통해서 사회계급적 차이가 재생산되는 것으로 볼 수 있다.

3. 한국 청소년의 여가

1) 청소년 여가에 대한 관심 증가의 배경

최근 우리나라에서도 청소년 여가에 대한 사회적 관심이 높아진 것에는 일련의 교육제도 변화가 중요하게 작용하였다. 창의적 체험활동 도입(2009년), 학교

폭력근절을 위한 체육활동 강화(2012년) 등 비교과 과정의 비중 확대와 주5일 수업제 전면 도입(2012년)에 따른 '놀토'의 활용이 사회적으로 중요한 이슈가 되면서 청소년 여가 관련 프로그램들이 빠르게 증가하고 있고 청소년 여가에 대한 관심이 증대하고 있다.

청소년 여가가 가지는 중요성을 한국적 맥락 속에서 생각해 보면 청소년의 열악한 삶의 질을 개선하기 위한 관심이 중요하게 작용한다. 한국 청소년의 주관적 행복도가 국제비교에서 낮은 수준으로 나타나고 있으며(연세대학교 사회발전연구소, 2010), 청소년 자살 사망자수 역시 증가 추세에 있다(진재현 · 고혜연, 2013). 한국과 미국 청소년의 일상생활을 비교해 보면 한국 청소년들은 미국 청소년에 비해 학업에 더 많은 시간을 보내고 재량활동을 위한 시간은 적었으며 일상생활에서 느끼는 감정적 상태는 더 부정적이었다(Lee & Larson, 2000). 이와 같은 결과는 "입시지옥"으로 인해 적극적 여가활동이 위축되면서 일상생활에서 부정적 감정이 만연하게 되고 결국 우울증과 같은 심리적 장애에까지 이르는 것으로 해석되었다.

이러한 담론을 고려할 때 청소년의 일탈행위를 방지하는 관심에서 출발하였던 미국과 유럽의 청소년 여가 연구와 달리 우리의 경우 입시부담과 과도한 스트레스로 왜곡된 청소년의 일상생활을 개선하기 위한 관심이 크게 작용하는 상황이라는 점을 이해할 수 있다.

2) 청소년의 여가 현황

2022년 「국민여가활동조사」의 자료를 이용하여 청소년의 여가시간과 여가비용을 성인 집단과 비교하여 살펴보면, 성인과 비교해서 청소년의 여가시간은 휴일에는 성인보다 약간 긴 수준인 반면, 평일에는 약간 짧았다. 청소년의 월평균 여가비용은 성인의 여가비용에 비해 낮은 수준인데 희망 여가비용은 성인의 실제 여가비용보다 높은 수준이었다.

〈표 7-1〉 청소년과 성인의 여가시간 및 여가비용, 2022

	1일 평균 여가시간(시간)		1일 평균 희망 여가시간(시간)		월평균 여가비 (원)	월평균 희망 여가비 (원)
	평일	휴일	평일	휴일		
청소년	3.5	5.8	4.4	6.5	145,165	202,990
성인	3.7	5.5	4.4	6.2	180,229	244,323

출처: 한국문화관광연구원, 「국민여가활동조사」, 원자료, 2022.

청소년의 여가활동에 있어서 두드러진 점은 미디어 소비 활동이 차지하는 큰 비중이다. 통계청 「사회조사」의 '문화와 여가' 분야 자료의 결과를 분석해 보면,[2) 청소년이 가장 많이 하는 여가활동은 TV, 유선방송, IPTV, 유튜브, 넷플릭스 등의 동영상 콘텐츠 시청(83.1%)과 컴퓨터게임 및 인터넷검색(62.2%)의 비율이 압도적으로 높았다.[3) 청소년의 여가활동이 미디어 활용에 편중되어 있음을 보여준다. 컴퓨터 게임 및 인터넷 검색은 특히 중·고등학생 집단에서 비율이 높았다. 하지만 청소년 여가에서 뉴미디어의 사용이 차지하는 비중이 높아지는 것은 다른 나라에서도 볼 수 있는 현상이다(Hille et al., 2014).

청소년들이 게임을 좋아하고 동영상 콘텐츠의 오락성 프로그램을 선호하는 결과라 할 수도 있으나 청소년의 희망은 미디어 소비에만 한정되지 않는다. 여가활동을 3순위까지의 다중응답 자료를 이용하여 살펴본 결과, 취미·자기계발 활동이 42.7%로 가장 많고 문화예술 관람이라 응답한 비율이 41.5%로 40%를 넘어서 동영상 콘텐츠 시청(36.3%)이나 컴퓨터 게임 및 인터넷 검색(28.7%)을 희망하는 비율보다 높았다. 이와 같은 결과는 청소년이 미디어 편중의 여가활동을 벗어나 좀 더 다양하고 적극적인 여가활동을 희망하고 있다는 사실을 보여준다.

2) 청소년 연령에 대해서는 여러 법적 기준이 있으나 삶의 질 개선을 위한 복지정책에서 주로 사용되는 '청소년기본법'의 기준을 적용하여 만 9세에서 24세까지의 연령집단을 관찰의 대상으로 삼았다. 2021년 조사에서 청소년은 만 13-24세의 연령집단으로 파악되었는데, 이들을 교육수준과 취업 여부를 기준으로 중·고등학생(40.9%), 대학생(23.2%), 취업자(23.5%), 기타(12.3%)의 네 집단으로 구분하여 볼 수 있게 하고 있다. 기타 집단은 학업과 취업을 하지 않고 있는 청소년이다.

3) 여기서는 주말이나 휴일에 하는 여가활동에 대해 3순위까지의 응답을 다중응답으로 처리하여 집계하였다.

〈표 7-2〉 청소년과 성인의 주말 및 휴일 여가활동, 2021

(%)

	청소년					성인
	초중고생	대학생	취업자	기타	전체	
동영상 콘텐츠 시청	84.2	82.2	82.2	83.6	83.1	82.9
문화 예술 관람	10.2	13.2	13.0	15.2	12.1	7.1
문화 예술 참여	6.2	9.1	6.6	6.4	7.0	3.4
스포츠 관람	2.8	3.0	2.1	2.7	2.7	2.6
스포츠 활동	13.2	11.7	9.6	11.7	11.9	15.4
관광	4.5	6.0	10.9	5.6	6.3	11.1
컴퓨터 게임, 인터넷 검색 등	68.6	61.0	50.8	63.3	62.2	29.2
취미·자기계발 활동	25.1	28.6	28.5	26.3	26.9	21.9
휴식 활동	59.8	58.4	68.4	60.1	61.5	72.2
사회 및 기타 활동	4.8	9.0	10.0	4.6	7.0	10.2
기타	0.1	0.1	0.0	0.3	0.1	0.5

출처: 통계청, 「사회조사」, 원자료, 2021.

3) 앞으로의 연구 과제

한국 청소년의 여가 활동을 이해하기 위해서는 앞으로 많은 연구들이 수행되어야 할 것이다. 가장 중요한 문제의식 중의 하나는 우리나라 청소년들의 삶의 질을 높이기 위해 필요한 여가 활동은 무엇이며 이를 위해 효과적인 거버넌스를 어떻게 구축해야 할 것인지에 대한 연구가 수행되어야 할 것이다. 특히 중요한 것은 미국에서 발전되어 UN과 같은 국제기구에서도 수용하고 있는 발달적 관점의 적용이 한국에서 어떻게 가능할 것인지에 대해서 논의해 보는 것이 필요하다. 우리나라에서도 발달적 관점에서의 청소년 여가 정책의 발전이 필요하다는 논의가 있으나 입시 부담이 청소년의 일상생활을 완전히 구조화하고 있는 상황에서 어느 정도 적실성을 가질 수 있을지 경험적 검증이 필요하다.

또한 비구조화된 여가활동과 구조화된 여가활동의 영향의 차이가 한국에도 적용될 수 있을지 과잉규제의 가능성이 좀 더 적합성이 있지 않을지, 만약 그렇다면 그러한 상황에서 어떠한 형태의 여가 교육 프로그램이 도입되어야 할지고민해야 한다. 또한 라루의 논의가 만든 파장을 고려할 때 여가교육이 여가 활동에서 나타나는 양육 방식의 계급적 차이를 강화시키는 형태로 작용하지 않을지에 대한 검증이 필요하다.

끝으로 학교와 지역사회와의 관계가 효과적인 여가교육 수행을 위해서 매우 큰 중요성을 가진다. 이러한 관계를 한국 사회에서 어떠한 방식으로 실현할 수 있을지에 대한 연구가 필요하다.

참고문헌

김문겸(2004). 여가의 역사. 이장영 외. 여가. 서울: 일신사, pp. 27-48.

리처, 조지(2004). 맥도날드 그리고 맥도널드화. 뉴센추리판. 김종덕 옮김. 서울: 시유시.

서우석(2013). 청소년 여가. 통계청 편. 한국의 사회동향.

엘리아스, 노르베르트(1999). 문명화과정. 박미애 옮김. 서울: 한길사.

원형중 · 이승민 · 박수정(2007). 여가중심사회를 위한 여가교육. 제46권 1호, 617-628.

윤소영(2009). 가족여가 활성화를 위한 정책방안. 한국가정관리학회지. 제27권 4호, 189-201.

윤소영(2010). 여가에 대한 생애주기 관점과 여가생활주기 단계별 모형 개발. 한국가정관리학회지. 제28권 4호, 103-115.

이장영(2004). 여가의 개념. 이장영 외. 여가. 서울: 일신사, pp. 11-26.

이철원(2008). 현대여가학. 개정판. 서울: 대한미디어.

칙센트미하이, 미하이(1999). 몰입의 즐거움. 이희재 옮김. 서울: 해냄.

파커, 스탠리(1995). 현대사회와 여가. 이연택 · 민창기 옮김. 서울: 일신사.

Arnett, J. J. (1995). Adolescents' uses of media for self-socialization. *Journal of youth and adolescence*, 24(5), 519-533.

Caldwell, L. L. & Faulk, M. (2012). Adolescent Leisure from a Developmental and Prevention Perspective. In Teresa Freire (Ed.), *Positive Leisure Science: From Subjective Experience to Social Contexts*. Dordrecht: Springer.

Caldwell, L. L. & Smith, E. A. (2013). Leisure as a context for youth development and delinquency prevention. *Pathways Crime Prevention*, 271.

Cheadle, J. E. & Amato, P. R. (2011). A Quantitative Assessment of Lareau's Qualitative Conclusions about Class, Race, and Parenting. *Journal of Family Issues*, 32(5), 679-706.

Crawford, D. W. & Godbey, G. (1987). Reconceptualizing barriers to family leisure. *Leisure sciences*, 9(2), 119-127.

Crawford, D. W., Jackson, E. L., & Godbey, G. (1991). A hierarchical model of leisure constraints. *Leisure sciences*, 13(4), 309-320.

Csikszentmihalyi, M. & Csikzentmihaly, M. (1991). *Flow: The psychology of optimal experience* (Vol. 41). New York: HarperPerennial.

Csikszentmihalyi, M. & LeFevre, J. (1989). Optimal experience in work and leisure. *Journal of personality and social psychology*, 56(5), 815-822.

deGrazia, S. (1964). *Of Time, Work and Leisure*. Garden City, NY: Doubleday.

Dumazedier, J. (1967). *Toward a Society of Leisure*. New York: Free Press.

Elias, N. & Dunning, E. (1969). The quest for excitement in leisure. *Society and Leisure*, 2. 50-85.

Fredricks, J. A. (2012). Extracurricular Participation and Academic Outcomes: Testing the Over-Scheduling Hypothesis. *Journal of Youth and Adolescence*, 41(3), 295-306.

Goodin, R. E., Rice, J. M., Bittman, M., & Saunders, P. (2005). The time-pressure illusion: Discretionary time vs. free time. *Social Indicators Research*, 73(1), 43-70.

Hansen, D. M., Larson, R. M. & Dworkin, J. B. (2003). What Adolescents Learn in Organized Youth Activities: A Survey of Self-Reported Developmental Experiences. *Journal of Research on Adolescence*, 13(1), 25-55.

Hille, A., Arnold, A., & Schupp, J. (2014). Leisure Behavior of Young People: Education-Oriented Activities Becoming Increasingly Prevalent. *DIW Economic Bulletin*, 1, 26-36.

Holder, M. D., Coleman, B., & Sehn, Z. L. (2009). The contribution of active and passive leisure to children's well-being. *Journal of Health Psychology*, 14(3), 378-386.

Hong, E., Milgram, R., & Whiston, S. (1993). Leisure Activities in Adolescents As a Predictor of Occupational Choice in Young Adults: A Longitudinal Study. *Journal of Career Development*, 19(3), 221-229.

Ilari, B. (2013). Concerted cultivation and music learning: Global issues and local variations. *Research Studies in Music Education*, 35(2), 179-196.

Irwin, S. & Elley, S.(2011). Concerted cultivation? Parenting values, education and class diversity. *Sociology*, 45(3), 480-495.

Iso-Ahola, S. E. (1980). *The Social Psychology of Leisure and Recreation*. Dubuque: Wm. C. Brown Company Publishers.

Jackson, E. L., Samdahl, D. M., Scott, D., & Weissinger, E. (2000). Will research on leisure constraints still be relevant in the twenty-first century?. *Journal of Leisure Research*, 32(1), 62-68.

Kelly, J. R. (1982). *Leisure*. Englewood Cliffs: Prentice-Hall.

Knifsend, C. A., & Graham, S. (2012). Too much of a good thing? How breadth of extracurricular participation relates to school-related affect and academic outcomes during adolescence. *Journal of youth and adolescence*, 41(3), 379-389.

Lareau, A. (2011). *Unequal Childhoods. 2nd edition*. Berkeley: University of

California Press.

Larson, R. W., & Verma, S. (1999). How Children and Adolescents Spend Time Across the World: Work, Play, and Developmental Opportunities. *Psychological Bulletin*, 125, 701-736.

Leadbeater, C. & Miller, P. (2004). *The Pro-Am Revolution: How Enthusiasts Are Changing Our Economy and Society.* London: Demos.

Lee, M., & Larson, R. (2000). The Korean 'examination hell': Long hours of studying, distress, and depression. *Journal of Youth and Adolescence*, 29(2), 249-271.

Lerner, R. M. (2005, September). Promoting positive youth development: Theoretical and empirical bases. In White paper prepared for the Workshop on the Science of Adolescent Health and Development, National Research Council/Institute of Medicine. Washington, DC: National Academies of Science.

Luthar, S. S., Shoum, K. A., & Brown, P. J. (2006). Extracurricular Involvement Among Affluent Youth: A Scapegoat for "Ubiquitous Achievement Pressures"?. *Dev Psychol*, 42(3), 583-597.

Mahoney, J. L., Harris, A. L., & Eccles, J. S. (2006). Organized Activity Participation, Positive Youth Development, and the Over-Scheduling Hypothesis. *Society for Research in Child Development: Social Policy Report.* Volume 20, Number 4.

Mahoney, J. L., Larson, R. W., Eccles, J. S., & Lord, H. (2005). Organized Activities as Developmental Contexts for Children and Adolescents. In J. L. Mahoney, R. W. Larson, (Eds.), *Organized Activities as Contexts of Development.* Mahwah: Lawrence Erlbaum.

Mahoney, J. L. & Stattin, H. (2000). Leisure activities and adolescent antisocial behavior: The role of structure and social context. *Journal of adolescence*, 23(2), 113-127.

Mahoney, J. L., Vandell, D. L., Simpkins, S., & Zarrett, N. (2009). Adolescent Out-of-School Activities. *Handbook of adolescent psychology.*

McCoy, S., Byrne, D., & Banks, J. (2012). Too much of a good thing? Gender, 'Concerted cultivation' and unequal achievement in primary education. *Child Indicators Research*, 5(1), 155-178.

Neulinger, J. (1974). *The Psychology of Leisure.* Springfield: C. C. Thomas.

Osgood, D. W., & Anderson, A. L. (2004). Unstructured socializing and rates of delinquency. *Criminology*, 42(3), 519-550.

Osgood, D. W., Wilson, J. K., O'Malley, P. M., Bachman, J. G., & Johnston, L. D.

(1996). Routine activities and individual deviant behavior. *American Sociological Review*, 635-655.

Parker, S. (1972). *The Future of Work and Leisure*. London: Paladin.

Raymore, L. A., Barber, B. I., Eccies, J. S. & Godbey, G. C. (1999). Leisure Behavior Pattern Stability During the Transition from Adolescence to Young Adulthood. *Journal of Youth and Adolescence*, 28(1), 79-103.

Roberts, K. (1999). *Leisure in Contemporary Society*. Oxon: CABI Publishing.

Schor, J. (2008). *The overworked American: The unexpected decline of leisure*. Basic books.

Scott, D. & Willits, F. K. (1989). Adolescent and Adult Leisure Patterns: A 37-Year Follow-Up Study. *Leisure Sciences*, 11(4), 323-335.

Scott, D. & Willits, F. K. (1998). Adolescent and Adult Leisure Patterns: A Reassessment. *Journal of Leisure Research*, 30(3), 319-330.

Stebbins, R. A. (1982). Serious leisure: A conceptual statement. *Pacific Sociological Review*, 251-272.

United Nations (2005). World Youth Report 2005. Young People Today, and in 2015.

CHAPTER 08

청소년과 게임문화

본 장에서는 20세기 후반에 개발되어 비약적인 발전을 이루고 있는 게임과 관련한 청소년 문화를 다룬다. 디지털기술과 네트워크의 발전을 기반으로 하는 디지털게임은 단순히 어린이나 청소년 대상의 새로운 놀이가 아닌 우리가 향유하는 문화의 틀을 바꾸고 동시에 우리가 생각하고 행동하는 방식에 변화를 줄 수 있는 문화라는 측면에 대한 관심이 필요하다. 다만 아직도 게임에 대한 우리의 이해 수준은 상대적으로 낮으며, 사회적 관심도 주로 게임이 청소년에게 미칠 수 있는 부정적인 영향에 머물고 있는 실정이다.

청소년이 향유하고 있는 게임문화를 살펴보기 위해 먼저 게임의 개념, 분류, 특징 그리고 게임문화에 대해 간략히 제시하고, 청소년들의 게임이용 현황을 살펴보았다. 이어서 게임 산업을 개괄해 보고, 특히 사회적 문제가 되고 있는 게임 중독을 중심으로 법과 제도도 함께 알아보았다. 마지막으로, 청소년 게임문화의 발전을 위한 제언을 제시하였다.

1. 들어가며

게임 문화는 놀이의 문화라고 할 수 있다. '게임'의 사전적 의미가 '놀이'라는 점에서, 어린이들의 술래잡기, 땅따먹기, 고무줄놀이, 어른들의 카드게임, 마을 회관에서의 심심풀이 장기 등 과거부터 현재에 이르기까지 이루어지고 있는 다양한 놀이들이 게임이 될 수 있다.

게임이라는 것은 그 유형에 관계없이 인간의 발달을 도와주는 삶의 적극적인 대안이라고 할 수 있는 것이며 이것이 곧 게임이 지니고 있는 본질적 의미라고 할 수 있다. 따라서 이러한 게임은 아동이나 청소년뿐만 아니라 삶을 살아가는 모든 성인들에게도 그 영향력이 크다고 할 수 있다. 다만, 인지 발달 과정상 외부로부터의 영향력에 민감하게 반응하는 시기인 아동 및 청소년에게는 그 영향력의 결과가 삶의 방향성을 변화시킬 수 있을 정도로 중요하게 작용하기 때문에 이들과 게임의 관계는 더욱 중요하게 다루어질 수밖에 없다.

특히 오늘날 청소년들이 즐기는 게임의 유형이 더 이상 과거의 전통적인 형태에 머물러 있지 않다는 점에서 새로운 관찰과 논의가 필요해진다. 70년대 중반까지도 아동 및 청소년들의 게임은 시간과 공간적 차이에 관계없이 자신의 신체를 이용하여 게임을 즐기는 형태가 기본적이었으며, 여기에 부가하여 주변 도구들을 이용하는 정도가 대부분이었다.

그러나 70년대 후반부터 등장하기 시작한 전자오락게임(일명 오락실 게임)은 이들의 게임 형태를 변화시키기 시작하였으며, 그 결과 야외나 운동장이 아닌 오락실에서, 집단보다는 혼자서, 그리고 주변적 도구가 아닌 화폐라고 하는 경제적 수단을 중심으로 게임이 이루어지기 시작하였다. 80년대를 지나면서 전자게임은 더욱 성장하게 되었고, 청소년들뿐만 아니라 20~30대 젊은 세대로 전자게임의 유행은 확대되어 나갔다.

1980년대 후반에는 PC가 보편화되었고, 게임의 변화도 더욱 새로워지기 시작하였다. 오락실에서의 전자 게임의 부작용이 사라지지 않고 있는 상황에서 개인용 컴퓨터를 이용한 게임이 등장하게 되고 신종 게임들이 청소년들에게 미치는 영향력도 증가하게 되었다. 오락실뿐만 아니라 PC와 휴대용 게임기가 있는 곳이면 어디에서나 게임이 가능하게 되었고, 현금이 없어도 게임을 할 수 있게 된 것이다. 게임의 공간적, 시간적 영역이 확대되었으며, 이를 통해 게임은 청소년들에게 일상적인 여가의 한 부분이 되었다. 1990년대 중반부터는 PC통신을 중심으로 인터넷 시대가 등장하였고 컴퓨터의 성능 또한 급격히 증가되어 기존 오락실 게임과 개인용 컴퓨터 게임에 식상한 청소년들의 욕구가 새로운 차원의 게임으로 이동하기 시작했다. 특히, 국가적 차원에서 지원하기 시작한 정보화 정책으로 전국적으로 PC방과 인터넷 전용선이 설치되기 시작하면서 게임은 이제 오프라인에서 즐기는 기계와의 놀이가 아니라 온라인에서 익명적 타인과 겨루는 차원으로 발전되게 되었다. 예를 들어 우리나라는 일명 롤드컵(LOL: League of Legends)을 2014년, 2018년, 2022년 세계대회를 개최하였으며, 2023년 월드챔피언십 대회도 유치하였다. e스포츠의 인기에 힘입어 리그 오브 레전드 게임은 2023년 중국 항저우에서 열리는 아시안게임에 정식 종목으로 채택되기도 하였다.

이런 과정을 거치는 동안 PC방에서 수일 동안 게임에 몰두하던 사람이 심장마비 증세로 사망하기도 하고, 온라인에서의 게임 무기와 캐릭터들이 현실세계에서 강탈당하기도 하는 등 새로운 문제 유형들이 출현하였으며 이에 대한 사회적 논의들도 급증하기 시작하였다.

결국 게임은 현대사회에서 가장 주목받고 있는 대표적인 엔터테인먼트가 되었으며, 국내뿐만 아니라 세계적으로 게임을 즐기는 이용자의 비율은 증가하고 있다. 특히 청소년층에게 게임은 글로벌 문화코드로 자리 잡고 있으며, 하나의 현상을 넘어 문화가 되고 있다.

1) 게임의 개념

사전에서 게임은 “규칙을 정해놓고 승부를 겨루는 놀이 등”으로 정의된다. 거의 모든 종류의 ‘놀이’를 게임이라고 부를 수 있으나,[1] 이 장에서 지칭하는

'게임'은 전자 테크놀로지로 만들어진 소프트웨어를 특정 전자기기를 통해 플레이하는 형태로 국한하고자 한다.

현재 게임은 컴퓨터게임, 온라인게임, 디지털 게임 등으로 구분되고 있는데 "컴퓨터를 이용해 이루어지는 게임 또는 놀이" 정도로 정의한다(김창배, 1999). 김창배(1999)는 게임이라는 용어가 전자 또는 컴퓨터 게임이라는 의미로 일반화되기 시작한 시기를 1990년대로 보는데, '오락', '유기', 혹은 '놀이'라는 용어가 주는 부정적인 인식을 탈피하면서도 정보화 시대에 어울리는 용어로 받아들여졌기 때문이라 해석한다.

온라인게임은 인터넷을 통해 멀티플레이가 가능하도록 고안된 멀티미디어형 게임으로 정의된다(이재현b, 2013). 온라인 게임은 아케이드, 시뮬레이션, 역할수행 등 세 가지 장르로 구분되는데, 온라인 게임에서는 일반 컴퓨터 게임과 달리 게이머－텍스트 상호작용과 게이머－게이머 상호작용이 이루어진다. 온라인 게임을 둘러싸고 길드, 게임방, 프로게이머 등 독특한 문화가 형성되고 있다.

한편 몇몇 학자들은 게임 및 게임 진행 과정을 구성하는 다양한 요소들을 중심으로 게임을 이론적으로 개념화하였다. 예를 들어, 크로퍼드(Crawford, 1984)는 컴퓨터 게임에 공통되는 기본 요소들로 표상, 상호작용, 갈등, 안전의 네 가지를 제시하고 있다. 표상(representation)적 측면에서 게임은 "실재의 한 부분을 주관적으로 표상하는 폐쇄적인 형식적 체계"로, 상호작용(interaction)적 측면의 게임은 가장 고도화되고 가장 완벽한 표상 형식인 상호작용적 표상의 한 유형이다. 그리고 게임은 일반적으로 갈등(conflict)적 요소를 가지고 있으며, 마지막으로 게임은 안전(safety)이라는 요소를 갖는다는 것이다. 게임을 진행하면서 이용자들은 갈등과 위험을 경험하게 되지만 그러한 위험이 물리적인 위해를 가하는 것은 아니기 때문이다(이재현a, 2013).

게임산업진흥에 관한 법률의 정의를 보면 "게임물이라 함은 컴퓨터프로그램

---

1) 게임과 놀이의 구별에 대해 '파이디아(paidia)'와 '루두스(ludus)'로 나눈다. 이에 대해서는 호이징아의 『호모 루덴스』 참고.

등 정보처리 기술이나 기계장치를 이용하여 오락을 할 수 있게 하거나 이에 부수하여 여가선용, 학습 및 운동 효과 등을 높일 수 있도록 제작된 영상물 또는 그 영상물의 이용을 주된 목적으로 제작된 기기 및 장치를 말한다"[2]고 되어있다. 여기서는 게임 자체가 아니라 단순히 게임물에 대해 정의하고 있다고 볼 수 있다. 이는 법률이 게임이라는 추상적인 의미보다 게임물이라는 구체적 대상에 적용되기 때문이라고 하겠다. 그냥 게임이라고 할 경우에 게임이란 어휘는 일상생활 전반에 활용되는 만큼 폭넓게 사용되는데, 여기서 설명되는 게임은 컴퓨터 게임, 즉 특정 프로그램화된 게임물을 말한다(전경란, 2009).

2) 게임의 분류

게임을 구분할 때 세계적으로 동일하게 크게 2가지 방식을 사용한다. 하나는 플랫폼에 따른 구분이고, 다른 하나는 장르에 따른 구분이다. 먼저 플랫폼에 따른 구분을 살펴보면 플랫폼은 게임이 구현되는 혹은 구현되기 위한 기반이라고 볼 수 있다. 플랫폼은 크게 아케이드 게임, 비디오 게임, PC 게임, 온라인 게임, 모바일 게임, 가상현실 게임 등으로 나뉜다.

아케이드 게임은 우리가 쉽게 오락실에서 볼 수 있는 게임으로 가장 오래된 형태의 게임이다. 아케이드(arcade) 게임은 컴퓨터 게임의 출발이 된 가장 고전적인 게임 형식이면서 우리가 흔히 볼 수 있는 가장 보편적인 게임 형태인데, 내러티브 측면에서 특별한 이야기 구조가 없으며, 그래픽 측면에서 초반에는 단순한 기하학적 추상물로 구성되었던 것이 최근에는 사실적인 그래픽을 보여주고 있다(Rouse, 2000). 비디오 게임은 소니의 플레이스테이션, MS의 X-BOX, 닌텐도의 Wii 등과 같이 게임을 할 수 있는 별도의 기기를 모니터에 연결해서 이용하는 게임을 말한다. PC 게임은 개인용 컴퓨터에 게임CD를 이용하여 즐기는 게임이며, 온라인 게임은 인터넷을 이용한 네트워크 게임을 말한다. 모바일 게임은 휴대전화를 활용한 게임이나 인터넷에 접속 가능한 이동형 기기를 이용

2) 게임산업진흥에 관한 법률 제1조

한 게임을 말한다. 최근에 등장한 가상현실 게임은 가상현실(Virtual Reality)이나 증강현실(Augmented Reality) 기술을 이용한 게임을 말한다.

플랫폼별로 게임을 구분하는 이유는 각 플랫폼에 따라서 상이한 방식으로 게임이 개발되고 유통되기 때문이다. 앞으로 정보통신기술의 발달에 따라 플랫폼이 다변화될 것으로 전망된다. 예를 들어 기존에는 온라인 게임을 제외하고는 나머지 플랫폼들이 네트워크가 되지 않았으나 최근에는 거의 모든 플랫폼에서 네트워크가 가능해짐에 따라 실질적으로 모든 디지털게임을 온라인 게임이라고 불러도 무방하게 되었다. 다만, 모든 플랫폼에서 네트워크화가 진행된다고 하더라도 여전히 각 플랫폼의 특성에 따라 게임기획, 개발, 유통 등에서 구별되기 때문에 이러한 플랫폼의 구분은 당분간 유효할 것으로 보인다.

게임을 장르적으로 구분하기도 하는데, 장르는 게임뿐만 아니라 문화콘텐츠 전반에서 분류하는 방식으로 게임에서도 그 내용에 따라 분류된다. 대표적인 장르로는 역할 수행 게임(Role Playing Game. RPG)이 있다. 이 게임들은 이용자가 주어진 하나의 캐릭터 역할을 맡아 임무나 목적을 달성해 나가는 형식으로, 자신에게 주어진 캐릭터에 따라 다양한 방식으로 게임에 참여하게 된다. 인터넷 이용자의 접속이 확대된 최근에는 대규모 다자이용자 온라인 역할수행 게임들(Massively Multiple Online Role Playing Game. MMORPG)이 등장하였는데, 네트워크를 통해 다중의 이용자가 동시에 즐길 수 있는 RPG를 말한다. MMORPG는 한국의 온라인 게임을 대표하는 장르이기도 하다. 실시간 시뮬레이션 게임(Real Time Strategy. RTS)은 실재감을 제공하는 가상의 시뮬레이션 환경 속에서 실재에서와 같이 자유롭게 사물을 조정하거나 새로운 환경을 만들어 나가는 게임을 말하는데, 스타크래프트, 워크래프트 3, LOL(League of Legends) 등이 여기에 속한다. 아마도 청소년들 사이에 가장 인기가 있는 장르이자 사회적으로는 중독성과 폭력성 등의 부작용을 가장 우려하는 게임들이기도 하다. 일인칭 슈팅게임(First Person Shooting. FPS)도 청소년들 사이에 꾸준히 인기를 끌고 있는데, 카운터 스트라이크, 스페셜 포스, 서든 어택 등이 이에 포함된다. 축구, 야구, 농구, 골프 등 실제 스포츠를 게임으로 구현한 것들은 스포츠게임으로 분류된다. 스마트폰의 보급이 확대된 이후에는 게임조작이 쉽고 게임플레이 시간이 짧아 게임초보자도 쉽게 할 수 있는 게임들이 많이 등장하였는데 이들을 캐주얼 게임(Casual Game)이라고 부른다. 이 밖에도 액션 게임(격투게임), 어드벤처 게임, 음악 게임 등등 그 내용에 따라 다양한 장르가 존재하는데 점차 장르 간 융합형태의 게임들이 등장함에 따라 게임을 장르로 분류하기는 어려워지고 있다.

한편, 재미(fun)와 체험(experience)을 통해 교육적 효과를 높일 수 있는 게임인 기능성 게임이 있다. 해외에서는 시리어스 게임(serious game)이라고 부르는데, 교육용 게임, 심리 게임, 헬스 게임, 치료 게임 등, 목적에 따라 다양한 영역에서 등장하고 있다.

3) 게임의 특성

로제 카이와는 놀이와 인간(1958)에서 놀이의 특성을 다음과 같이 설명하고 있다. 첫째, 놀이는 자유로운 활동이라는 것이다. 놀이하는 사람은 강요당하지 않는다. 만일 강요당하게 되면 놀이는 바로 마음을 끄는 유쾌한 즐거움이라는 특성을 잃어버리게 된다. 둘째, 놀이는 실재와 분리된 활동이라는 것이다. 놀이는 처음부터 정해진 명확한 공간과 시간의 범위에 한정되어있다. 셋째, 놀이는 확정되어 있지 않은 활동이라는 것이다. 게임의 전개가 결정되어 있지도 않으며, 결과가 미리 주어져 있지도 않기 때문에, 어느 정도의 자유가 놀이하는 자에게 반드시 남겨져 있어야 한다. 넷째, 놀이는 비생산적인 활동이며, 재화도 부도 어떠한 새로운 요소도 만들어 내지 않는다는 것이다. 놀이하는 자들 간의 소유권의 이동을 제외하면, 게임 시작 때와 똑같은 상태에 이른다. 다섯째, 놀이는 규칙이 있는 활동, 즉 약속에 따르는 활동이라는 것이다. 이 약속은 일상의 법규를 정지시키고, 일시적으로 새로운 법을 확립하며, 이 법만이 통용된다. 여섯째, 허구적 활동으로서 현실생활에 비하면, 이차적인 현실 또는 명백히 비현실이라는 특수한 의식을 수반한다는 것이다.

최근에 등장한 디지털게임에서도 이러한 놀이의 특징들이 거의 그대로 드러난다. 다만, 물리적 행위 중심의 놀이가 디지털 기술과 결합하게 됨으로써 기존의 놀이가 가진 특성들이 조금씩 변형되고 있다. 예를 들어 박명진(2013)은 사람이 아닌 기계라는 사물과 상호작용한다는 점, 전자게임이 놀이문화뿐만이 아니라 새로운 영상문화의 체험이라는 점, 전자게임이 인쇄문자에 의해 요구되던 선형적이고 연속적인 원리가 아닌 비선형적 자료들의 자유연상 원리에 의해 구축된 하이퍼텍스트라는 점 등을 특성으로 거론하였다.

4) 게임 문화

(1) PC방

한국 청소년의 게임문화에서 집단적 놀이 문화의 공간으로서의 PC방의 의미는 매우 중요하다고 할 수 있다. 전자오락실이 1980년대 중반 전자오락의 인기에 힘입어 컴퓨터 게임을 이용하는 대표적인 공간이었다면, 게임방 또는 인터넷방은 1997년 이후 〈스타크래프트〉의 열풍으로 탄생한 새로운 게임 공간이다.

청소년들에게 PC방의 매력은 무엇보다도 '함께 즐길 수 있는 공간'이라는 점이다. 뿐만 아니라, PC방은 기성세대의 시선을 피할 수 있는 자신들만의 공간이기도 하였다. PC방은 청소년들에게 자신들과 같은 관심을 가진 다른 사람들을 접촉할 수 있는 기회를 제공하였으며, 청소년들은 이 공간 안에서 현실 세계의 인간관계를 바탕으로 한 즐거움을 누리고 있다. 많은 수의 길드나 혈맹, 그리고 게임 마니아들이 게임 관련 정보를 교환하기 위해, 그리고 게임의 전략과 전술을 연마하기 위해 이러한 PC방을 자신들의 기지 내지 거점으로 삼기도 하였다(강지웅 외, 2008).

따라서 PC방은 과거의 부정적인 이미지였던 '전자오락실'에 비해 아주 건전하지는 않을지언정 청소년들이 이용하는 '일상적이고 평범한' 공간으로 인식된다는 장점이 있다. PC방에서 친구들과 함께 게임을 즐기는 것은 극장에 가서 영화를 보거나 당구장에 가는 행위, 혹은 TV를 시청하는 행위와 크게 다를 바가 없는 행위가 되었다(강지웅 외, 2008). 최근의 연구에 따르면 PC방은 단일한 공간처럼 보이지만, 여러 개인화된 공간으로 분절된 구조를 갖고 있다고 볼 수 있다(이수엽 · 최다희 · 박근서, 2016). 다만 구경하기와 같은 것들은 게임방송시청과 프로게이머의 등장과 함께 PC방 바깥으로 이전했다.

(2) 길드문화

디지털 기술과 네트워크의 발달은 새로운 형태의 문화를 만들어 내고 있는데, 대표적인 것이 길드문화이다. 길드는 동일한 게임을 즐기는 이용자들의 모임인데, 공개경쟁의 장소인 배틀넷과 같은 온라인 공간에서 익명적으로 알고 지내던 이용자들이 실재 세계에서 자신을 공개하여 구성한다. 클랜은 길드와 유사하지만 구성원들 간의 결속력이 상대적으로 약하다는 점에서 차이가 있다. 길드의 구성원들은 기본적으로 온라인이나 오프라인상에서 정보나 전략을 공유함으로써 게임에서 승리하는 것을 목적으로 하지만, 구성원들 간의 유대 또한 중시하여 공동체적인 성격을 강하게 보여 준다(이재현, 2013a).

이러한 길드 문화의 긍정적인 측면으로, 평소 소심했던 성향이 길드 경험을 통해 적극적인 성격으로 변하였으며, 리더십은 물론 의사결정 능력 및 협업 능력 그리고 문제 해결 능력까지 향상된 것으로 확인되기도 하였다(김기석 · 정형원, 2016).

2. 청소년의 게임하기

한국콘텐츠진흥원은 2022년, 10대 이상 전국 약 6000명을 대상으로 게임 이용에 관한 조사를 실시하였다(한국콘텐츠진흥원, 2022게임백서). 관련한 내용을 중심으로 살펴보면 다음과 같다.

1) 게임 이용 빈도

전체 응답자(n=6,000)에게 2021년 6월 이후 게임 이용 여부를 조사한 결과 74.4%가 게임을 이용한 것으로 나타났으며, 이와 같은 결과를 2021년 조사 결과와 비교했을 때, 3.1%p 증가하였다.

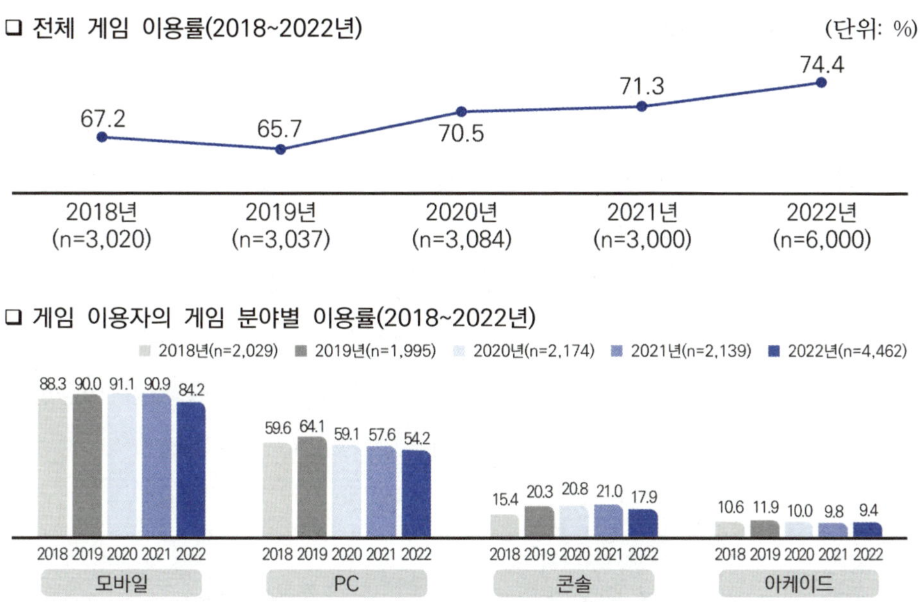

[그림 8-1] 전체 게임 이용률

출처: 한국콘텐츠진흥원, 2022게임백서

전체 게임 이용률을 연령별로 보면 20대가 가장 높은 이용률(92.1%)을 보였으며 10대(86.1%)와 40대(86.8%)가 비슷한 비율로 게임을 이용하고 있는 것으로 나타났다.

〈표 8-1〉 응답자 특성별 게임 이용률

(단위: %)

구분		세례 수	전체	10대	20대	30대	40대	50대	60~65세
전국	전체	(6,000)	74.4	86.1	92.1	80.4	86.8	61.3	34.1
	남성	(3,042)	75.3	90.9	96.9	80.5	85.7	56.1	37.8
	여성	(2,958)	73.3	81.2	86.9	80.4	88.0	66.6	30.5

출처: 한국콘텐츠진흥원, 2022게임백서

2) 게임 이용 분야

전체 게임 이용자(n=4,462)를 중심으로 플랫폼별 게임 이용률을 살펴보면 '모바일 게임'(84.2%)이 가장 이용률이 높은 게임 플랫폼이었고, 다음으로 'PC 게임'(54.2%), '콘솔 게임'(17.9%), '아케이드 게임'(9.4%) 순이었다. 응답자 특성별로 살펴보면, 여성은 '모바일 게임' 이용률이 높게 나타났고, 남성은 'PC 게임' 이용률이 상대적으로 높게 나타났다. 전체적으로 모든 연령대에서 모바일 게임 이용률이 가장 높았으며, 20대는 'PC 게임', 30대는 '콘솔 게임' 이용률이 다른 연령대에 비해 상대적으로 높게 나타났다.

〈표 8-2〉 응답자 특성별 게임 이용 분야

(단위: %, 중복 응답)

구분		세례 수	모바일 게임	PC 게임	콘솔 게임	아케이드 게임	가상현실 (VR) 게임
전체		(4,462)	84.2	54.2	17.9	9.4	6.1
성별	남성	(2,291)	79.9	66.0	19.8	8.7	5.5
	여성	(2,171)	88.6	41.7	15.9	10.1	6.8
연대별	10대	(748)	78.3	54.4	8.5	3.8	2.8
	20대	(924)	77.6	70.2	20.1	11.1	6.2
	30대	(811)	85.3	57.1	25.9	13.6	7.7
	40대	(982)	90.3	49.4	23.2	12.4	8.4
	50대	(719)	87.6	41.9	12.0	6.7	6.0
	60~64세	(278)	87.8	40.3	9.5	2.2	2.5

3) 게임 이용과 문화

한편, 2022 게임이용자 패널 연구(한국콘텐츠진흥원, 2023)에서는 청소년 게임 이용자를 대상으로 다양한 게임 문화 특성을 조사하였다. 먼저 아동 청소년의 1순위 게임 이용을 살펴보면 다음과 같다.

〈표 8-3〉 아동 청소년 1순위 이용 게임(N = 954)

순위		응답 수
1	리그 오브 레전드 PC	170
2	오버워치 PC	49
3	배틀그라운드 모바일	45
4	로블록스 모바일	34
5	카트라이더 모바일	27
6	포켓몬 GO 모바일	26
7	카트라이더 PC	22
8	배틀그라운드 PC 쿠키런 모바일	20
9	WWE 2K 배틀그라운드 PC 브롤스타즈 모바일	19
10	발로란트 PC	18
11	피파 시리즈 PC	16
12	로블록스 PC 좀비고등학교 모바일	15

주1: 1순위 이용 게임에 대한 응답 수 상위 15개 결과임
주2: 응답 수가 같을 경우 게임명 가나다순으로 정렬하였음
출처: 2022 게임 이용자 패널 연구, 한국콘텐츠진흥원

아동 · 청소년 게임이용자의 1순위 이용 게임을 살펴보면 가장 이용이 많은 게임은 '리그 오브 레전드 PC'였다. 성별로도 살펴봐도 '리그 오브 레전드 PC'가 가장 이용이 많은 것으로 나타났다. 다만 응답 수를 비교해보았을 때 남자 아동 · 청소년 게임이용자에서는 다른 게임과 응답 수 차이가 컸고, 여자 아동 · 청소년 게임이용자에서는 그 차이가 상대적으로 훨씬 작아서 성별에 따라 이용 양상이 다를 수 있음을 알 수 있다. 남자 게임이용자의 상위 1순위 이용 게임에서

스포츠와 RPG 유형의 게임이 더 나타났고, 여자 게임이용자의 상위 1순위 이용 게임에서 퍼즐 유형의 게임이 더 나타났다.

장르별로 살펴보면 전략시뮬레이션, 다중접속, FPS, 레이싱, 액션, 캐주얼, 롤플레잉, 스포츠 장르로 파악하였으며, 게임에서 지향하는 방식은 대전, 협력, 성장 순인 것으로 나타났다. 장르와 지향을 종합할 때 상위 1순위 이용 게임은 게임이용자들 간의 대전 형식이 주를 이루었다. 팀 단위 대전 형식의 게임은 승부를 겨루는 과정에서 협력이 요구되기 때문에 대전과 협력이 함께 추구되며, 롤플레잉 게임은 게임이용자가 조작하는 대상의 성장이 주된 게임 이용 동력이 되므로 성장을 주로 지향하는 것으로 볼 수 있다.

유료아이템도 최근 게임 이용 문화에 중요한 요소인 것으로 나타나고 있으나, 유료아이템의 게임 플레이 영향의 범위가 게임 선택에 절대적인 영향을 미치는 것으로 보이지 않는 결과가 나타났다. 이는 유료아이템 구매 여부가 게임이용자의 전반적 게임 이용에 질적인 영향을 미치지 않도록 적절히 밸런스를 갖추기 때문인 것으로 해석되었다.

e스포츠가 있는 게임들이 상위권에 많이 있는 것을 보면 게임을 직접 이용하는 것 외에 확장 및 연계된 게임 이용을 경험할 가능성을 제공하는 게임이 인기가 많다는 것을 알 수 있다.

3. 청소년과 게임중독 및 예방

1) 게임 중독

입시 위주의 교육체계하에 마음껏 뛰놀 수 없는 환경을 가진 국내에서는 청소년들의 온라인게임중독이 심각한 문제가 되고 있다. 청소년들의 온라인게임중독에 영향을 미치는 요인들은 개인의 심리적 특성(우울이나 불안, 낮은 자아존중감, 충동성)에서부터 여가활동 등에 이르기까지 매우 다양하다.

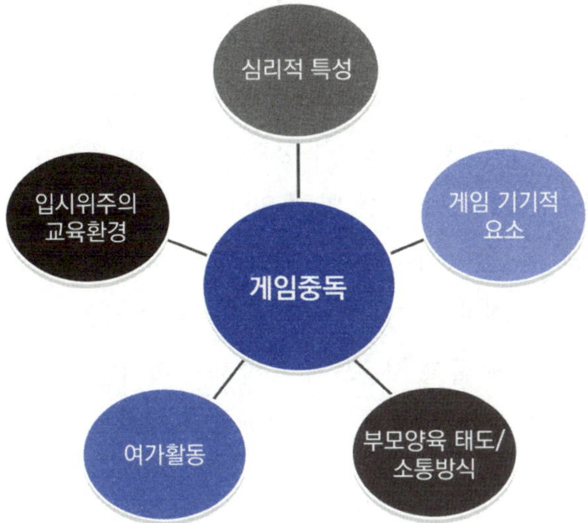

[그림 8-2] 온라인게임중독에 영향을 미치는 요인들

출처: 이창호 외(2014)

(1) 심리적 특성

개인의 심리적 특성 가운데는 우울, 불안, 충동, 자아존중감 등이 게임중독에 영향을 미치는 요인으로 많이 나타나고 있다. 김민경(2012)은 청소년 개인의 심리적 요인과 부모애착관계가 게임중독에 미치는 영향을 조사하였다. 그 결과, 충동성이 높고 학업스트레스가 많은 청소년들이 인터넷게임중독에 쉽게 노출된 것으로 나타났다. 이영훈 · 유수현(2012)의 연구에서는 중학생의 욕구불만족이 인터넷게임중독에 유의한 영향을 미쳤다. 즉 성취나 소속, 즐거움욕구가 충족되지 않았을 때 청소년들은 인터넷게임에 빠져들 가능성이 큰 것이다. 한편, 자아존중감은 게임중독을 완화시키는 것으로 나타나 자아존중감이 낮은 청소년일수록 게임중독위험이 높았다(여성가족부, 2013). 박조원 · 정헌일(2013)의 연구에서도 자아존중감이 높고 정서적 안정이 잘 된 청소년들이 게임과몰입에 빠질 가능성이 적은 것으로 나타났다.

(2) 게임기기적 요소

청소년들이 게임에 몰입하도록 하거나 게임을 지속하도록 만드는 요소는 게임 내 사람들과의 교류를 통한 강박적 상호작용 요소, 대결을 통한 성취감이나 우월감 요소, 아이템획득이나 레벨 업 등의 보상이 주어지는 구조 등 게임기기적 요소도 빼놓을 수 없다(여성가족부, 2012). 모바일게임몰입에 영향을 주는 요인들 역시 사운드, 캐릭터, 그래픽 등 게임기기적 요소인 것으로 나타났다. 즉 게임캐릭터가 마음에 들고 사운드가 웅장하며 화려한 그래픽을 갖는 게임일수록 이용자들은 그 게임에 빠져들 수밖에 없는 것이다.

(3) 부모 관련 변인

부모 관련 변인도 게임중독에 영향을 미치는 주요 요인이다. 대체로, 부모가 수용적이고 자율적인 태도로 자녀를 양육할 경우, 부모와 자녀의 대화나 의사소통이 활발할수록 인터넷게임중독은 감소하는 것으로 나타났다(김기숙・김경희, 2009; 이현지・정일권, 2011). 하지만, 부모의 중재는 게임시간을 줄이는 효과는 있었지만 중독완화에는 영향을 미치지 못했다. 가령, 임소혜・조연하(2011)의 연구에서는 세 가지 부모중재 유형[3] 중 통제적 중재가 청소년의 게임시간을 줄이는 효과를 가져왔다. 즉 부모가 자녀의 게임이용시간을 통제할수록 게임이용시간은 줄어드는 것으로 나타났다. 하지만, 세 가지 부모중재 유형은 게임중독성향을 줄이는 데는 별다른 영향을 미치지 못했다.

(4) 여가활동

청소년들의 여가활동도 온라인게임중독을 감소시키는 중요한 요인이다(조영호・장재철, 2010). 따라서, 스포츠활동이나 체험활동 등 다양한 청소년활동에 참여하는 청소년일수록 온라인게임에 중독될 가능성은 낮아진다. 유비(2013)

3) 이 연구에서 부모의 이용중재는 통제적 중재, 적극적 중재, 공동이용 중재로 구분되었다. 여기서 통제적 중재는 본 연구가 제한적 중재로 이름 붙인 것으로 부모가 평소 자녀가 게임을 얼마나 하는지 확인하거나 게임해야 할 시간을 정해놓고 조절하는 경우이다.

의 연구에서는 동아리활동시간보다는 동아리활동에 대한 몰입과 동아리활동의 또래관계가 인터넷게임중독에 부적인 영향을 미치는 것으로 나타났다. 즉 단순한 여가시간보다는 얼마나 그 활동에 몰입하느냐가 중독을 완화하는 데 중요한 것이다.

(5) 입시 위주의 교육환경

청소년들이 게임에 중독될 수밖에 없는 이유 중의 하나는 좋은 대학진학을 위한 성적만을 강조하는 우리 사회의 입시 위주의 교육환경과도 밀접한 관련이 있다. 실제로 청소년들은 인터넷게임중독의 원인으로 공부에만 매달리게 하는 입시 위주의 교육을 가장 많이 꼽았다(이창호, 2013). 따라서, 학업스트레스에 시달리는 청소년들에게 게임은 학업스트레스를 해소할 수 있는 탈출구이다.

(6) 기타 요인들

이 밖에 게임중독에 영향을 미치는 요인은 가정환경, 학업성적, 게임이용시간 등이 있다. 청소년정책연구원에서 실시한 '청소년 게임중독과 가족여가활동 실태조사'의 중학생 데이터를 분석한 연구(윤명숙·김남희·박완경, 2014)에 따르면, 남학생이고 성적이 낮으며 부모가 맞벌이인 경우 인터넷 게임 중독 수준이 증가하는 것으로 나타났다. 또한 통계적으로 영향력 있는 변인들을 단계적 다중회귀분석한 결과, 게임시간, 여가장애, 성별, 주당게임빈도 순으로 인터넷게임중독을 예측하는 설명력이 높았다. 연구자는 이러한 결과에 대해 인터넷게임중독 감소를 위한 방안 마련에 있어 개인 및 가족 관련 요인뿐 아니라 청소년의 여가 및 게임 관련 요인에 더욱 관심을 기울여야 한다고 지적하였다. 더불어 인터넷게임중독을 증가시키는 유의미한 변인으로 여가시설 및 프로그램의 부재, 학업에 대한 압박감 등이 나타난 것은 여가에 대한 만족도와는 상관없이 여가생활을 제한하는 장애 요인을 크게 인식할수록 인터넷 게임에 쉽게 빠져드는 직접적인 영향 요인이 된다는 것을 반증하는 결과라고 해석하였다.

이처럼 청소년의 게임중독에 영향을 미치는 요인들은 개인적인 수준에서부터 사회구조적 수준에 이르기까지 매우 다양하다고 볼 수 있다.

2) 게임중독 예방교육

현재 한국에서 게임 중독예방교육은 다른 매체에 비해 상당히 많이 이루어지고 있다. 특히 교육 현장에 기반을 두고 학교의 교과과정과 연계한 수업, 창의적 체험활동 등에서 운영되고 있는데 상당히 체계적이고 효과적으로 운영되는 것으로 평가되고 있다. 나아가 우리나라는 청소년의 인터넷 및 게임중독에 대한 상담 및 치료/재활 프로그램을 여성가족부, 미래창조과학부, 교육부, 문화체육관광부 등 관련부처가 주도적으로 추진하여 전국에 전문상담기관이나 치료기관을 지원·보급하고 있다.

우리나라 미디어 중독 예방 교육 프로그램의 내용 구성을 보면, 인터넷 및 게임 중독의 폐해를 강조하고, 해당 매체에 대한 올바른 사용 및 조절 방법에 대한 학습 중심이다. 뿐만 아니라 인터넷을 이용할 때 적용할 수 있는 예절에 대한 사항을 강조하여 미디어 자체의 이용을 위축시키지 않는 방향으로 교육하고 있다.

구체적으로 교육부는 게임·인터넷·스마트폰 중독 예방교육 강화를 통해 학생들의 올바른 인성 함양과 함께 학교폭력 예방의 효율성을 높이려는 시도를 하고 있다. 2013년도에는 찾아가는 사이버 폭력 및 인터넷 중독 예방 교육을 확대 실시하였는데, 학교급별, 성별 등을 고려하여 맞춤형 사이버폭력 예방 교육자료를 개발[4)]하여 학생, 학부모, 교원을 대상으로 교육을 실시하였다. 교육부는 2014년에도 게임중독 등 문제행동을 예방하고 대응하기 위한 생활지도 매뉴얼을 지속적으로 개발하고 보급하고 있다.

문화체육관광부는 게임회사를 대상으로 게임중독 예방프로그램을 실시하도

4) 교원용 매뉴얼(2종, 초등/중등), 학생용 교육자료(2종, 초등/중등), 학부모용 온라인 콘텐츠(1종) 등(여성가족부, 2014).

록 강제하고 있다(여성가족부, 2014 참조). 즉, 게임이용 단계별로 게임물 관련 사업자가 게임중독 예방조치를 운영하도록 하고 있다. 예를 들어 게임이용 회원 가입 시에는 본인 인증 및 부모 동의 확보를 필수로 하고, 게임이용 전에는 청소년 및 부모 요청 시간대에 게임이용을 제한하는 시스템을 구비하도록 하였으며, 게임이용 중에는 매 시간마다 게임 과도이용에 대한 주의문구 및 이용시간 경과내역을 표시하도록 하고 있다. 게임이용 후에는 매월 1회 게임이용시간 및 결제정보 등을 고지하도록 하여 게임 중독을 예방하도록 하고 있다. 뿐만 아니라 2007년부터 전국에 게임 과몰입 힐링센터를 구축하고 게임 과몰입 예방 교육, 상담 등을 실시하고 있다.

여성가족부는 청소년 인터넷게임 중독 예방을 위한 선제적이고 체계적인 대응을 하기 위해 중독 청소년의 체계적 발굴 및 위험단계별 상담・치료 등 맞춤형 종합 서비스를 지원하고 있다(여성가족부, 2014). 주로 청소년상담복지센터에서 청소년 인터넷 중독 상담서비스를 제공하고 있는데 법적인 근거로는 청소년 보호법 제27조 인터넷게임 중독 등의 피해 청소년 지원을 중심으로 이루어지고 있다. 한편 중고등학생을 대상으로 국립청소년 인터넷드림마을을 구축하였는데, 이는 인터넷, 스마트폰 과다 사용 청소년을 대상으로 하는 상설 기숙형 치유시설로 2014년에 신규 구축되었으며, 인터넷중독 정도에 따라 일반프로그램 혹은 심층 프로그램에 참여할 수 있다. 여성가족부는 인터넷 중독 관련 전문인력 양성을 위해 청소년 상담복지센터에 청소년 인터넷중독 전담 상담사를 배치하여 운영하고 있는데 한국청소년상담복지개발원이 주관하고 있다.

보건복지부는 광역 및 기초정신건강증진센터 및 중독관리통합지원센터를 지역정신보건사업의 일환으로 운영하고 있다. 이러한 기관에서는 정신질환, 중독 예방, 조기발견, 상담 및 치료・재활서비스를 제공하고 있다. 특히 드림스타트 센터에서는 인터넷중독 상담 및 심리치료를 지원하고 있는데, 취약계층 아동(0~12세)과 가족에게 보건・복지・보육・교육을 통합한 맞춤형 서비스를 지역사회 자원과 연계하여 제공하는 사업이다. 한편 아동청소년 심리지원 서비스는 지자체가 돌봄・재활・상담 등 지역 수요에 맞는 사회서비스 사업의 기획 및 집행을 탄력적으로 진행함으로써, 지역주민에게 맞춤형 사회서비스를 지원하는 사업이다. 이를 통해 지역사회 내 심리지원 서비스가 필요한 아동청소년에게 지속적인 상담치료를 하고 학업 비효율성 및 아동 · 청소년 범죄 등 사회적 문제를 예방하려는 시도이다. 이러한 서비스 중의 하나가 만 18세 이하의 인터넷 중독 위험군을 대상으로 맞춤형 상담 및 대체 활동을 통해 인터넷 과몰입을 치유하고 있다.

4. 나가며

정보화 사회, 영상문화의 시대를 살고 있는 우리 시대에, 디지털게임은 이러한 사회적 변화와 같은 흐름을 대표하는 문화현상이다. 새로운 시대의 주역이 될 우리 청소년들의 사고방식이나 구조가 어떤 방향으로 변화를 겪게 될지를 잘 암시해주고 있는 문화현상이라고 할 수 있다.

디지털게임을 단지 폭력성향이나 중독을 경험하게 하는 새로운 형태의 지극히 소비적인 놀이로 전락시키지 않고, 이미 팽배해있는 문화적 자기실현욕구를 충족시켜 줄 수 있고 좀 더 정의롭고 살맛 나는 세상을 만드는 데 기여할 수 있는 방향으로 게임문화를 육성 발전시켜 나가는 일이 절실한 문제라고 생각된다.

논란과 시비의 대상이 되고 있는 문제들, 즉 폭력성이나 중독성과 같은 문제들은 디지털게임이라는 매체에 내재한 불가피한 현상이라기보다 의식적이고 집단적인 노력에 의해 극복될 수 있는 문제이기 때문이다.

이러한 논의를 바탕으로 다음과 같은 제안을 하면서 이 장을 마무리하고자 한다.

첫째, 게임문화를 올바르게 이해할 수 있는 교육을 지속적으로 시행해야 한다. 게임의 특징과 의미, 장 · 단점, 지켜야 할 의무와 윤리 등을 어린 시절부터 체계적으로 지도하여 건전한 게임문화와 공동체를 스스로 만들어갈 수 있는 자생력을 키워 주는 것이 중요하다.

둘째, 게임 중독 증세를 예방하고 치료해주기 위한 구체적인 프로그램을 확대 구성하여 실행해야 한다. 청소년 게임문화에 있어 중독과 몰입에 대한 정확한 이해를 바탕으로 중독이 발생했을 때 어떻게 해야 하며 몰입이 중독으로 전이되지 않기 위해서는 어떻게 해야 하는가 등에 대한 스스로의 대처 능력을 키워주는 것이 중요하다.

셋째, 부모와 교사, 청소년지도자들을 대상으로 한 청소년 게임문화 연수도 필요해 보인다. 청소년들의 올바른 게임문화 배양을 위해서는 누구보다도 지도를 담당할 부모와 교사, 청소년지도자 등이 이에 대한 정확한 지식과 이해를 지니고 있어야 하기 때문이다. 기성세대들에게 있어서 청소년 게임문화에 대한 인식은 긍정적인 모습보다는 부정적인 모습으로 더 강하게 형성되어 있다. 경우에 따라서는 이들과 청소년들이 함께 할 수 있는 게임문화 체험 기회를 갖게 하는 것도 필요할 것이다.

넷째, 청소년들의 일상생활에서 게임이 불가결한 요소가 되고 있음을 감안하여 게임에 대한 획일적인 규제와 통제보다는 게임의 긍정적인 기능을 강화할 수 있도록 우수게임 인증제 등의 적극적인 정책대안의 도입을 검토해야 한다.

다섯째, 게임에 대한 청소년들의 높은 선호도를 고려하여 오락적 기능뿐만 아니라 교육적, 치료적 기능을 갖는 게임의 개발을 지원하고 학교, 청소년 관련 기관 등에서 활용할 수 있도록 해야 한다.

참고문헌

강지웅 외(2008). 게임과 문화연구. 서울: 커뮤니케이션북스.

김기석, 정형원(2016). 온라인 게임의 길드 활동을 통한 리더십 경험: 현상학적 분석. Journal of Digital Convergence, 14(6).

김기숙 · 김경희(2009). 초등학생의 인터넷게임중독에 영향을 미치는 부모관련 변인. 아동간호학회지, 15권 1호, 24-33.

김민경(2012). 청소년의 심리적 요인, 부모애착이 인터넷 게임 중독과 휴대폰중독에 미치는 영향. 인간발달연구, 19(4), 1-22.

김창배(1999). 21c 게임 패러다임. 서울: 지원미디어.

문화체육관광부 · 한국콘텐츠진흥원(2023). 2022 대한민국 게임백서.

미래창조과학부 · 교육부 · 법무부 · 국방부 · 문화체육관광부 · 보건복지부 · 여성가족부 · 방송통신위원회(2014. 3.). 2014년도 인터넷중독예방 및 해소 추진계획.

박명진(2013). 이미지 문화와 시대 쟁점. 서울: 문학과지성사.

박조원 · 정헌일(2013). 어린이, 청소년 게임 이용자의 심리적 특성이 게임 과몰입에 미치는 영향에 대한 연구. 한국콘텐츠학회논문지, 13(11), 665-676.

유비(2013). 청소년의 동아리 활동이 인터넷 게임중독 수준에 미치는 영향. 청소년복지연구, 15권 2호, 417-441.

윤명숙 · 김남희 · 박완경(2014). 중학생의 인터넷게임 중독에 미치는 게임 및 가족, 여가요인의 영향. 청소년학연구, 21권 4호, 309-337.

이영훈 · 유수현(2012). 중학생의 욕구불만족이 인터넷 게임중독에 미치는 영향에 대한 연구: 충동성의 매개효과를 중심으로. 정신보건과 사회사업, 40권 4호, 57-85.

이재현(2013a). 멀티미디어. 서울: 커뮤니케이션북스.

이재현(2013b). 인터넷. 서울: 커뮤니케이션북스.

여성가족부(2013). 청소년의 인터넷게임이용실태 조사.

여성가족부(2014). 2014년도 청소년정책 시행계획 - 중앙행정기관.

이수엽 · 채다희 · 박근서(2016). 게임 공간과 게임 플레이의 변화. 사이버커뮤니케이션학보, 33(1), 89-137.

이창호(2013). 인터넷게임중독의 원인과 해결방안에 관한 청소년들의 인식. NYPI 청소년정책리포트, 50호.

이창호 · 윤철경 · 최금해 · 김옥태(2014). 한중 청소년의 온라인게임 이용과 중독예방 및 치료정책에 관한 비교연구.

이현지 · 정일권(2011). 여가활동이 청소년의 게임이용부작용에 미치는 영향. 스피치와 커뮤니케이션, 16, 75-104.

전경란(2009). 디지털 게임, 게이머, 게임문화. 서울: 커뮤니케이션북스.
조영호 · 장재철(2010). 청소년들의 스포츠활동참여와 자아존중감 및 인터넷게임 중독성향의 관계. 한국체육과학회지, 19(1), 207-218.
한국콘텐츠진흥원(2023). 2022 아동 · 청소년 게임행동 종합 실태조사.

Caillois, Roger(1958). (Les) Jeux et Les Hommes. 이상률 역(1994). 놀이와 인간. 서울: 문예출판사.
Crawford, Chris(1984). *The Art of Computer Game Design*. Berkeley, California: Osborne/McGraw-Hill.
Huizinga, Johan(1971). Homo Ludens: A Study of the Play-Element in Culture. 이종인 역(2010). 호모 루덴스. 서울: 연암서가.
Rouse, Richard(2000). *Game Design: Theory and Practice*. Plano, Texas: Wordware Publishing, Inc.; 최현호(역)(2001). 『게임 디자인: 이론과 실제』. 정보문화사.

CHAPTER 09

청소년과 모바일문화

청소년에게 휴대전화는 자신의 분신과도 같은 존재이다. 거의 모든 청소년들이 휴대전화를 가지고 있을 정도로 휴대전화는 그들의 정체성을 표현하고 강화하는 중요한 채널이 되어 왔다. 특히, 청소년들에게 휴대전화는 부모나 교사의 통제를 벗어나 자유롭게 자신들만의 이야기를 털어놓을 수 있는 통로였다. 근래 들어서는 스마트폰이 확산되면서 언제 어디서든지 자유로운 소통이 가능하면서 스마트폰에 중독된 청소년들이 늘어나고 있는 추세이다. 즉, 스마트폰이 없으면 불안하거나 스마트폰을 통해 전달된 메시지를 계속 확인해야 직성이 풀리는 청소년들이 많아지고 있는 것이다.

본 장은 최근 확산되고 있는 스마트폰을 비롯한 휴대전화가 청소년들에게 어떤 영향을 미치며, 특히 어떤 새로운 문화를 만들고 있는지 분석하고자 한다. 먼저, 휴대전화의 진화와 특성에 대해 논의한 뒤, 휴대전화가 초래한 문화적 변화에 대해 서술할 것이다. 이어서 청소년들의 스마트폰 이용현황을 살펴보고 스마트폰이 청소년에게 미치는 영향에 대해 알아볼 것이다. 마지막으로 건전한 모바일문화 정착을 위해 어떤 노력들이 필요한지 고찰하고자 한다.

1. 휴대전화의 진화와 특성

흔히 스마트폰은 '손안의 작은 PC'로 다양한 애플리케이션을 다운로드 받을 수 있고 쉽게 이메일을 주고받을 수 있으며 자유롭게 인터넷을 즐길 수 있는 모바일미디어로 규정할 수 있다(Ofcom, 2011). 스마트폰이 도입되기 이전에는 음성통화와 문자기능이 주를 이룬 피처폰이 대세였다. 하지만 2002년 이후 영상통화기능이 추가된 3세대 폰이 등장하면서 스마트폰이 일상화되기에 이르렀다. 2007년 애플의 아이폰이 출시된 이후 스마트폰의 기능이 한층 다양해졌고 가파르게 확산되었다. 최근에는 5G가 대세이며 2023년 4월 말 기준 국내 5G 가입자는 3천만 명에 달한다.

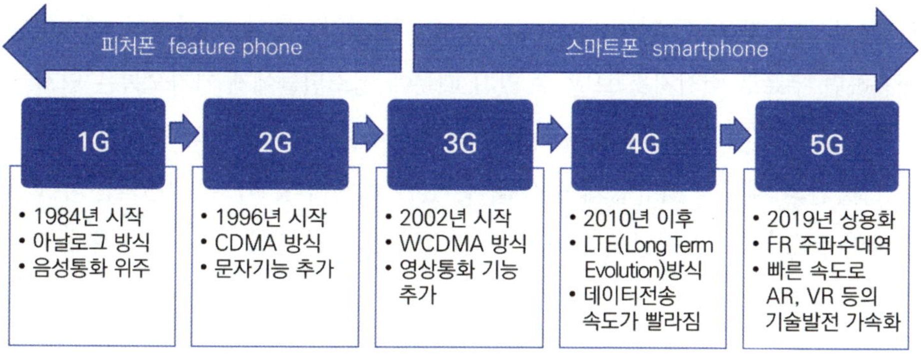

[그림 9-1] 휴대전화의 진화과정

출처: 두산백과(2023년 6월 7일 검색) 및 〈이진우의 친절한 경제〉 "이동통신에서 2G, 3G, 4G가 뭔가요?" 2012. 3. http://mbceconomy.com/detail.php?number=855&thread=37

잘 알려져 있듯이, 우리나라 휴대전화 보급률은 세계 최고 수준이다. 청소년들의 경우도 거의 모든 청소년이 휴대전화를 지니고 있다. 한국청소년정책연구원이 2021년 전국의 중, 고등학생 2,810명을 대상으로 조사한 결과 청소년의 98.0%가 스마트폰을 가지고 있는 것으로 나타났다(배상률 · 이창호 · 김남두, 2021). 2011년 36.2%에 불과하던 청소년의 스마트폰 보급률은 2013년 81.5%로 두 배 넘게 증가한 바 있다(여성가족부, 2014. 3. 5.).

스마트폰을 비롯한 모바일 기기의 가장 큰 장점은 휴대성과 즉시성이다. 즉, 휴대하기 간편하고 언제 어디서든지 정보접속이 가능하며 원하는 때 바로 정보를 얻을 수 있다는 것이 스마트폰의 가장 큰 매력이다.

휴대전화는 다음과 같은 특징을 지니고 있다(이재현, 2004). 첫째, 휴대전화는 이동 중에도 사용 가능한 미디어다. 이동성은 휴대전화의 가장 중요한 속성 중 하나로 시·공간적 제약을 벗어나 자유롭게 이용할 수 있다는 특징이 있다. 둘째, 휴대전화는 다양한 정보 처리와 통신이 가능한 미디어이다. 가령 휴대전화를 통해 날씨나 주식정보를 알 수 있고 은행업무도 볼 수 있으며 인터넷 접속도 가능하다. 셋째, 휴대전화는 디지털 멀티미디어적 요소를 지니고 있다. 즉, 음성뿐만 아니라 텍스트, 그래픽, 사운드, 데이터, 비디오 등 다양한 미디어를 지원하고 있다. 이러한 요소 때문에 휴대전화를 이용하여 동영상 촬영이 가능하고 사진도 찍을 수 있으며, 음악도 들을 수 있다. 특히, 카카오톡 서비스를 이용하면 무료로 메시지를 보낼 수 있기 때문에 청소년들에게 카카오톡은 인기다.

무엇보다도 청소년들에게 휴대전화는 교사나 부모의 감시와 통제를 벗어나서 그들만의 세계를 자유롭게 구성할 수 있는 매체이다. 즉, 휴대전화는 부모나 교사의 눈을 피해 청소년들 또래 간의 소통을 실현시킬 수 있는 매개체가 되고 있는 것이다.

2. 모바일기기 확산에 따른 문화변화

대표적인 모바일 기기인 휴대전화의 확산은 인간의 상호작용을 획기적으로 변화시킨 모바일문화를 만들고 있다. 이재현(2004)은 주요 모바일문화의 특징으로 삶의 동시화 경향을 꼽는다. 즉, 휴대전화 덕택에 공간적으로 떨어져 있는 사람과도 실시간으로 삶의 리듬과 흐름을 공유하게 됐다는 것이다. 아울러, 휴대전화를 통해 인간은 시간적으로나 공간적으로 자신만의 통제영역을 확장시키고 있다. 휴대전화는 개인의 일상생활을 조정하고 통제하기에 매우 유용한 매체이다. 이처럼 휴대전화는 개인화된 매체이면서 동시에 타인과의 연결이나 상호작용이 가능한 사회적 매체이기도 하다.

1) 호모 모빌리쿠스의 등장

스마트폰이 확산되면서 하루 종일 스마트폰을 끼고 생활하는 '호모 모빌리쿠스'가 등장하고 있다. 호모 모빌리쿠스가 추구하는 것은 무엇보다도 외부세계와의 연결을 통한 사회적 관계 맺기이다(김성도, 2008). 사람들은 공간적으로 멀리 떨어진 친구들과도 휴대전화를 통해 즉각적으로 소통할 수 있으며 새로운 유형의 사람들을 만나기도 한다. 이처럼 휴대전화는 시간적·공간적 제약을 받지 않고 외부세계에 접속할 수 있는 수단이다. 이 같은 결속을 통해 사람들은 심리적 안도감과 안전의 욕구를 실현한다. 휴대전화를 갖고 있다는 것은 또한 자신의 존재방식을 표현하는 것이며 타인들에게 인정받고 싶은 자신의 이미지를 보여주는 행위이다(김성도, 2008). 특히, 청소년들은 휴대전화를 통해 자신들만의 축약된 언어와 이미지로 감정을 표현하고 전달한다.

2) 웹 3.0 시대의 등장

스마트폰을 비롯한 모바일 기기의 확산은 웹 3.0 시대를 열고 있다(김성태 외, 2011). 웹 1.0 단계는 웹의 초기 모델로 인터넷 홈페이지나 커뮤니티, 이메일서비스 등을 통해 이용자가 정보를 제공받는 수준에 머물렀다. 이후 블로그나 미니홈피, UCC 등이 등장하면서 이용자들이 적극적으로 정보를 생산하고 공유할 수 있는 웹 2.0 시대가 도래했다. 잘 알려져 있듯이, 웹 2.0은 개방, 공유, 참여라는 중요한 특징을 지니고 있다. 스마트폰의 보급과 확산, 트위터·페이스북의 등장은 언제 어디서든지 접속할 수 있고 연결될 수 있는 웹 3.0 환경을 만들어냈다. 이 단계에서는 이용자가 개인의 욕구나 필요에 맞는 맞춤형 정보를 제공받을 수 있다. 디지털 컨버전스를 기반으로 한 웹 3.0 시대는 지식과 네트워크 중심의 개인 맞춤형 소셜네트워크서비스가 대표적인 정치참여수단이 된다.

3) 앱세대의 등장

스마트폰이 확산되면서 앱 이용 또한 늘고 있다. 이를 반영하듯, 하버드대학교 하워드 가드너 교수는 2000년 전후 태어난 디지털 세대를 '앱세대'로 칭하고 있다(조선일보, 2014. 2. 15.). 이 세대의 특징은 페이스북 등 소셜네트워크서비스에 몰두한 나머지 대면접촉이나 상호작용을 꺼리는 경향이 있다는 것이다. 즉, 디지털 환경에 익숙하다 보니 오프라인보다 온라인 공간이 더 편하고 친숙한 것이다. 하지만, 앱을 통한 문제해결에는 익숙하지만 위험을 회피하는 경향이 있고 지나치게 앱에 종속된 나머지 앱 없이는 아무것도 할 수 없는 앱의존적 특징을 지니고 있다.

4) 엄지족의 등장

휴대전화가 초기에 보급될 때는 음성통화 위주였다. 하지만, 음성통화의 경우 상대방이 무엇을 하고 있는지 모르는 상태에서 이루어지기 때문에 타인의 행위를 방해하기가 쉽다. 이 때문에 문자를 비롯한 메시지를 보내는 서비스가 발전하면서 이제는 음성통화보다 문자를 보내는 것이 보편화되고 있는 추세다. 이를 반영하듯, '엄지족'이란 말이 한동안 유행했다. '엄지족'은 엄지손가락을 이용하여 자유자재로 문자를 보내고 게임을 즐기거나 정보를 검색할 수 있는 세대를 일컫는 용어다.[1] 특히, 10대 청소년들에게는 음성통화보다 문자메시지를 주고받는 것이 더 익숙하고 편하다. 대표적인 문자서비스인 카카오톡의 등장은 청소년들을 더욱더 스마트폰에 집착하도록 하고 있으며 새로운 '엄지족' 문화를 만들고 있다.

1) 네이버 지식백과 참조

5) 디지털 노마드(digital nomad)의 등장

스마트 기기의 발전은 시·공간적 제약을 받지 않고 온라인 공간을 자유롭게 넘나들면서 정보를 찾거나 소통을 즐기는 디지털 노마드족을 양산하고 있다. 이들은 이동과 속도를 중요시하고 있으며 자유롭고 창의적인 사고방식을 가지고 있다.

6) 디지털 폐인의 등장

정보통신기술의 발전으로 휴대전화를 쉽게 손에서 놓지 못하고 지나치게 휴대전화에 집착하는 '디지털 폐인'이 등장하고 있다. 폐인의 사전적 의미는 병으로 몸을 망친 사람이지만, 최근에는 사이버공간을 기반으로 독특한 의식이나 정서를 공유하며 강한 집단적 정체성을 보여주는 집단을 일컫는 데도 사용되고 있다(김종길·김문조, 2006). 문화종족으로서 이들이 갖는 특성은 풍자와 해학을 즐기고 상징과 이미지를 활용하여 집단정체성을 표현하며, 다양한 방식으로 일상적 정치에 참여한다는 것이다.

7) 소셜네트워크 세대의 등장

청소년들은 인스타그램이나 페이스북과 같은 소셜네트워크를 통해 친구들과 교류하고 소통하는 세대이다. 이를 통해 자신의 일상을 기록하고 정체성을 유지, 강화하며 새로운 인간관계를 형성해 나간다. 이들에게는 미디어를 통해 친구들과 연결돼 있다는 것이 매우 중요하다(김아미 외, 2018). 최근에는 이미지 기반의 SNS가 확산되고 있는데 대표적인 것이 인스타그램이다. 이 공간에서 이용자들은 자신들의 정체성을 표현하고 이미지를 통해 의미를 전달하고 소통한다(윤지선·류한영, 2019). 또한 취미나 관심이 비슷한 새로운 친구를 만들거나 다양한 주제에 관해 토론할 수 있다.

8) 글로벌 빌리지(global village)의 탄생

캐나다 미디어학자 매클루언은 이미 1970년대 전 세계가 텔레비전으로 인해 하나로 연결되는 '글로벌 빌리지', 즉 '지구촌 마을'이 탄생할 것이라 예견했다. 이제 우리는 스마트폰으로 인해 세상을 이해하고 소통한다. 스마트폰을 비롯한 휴대전화는 멀리 떨어져 있는 낯선 이들과의 커뮤니케이션을 가능하게 했다. 청소년들은 페이스북 등 소셜네트워크를 통해 외국인 친구들과 스스럼없이 대화를 나눌 수 있으며 외국으로 유학을 간 또래친구들과도 소통할 수 있다. 바야흐로 국가 간의 경계를 넘어선 소통이 활발해지면서 매클루언이 예견했던 '지구촌 마을'이 탄생하고 있는 것이다.

3. 청소년의 스마트폰 이용현황

앞에서 살펴본 것과 같이, 청소년들에게 스마트폰은 이제 생활의 중요한 일부가 되었다. 청소년들이 스마트폰을 이용하는 목적과 빈도를 파악하기 위해 한국청소년정책연구원의 조사결과를 인용하였다(배상률 · 이창호 · 김남두, 2021 참조).

1) 스마트폰 이용시간

하루 평균 얼마나 스마트폰을 이용하는지 살펴본 결과, 5시간 이상이라고 응답한 비율이 22.8%로 가장 많았다. 성별로 살펴보면, 하루 평균 5시간 이상 스마트폰을 사용한다고 답한 경우 여학생의 비율(29.2%)이 남학생(17.0%)보다 더 높게 나타났다. 학년별로 보면 해당 비율은 고3학생이 26.7%로 가장 높았다. 대체로 학업성적이 하위권이거나 경제수준이 낮은 경우 스마트폰을 더 많이 하는 것으로 조사됐다.

〈표 9-1〉 하루 평균 스마트폰 이용시간 (단위: %)

	사례수 (명)	1시간 미만	1시간 이상~ 2시간 미만	2시간 이상~ 3시간 미만	3시간 이상~ 4시간 미만	4시간 이상~ 5시간 미만	5시간 이상
전체	(2,744)	2.9	12.9	22.7	20.5	18.2	22.8
성별							
남	(1,423)	3.7	17.4	27.1	20.1	14.7	17.0
여	(1,321)	2.2	7.9	18.0	20.8	22.0	29.2
교급							
중학생	(1,368)	3.8	14.6	23.1	20.0	16.3	22.2
고등학생	(1,376)	2.1	11.1	22.2	20.9	20.2	23.5
학년							
중1	(489)	4.7	18.9	26.1	20.1	11.5	18.8
중2	(447)	4.7	13.2	22.3	18.2	18.3	23.2
중3	(432)	1.9	11.2	20.6	21.8	19.5	25.0
고1	(462)	2.3	14.7	22.7	18.6	20.5	21.2
고2	(487)	1.7	9.4	23.2	21.3	21.6	22.9
고3	(427)	2.3	9.1	20.7	23.1	18.2	26.7
학급성적							
상위권	(923)	4.6	18.2	24.2	22.8	14.6	15.5
중위권	(954)	2.2	11.7	25.0	21.6	18.5	20.9
하위권	(841)	2.0	8.3	18.6	16.8	21.3	33.1
경제수준							
상위권	(844)	4.8	17.6	22.8	19.2	18.1	17.5
중위권	(1,504)	2.1	10.9	23.1	22.3	17.8	23.8
하위권	(364)	2.2	10.0	21.0	16.5	19.5	30.8

2) 스마트폰 기능 활용

청소년들은 스마트폰의 여러 기능 중 어떤 것을 활용하는지 살펴보았다. 1순위와 2순위를 종합하여 살펴본 결과 유튜브를 가장 적극적으로 활용한 것으로 조사됐다. SNS와 카카오톡 채팅, 게임, 음악 듣기도 빈도가 높았다. 반면 TV시청은 3.1%에 머물렀다. 태어날 때부터 디지털 기기와 함께 놀고 성장한 지금의 청소년들은 스마트폰을 통해 유튜브와 SNS를 가장 즐기고 있다고 볼 수 있다.

성별로 스마트폰을 활용하는 목적은 다소 차이가 났다. 남학생은 게임과 유튜브 기능을 많이 사용한 반면 여학생은 SNS와 채팅을 적극적으로 활용하였다. 스마트폰을 통해 친구와 소통하고 관계를 유지하려는 목적이 여학생들에게서 높게 나타난 것이다. 중학생들은 고등학생보다 게임, 틱톡을 많이 한 것으로 나타났고 고등학생들은 중학생들보다 유튜브, 음악 듣기, SNS, 인터넷이용 등을 즐겼다.

〈표 9-2〉 스마트폰 기능 활용

(단위: %)

	사례수 (명)	전화 통화	카카오톡/ 채팅	게임	유튜브	틱톡	음악 듣기	사진/ 동영상 촬영	TV 시청	SNS (유튜브/ 틱톡 제외)	시간 보기/ 알람	인터넷이용 (포털사이트, 웹서핑 등)	문자 메시지	기타 (그 외 기능 활용)
전체	(2,727)	7.6	28.1	21.5	66.8	6.3	20.9	0.7	3.1	31.0	1.2	7.6	1.1	3.4
성별														
남	(1,413)	5.4	22.4	33.4	75.7	4.3	19.3	0.5	2.1	22.1	1.1	7.9	1.1	3.5
여	(1,313)	9.9	34.3	8.6	57.1	8.4	22.6	0.9	4.2	40.6	1.3	7.2	1.1	3.4
교급														
중학생	(1,368)	9.2	29.3	27.2	63.4	7.7	18.3	0.6	4.6	27.0	1.4	5.8	1.7	3.4
고등학생	(1,359)	5.9	27.0	15.7	70.2	4.9	23.5	0.9	1.7	35.0	1.0	9.4	0.5	3.5

3) 즐겨 이용하는 유튜브 콘텐츠

청소년들은 유튜브를 통해 필요한 정보를 얻고 유튜브에 많은 시간을 보내는 유튜브 세대이다. 청소년들이 어떤 주제의 유튜브를 이용하는지 조사하였다. 총 18개의 주제 중 응답자의 절반 이상이 '전혀 이용하지 않았다'고 답한 주제는 장난감/놀이(81.5%), 코로나19(63.9%), ASMR(63.5%), 캠방/토크(61.1%), 여행/외국(60.3%), 미용/뷰티(55.6%), 동물/펫방(51.1%) 등 7가지였다. 한 달에 한

번 이상 이용한 경우는 음악/댄스(84.2%)가 가장 많았고 영화/드라마(78.4%), 코미디/예능(76.0%), 게임(70.3%), 먹방/요리(70.1%) 순이었다. '한 달에 20번 이상 이용한다'고 답한 비율은 음악/댄스가 29.7%로 가장 높았고 게임(27.5%), 팬활동/연예인(13.8%), 영화/드라마(13.1%) 순이었다.

이 같은 결과를 종합해보면 게임, 음악, 먹방, 영화, 코미디 관련 주제가 청소년들에게 인기가 있음을 알 수 있다. 반면 학습/교육이나 뉴스/시사 주제를 다룬 유튜브 콘텐츠는 크게 인기를 끌지 못했다. 특히 장난감/놀이는 10대 청소년들에게 거의 인기가 없는 것으로 드러났다.

일부 주제에서는 성별 차이가 두드러졌다. 게임을 다룬 유튜브를 보는 경우는 여자보다 남자에게서 훨씬 높게 나타났다. 가령, 남자의 45.6%가 한 달에 20번 이상 게임 유튜브를 본다고 답한 반면 여자의 비율은 7.7%에 머물렀다. 음악/댄스의 경우는 남자보다 여자가 더 많이 이용하는 것으로 조사됐다. 남자의 24.2%가 한 달에 20번 이상 음악/댄스 유튜브를 본다고 답한 반면 여자의 비율은 35.8%에 달했다. 스포츠/운동 유튜브를 즐겨 보는 청소년들도 여자보다는 남자 집단에 많았다.

〈표 9-3〉 유튜브 콘텐츠 주제별 이용빈도 (단위: %)

주제	전혀 이용하지 않음	한 달 1~4회	한 달 5~9회	한 달 10~19회	한 달 20회 이상	계
게임	29.7	16.8	12.7	13.3	27.5	100
미용/뷰티	55.6	25.7	10.0	5.4	3.3	100
음악/댄스	15.8	17.6	19.1	17.9	29.7	100
먹방/요리	29.9	27.8	19.6	13.4	9.4	100
영화/드라마	21.6	25.5	22.9	16.9	13.1	100
코미디/예능	24.0	25.2	22.7	16.5	11.6	100
몰카/웃긴 영상	40.5	26.6	15.3	10.6	7.0	100
스포츠/운동	48.5	21.0	12.6	8.5	9.3	100
장난감/놀이	81.5	12.6	3.7	1.2	0.9	100
학습/교육	41.7	32.3	15.9	6.9	3.2	100
뉴스/시사	49.4	28.6	12.4	6.4	3.2	100

주제	전혀 이용하지 않음	한 달 1~4회	한 달 5~9회	한 달 10~19회	한 달 20회 이상	계
ASMR	63.5	17.3	9.7	5.3	4.2	100
여행/외국	60.3	21.9	9.8	5.7	2.3	100
팬활동/연예인	49.4	16.0	12.2	8.6	13.8	100
동물/펫방	51.1	21.5	13.1	8.0	6.3	100
만화/애니메이션	44.5	21.3	15.7	9.7	8.9	100
캠방/토크	61.1	16.6	11.1	6.5	4.6	100
코로나19	63.9	24.8	7.3	2.9	1.1	100

4. 스마트폰이 청소년에게 미치는 영향

1) 긍정적 영향

(1) 관계유지 및 강화

많은 청소년들에게 스마트폰은 자신의 분신이자 동반자가 되고 있다. 청소년들은 스마트폰을 통해 또래친구들과의 관계를 유지, 강화한다. 멀리 떨어져 있는 친구들과 직접 만나지 않고 스마트폰을 통해 소통할 수 있는 것도 스마트폰의 이점이다. 페이스북 등 소셜네크워크서비스를 이용하면 외국에 있는 친구들과도 실시간으로 소통할 수 있다. 이처럼 청소년들은 스마트폰을 통해 또 다른 또래관계의 장을 만들고 오프라인과는 다른 친구관계를 경험하고 있다(이영선 외, 2012).

(2) 정보제공

스마트폰은 청소년들에게 교통, 날씨, 시사정보 등 다양한 정보를 제공해 준다. 컴퓨터의 경우 부팅시간이 오래 걸리지만 스마트폰의 경우 바로 켜서 정보를 확인할 수 있다는 면에서 매력적이다. 또한, 학교생활에 필요한 유용한 정보를 찾을 수 있는 것도 스마트폰의 매력이다. 아래 〈표 9-4〉의 인터뷰 내용에서도 나타나듯이, 스마트폰 앱은 청소년들에게 필요한 다양한 정보를 즉각적으로 제공해 주는 역할을 하고 있다.

〈표 9-4〉 청소년들 인터뷰 내용

	인터뷰 내용
1	"네이버 앱이나 웹툰, 카카오톡도 유용한 것 같고. 컴퓨터로만 했던 것인데 핸드폰으로 가능하니까 이런 게 유용한 것 같아요. 네이버 앱으로 주로 스포츠나 연예 기사를 보고, 실시간 검색어도 한 번씩 터치해서 보고. 그리고 '김급식'이라는 앱이 있는데 이걸로 학교 급식 메뉴도 볼 수 있어요. 다른 애들도 많이 써요."
2	"정보검색도 좋은 것 같아요. 네이버로 인터넷 기사나 일단 급상승검색어에 뜨는 것들을 봐요."
3	"학교 등교를 하려고 할 때 버스 시간을 알려주는 단말기가 정류장에 없어요. 그래서 버스가 언제 올지 모르는데 서울버스 앱을 쓰면 알 수 있으니까 편해요."
4	"정보접근이 쉽다는 거. 수행평가를 할 때 뭘 조사해오라고 하잖아요. 그러면 시간이 없을 때는 굳이 컴퓨터를 켜서 인터넷을 찾아보는 게 아니라, 스마트폰을 이용해 정보를 찾아보고 바로 받아 적고 하면 몇 분 내로 수행평가 조사가 다 끝나버리거든요. 이게 아주 편리하다고 생각해요."

출처: 이창호 · 김경희(2013). 스마트폰확산에 따른 청소년보호방안 연구, 74쪽.

(3) 정서적 표출

청소년들에게 스마트폰은 감정이나 정서를 표출하는 커뮤니케이션 공간이다. 링과 이트리(Ling & Yttri, 2002)는 이를 휴대전화의 '거시-조정(hyper-coordination)'이라 불렀다. 즉, 청소년들은 휴대전화를 비롯한 모바일기기를 통해 자신의 정체성을 드러내고 또래집단과의 감정적 · 사교적 커뮤니케이션을 유지한다는 것이다. 청소년들에게 휴대전화는 또래들에게 자신의 느낌이나 생각, 감정 등을 자유롭게 이야기하고 이를 통해 정서적 지지를 얻는 기능을 수행한다.

(4) 오락제공

입시 위주의 교육환경에 시달리는 청소년들에게 스마트폰은 많은 즐거움과 오락거리를 제공해준다. 스마트폰이 확산되면서 많은 청소년들이 스마트폰용 게임을 하거나 웹툰을 즐겨 본다. 또한 포털서비스를 통해서는 연예뉴스나 스포츠뉴스를 많이 접하고 있다. 이러한 과정을 통해 청소년들은 학업스트레스를 해소할 수 있으며 기분전환을 할 수 있다. 학원에서 많은 시간을 보내야 하는 청소년들에게 스마트폰은 잠깐이라도 즐거움과 위안을 찾게 해주는 해방구 역할을 하고 있는 셈이다.

(5) 사회참여

스마트폰의 보급과 확산으로 스마트폰 이용자들의 정치 및 사회참여가 활발해지고 있다. 스마트폰은 접근이 쉽고 정보공유가 원활히 이뤄지기 때문에 기부나 서명 등 정치참여가 활성화될 수 있다. 이원태, 차재권과 신호철(2012)의 조사에 따르면, 스마트폰 고이용자집단은 저이용자집단에 비해 정치담론에 대한 관심뿐 아니라 정치효능감도 높은 것으로 나타났다. 또한, 스마트폰 고이용자집단일수록 정보탐색과 정치참여의견 표명의 비중 역시 높았다. 특히, 연구자들은 스마트폰에 탑재된 여러 앱 가운데서도 뉴스정보 관련 앱을 많이 이용하는 사람들의 정치적 관심이나 참여가 높다는 사실을 밝혀냈다. 금희조와 조재호(2010)의 연구에 의하면, 스마트폰을 이용하는 사람들일수록 투표, 정치선거 캠페인, 시위, 사회운동, 특정 제품 불매운동 등 사회참여활동에 적극적인 태도를 보였다. 특히, 스마트폰 이용자들은 소셜미디어를 통한 커뮤니케이션에 활발히 참여하는 것으로 나타났는데, 정치정보습득이나 정치인과의 소통에 있어 소셜미디어를 적극적으로 활용할수록 참여 정도가 높았다.

(6) 사회자본의 증진

트위터나 페이스북 등 소셜네트워크의 확산은 사회자본의 증진에도 크게 기여하고 있다. 트위터나 블로그 같은 개방형 네트워크는 교량적 사회자본(집단과 집단 사이의 관계망으로 약한 유대에 기초함)의 강화에 영향을 미치고 있고 페이스북이나 카카오톡 같은 폐쇄형 네트워크는 결속적 사회자본(집단 내의 결속을 강화하는 네트워크로 강한 유대에 기초함)의 증가를 가져오고 있다(이창호·정낙원, 2014). 즉, 소셜네트워크를 통해 이용자들은 다양한 세계와 문화를 접하며 다양한 분야의 지식과 정보를 얻고 있다. 아울러, 이용자들은 소셜미디어를 통해 지인과의 유대와 친목을 강화하기도 한다. 사회자본은 개인에게 내재된 가치가 아니라 사회적 관계나 연결을 통해 획득될 수 있는 자원이기 때문에 소셜네트워크의 이용은 사회자본의 증가를 가져올 수 있다.

2) 부정적 영향

스마트폰은 청소년들에게 유용한 기기임에 틀림없지만 여러 부작용도 있는 것이 사실이다. 스마트폰의 역기능에는 스마트폰 기기에 대한 중독, 스마트폰을 통한 따돌림, 성인용 앱 접촉 등이 있다.

(1) 스마트폰중독

스마트폰은 언제 어디서든지 접속이 가능하고 게임이나 인터넷 등 다양한 서비스를 제공하고 있기 때문에 중독성이 강한 매체이다. 강희양과 박창호(2012: 565)는 스마트폰 중독을 '스마트폰에 대한 과도한 몰입으로 인해 생기는 초조불안과 같은 일상생활의 장애'로 정의하고 있다. 특히, 스마트폰의 경우 이용주체의 능동성과 개입활동성이 높아 인터넷중독이나 휴대전화중독에 비해 상대적으로 중독의 차원과 정도가 훨씬 강하다(김병년, 2013). 즉, 스마트폰중독은 기존의 인터넷중독이나 인터넷게임중독보다 더 심각하다고 할 수 있다. 실제로, 한국지능정보사회진흥원 조사결과, 2011년도에는 청소년의 스마트폰 중독률이 11.4%에 불과했지만 2022년도 조사에서는 40.1%를 기록해 11년 사이에 28.7%p 넘게 증가한 것으로 나타났다. 이 수치에도 반영되었듯이 아침에 일어나자마자 스마트폰을 켜 메시지 내용을 확인하고 잠자리에 들기까지 스마트폰을 손에서 놓지 않는 청소년들이 늘어나고 있다. 심지어 일부 청소년들은 카카오톡을 통해 친구들과 채팅하느라 잠을 설치기도 한다.

(2) 스마트폰을 통한 따돌림

스마트폰이 확산되면서 초래되는 또 하나의 중요한 문제는 따돌림이다. 최근에는 아래 〈표 9-5〉에 나타나듯이, '떼카' '카톡감옥'과 같은 사례가 빈번히 발생하고 있다. 또한, 마음에 안 드는 친구가 있으면 친구목록에서 빼버리거나 친구신청을 거절하는 등의 사례도 증가하고 있다. 현재 많은 청소년들이 카카오톡을 이용하고 있는데, 여기서의 대화 역시 욕설이나 비방, 따돌림 등이 심각한 것으로 보고되고 있다(동아일보, 2013. 2. 22.). 학교폭력이 물리적, 신체적 폭력을 넘어 사이버폭력으로까지 발전하면서 청소년들은 온라인공간을 통해 새로운 공포를 느끼고 있다(동아일보, 2013. 3. 7.).

〈표 9-5〉 주요 사이버따돌림 유형

최신 유형	설명	
카카오톡 왕따(카따)	카따란 '카카오톡 왕따'를 뜻하는 10대들의 은어로, 오프라인에서의 왕따 행위를 모바일 공간으로 옮겨와서 자행하는 것	
	떼카	채팅방에서 피해학생에게 단체로 욕을 퍼붓는 것
	카톡방폭	채팅방에 피해학생을 초대한 뒤 한꺼번에 나가버려 피해학생만 카톡방에 남게 하는 것
	카톡감옥	피해학생을 채팅방으로 초대하여 괴롭히는 것
	기타	• 채팅방에서 피해학생의 말만 무시하며 유령 취급하는 행위 • 피해학생을 초대한 뒤 일제히 의미 없는 메시지를 던져 휴대폰을 마비시키는 행위
와이파이 셔틀	스마트폰의 테더링기능을 이용하여 피해학생의 스마트폰을 와이파이 공유기처럼 사용하는 것으로, 무선데이터 갈취를 통해 금전적 피해를 주는 것	
게임아이템 셔틀	게임을 하기 위해서 필요한 아이템을 피해학생에게서 상납받는 행위	

출처: http://www.ajunews.com/kor/view.jsp?newsId=20130731000334에서 재인용함 (2014년 2월 21일 인출)

방송통신위원회와 한국지능정보사회진흥원(2023)의 사이버폭력실태조사결과 최근 1년간 청소년의 사이버폭력 경험률은 41.6%였다. 사이버폭력피해를 당했다고 답한 비율은 37.5%, 가해경험은 20.6%, 가해와 피해를 동시에 경험한 비율은 16.4%, 사이버폭력을 목격한 경우는 7.4%였다. 사이버폭력가해동기는

'보복하기 위해서'가 38.4%로 가장 높았고 '상대방이 싫거나 상대방에게 화가 나서' 24.2%, '재미나 장난으로' 21.2%, '특별한 이유 없이' 17.5% 순이었다. 사이버폭력피해경험이 있는 청소년을 대상으로 사이버폭력피해 이후 취한 행동을 물어본 결과 40.1%가 가해자를 차단하거나 자신의 ID를 삭제·변경하는 등의 적극적 행동을 취한 반면 32.4%는 아무런 행동을 하지 않았다고 답했다. 청소년의 디지털혐오표현 경험률은 12.5%로 나타났고 신체나 외모, 국적이나 인종, 특정 세대, 성소수자, 정치성향에 대한 혐오표현을 많이 경험한 것으로 조사됐다.

아래 〈표 9-6〉의 인터뷰 내용에서도 나타나듯이, 스마트폰을 통한 따돌림은 대개가 사소한 문제에서 비롯된다.

〈표 9-6〉 청소년들 인터뷰 내용

	인터뷰 내용
1	"사이가 안 좋은 애들이 있었는데, 저를 카톡으로 초대해서 욕을 하더라고요. 'XXX아, 네가 OO한테 욕을 했는데. 네가 그럴만한 자격이 있냐'면서 단체로 욕을 해요. 한 다섯 명 정도가. 그래서 저는 '나 안 그랬다' 하면서 그냥 카톡 방을 나갔어요."
2	"친구랑 싸웠는데, 그 친구가 다른 친구한테 제 뒷담화를 했어요. 그래서 그룹채팅 있잖아요. 그걸로 그 친구랑 다른 친구랑 같이 저를 직접 불러서 욕하면서 싸우기도 했고, 저도 싸우고 나서도 다른 애들한테 그 아이 욕을 하기도 했어요. 거기서 저한테 짜증 난다고 싸가지 없다고 하길래, 너도 만만치 않다고 하고. 저도 그 그룹채팅방에 다른 제 친구 불러서 같이 싸웠어요."
3	"저희 학교가 남녀 합반인데요, 반 단체 톡에서 누가 한 명이 나가면 단체로 그 친구 뒷담화를 하거나 욕을 해요. 반 톡에서 중요한 얘기를 하고 있었는데 여자애 하나가 인터넷용량을 많이 쓴다는 이유로 방을 나간 거예요. 솔직히 좀 재수 없잖아요. 근데 여자애들은 속으로 삭혀놨던 애들 있잖아요. 그런 애들이 그 여자애 나가니까 욕을 하고. 반 톡 하다가 나가게 될 때 있잖아요. 그러면 다른 애들은 다시 초대를 하는데, 그 여자애는 다시 초대 안 해요."

출처: 이창호·김경희(2013). 스마트폰확산에 따른 청소년보호방안 연구, 76쪽.

(3) 스마트폰을 통한 성인용 영상물 접촉

스마트폰의 확산에 따라 유해콘텐츠를 접하는 청소년들도 해마다 늘고 있다. 여성가족부(2020)의 청소년매체이용 및 유해환경 실태조사 결과, 성인용 영상물 이용경험이 있다고 답한 청소년(초등학교 4학년~고등학교 3학년)의 비율은 37.4%에 달했다. 남학생은 44.3%, 여학생은 29.7%로 남자가 훨씬 많았다. 학교급별로 보면 초등학교 33.8%, 중학교 32.2%, 고등학교 45.1%로 고등학생들의 비율이 가장 높았다. 특히 성인물을 접한 초등학생의 비율이 꽤 높게 나타나 음란물접촉의 저연령화에 대한 대응이 시급하다. 앞선 조사에서는 최근 1년간 휴대전화로 성인용 콘텐츠를 보내거나 받은 적이 있다고 답한 비율은 2011년 4.5%였으나 2013년에는 16.1%로 크게 증가하였다(여성가족부, 2014. 3. 5.). 특히, 또래친구들과 성인물을 공유하는 수단으로 스마트폰이 이용되고 있어 이에 대한 대책마련이 시급하다.

여성가족부(2020)의 조사결과 성인용 영상물 이용경로는 포털사이트가 23.9%로 가장 많았고 인터넷개인방송이 17.3%로 뒤를 이었다. 스마트폰 앱을 통해 성인물을 접한 경우도 13.4%에 달했고 SNS도 12.8%였다. 스마트폰을 비롯한 디지털기기가 청소년들이 성인용 콘텐츠를 접하는 주요 경로가 되고 있는 것이다.

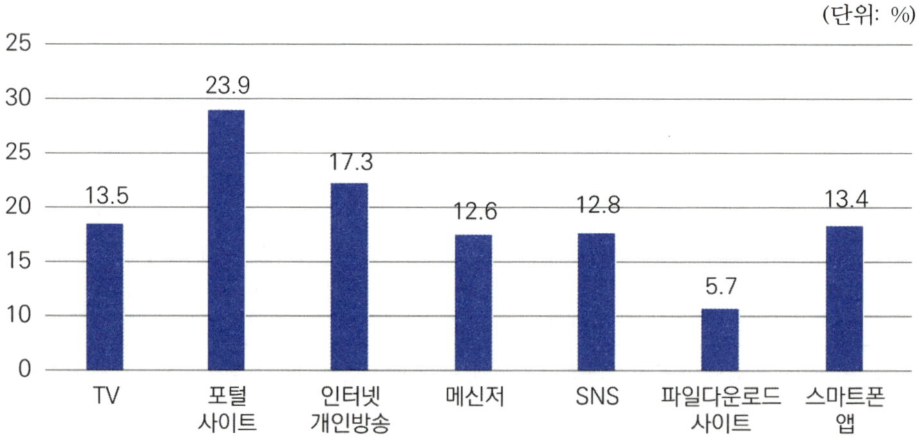

[그림 9-2] 성인용 영상물 이용 경로

출처: 여성가족부(2020). 청소년 매체이용 및 유해환경 실태조사.

(4) 랜덤채팅서비스를 통한 일탈

일부 스마트폰 채팅앱은 익명으로 은밀히 작동하면서 청소년들을 유혹하고 있다. 랜덤채팅은 스마트폰에 채팅 앱을 설치하고 실행하면 아무 채팅방이나 무작위로 입장하게 되는데 서로 누구인지도 모르는 채 상대방과 대화를 나누는 방식이다(아이뉴스24, 2013. 1. 24.). 이 때문에 음란채팅이 은밀하게 이뤄지기 쉽다. 특별한 가입절차 없이 성별, 나이, 닉네임만 입력하면 바로 채팅창에 접속해 대화를 할 수 있어 여학생들에게는 탈선의 장소가 되기 쉽다. 심지어는 채팅창을 통해 만난 남성들을 대상으로 돈을 받고 성관계를 갖는 경우도 발생하고 있어 채팅 앱이 새로운 성매매의 장이 되고 있다(중앙일보, 2013. 4. 16.). 특히, 랜덤채팅업체 서버 접속자기록이 1개월도 안되어 삭제되기 때문에 경찰이 성매수 남성을 추적해 적발하기도 쉽지 않은 상황이다. 아래 〈표 9-7〉의 인터뷰 내용에 나타나듯이, 랜덤채팅은 모르는 사람들과의 은밀한 대화가 가능해 청소년들을 유혹하고 있다.

〈표 9-7〉 청소년들 인터뷰 내용

	인터뷰 내용
1	"제가 아는 한 친구가 외로움을 많이 타요. 랜덤채팅 같은 데서 남자친구를 많이 사귀어요. 저도 호기심에 앱을 다운 받아봤죠. 아이디를 올려봤는데 카톡이 바로 오는 거예요. 신기하다 하고 채팅을 했는데 이상한 남자밖에 없어요. 얼굴은 다 잘생겼는데 머리가 좀 이상해요. 변태끼가 있어요. 이건 앱 사용할 때 아이디도 필요 없어요. 그냥 앱에 들어가서 카카오톡 아이디만 올리면 알아서 카톡이 와요. 이거 쓰는 애들 엄청 많아요. 친구 중에 이거 많이 하는 애가 있는데, 다 이상한 남자들과 카톡해요."
2	"학교 친구 중에 랜덤채팅을 하는 친구가 있어요. 어이가 없었어요. 사귀고…. 저는 안 하고 싶어요. 친구랑 모르는 사람이랑 계속 말을 해요. 그러다가 그쪽에서 사귀자고 하면 그냥 사귀는 거예요. 그러면 친구가 그걸 자랑인 것처럼 말해요. 대화 내용은 안 보여줘서 모르겠어요. 그렇게 사귀고 나면 설렁설렁 넘어가요. 사귀기로 했어, 그런 다음에는 아무 말도 안 해요. 그러고 또 다른 사람이랑 얘기하고 그러던데. 랜덤채팅은 좀 학교에서 따돌림을 받는 애들, 그런 애들이 하는 것 같아요. 친구가 필요해서."

출처: 이창호 · 김경희(2013). 스마트폰확산에 따른 청소년보호방안 연구, 75쪽.

이 외에도 청소년들은 스마트폰 사용으로 인해 부모 등 가족과의 관계악화나 단절 등을 경험하고 공부에 집중을 못 하는 등 여러 부작용도 함께 겪는 것으로 나타났다. 수업시간에 스마트폰 사용문제로 교사와 갈등을 겪는 일도 많다.

5. 건전한 모바일문화정착을 위한 과제

앞에서 논의했듯이, 스마트폰을 비롯한 모바일 기기의 확산은 이동성, 접근성, 편리성 등 여러 면에서 획기적인 커뮤니케이션의 변화를 불러왔다. 하지만 학교 수업시간에 스마트폰을 이용하거나 무분별한 스마트폰 사용으로 인해 부모와의 관계가 악화되는 등 각종 부작용도 잇따르는 실정이다. 이처럼 우리 사회는 IT강국답게 정보통신기술이 눈부시게 성장했지만 이에 부응하는 문화수준은 아직도 많이 뒤처져 있다. 건전한 모바일문화 정착을 위해서는 무엇보다도 휴대전화 이용자들의 성숙한 정보통신 윤리의식이 요구된다.

1) 규칙준수문화의 확립

가정이나 학교 등 청소년들이 많은 시간을 보내는 공간에서 휴대전화의 무분별한 사용은 늘 부모나 교사와의 갈등의 원인이 된다. 이러한 문제를 해결하기 위해서는 휴대전화의 이용시간이나 사용목적 등에 대해 합의된 규칙을 만들고 이를 실천하는 것이 필요하다.

가정에서는 부모가 자녀의 스마트폰 이용시간을 적절히 통제하는 것이 필요하다. 부모가 일방적으로 자녀의 스마트폰사용을 통제하는 것보다 상호 대화를 통해 합의된 규칙을 마련하는 것이 중요하다. 가령, 하루에 1시간 이내로 스마트폰 이용시간을 제한한다든지 저녁 10시 이후에는 스마트폰이용을 금지하는 내용 등의 규칙을 만들어 실천할 수 있다.

학교에서도 스마트폰을 비롯한 전자기기 등 사용에 관한 규칙을 만들어 실천

할 필요가 있다. 이미 교육과학기술부(현 교육부)는 2012년 3월 초·중등교육법시행령을 개정해 학교규칙을 학교에서 자율적으로 정하도록 했다. 이와 더불어 학칙을 제·개정할 경우는 반드시 학생, 학부모, 교원의 의견을 듣도록 의무화했다. 학칙 가운데 중요한 사항 중 하나는 휴대전화 등 전자기기 사용에 관한 규정이다. 따라서 일선 학교에서는 이를 바탕으로 학생, 학부모, 교원의 의견을 수렴하여 스마트폰 사용에 대한 규칙을 제정하고 있다. 그 결과 일부 학교에서는 교사와 학부모, 학생의 의견을 수렴해 학생들이 스마트폰을 학교에 가져오지 못하도록 방침을 세우기도 했다.

이처럼 가정, 학교에서 휴대전화이용에 관한 규칙이 마련되고 실천될 때 건전한 모바일문화는 정착될 수 있다.

2) 현장대처교육의 강화

스마트폰이 확산되면서 스마트폰의 다양한 서비스를 통한 사이버폭력 또한 증가하고 있다. 사이버불링을 비롯한 사이버폭력을 예방하기 위해서는 학생들이 이러한 문제에 부딪쳤을 때, 즉각적으로 대처할 수 있는 능력을 길러주는 것이 필요하다. 즉, 단순히 사이버폭력 대처 매뉴얼을 전달하는 데 그치지 않고 실제 현실에 부딪쳤을 때 실행할 수 있는 능력을 함양시키는 것이 중요하다는 것이다. 정부는 〈표 9-8〉과 같이 학생들이 사이버폭력의 피해를 입었을 경우 어떻게 조치할 것인지에 대한 요령을 마련한 바 있다. 중요한 것은 이러한 요령들이 일시적 방편이 아니라 학생들의 생활 속에 뿌리내리도록 하는 것이다. 이를 위해서는 지속적이고 반복적으로 조치요령들을 숙지하고 실천하는 것이 필요하다.

〈표 9-8〉 사이버폭력의 피해를 입었을 경우 조치요령

	조치요령	
1	분명한 거부의사 표현하기	사이버폭력의 가해자에게 싫다는 의사표현을 분명하게 한다.
2	보복하지 않기	상대방의 사이버폭력에 바로 보복하려 시도하지 말고 그 공간을 벗어난다.
3	무시하거나 차단하기	사소한 사이버폭력의 경우에는 무시하고 반복되면 차단한다.
4	증거자료 확보하기	사이버폭력을 입증할 글, 그림, 음성, 동영상 파일 등을 증거자료로 확보한다.
5	주변 어른들께 알리기	사이버폭력의 피해를 당했을 때나 다른 사람의 피해를 목격했을 경우 혼자 고민하지 말고 부모님, 선생님 등 주변 사람들에게 사실을 알린다.
6	관련기관 도움 요청하기	사이버폭력의 피해를 당했을 때 관련기관을 찾아 상담과 도움을 받는다.
7	신고 및 삭제 요청하기	사이트 관리자에게 사이버폭력 피해사실을 신고하고 삭제를 요청한다.
8	경찰 신고하기	지속적이고 심각한 사이버폭력인 경우 부모님 등과 상의한 후 경찰에 신고한다.

출처: 김봉섭 · 이원상 · 임상수(2013). 사이버불링에 대한 이해와 대응방안. 정보문화 이슈리포트 13-01호, 61쪽.

3) 스마트미디어 리터러시 함양

스마트폰이 확산되면서 학교교실의 풍경도 많이 바뀌고 있다. 예전 같으면 쉬는 시간에 밖에 나가서 뛰어놀던 아이들이 이제는 스마트폰을 손에 쥐고 게임을 하거나 카카오톡을 하는 것이 일상화되었다. 특히, 수업시간에도 스마트폰을 이용하는 일부 학생들로 인해 원활한 수업이 진행되지 못하고 있는 실정이다. 현재 많은 학교에서 스마트폰을 비롯한 전자기기를 조례 때 거두고 종례 때 돌려주는 방침을 실시하고 있다. 심지어 일부 학교는 학생들의 동의를 얻어 학생들이 아예 스마트폰을 학교에 가져오지 못하도록 하는 규칙을 세웠다. 하지만 중요한 것은 스마트폰과 관련된 미디어교육이 학교현장에서 거의 이뤄지지 않고 있다는 것이다. 설사, 미디어교육이 이루어진다고 해도 대부분의 교육

이 스마트폰 중독 자가진단에 초점을 맞추고 있는 실정이다. 미디어교육도 한 학기에 한두 번 이루어지는 경우가 대부분이라 미디어교육시수가 턱없이 부족한 실정이다.

따라서 단발적 미디어교육에서 벗어나 학생들이 스마트폰을 올바르게 이용할 수 있도록 스마트미디어 리터러시 함양교육을 강화해야 한다. 즉, 스마트폰을 통해 유용한 정보를 찾을 수 있는 능력을 함양해 주어야 하고 스스로 스마트폰 사용을 통제할 수 있는 절제력도 길러주어야 한다. 스마트폰 관련 미디어교육도 한 학기에 한두 번 정도 이루어지는 데 그치지 않고 창의적 체험활동 등의 시간을 활용하여 지속적으로 이루어져야 한다.

아울러, 수업시간에도 스마트폰을 적극적으로 활용할 필요가 있다. 스마트폰에는 우리나라의 역사나 세계의 역사, 언어, 음악이나 미술작품 등을 알 수 있는 유용한 앱들이 많이 있다. 이러한 앱들을 적절하게 수업시간에 활용한다면 청소년들이 스마트폰을 오락목적에 치우쳐 이용하기보다는 학습목적으로도 유용하게 이용할 수 있을 것이다.

4) 휴대전화 에티켓 캠페인 확대

휴대전화의 보편적 사용이 초래한 또 하나의 문제는 극장이나 강의실, 지하철과 같은 공공장소에서의 무절제한 휴대폰 이용이다. 특히, 지하철이나 버스 등 대중교통수단을 이용하는 사람들 중 휴대전화에 지나치게 집착한 나머지 타인의 통행을 방해하는 경우가 많다. 또한, 타인을 의식하지 않고 큰 소리로 수다를 떨거나 이어폰을 끼지 않고 동영상을 시청하는 경우도 있다. 이처럼 휴대전화의 확산으로 공적 영역이 사적 커뮤니케이션에 의해 지배되는 경우가 많아 사회적 문제가 되고 있다. 특히 식사 중에나 화장실에서도 스마트폰을 이용하는 사례가 늘면서 일상생활에서 스마트폰을 적절히 사용할 수 있는 지혜가 필요하다.

스마트폰을 현명하게 사용하기 위해서는 〈표 9-9〉와 같이 적절한 규칙을 준수하고 예절을 지키는 것이 중요하다.

〈표 9-9〉 스마트폰을 현명하게 사용하는 방법

	사용법
1	스마트폰을 장시간 이용하면 안구질환이나 거북목증후군 등 건강에 문제가 생길 수 있음을 명심하자
2	스마트폰 사용 '종료시간' 알림을 정해 '수면골든타임'을 지키자
3	가족과 함께 식사하면서 얼굴 보며 대화하자
4	학교에서는 친구들과 함께 '스마트폰 사용규칙'을 지키자
5	보행 이동할 때는 스마트폰을 안전하게 가방에 넣자

출처: 강용철 · 정형근(2022). 미디어 리터러시, 세상을 읽는 힘. 서울: 샘터, 196쪽.

깨끗한 미디어를 위한 교사 운동 역시 〈표 9-10〉과 같이 청소년들이 올바르게 스마트폰을 사용할 수 있는 팁을 제공하고 있다.

〈표 9-10〉 올바른 스마트폰 사용을 위한 팁

	팁
1	필요한 만큼의 데이터 요금제 사용하기
2	잘 때는 스마트폰을 침실에 놓지 않기
3	자주 사용하지 않는 애플리케이션 삭제하기
4	SNS 등에 필요 없는 글 등의 게시를 자제하고, 친구들은 필터링하기
5	반드시 초기 암호나 잠금 패턴을 설정하기
6	버스나 전철 등 공공장소에서는 진동으로 전환하고 통화 시 가급적 이어폰 사용하기

출처: 깨끗한 미디어를 위한 교사 운동(2013). 청소년을 위한 미디어여행, 280쪽.

이처럼 스마트폰이 대중화된 시점에서 필요한 것은 청소년들이 그것을 건강하고 건전하게 사용할 수 있는 정보윤리를 갖추는 것이다. 이러한 윤리의식이 생활 속에 뿌리내릴 때, 건전한 모바일문화는 정착될 수 있는 것이다.

참고문헌

강용철 · 정형근(2022). 미디어 리터러시, 세상을 읽는 힘. 서울: 샘터.

강희양 · 박창호(2012). 스마트폰 중독 척도의 개발. 한국심리학회지: 일반, 31(2), 563-580.

교육과학기술부(2012). 게임 · 인터넷 · 스마트폰 올바른 사용을 위한 생활지도 매뉴얼(중등용).

금희조 · 조재호(2010). 스마트폰, 커뮤니케이션 격차, 그리고 정치참여: 소셜미디어효과에 대한 스마트폰 이용의 조절 역할을 중심으로. 한국언론학보, 54(5), 348-371.

김병년(2013). 대학생의 자기통제력과 스마트폰 중독 간의 관계에서 우울의 매개효과. 한국가족복지학, 39, 49-81.

김봉섭 · 이원상 · 임상수(2013). 사이버불링에 대한 이해와 대응방안. 정보문화 이슈리포트 13-01호. 서울: 한국정보화진흥원.

김성도(2008). 호모 모빌리쿠스. 서울: 삼성경제연구소.

김성태 · 김여진 · 최홍규 · 김형지(2011). 뉴미디어를 통한 소통채널의 확장과 정치참여변화 연구: 인터넷과 소셜미디어를 주목하며. 평화연구, 봄호, 5-38.

김아미 · 이혜정 · 김아람 · 박유신 · 이지선(2018). 중학생 미디어문화와 미디어 리터러시 교육방향 연구. 수원: 경기도교육연구원.

김종길 · 김문조(2006). 디지털 한국사회의 이해. 경기 파주: 집문당.

깨끗한 미디어를 위한 교사 운동(2013). 청소년을 위한 미디어여행. 서울: 한나래.

동아일보(2013. 2. 22.). [초등생 톡톡] 스마트폰이란?. http://news.donga.com/3/all/20130222/53212124/1에서 2013년 5월 13일 인출.

동아일보(2013. 3. 7.). 왕따에 떨던 10대, 이젠 '카따' 공포. http://news.donga.com/3/all/20130307/53516043/1에서 2013년 5월 13일 인출.

방송통신위원회 · 한국지능정보사회진흥원(2023). 2022 사이버폭력 실태조사.

배상률 · 이창호 · 김남두(2021). 청소년 미디어 이용실태 및 대상별 정책대응방안 연구 II: 10대 청소년. 세종: 한국청소년정책연구원.

아이뉴스 24(2013. 1. 24.). 욕설-음란대화 판치는 '랜덤채팅' 제동. http://news.inews24.com/php/news_view.php?g_serial=719744&g_menu=020300에서 2013년 5월 13일 인출.

여성가족부(2014. 3. 5.). 2013 청소년매체이용실태조사결과 보도자료.

여성가족부(2020). 청소년 매체이용 및 유해환경 실태조사.

오대영 · 이정기 · 권창범(2013). 스마트환경에서의 청소년유해정보실태 및 대응방안 연구. 미래창조과학부 · 방송통신위원회 방송통신정책연구보고서.

윤지선 · 류한영(2019). 이미지 기반 SNS에 나타난 이미지의 속성과 사용자 만족: 인스타그램과 핀터레스트를 중심으로. 한국HCI학회논문지, 14(1), 5-13.

이영선 · 이현숙 · 조은희 · 김래선(2012). 스마트폰 사용 청소년 포크스그룹 인터뷰. 2012 한국청소년복지학회 추계학술대회 자료집(21-41쪽).

이원태 · 차재권 · 신호철(2012). 스마트미디어환경에서 SNS 이용과 정책참여 활성화방안 연구. 서울: 정보통신정책연구원 수탁과제 보고서.

이재현(2004). 모바일미디어와 모바일사회. 서울: 커뮤니케이션북스.

이창호 · 김경희(2013). 스마트폰확산에 따른 청소년보호방안 연구. 서울: 한국청소년정책연구원 연구보고서.

이창호 · 정낙원(2014). 소셜미디어 이용정도 및 이용동기가 사회자본에 미치는 영향: 개방형/폐쇄형 소셜미디어 비교. 한국언론정보학보, 65, 5-26.

조선일보(2014. 2. 15.). 길을 잃은 적 없는 앱세대 길을 만든 적도 없다. Weekly Biz, 토일섹션.

중앙일보(2013. 4. 16.). 10대 성매매 온상 된 스마트폰 '랜덤채팅' 해보니 … 특별한 가입절차 없이 10초 만에 접속 1분 만에 40여 명이 '성매매 대화' 신청, A10면.

Ling, R., & Yttri, B. (2002). Hyper-coordination via mobile phones in Norway. In J. Katz and M. Aakhus (Eds.), *Perceptual contact: Mobile Communication, private talk, public performance*. Cambridge University Press: Cambridge.

Ofcom. (2011, August). *Communications Market Report*. UK.

CHAPTER 10

청소년과 언어문화

언어는 하위문화와 주류문화의 경계선으로 기능하며, 이는 청소년언어문화에서도 마찬가지다. 청소년들은 기성세대의 주류문화에서 사용하는 것과는 다른 어휘와 어법을 사용함으로써 자기들만의 문화 정체성을 드러내고 활동의 영역을 확보하며 외부인의 접근을 차단한다. 그 때문에 고유한 문화 영역을 보유한 청소년들은 언제나 자기들만의 언어문화를 형성하고 발전시키게 된다. 현대사회의 청소년 언어문화는 특히 온라인 커뮤니티의 확산과 함께 이전과는 다른 양상으로 변화하고 있다. 구체적으로는 신조어를 포함한 새로운 어휘의 개발과 확산속도가 이전과 비교할 수 없을 정도로 빨라졌고, 시공간의 제약이 없는 인터넷 환경의 특성상 언어의 지역 간 격차나 연령대별 격차도 거의 사라졌다. 반면에 온라인 커뮤니티의 정체성을 드러내는 차별적 어휘들의 발전도 뚜렷해지기 시작했다. 우리나라 청소년들의 언어문화에서 특히 두드러지는 요소는 욕설과 통신어(혹은 인터넷언어)이다. 이 어휘들은 한국 청소년들의 심리적 상태와 생활방식, 그리고 네트워크 환경의 특성을 반영한다. 따라서 한국 청소년 언어문화의 이해를 통해서 현재 한국사회에서 청소년들을 둘러싼 환경과 청소년들의 내적인 상태를 살펴볼 수 있을 것이다. 이에 관련한 구체적인 내용을 여기서 다루어보고자 한다.

1. 언어와 사회, 그리고 문화

1) 사고의 도구로서의 언어

다른 모든 것과 마찬가지로 우리의 언어도 여러 가지 환경의 영향을 받으면서 성숙한다. 유리 브론펜브레너(U. Bronfenbrenner)가 생태학적 발달모형을 통해 보여준 것은, 우리가 사회문화적으로 매우 다양한 층위의 환경에서 성장한다는 사실이었다. 이는 언어에 대해서도 마찬가지다. 우리는 아주 어릴 때는 부모나 다른 양육자와 대화하면서 언어의 기초를 형성하고, 이웃이나 학교에서 만난 또래 친구들을 통해 이를 세련화시켜간다. 나이가 들수록 접해야 하는 상황들이 더 복잡해지고 그 각각의 상황에서 사용되는 언어들을 배우게 된다. 즉, 언어는 그 사람이 성장해 온 환경과 접해온 상황들의 총합이다. 그렇기에 어떤 사람이 사용하는 언어를 보면, 그 사람이 자라온 환경이나 문화적인 배경을 알 수가 있다.

또한, 언어의 체계 속에는 그 사회의 구조가 포함되어 있다. 굳이 '언어가 사고의 도구'라는 비고츠키(Vygotsky)의 언급을 인용하지 않더라도 이는 지극히 당연하다. 예를 들어, 한국어의 경어(존대어)체계는 한국 사회의 연령, 지위에 따른 위계서열을 반영한다. 한국식 사고방식을 이해하기 위해서는 한국어를 이해해야 하며, 반대로 한국어를 완벽히 사용하기 위해서는 한국 사회의 작동방식을 알아야 한다. 또한, 언어는 사고와 행동에 영향을 미칠 수 있다. 맬컴 글래드웰(M. Gladwell, 2008)은 1997년 발생했던 대한항공기의 괌 공항 추락사건에서 부조종사가 선배인 주조종사에게 충돌위험을 적절한 시점에 경고하지 못했고 주조종사가 판단실수를 막지 못한 것도 한국어의 경어체계에 담겨 있는 엄격한 위계질서 때문일 수 있다고 지적했다. 그의 주장에는 논쟁의 여지가 있지만 언어가 우리의 사고방식에 영향을 미칠 수 있다는 점에 대해서는 이견이 없다.

2) 문화의 경계선으로서의 언어

청소년의 언어문화 실태에서 가장 많이 부각되는 것이 욕설이다. 동서고금을 막론하고 청소년기는 인생에서 가장 욕설을 많이 사용하는 시기이다. 하지만 지금만큼 욕설의 빈도나 심각성이 주목받은 적도 드물다. 사회적으로 청소년기에 대한 관심이 커진 것도 이유이고, 청소년들을 문제집단으로 접근하려는 정책적 요구도 이유가 될 수 있다. 하지만 가장 큰 이유는 최근 들어 욕설이 저연령화되고 평준화되고 있기 때문이다. 언어학자들에 따르면 청소년 집단이라고 하더라도 연령과 계층에 따라서 사용하는 어휘에 차이가 있다. 생활영역이 서로 구분되어 있었기 때문이다.

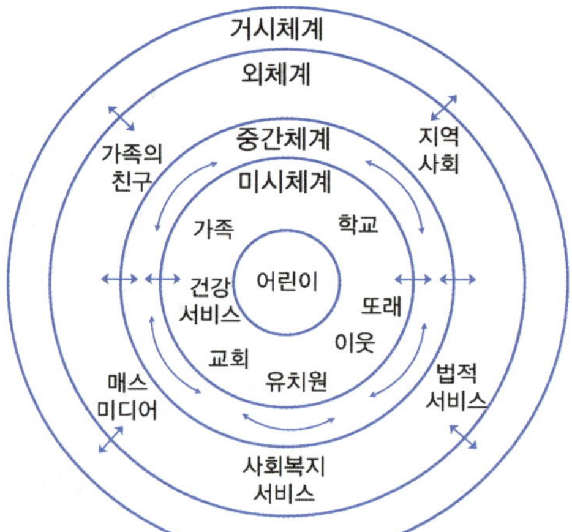

[그림 10-1] 브론펜브레너의 발달생태모형

[그림 10-1]의 모형에서 중요한 것은 유치원생이 접하는 환경과 초등학생, 중학생, 고등학생, 그리고 성인이 접하는 환경이 다르고 서로 다른 세계에서 서로 다른 역할과 행동(언어를 포함한)을 한다는 점이다. 즉, 아이들과 구별된 어른들만의 세계가 있고 그렇기 때문에 아동은 아동답게, 어른은 어른답게 지낼 수 있다.

언어는 여기서 서로 다른 영역 간의 경계선을 드러낸다. 하위문화라 할 수 있는 청소년들의 또래문화와 사회의 주류문화 간의 차이는 언어를 통해서 명확하게 드러난다. 청소년들이 자신들끼리 사용하는 고유한 어휘체계를 만들어냄으로써 외부와 자신들을 구별하고, 또한 자신들만의 가치관이나 이를 구체화하는 의식(ritual)들이 기성세대에게 드러나지 않도록 은폐할 수 있다. 어른들은 청소년들의 언어를 이해하지 못하기 때문에 그들의 세계에 접근하지 못한다고 하는데, 이것이 바로 청소년 언어의 목적 중 하나인 것이다. 청소년들은 기성세대를 포함한 모든 외부인의 접근을 막고 자신들만의 영역을 구축하기 위해서 적극적으로 외부인들이 이해하지 못하는 고유의 어휘를 만들어 낸다고 보는 것이 타당하다. 이는 청소년 문화뿐만 아니라 거의 모든 하위문화에서 공통적으로 발생하는 현상이기도 하다.

고유한 청소년문화가 존재함을 보여주는 증거로 언어를 드는 학자들도 있다. 슈워츠와 머튼(Schwartz & Merten, 1995)에 따르면 미국의 고등학생들은 청소년들끼리만 통하는 의미를 가진 어휘들을 사용하고 있으며, 특히 청소년들이 또래들 속에서 자신들의 사회적 지위를 지칭하는 용어들은 성인들이 사회적 지위를 표현할 때 사용하는 용어와는 전혀 달랐다. 이러한 차이는 사회적 구조와 사회적 현실을 경험하는 방식의 차이를 반영한 것으로 기성세대의 문화와 구분되는 청소년들만의 문화가 존재한다는 증거라고 보았다.

3) 리터러시와 언어

청소년의 언어문화에 대한 논의에 있어서 언급해야 할 이론적인 맥락은 리터러시이다. 대중적으로 흔히 사용되는 '언어의 파괴'라는 표현은 엄밀하게 따지자면 불가능한 일이며 현재 한국사회의 청소년 언어를 부적절하게 묘사한 표현이라고 할 수 있다. 언어가 파괴된다면 소통이나 사고가 불가능해야 한다. 하지만 실제로는 단지 세대 간에 일부 어휘의 의미나 용례가 달라서 부분적인 소통의 장벽이 존재할 뿐이다.

기성세대의 언어체계는 이전 세대부터 전수되어 온 문자매체에 대한 이해와 숙달, 즉 리터러시에 근거한다. 글을 알고 쓰는 언어는 단순한 언어가 아니라 논리적·인간적인 사고력이 반영된 것인 반면, 문자체계에 대한 충분한 이해 없이 사용하는 언어는 경박하고 충동적이며 감정에 좌우되는 (인간적이지 못한) 활동으로 보는 것이다. 이런 맥락에서 기성세대가 '언어의 파괴'라 부르는 현상은 전통적인 리터러시의 파괴라고 말하는 것이 타당하다. 실질적으로는 기존 사회구성원들이 당연하게 여기는 리터러시가 새로운 세대 사이에서 통용되지 않는 현상을 의미하기 때문이다.

포스트만(Postman, 1983: 99)은 문자매체의 특성을 다음과 같이 정의했다. 문자는 논리적이고 추상적인 구조를 가지고 있기 때문에 이를 숙달하기 위해서(즉, 리터러시를 갖추기 위해서)는 논리적이고 추상적인 사고력과 선형적인 사고력을 필요로 한다. 리터러시에 근거한 언어를 사용할 때야 그 인간은 자기를 성찰할 수 있고, 통합되고 일관적인 존재로서의 자아를 갖출 수 있다. 포스트만에 따르면 동물에게 없는 인간만의 능력이라 할 수 있는 모든 것, 예를 들어 자기조절력, 욕구지연능력, 추상적인 개념을 이용해 선형적으로 사고할 수 있는 능력, 역사적 연속성에 기초한 미래 인식, 이성적으로 대상의 우선순위를 배분하는 능력은 전부 읽고 쓰는 능력과 함께 생성되거나 강화된다. 그렇기 때문에 리터러시는 숙달하는 데 오래 걸리는 능력이지만 이 리터러시가 없으면 인간은 인간성을 유지할 수 없다.

샌더스(B. Sanders, 1995: 12, Buckingham, 2000에서 재인용)는 포스트만의 주장에서 한 걸음 더 나아가 '인류는 글자를 읽을 줄 알기 때문에 인류일 수 있다'라고 주장했다. 샌더스에 따르면, 글자를 읽을 줄 알기 때문에 비판적 사고력이 생기고 환경에 통제당하는 것이 아니라 환경을 통제할 수 있게 된 것이다. 샌더스는 같은 이유로 사람들이 책을 멀리하면서 비판적이고 자기주도적인 인류도 다시 문자를 모르던 원시적인 인류로 퇴보하고 있다고 보았다. 특히, TV를 비롯한 영상 중심의 대중매체는 가족 내의 '구술성'을 파괴한다고 보았다. 샌더스가 말한 '구술성'이란 가정 내에서 이야기를 나누는 전통으로, 자신만의 목소리와 상상력을 사용해서 자신의 경험과 생각을 가족구성원들과 공유하는 체계라 할 수 있다. 영상매체 때문에 신세대들은 각자의 이야기를 안 하고 TV가 들려주는 이야기에 의존함으로써 자신만의 목소리와 상상력을 발달시키지 못하게 된다는 것이다. 90년대에 TV에 대한 샌더스의 주장이, 스마트폰으로 인해서 가족 내의 대화가 단절되고 가족이 기능을 상실한다는 21세기 현재 우리 사회에서 제기되는 문제의식과 전혀 다르지 않음을 알 수 있다. 이러한 유사성이 무엇 때문인지, TV라는 매체와 스마트폰이라는 매체의 공통적인 특징 때문인지 아니면 새로운 매체에 대한 기성세대의 경계심과 반감의 표현인지를 판단할 필요는 있다. 그 판단의 기준은 과연 샌더스가 말했듯이 실제로 TV 때문에 당시의 신세대이자 현재의 기준에서는 부모 세대라 할 수 있는 베이비붐 세대의 구술성이 파괴되었는지의 여부가 될 것이다. 현재 청소년 언어문화에 관련해 다양한 문제들이 제기되고 있지만 여기서는 그중에서 욕설과 통신어를 중심으로 살펴보고자 한다.

2. 욕설과 청소년 언어문화

1) 욕설과 비속어의 증가

우리나라에서는 특히 청소년들의 언어가 갈수록 험악해지고 있다는 우려가 있다. 2010년의 한 조사에서 자신들의 대화에서 욕설이 절반 이상이라는 청소년들이 22.4%였고, 올해 여성가족부의 발표에 따르면 청소년의 73.4%가 매일 욕설을 사용하며, 친구 간 대화 시 5%, 문자사용 시 7% 정도가 비속어나 욕설을 사용하는 것으로 나타났다.

2011년 9월에 한국교육총연합회와 EBS가 공동으로 진행한 청소년언어실태 현장조사 결과는 더욱 극적이다. 원래 계획은 중·고등학교 남녀 학생들 중에서 공부를 잘하는 학생, 공부를 못하는 학생, 가정형편이 보통인 학생, 가정형편이 특별히 좋거나 나쁜 학생을 각각 남녀 한 명씩 표집해서 이들에게 보이스레코더를 장착, 이들이 아침에 일어나서 잠들 때까지 말하고 듣는 모든 것을 녹음해서 그 말들 속에 욕설이 등장하는[1] 맥락과 빈도를 분석해 보려는 것이었으나 현실적인 제약 때문에 남자 중학생 2명과 남자 고등학생 2명만을 선정하여 등교 이후 점심시간까지의 언어사용 내용만 조사했다. 그 결과, 이 4명의 학생들이 학교에서 친구와 4시간 동안 나눈 대화 속에서 욕설은 평균 194.3회 등장했다. 시간당 48.3회, 대략 75초에 한 번씩 욕을 한 셈이었다. 이들이 그 사이에 싸움을 한 것도 아니었다. 그냥 친구들과 일상적인 대화와 농담을 나누었을 뿐인데도 이런 결과가 나왔다(조선일보, 2011. 10. 3.). 좀 더 자세히 살펴보자면, 중학생들이 고등학생보다는 욕설의 빈도가 적었고, 욕설의 강도도 약했다. 보통 학생보다는 욕을 많이 한다고 지목받은 학생은 욕설의 빈도가 40.5% 더 많았다. 하지만 그것이 111회와 156회의 차이라는 점을 생각하면, '오십 보 백 보'라는 말이 더 어울린다. 초등학교와 고등학교 학생들을 대상으로 설문조사한 결과의 분석에 의하면, 초등학생들에서는 부모의 학력이 높으면 욕설을 하는 빈도가 낮았다. 하지만 고등학생들은 오히려 반대였다. 대졸 부모를 둔 학생들이 고졸 부모를 둔 학생들보다 욕설을 약간 더 많이 했다. 이러한 결과들이 의미하는 바는 간단하다. 현재 청소년들에게 욕설은 언어생활의 필수요소로 스며들어 있다는 것이다.

2) 욕설의 구조적 배경

하지만 인터넷만을 탓할 수는 없다. 청소년 어휘에서 욕설이 차지하는 비중이 늘어간다는 것은 청소년 언어 생태계에서 기존의 표준어들이 밀려나고 있다는 뜻이다. 어떤 어휘든 사용자인 청소년들에게 선택받지 못하면 밀려난다. 그러므로 청소년들이 정상적인 단어보다는 욕설에 더 매력을 느끼고 있기 때문

1) 본 장의 내용은 2011년 11월 30일 〈학생 언어문화 개선 콘퍼런스〉에서 발표한 자료를 기초로 보완한 것이다.

에 욕설이 주류가 되어간다는 뜻이다. 그 원인은 공급과 수요의 측면에서 살펴볼 수 있다.

공급의 측면에서 분석하면, 청소년들 어휘 중에서 가장 활발하게 새로운 단어들을 소개하는 쪽이 욕설 쪽이라는 점을 지적해야 한다. 현재 청소년들 사이에서 통용되는 욕설들은 최근 2~3년 사이에 새로 만들어진 단어들이 대부분이다. 뭐든 새로운 것은 청소년들의 흥미와 호기심을 끌기 마련이다. 반면에 어른들이 바람직하게 여기는 표준어는 그 정의에 걸맞게 표준에서 벗어난 새로운 단어들을 공급하지 못한다. 물론 표준어도 꾸준히 진화한다. 단지 그 속도가 21세기 기준으로는 너무 느리다는 점이 문제다. 정보화 사회에서는 지난 10년간 증가한 정보량보다 앞으로 1년간 증가할 정보량이 훨씬 더 많다. 이런 상황에서는 5년 전의 정보도 이미 낡은 정보가 된다. 어휘도 마찬가지다. 새로운 정보를 수식하기 위해서는 새로운 어휘들이 필요하다. 그런데 기존의 언어들은 정체되어 있는데 욕설들만 계속 새로이 만들어지고 있다면, 욕설이 언어의 유행을 선도하게 되는 것이 당연하다. 달리 말해서 청소년 언어 생태계를 순화시키려면 욕설이 아니면서도 참신하고 매력적인 단어들을 부각시키고 재발굴해야 한다. 그리고 그러한 단어를 사용해서 멋있게 자신의 개성을 드러내는 역할 모델들이 제시되어야 할 것이다.

그러나 단지 욕설이 새롭기 때문에 인기를 얻는 것은 아니다. 근본적으로는 욕설의 수요가 꾸준히 증가하고 있기 때문이다. 욕설은 존중하는 언어가 아니다. 비하하는 언어다. 청소년들이 친구들과 욕설을 많이 교환한다는 것은 서로가 서로를 비하한다는 뜻이다. 왜냐하면 그러한 비하의 언어가 자신들의 상태를 가장 잘 표현하기 때문이다. 작년의 국제비교 조사결과에 따르면, 우리나라 어린이와 청소년의 주관적 행복지수는 65.98점으로 OECD 23개국 가운데 가장 낮았다(박종일 외, 2010). 행복지수가 가장 높은 스페인의 113.6점보다 47점 정도가 낮고, OECD 평균보다도 34점이나 모자란 수치였다. 특히, 아시아권인 일본과 중국과 비교해서도 우리나라 어린이와 청소년이 느끼는 행복도는 크게 낮았다. 많은 전문가들이 지적하듯 우리나라 청소년들이 지나치게 많은 학습시간과 지나치게 열악한 여가생활에 시달리며 살고 있기 때문일 것이다. 하지만 행복도가 낮은 이유가 단지 현재 삶이 힘들어서만은 아니다. 행복과 직결된 심리적 요인은 자존감이다. 자신이 존중받고 있다고 느끼며 앞으로 지금보다 더 훌륭한 모습을 보여줄 것이라는 희망을 가질 때, 우리의 자존감은 높아지고 행복을 느낀다. 그 반대의 경우에는 좌절하고 위축되고 힘든 삶에 맞설 용기도 잃어버린다. 현재 우리나라 청소년들이 행복하지 않다는 것은 그만큼 자존감도 낮아져 있다는 뜻이다. 현재 존중받지 못하고 있으며, 미래에도 희망이 별로 없기 때문이다. 청소년들이 욕설을 친숙하게 느끼는 것은 그것이 자존감이 바닥으로 떨어진 자신들의 심리상태에 어울리기 때문이다. 그 때문에 현재 욕설은 청소년들끼리 서로의 동질감을 확인하고 서로를 위안하는 기능까지 하고 있다. 중학생들의 욕설사용빈도와 자존감의 관계를 조사한 연구에 따르면, 욕설을 아주 적게 사용하는 집단과 아주 많이 사용하는 집단은 자아존중감이 낮고, 중간 정도로 사용하는 집단이 가장 자아존중감이 높았다(손봉희, 2010). 욕설을 적게 사용하는 청소년들이 자존감이 낮은 이유는 또래들과 잘 지내지 못했기 때문이었다. 반면 지나치게 욕설을 많이 사용하는 집단은 또래문화에서 통용되는 것 이상으로 욕설에 의존해야 할 만큼 자존감에 문제가 있었을 것으로 추정된다.

청소년들의 언어생활에서 욕설만이 문제는 아니다. 욕설의 반대쪽에는 부적절하게 사용되는 높임말 문제도 있다. 언어생활 규칙의 파괴라는 면에서는 오히려 이 높임말 과용이 더 문제일 수도 있다. 우리의 언어문화와 사회생활의 근본적 규칙을 건드리기 때문이다. 즉 청소년들의 언어문화는 어떤 면에서 양극화 현상을 보이고 있다. 어떤 상황에서는 부적절하게 거친 욕설을 사용하며, 다른 상황에서는 부적절한 높임말을 남용한다. 대부분의 연구는 욕설에 대해서만 집중되어 있으며 부적절한 높임말 사용의 원인과 해결책을 다루지는 않는다.

높임말 인플레 현상의 높임말을 쓴다는 것은 원래 예절의 표현이다. 예절에는 두 가지 의미가 있다. 상대방에 대한 존중의 표현이 첫 번째 의미라면, 자신을 보호하기 위한 방패라는 것이 두 번째 의미다. 현재 과용되는 높임말은 불특정다수의 비난으로부터 자신을 보호하려는 목적으로 추정된다. 남에게 최대한 책잡히지 않으려는 노력이 눈에 보이는 건 모두 높임말을 붙이는 결과를 가져온 것이다. 그 이유는 아마도 앞서 언급한 낮은 자존감과 연결될지도 모른다. 즉, 세상이 험악한 반면 자신은 지극히 나약한 존재임을 자각한 결과 높임말로 자신을 방어하려 드는 것이다. 그렇다면 지나친 욕설과 지나친 높임말은 서로 연관된 현상이며 둘 다를 주목해야 할 것이다.

3) 하위문화의 지표로서 욕설

욕설의 또 다른 기능은 차별화이다. 욕설을 포함한 언어는 자신이 속한 집단과 위치를 나타내는 여러 가지 표식이다. 당연한 이야기다. 우리는 어린 시절에는 부모로부터 어휘들을 배우고, 나이가 들어갈수록 주변의 친구들로부터 새로운 말들을 배우게 된다. 그러므로 누가 어떤 어휘들을 주로 사용하는지를 보면, 그 사람이 자라난 환경과 문화적 배경을 알 수 있다. 교양 있는 언어를 써야 하는 이유는 그렇게 함으로써 자신이 좀 더 수준 높은 문화집단에 속할 수 있기 때문이다. 그런데 청소년들에게는 이러한 기능이 조금 특이한 방식으로 사용된다. 청소년들의 욕설은 자기들이 기성세대와 구분되는 존재임을 드러내기 위해서, 혹은 자기가 조금은 나이 먹은 존재임을 드러내기 위해서, 혹은 같은 또래끼리라도 좀 더 잘나가는 집단에 속함을 드러내기 위해서 사용된다. 여학생들이 교복 치마를 줄여 입고, 남학생들이 특정 브랜드의 점퍼를 고집하는 것이 특정 하위집단에 대한 소속감을 보여주기 위한 것임과 마찬가지로, 어떤 욕설을 하느냐가 그 청소년이 어떤 집단에 속하고, 어떤 집단에는 속하지 못하는지를 보여주는 지표가 되는 것이다. 그렇다면 정부나 어른들이 청소년들의 욕설을 금지하려 들 때, 어떤 결과가 생길지 충분히 예측할 수 있다. 어른들이 뭔가를 못 하게 하려 들수록 그것은 더욱더 멋진 것으로 보이게 된다. 실제로 인터넷에서 끊임없이 참신한 신조어들이 만들어지는 이유도 어른들의 금지 때문이다. 대개의 인터넷 게시판에는 어른들이 욕설이나 비속어를 입력 못 하게 막아 놓았다. 그 결과, 청소년들은 금지 규정을 피하기 위해서 새로운 단어들을 발명하게 된다. '가슴'이라는 단어를 못 쓰게 하니까 '슴가'로 쓰고, '병신'이라는 말을 못 쓰게 하니까 'ㅂㅅ'이라고 쓴다. 결국 어른들의 금지는 욕설을 줄이는 것이 아니라 예측 못 할 방향으로 변형하고 진화하게 만들 뿐이다.

어빙 고프먼(E. Goffman, 1959)의 무대분석이론에 따르면 우리의 사회생활은 다양한 무대에서의 연기이다. 무대에도 전면과 이면이 있듯 사회생활도 마찬가지다. 우리는 무대의 전면에서는 주어진 대본과 역할에 맞춰서 공식적인 연기를 하고, 무대의 뒤에 돌아가서는 역시 무대 뒤에 주어진 대본과 역할에 맞춰서 사적인 연기를 한다. 무대 전면에서야 무대의 이면이 가려진 곳이지만, 무대의 이면에서 보자면 무대 전면이 바로 숨겨진 무대다. 무대 뒤에서 동료 배우와 스태프들과 수다를 떨며 분장하고 옷을 갈아입는 것도 또 다른 의미의 연기다. 이것은 사회생활도 마찬가지다. 직장이라는 무대에서 나에게 주어진 역할과 대사가 있고, 친구들 앞이라는 또 다른 무대에 주어진 역할과 대사가 있다. 가족이나 학교에서도 마찬가지다. 그러니 우리의 사회적인 삶은 모두 무대 위에서의 연기라 할 수 있다. 단지 그 무대가 누구를 향해 있느냐에 따라서 그 연기의 내용과 방식이 다를 뿐이다. 사회화란 결국 그 각각의 무대에 어울리는 연기가 무엇인지를 배우는 것이다. 욕설은 그러한 연기의 수단이 될 수 있다. 또래 문화 연구자들에 따르면, 욕설은 또래끼리의 상호확인 방식이다. 즉, 욕은 친근감과 동질감 확인의 수단이다. 대개 가장 친한 친구 사이일수록 더 험한 말을 쓴다. 우리 사이는 그러한 말을 써도 의가 상하지 않을 정도로 돈독하다는 사실을 확인하는 것이다. 이는 욕설이 사회생활의 일부임을 의미한다. 내가 소속되려는 또래 집단구성원과 같은 언어를 사용해야 집단의 일원으로 인정받을 수 있다. 이는 어느 정도의 욕설은 청소년 문화에 있어 필수적인 요소임을 의미한다.

4) 욕설의 심리적 효과

비록 욕설 사용의 심리적 맥락을 이해한다고 해서 욕설 자체의 문제점을 부정할 수는 없다. 폭력적이고 공격적인 단어에 많이 노출되는 상황이 청소년들의 정신건강에 좋을 리 없다. 그뿐만 아니라 욕설은 청소년들의 인지발달에도 부정적인 영향을 미칠 수 있다. 대개의 경우, 욕설은 의미를 전달하는 주제어가 아니다. 단지 전달하려는 뜻을 강조하거나 조금 다르게 보이게 만드는 기능, 다시 말해서 장식의 기능을 한다. 평범한 물건에도 적절한 장식을 덧붙임으로써 돋보이게 만들 수 있는 것처럼, 평범한 문장에도 욕설을 섞으면 무엇인가 특별한 문장처럼 들리게 할 수 있다. 이것 역시 청소년들이 욕설을 선호하는 이유 중의 하나이다. 문제는 그러한 특별함은 너무 손쉽게 얻어지는, 겉모양뿐인 특별함이라는 점이다. 더구나 표준어들과는 달리 욕설은 대개 범용적이다. 어떤 맥락이든, 어떤 단어에 덧붙이든 욕설은 무난하게 장식의 기능을 할 수 있다. 자기가 전하려는 뜻에 가장 적합한 어휘와 문장구조를 고안하기 위해서 고심을 하는 동안 우리는 생각을 세련되게 다듬는 훈련을 하게 된다. 그런데 미숙한 어휘들로 구성된 거친 문장에다가 몇 개의 유행하는 욕설을 대충 섞어 사용함으로써 자기 뜻을 전달하는 최적의 문장이라 착각하게 된다면 청소년들의 인지발달에 도움이 될 리 없다. 다시 말해서 욕설에 의존하면 할수록 전체적인 어휘가 단순해지고 미분화상태에 머물게 될 가능성이 높다. 포스트만(Postman, 1983)은 우리가 고급 문자언어를 숙달해서 문해력(literacy)을 쌓아야 하는 이유는 이 문자언어의 숙달 과정에서 근대사회의 기본적인 사고방식을 배울 수 있기 때문이라고 주장했다. 문자언어는 선형적 매체이고 논리적 · 추상적 사고력을 요구한다. 이의 숙달과정에서 우리는 자기성찰을 배우며, 이 자기성찰이야말로 통합된 존재로서의 개인(integrity) 탄생의 근거가 된다. 그는 자기조절력, 욕구지연 능력, 개념적이고 선형적으로 사고할 수 있는 능력, 역사적 연속성에 기초한 미래 인식, 이성적으로 대상의 우선순위를 배분하는 능력 등, 우리가 성인기와 연관시키는 모든 특징은 읽고 쓰는 능력과 함께 생성되거나 강화된다고까지 주장했다. 비록 그의 주장이 과장된 면은 있으나 언어가 사고의 도구임은 분명하다. 비고츠키(Santrock, 1995에서 재인용, 2004)는 우리의 생각이란 결국 '내면화된 대화'라고까지 주장했다. 비고츠키에 따르면 언어는 사고의 도구이다. 따라서 단순한 언어에 의존하는 것은 그만큼 사고도 단순해진다는 뜻이 된다. 이러한 맥락에서 욕설은 정서적인 악영향뿐만 아니라 청소년의 지능발달에도 악영향을 미칠 가능성도 우려된다. 그러나 이에 관한 구체적인 연구는 충분히 이루어지지 않은 상황이다.

3. 통신어와 청소년 언어문화

1) 통신어의 정의와 특징

통신어 혹은 채팅언어는 PC통신이나 인터넷채팅, 문자메시지를 주고받을 때 사용되는 특수한 한국어라고 정의할 수 있다. 통신어는 텍스트 기반의 의사소통이 이루어지는 인터넷 환경에서 발생하고 유통되기 때문에 고유한 특징들이 있다. 첫째, 통신어는 텍스트 기반 대화 맥락에서는 상대적으로 자연스럽게 받아들일 수 있지만, 음성언어 맥락에서 사용하면 어색하다. 통신어에 대한 기성세대의 거부감은 이와 무관하지 않다. 기성세대는 텍스트기반 의사소통을 일상적으로 경험하지 않는 세대이고, 이들이 통신어를 접하는 곳은 신문이나 일상적 음성대화 속에서인 경우가 많다. 즉, 기성세대는 통신어가 가장 부자연스럽게 느껴지는 맥락에서 통신어를 접한다. 둘째, 통신어는 즉흥적이고 휘발성이 강하다. 통신어는 대화 도중에 우연히 만들어지는 경우가 많다. 채팅을 하다가 우연히 발생한 오타나 급한 마음에 빨리 줄여서 쓴 축약어가 언중(言衆)에게 주목을 받고 응용되면 새로운 통신어휘가 되는 것이다. 또한, 이렇게 쉽게 유행하는 만큼 쉽게 사라지기도 한다. 즉, 휘발성이 강하다. 통신어의 수명주기는 의외로 짧다. 아무리 인기 있는 통신어라도 1~2년간 유행하는 경우가 대부분이며, 6개월 혹은 3개월 이내에 사라지는 경우도 많다. 그러한 면에서 TV 속 오락물을 통해서 만들어져 대중에게 회자되는 유행어와 비슷하다. 또한, 통신어는 실용성에 기반하고 있기 때문에 기술환경의 변화에 따라 큰 영향을 받는다. 문자메시지의 요금이 글자수에 의해 결정되던 환경에서는 축약어가 통신어의 주류였지만, 최근 유행하는 카카오톡과 같은 SNS 채팅환경에서는 글자수 감소보다는 카툰 이모티콘을 이용한 대화가 주류가 되면서 오히려 통신어의 중요성이 감소하고 있다. 그 결과 최근에는 통신어의 영향력에 대한 대중적·학술적 논의도 감소하는 추세이다.

2) 통신어의 유형

통신어를 다음과 같은 유형으로 분류하기도 한다. 그러나 이 분류체계에서도 중첩되는 영역이나 사례들이 많이 발견된다.

① 신조어: 통신환경에서 만들어진 새로운 단어들을 통칭한다.

- 일반 신조어=끼깔나게(기막히게), 하이루(인사), 리하이(대화방을 나갔다 다시 들어왔을 때 인사) 등이 해당된다.
- 은어=얼큰이(얼굴 큰 사람), 폭탄(소개받은 사람 외모 성격 등이 마음에 안 들 때 쓰는 말), 쌔끈(섹시하고 멋있는), 짱(가장 잘난 사람), 번개(갑작스럽게 만나는 모임), 은따(은근히 따돌리다), 다구리(온라인 게임상의 집단구타) 등이 있다.
- 바꿔 적기=넘(놈), 뇬(년), 널자(놀자), 맘맞거(맘 맞고), 구냥(그냥), 업써요(없어요), 절려서(졸려서) 등이다.

② 왜곡어: 실용적인 이유 없이 기존 단어나 문법을 뒤틀어 만든 신조어의 일종이다.

- 소리 그대로 적기=머꼬 시픈(먹고 싶은), 가티 가까?(같이 갈까?), 얼릉와(얼른 와), 하세여(하세요), 가튼데(같은데), 하다버면(하다 보면),

미어미어(미워미워) 등 특별한 법칙이 있는 건 아니지만 자판 치기 편한 대로 쓴다.

③ 축약어: 긴 말을 짧게 하려는 의도가 뚜렷한 단어로서 크게는 신조어나 왜곡어에 포함된다.

- 음절 줄이기=설(서울), ~엽(~이거든요), ~(~예요), 검당(겁니다)과 같이 말끝을 자르거나 잼써따(재미있었다), 먀내(미안해), 걍(그냥), 글구(그리고), 멜(메일), 암나(아무나), 어솨요(어서 오세요)와 같이 단축해서 표현하는 경우.
- 문장성분/조사 생략=말을 합쳐서 새로운 합성어를 만든다. 강추(강력추천, 강제추방), 강퇴(강제퇴장), 방가방가(반갑습니다) 등이 그 예다.

④ 이모티콘: 글자 외에 기호 등을 사용하는 경우. 대다수의 언중들이 이해할 수 있는 상식적인 범위에 있는 경우를 말한다.

- 기호어=ㅜ.ㅜ(눈물 흘리는 모습)는 슬픈 표정, ㅡ.ㅡ;;(땀 흘리는 모습)는 당황했을 때 쓴다. 또한, 말로 감탄사를 표현하는 경우가 있다. 화가 날 때는 우이씨, 우이띠, 놀라는 표현은 허거덕, 허걱 등으로 쓴다.

⑤ 외계어: 실용적인 이유도 없고, 신조어도 아니고, 상식을 벗어나서 네티즌도 이해할 수 없는 암호수준의 기호어를 말한다.

- 예: "鉉⑨ᅇ ②ᄈ ⓔᐞ 4ⓤᅇ "는 당신을 위한 무척 친근한 친구라는 뜻, 2ᄈᆼ Yo는 "이뻐요"라는 뜻, "번애쥬세孝"는 "보내주세요"라는 뜻입니다.

3) 통신어와 세대차이

통신어에 대한 문제제기, 특히 통신어가 청소년 언어문화에 미치는 영향력에 대한 가치판단은 세대나 가치관의 차이를 드러낸다. 여기서는 그중 대표적인 몇 가지 관점의 충돌을 예를 들어보고자 한다.

첫째, 통신어는 한글의 단어와 문법을 파괴한다는 입장과 통신어는 단순히 새로운 언어라는 입장의 대립이 있다. 이 갈등은 자기 세대의 문화를 신세대에게 전달해야 한다는 기성세대의 의무감과 자기 정체성을 찾으려는 신세대의 발달과업 간의 충돌이라고 볼 수도 있다. 기성세대의 관점에서는 자신들이 사용하던 언어체계를 다음 세대가 그대로 이어받기를 바라며 그것이 정상이라고 생각한다. 하지만 신세대는 언제나 기성세대의 문화를 그대로 받아들이기보다는 자신들의 개성을 부여하여 변형한다. 이는 지금의 기성세대도 마찬가지였다. 그 결과 언어는 정체되어 있지 않고 계속 변화하고 발전하는 것이다.

둘째, 통신어는 의사소통에 장애를 불러온다는 입장과 통신어는 개성과 창의성이 반영된 새로운 의사소통 언어라는 입장의 대립이다. 이는 문자/언어를 의사전달 도구이자 지식의 저장소로 여기는 기성세대와 유희의 도구로서 타인의 관심을 끄는 수단으로 사용하는 통신세대의 가치관 차이라고 할 수 있다. 특히 앞서 언급한 리터러시의 중요성을 강조하는 관점에서는 통신어의 즉흥성이나 휘발성, 지나친 추상성 같은 요소들이 더욱 우려스러울 수 있다.

셋째, 통신어는 세대 간의 괴리감을 형성한다는 지적과 통신어는 신세대의 문화라는 주장의 대립이다. 이는 역시 세대 간 의사소통 단절에 대한 두려움을 느끼는 기성세대와 자기들만의 문화영역을 구성하려는 신세대의 차이에서 기인한다고 볼 수 있다.

즉, 이들 논의는 모두 통신언어를 사용하는 청소년들 때문이 아니라, 세대 차이에서 시작된 면이 있다. 따라서 이러한 논쟁의 해결 역시 세대 간의 대화채널을 만들어 주는 작업이 되어야 한다. 실제로 문제가 되는 통신언어 현상에 대한 정의는 세대 혹은 집단마다 다르다. 예를 들어, PC통신 세대는 자신이 통신어를 실제로 만들고 사용해 본 경험이 있기 때문에 모든 통신어가 문제라고 생각하지는 않는다. 하지만 그들도 자신들의 가치관에서 벗어나는, 실용적인 기능을 못 하는 통신어는 문제라고 생각한다. 최근에는 통신어가 일반적인 언어처럼 자신이 소속된 커뮤니티를 드러내는 지표로도 사용된다. SNS 환경에서는 집단정체성에 의존하는 경향이 높아지면서 커뮤니티 간의 대립이나 갈등도 부각되는데 어떤 어휘를 사용하느냐에 따라 그 사용자의 개인적 가치관이나 소속 집단이 드러난다. 대표적으로 '일베' 커뮤니티 구성원들이 주로 사용하는 '삼일한'(여자는 삼 일에 한 번씩 패야 한다는 여성차별적 어휘), '홍어'(광주지역 국민을 차별하는 어휘) 등의 단어를 들 수 있다. 일베는 현재 언어문화뿐만 아니라 한국사회의 병폐를 드러내는 대표적인 현상인데, 이러한 어휘들 역시 일반적인 대중에게 수용되지는 않는다. 통신어 세대별 차이를 구체적으로 살펴보면 다음과 같이 정리할 수 있다.

〈표 10-1〉 통신어 세대의 유형과 특성

세대구분	정의	가치관	문제 삼는 대상
비통신 세대	• PC통신을 통해 채팅을 해본 경험이 전혀 없는 집단 • 주 연령층 60대 이상	• 언어는 의사전달과 지식저장을 위한 도구이다. • 기존의 인쇄매체에서 사용하지 않는 모든 신조어에 대한 거부감. • 모든 통신언어는 한글을 파괴하는 현상이다.	모든 통신언어
초기 PC 통신 세대	• PC통신 세대, 통신속도 제약을 극복하기 위해 통신어를 개발하고 사용한 첫 세대 • 주 연령층 40대	• 언어는 의사전달과 지식저장을 위한 도구이다. • 사용하는 단어보다는 그 단어로 전달하려는 내용이 더 중요하다. • 통신어는 효율적인 의사전달을 위해 언어가 발전하는 현상이다. • 효율적인 의사전달에 반하는 통신언어는 언어발전에 해롭다.	축약어가 아닌 왜곡어(외계어 포함), 신조어
인터넷 채팅 세대	• 인터넷 채팅, 게임공간에서의 채팅을 시작한 집단, 통신어의 주 소비 집단 • 주 연령층 20~30대	• 채팅언어는 내가 어떤 사람인지를 보여주는 도구이다. • 무슨 말을 하느냐보다는 그 말을 어떻게 하느냐가 더 중요하다. • 통신어는 나를 치장하는 액세서리이다.	지나친 외계어, 구태의연한 일반어
SNS 세대	• 트위터, 페이스북, 카카오톡 등의 스마트폰 기반 통신 세대 • 텍스트만이 아니라 사진과 동영상을 이용한 자기표현에 익숙한 세대 • 주 연령층 10~20대	• 언어뿐만 아니라 사진과 동영상의 인용 등으로 나를 표현할 수 있다. • 글자수를 줄이는 것이 통신어의 목적이 아니다. • 통신어에서 벗어나 일상어와 통합되는 맞춤법 오류 등을 스스로 인식하고 수정해야 한다.	특정 커뮤니티의 정체성을 드러내는 어휘(예: 일베 용어), 잘못된 용례(지나친 존대어, 맞춤법 오류 등)

세대구분	정의	가치관	문제 삼는 대상
외계어 집단	• 아주 특이한 통신어를 생산하는 집단 • 내용 자체는 아주 단순하지만 암호에 가까운 표현으로 자기만의 특이성을 찾음 • 10~30대로 추정	• 통신어는 내가 얼마나 특이한 사람인지를 보여주는 도구이다. • 어떻게든 나는 주목받고 싶다.	구태의연한 일반어

4) 대처방안

통신어에 대한 정책적 교육적 대응방안은 다음과 같이 제안해 볼 수 있다.

첫째, 통신어의 주요 소비층인 인터넷 채팅세대와 외계어 집단을 분리시키는 것이다. 단순한 인터넷 채팅사용자 집단과 외계어 사용자 집단은 유사한 연령층과 심리를 가지고 있지만, 중요한 차이도 존재한다. 특히, 외계어집단은 가치관도 반사회적이거나 심각하게 왜곡된 반역사적 사고를 하는 경우도 있다. 만약 두 집단이 동일한 집단정체성을 공유하면, 외계어 사용은 확산될 것이다. 따라서 두 집단 간의 차이를 부각시켜 인터넷 채팅세대에게 외계어 집단과는 구분되는 집단정체성을 형성하게 함으로써 외계어 집단의 영향력을 최소화시키는 것이 하나의 대응방안이 될 수 있다. 하지만 현재 이미 커뮤니티 간의 대립과 갈등이 부각되고 있기 때문에 이러한 집단 간 차별화 전략은 지금 상황에서는 집단 간의 갈등을 더욱 부채질하는 부적절한 대안이 될 수도 있다.

둘째, 비(非)PC통신세대가 느끼는 위기감을 해소시키는 것이다. 통신어에 대한 우려는 사실 통신어 세대들보다는 비통신어 세대에게서 가장 크다. 이들은 통신어뿐만 아니라 신기술에 관련된 모든 사회적인 변화를 불안하게 여긴다. 따라서 이들에게 급격한 사회변화를 이해하고 수용할 수 있도록 지원하는 것이 방안이 될 수 있다. 구체적으로는 언어의 역사를 통해 언어란 계속 변화하는 것임을 인식시키는 언어학적 설명을 제공하는 것, 통신어의 유형을 분류하고 설명함으로써 통신어 자체도 하나가 아니고 계속 변화한다는 사실을 인식하게 하는 것이 방법이 될 수 있다. 특히, 일반 통신어는 익숙해질 필요가 있고 배우기도 어렵지 않지만, 외계어는 극히 일부의 현상임을 인식하는 것은 중요하다. 문제가 되는 현상이 전체적인 것이 아니라 일부에 불과하다는 인식은 안도감을 가져다주기 때문이다.

셋째, 청소년들의 통신어 문화를 바람직한 방향으로 유도할 수 있다. 청소년들에게 언어학적인 교육을 통해 언어 사용에 대한 역사적 인식 틀을 제공하는 것이 그 방법이다. 그 외에도 좋은 통신어와 나쁜 통신어의 기준을 제시하는 것도 방법이 될 수 있다. 이를 통해 나 혼자만 이해하고 사용할 것이 아니라 많은 사람이 공유할수록 가치가 커진다는 사실을 인식하게 함으로써 창의적이지만, 많은 사람들이 직관적으로 이해할 수 있는 용어를 사용하도록 유도하는 것이다.

모든 언어교육의 기본인 문법에 맞는 글의 가치를 부각시키는 교육도 반드시 필요하다. 통신환경을 제외한 상황에서는 문법에 맞지 않거나 맞춤법이 틀린 글을 배척하는 문화를 확산시키는 것이다. 이는 '비문법적인 글 = 글쓴이가 미숙하거나 수준 낮음을 보여주는 글'이라는 인식을 부여함으로써 전반적인 언어문화의 향상을 유도하는 방법이다.

마지막으로, 비(非)통신세대와 통신세대 간 공감대를 확산시키는 정책도 필요하다. 세대 상호 간의 심리구조와 사고방식 차이를 이해하는 데 도움을 주는 학술·문화 활동을 꾸준히 기획하고 진행하는 것이다. 온라인 세대의 생활과 심리에 관한 책, 학술행사, TV 프로그램 제작이 그 방법이 될 수 있다.

4. 결론

언어는 그 자체로서 의미가 있는 것이 아니라, 인간이 접하는 일상적인 사회적 문제들을 해결하는 도구로서 의미가 있다. 언어에 대한 기능주의적 접근법에 의하면 개인의 언어능력은 실제로 사회적 맥락에서 그 언어를 사용해서 어떤 과제를 해결할 수 있는지를 확인하는 것으로만 그 측정이 가능하다고 본다. 즉, 언어는 일상적 문제해결의 도구이다. 반면, 언어의 의사소통 기능에 초점을 맞춘 사회적 상호작용론적 접근은 전통적인 행동주의적 입장과 언어학적 입장의 통합형태이다. 즉, 인간관계에 있어 언어가 담당하는 사회적 의사소통 기능 때문에 어떠한 형태의 언어구조가 생겨났으며, 한 아이가 사용하는 언어의 구조가 발달한다는 것은 결국 그 아이의 사회적 관계가 더욱 다양하고 세련되어짐을 의미한다는 것이다. 이들은 아동이 스스로 문법구조를 습득하고 형성하는 것도 언어가 가진 사회적 의사소통 기능과 관련되어 있다고 본다.

청소년들의 욕설문화는 그 자체가 문제라기보다는 우리나라 청소년들이 처한 상황을 보여주는 증상(symptom)이다. 상황맥락을 고치지 않고 욕설만 막겠다는 것은 무모할 뿐만 아니라 위험하기까지 하다. 게다가 청소년들의 언어문제에 정부 차원에서 개입을 하려 드는 국가는 적어도 선진국에선 사례를 찾기 어렵다. 미국이나 영국에도 청소년들의 언어문제를 우려하는 사람들은 있지만, 정부가 주도해서가 아니라 민간의 자발적인 활동이 있을 뿐이다. 청소년들이 좀 더 건강한 어휘를 사용하고 건강한 사고력을 발달시키기를 원한다면 청소년들에게 언어감수성을 키우는 훈련이나 교육도 해야 할 것이고, 욕설의 부작용을 보여주는 계몽도 필요하다. 하지만 우리가 청소년들에게 제공한 세상이 어떤 것인지를 찬찬히 살펴보는 작업을 제외하면, 이 모든 것은 조금도 소용이 없다. 청소년들의 삶의 질을 개선하고 미래에 대한 희망을 줄 수 있는 사회를 만들지 않으면 욕설은 줄어들지 않을 것이며, 현실을 바꾸지 않고 욕설만 금지하려 들면, 청소년들의 현실은 더 열악해질 것이다. 욕설로 범벅이 된 청소년들의 언어문화는 그 자체가 문제이기 이전에 청소년들의 열악한 삶을 반영하는 증상이기 때문이다. 욕하는 청소년을 걱정하기보다는 욕하며 살지 않아도 되는 세상을 만들어 주려는 노력이 진짜 책임 있는 어른의 역할일 것이다.

참고문헌

박종일 · 박찬웅 · 서효정 · 염유식(2010). 한국 어린이-청소년 행복지수 연구와 국제비교. 한국사회학, 44(2), 121-154.

손봉희(2010). 중학생의 욕설 사용 실태와 욕설 사용 빈도에 따른 자아존중감, 스트레스, 우울의 차이. 미간행 석사학위논문. 대구: 계명대학교 대학원.

조선일보(2011. 10. 3.). 싸운 것도 아닌데 … 학생 1명이 4시간 동안 385번 욕설.

Buckingham, D. (2000). *After the Death of Childhood: Growing Up in the Age of Electronic Media.* 정현선 역(2004). 전자매체시대의 아이들. 우리교육.

Goffman, E. (1959). *The Presentation of self in everyday life.* Anchor Books.

Postman, N. (1983). *The disappearance of childhood.* London: W. H. Allen.

Santrock, J. (2004). *A topical approach to life-span development* (Chapter 6. pp. 200-225). New York, NY: McGraw-Hill.

Sanders, B. (1995). *A is for ox: The collapse of literacy and the rise of violence in an electronic age.* NY: Vintage.

Schwartz, G. & Merten, D. (1967). The Language of adolescence: An anthropological approach to the youth culture. *The American Journal of Sociology, 72*(5), 453-468.

CHAPTER

11 청소년과 다문화수용성

전(全) 지구의 세계화, 글로벌화로 인하여 한국사회도 다양한 이주배경을 지닌 사람들이 함께 살아가게 되었다. 이러한 사회적 변화 속에서 미래 한국 사회를 이끌어 갈 한국 청소년들의 다문화 수용성을 증진시키기 위해서는 다문화수용성의 개념을 이해하고 다문화수용성을 증진시키기 위한 다양한 방법을 연구하여 적용해 보고, 그 효과성을 검증하는 등 많은 노력이 필요하다. 현재 학교, 공공기관, 지역사회 등 다양한 장면에서 다문화교육이 이루어지고 있어 과거에 비하여 다문화교육의 공급이 증가했다고 볼 수 있지만 다문화교육의 내용이 청소년의 다문화수용성을 증진시키는 데 도움이 되는 내용인지, 오히려 자민족 중심주의를 무의식적으로 강화시키는 내용은 아닌지 등 내용적 검토가 필요하고, 청소년들이 타 집단에 대한 고정관념과 편견에서 벗어나 좀 더 수용적인 태도로 넓은 시야를 가질 수 있도록 하기 위해서는 청소년들을 지도하는 부모, 교사, 청소년지도자 등의 다문화수용성이 먼저 갖추어져야 할 것이다.

본 장을 통하여 우리 사회의 다문화집단에 대해 이해하고, 다문화수용성의 개념을 파악하며, 청소년들의 다문화수용성을 증진시킬 수 있는 방법에 대해 생각할 수 있는 기회가 되기를 바란다.

1. 한국사회의 변화

1) 한국사회의 다문화화

인류는 역사상 끊임없이 이주를 해 왔다. 더 나은 기회를 위해서, 더 살기 좋은 환경을 위해서, 더 수준 높은 교육을 받기 위해서, 더 나은 경제적 여건을 위해서 등 보다 나은 삶을 영위하고자 하는 동기에서 이주를 선택하기도 하고, 때로는 정치적인 이유로 어쩔 수 없이 이주를 하기도 했다. 이주의 문제는 어제 오늘의 일이 아니라는 말이다. 그러나 20세기에 들어서 교통과 통신의 눈부신 발전으로 국제이주의 양적 증가가 매우 급속해졌을 뿐만 아니라 질적으로도 과거와는 다른 양상을 보이고 있다(윤인진, 2013: 23). 양적인 측면에서 보면 2022년 기준 국제이주자의 수는 현재 2억 8천만 명이 넘는 것으로 보고되고 있는데(OECD, 2022) 질적인 측면에서 보면, 과거에 비해 모국과 거주국 간의 왕래가 용이해지고 인터넷의 발달로 모국과 긴밀한 유대관계를 유지할 수 있게 되면서 모국이나 거주국의 정체성을 하나만 선택하는 것이 아니라 상황에 따라 유연하게 대처하게 되면서 다중의 정체성을 지닐 수 있게 되었다(윤인진, 2013: 23).

한국사회의 경우 1980년대 말에서 1990년대 초까지도 외국인 이주민이 전체 인구의 0.1%에 불과할 정도로 국제이주의 비율은 상당히 낮은 수준이었고, 세계적인 이주의 연결망에서 제외된 측면이 있었다(김이선 · 황정미 · 이진영, 2007: 11). 그러나 1990년대 초반 외국인 노동자의 입국을 시작으로 1990년대 중반의 국제결혼의 급증, 그리고 국제결혼가정에서 태어난 자녀들의 증가로 다양한 배경을 지닌 이주배경주민이 증가하게 되었다. 2021년 11월 기준 현재 한국 사회에 체류하고 있는 외국인주민[1]은 약 2,134,569명으로, 이는 우리나라 전체 주민등록 인구의 4.1%이며, 외국인주민 수를 처음으로 조사한 2006년도

1) 행정안전부 조사에서 외국인주민이란 한국국적을 가지지 않은 자(국내에 체류하는 외국인 중 90일 초과자), 한국국적을 취득한 자(외국인이었으나 한국국적을 취득한 자), 자녀(한국국적을 취득한 자의 미성년 자녀 및 한국인과 결혼한 한국국적을 가지지 않은 자의 미성년 자녀)의 세 가지 세부 유형이 포함된다(행정안전부, 2022).

의 536,627명에 비하면 약 4배 증가한 수치이다(행정안전부, 2022). 이러한 경향성은 향후 더 심화되어 많은 이주자들이 한국사회로 유입될 것으로 예상되며 한국사회의 인종적 문화적 다양성은 더욱 커질 것으로 생각된다.

문화적 · 인종적으로 다양한 사람들과 어울려 살아온 경험이 거의 없는 한국사회는 갑작스럽게 증가한 외국인 노동자, 결혼이주여성, 국제결혼가정에서 태어난 자녀 등 이주배경 집단 구성원과 공존할 준비가 되어 있지 않은 상태에서 다문화사회를 맞이하게 되었고, 이 과정에서 '우리가 어떤 태도를 취해야 할지, 다문화주의가 무엇인지, 다문화가 왜 중요하며 어떤 의미인지, 다문화사회에서 우리는 어떤 가치를 가지고 어떤 방식으로 행동해야 하는지' 등에 대해 전혀 생각해 보지 못한 채, 자신이 기존에 지니고 있던 고정관념이나 편견과 상반되는 가치를 받아들여야 하는 상황에 직면하게 되었다(양계민, 2009: 30).

이러한 상황에서 우리 사회가 해야 할 일은 다문화집단에 대한 이해와 수용, 그리고 인권존중 차원의 태도일 것이다. 따라서 제11장에서는 한국사회의 다문화집단의 현황에 대해 설명하고, 다문화수용성의 의미, 청소년 다문화수용성의 중요성 및 현황, 청소년 다문화수용성을 증진시키기 위한 방안 등을 중심으로 기술하고자 한다.

2) 한국의 다문화집단

한국사회 속의 다문화집단은 다양하다. 물론 소수 다문화적 배경을 지닌 사람들은 오래전부터 존재해 왔으나, 비교적 대규모로 단기간에 한국사회로 유입되거나 그러한 유입의 결과 생성된 사례를 중심으로 살펴보면, 1980년대 초반 시작된 이주노동자로부터 시작하여 1990년대 중반부터 증가하기 시작한 결혼이주여성, 그리고 그로 인하여 국제결혼가정에서 태어난 다문화가정자녀 등이 가시적으로 두드러지는 다문화집단이라고 볼 수 있다. 이 외에 북한이탈주민의 경우는 같은 한민족이고 언어가 동일하기 때문에 다문화집단으로 분류하는 것에 대해 당사자들이 거부감을 표시하고 있으나, 남북한이 오랫동안 분단되어 있었고 이질적인 근대화과정을 경험한 결과 남한의 주민들과 문화적 이질감을 겪고 있어서 이들 역시 논의의 대상이 되고 있다.

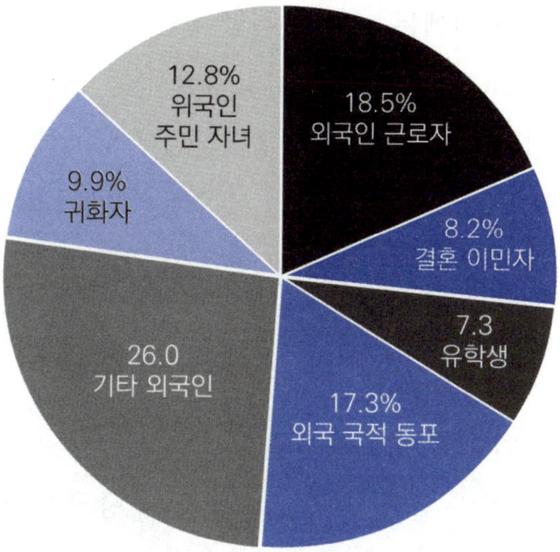

[그림 11-1] 외국인 주민의 유형별 현황(행정안전부, 2022)

이러한 다양한 다문화적 배경을 지닌 집단들이 한국사회에서 어떤 생활을 하고 있고, 한국사회의 다문화수용성 측면에서 어떤 위치에 있는지 등에 대하여 간략하게 살펴봄으로써 한국사회의 다문화수용성 증진의 필요성, 특히, 청소년기 다문화수용성 증진의 필요성에 대하여 인식할 필요가 있다.

(1) 외국인근로자

외국인근로자는 한국의 경제성장과 함께 제조업, 건설업, 농수산업 등 분야의 극심한 노동력 부족현상을 해소하기 위한 수단으로 국내에 유입되기 시작하였고 한국사회의 다문화적 변화의 시초라고 볼 수 있다(류혜옥 · 이현철, 2012). 1993년까지는 특별히 외국인 근로자에 대한 정책이 없었으나 1994년부터 2003년까지는 산업연수생 제도를 도입하였고, 2004년부터 2006년까지는 고용허가제와 산업연수생 제도를 병행하여 외국인 근로자 고용 등에 관한 법률을 제정하였으며, 2007년 이후에는 고용허가제로 일원화하여 운영하고 있다(한승준 · 박치성, 2011). 사실상 1980년대 초반부터 입국을 하던 외국인 근로자는 1988년 서울올림픽을 계기로 양적으로 팽창하기 시작하였고(김명광, 2011), 2004년 8월 고용허가제 시행 초기에는 외국인 취업이 다소 저조하였으나, 2005년 3월 외국인 고용절차의 간소화, 사후관리 서비스 실시 등 제도개선 이후 점차 증가하였고(류혜옥 · 이현철, 2012), 2022년 행정안전부 통계에 따르면 395,175명의 외국인 근로자가 국내에서 취업 상태인 것으로 집계되고 있다. 그러나 이는 모두 합법적인 비자를 소지하고 있는 근로자들로, 통계에 잡히지 않은 미등록 근로자를 포함한다면 국내에서 거주하고 있는 외국인 근로자의 수는 그보다 더 많을 것으로 예상되고 있다.

행정안전부의 외국인 근로자의 통계를 기초로 국적 분포를 살펴보면, 아래의 〈표 11-1〉에 나타난 바와 같이 2021년 11월 현재 중국계 한국인, 즉 재중동포(조선족)가 압도적으로 높은 비율을 나타내고 있고, 한국계가 아닌 중국인까지 포함하면 전체 집단 중 가장 높은 비율(28.7%)을 보이고 있다. 다음으로 높은 비율을 차지하는 국가가 베트남이고(10.4%), 캄보디아(8.3%), 네팔(7.4%)이 그 뒤를 따르고 있다.

〈표 11-1〉 외국인근로자의 국적별 분포

구분		남	여	계	소계
동북 아시아	중국	8,385	3,055	11,440	119,248
	중국(한국계)	61,671	40,341	102,012	
	대만	66	182	248	
	일본	463	409	872	
	몽골	3,918	758	4,676	
동남 아시아	베트남	38,080	2,934	41,014	168,244
	필리핀	17,946	3,502	21,448	
	태국	19,253	3,254	22,507	
	인도네시아	25,757	734	26,491	
	캄보디아	25,410	7,506	32,916	

구분		남	여	계	소계
	미얀마	21,124	41	21,165	
	말레이시아	94	78	172	
	라오스	294	26	320	
	동티모르	2,088	37	2,125	
	기타	43	43	86	
서남 아시아	스리랑카	16,946	169	17,115	60,497
	파키스탄	2,895	45	2,940	
	방글라데시	8,617	53	8,670	
	네팔	27,482	1,859	29,341	
	기타	2,146	285	2,431	
중앙 아시아	우즈베키스탄	15,336	4,945	20,281	27,046
	카자흐스탄	2,921	2,030	4,951	
	키르기스스탄	1,238	409	1,647	
	기타	113	54	167	
아시아(기타)		190	70	260	260
북미	미국	3,585	5,666	9,251	10,868
	캐나다	821	796	1,617	
유럽	러시아	197	251	448	5,566
	러시아(한국계)	8	2	10	
	영국	1,120	1,060	2,180	
	기타	1,721	1,207	2,928	
오세아니아		380	314	694	694
중남미		272	137	409	409
아프리카		1,068	1,270	2,338	2,338
기타		3	2	5	5
합계		311,651	83,524	395,175	395,175

외국인 근로자의 문제는 주로 노동력 착취, 임금 체불, 직장 내 차별과 폭력 등의 가혹행위, 산업재해상의 불이익 등 인권침해의 문제가 주요 이슈였고, 초

기 외국인 근로자들이 한국인들이 취업을 꺼리는 3D 업종에 종사하다 보니 한국사회에서의 이미지는 주로 부정적인 이미지로 굳어져서 다문화 집단 내에서도 심리적 거리감이 크고, 두려움과 회피의 대상이 된 측면이 있다. 외국인 근로자가 한국사회에 유입된 지 시간이 꽤 지났음에도 불구하고 이러한 부정적 고정관념과 편견은 사라지지 않고 있는 실정인데, 외국인 근로자에 대한 한국사회의 부정적인 인식과 행동이 지속될 경우, 한국에 대한 부정적 이미지가 전 세계적으로 확산되어 국가 이미지 측면에서도 바람직하지 못한 일이고, 그보다는 한 사회에서 특정한 집단의 사람들이 편견과 차별이 되고 있다는 것은 인권 및 인도적인 측면에서 반드시 관심을 가지고 사회적 노력을 해야 할 문제일 것이다.

(2) 결혼이주여성

1994년까지 국제결혼의 양상은 한국인 여성과 외국인 남성이 결혼하는 경우가 일반적인 경향이었으나, 1995년 이후 한국인 남성과 외국인 여성의 국제결혼이 증가하기 시작하여 2003년 즈음 국제결혼중개업체의 증가로 한국인 남성과 외국인 여성 간의 국제결혼이 급격히 증가하게 되었다(한건수 · 설동훈, 2005, 설동훈 등, 2006에서 재인용). 이는 1990년대 들어서 결혼시장에서 주변화된 농촌총각들이 재중동포 처녀들과 결혼하기 시작하여 점차 경제적으로 빈곤한 다른 국가 여성들과의 결혼으로 확대된 것으로 보인다(조희원, 2013). 그 후 국제결혼의 건수는 꾸준히 증가하여 2022년 현재 결혼이민자의 수는 174,632명에 이르렀다(행정안전부, 2022). 외국인 여성과 한국인 남성의 결혼이 일반화되면서 세계 각국 출신의 여성들이 한국사회의 주요한 일원이 되었고, 외국에서 온 사람들이 더 이상 '이방인'이나 '일시적인 체류자'가 아닌 '영구적 거주자'로 탈바꿈하면서(김이선 등, 2006: 13) 한국사회의 다문화현상을 가속화시켰다.

이들의 국적별 현황을 살펴보면, 2022년 행정안전부 통계에서 보여주는 것과 같이 베트남 출신이 가장 많고, 다음이 중국과 한국계 중국인, 일본, 필리핀

등 주로 아시아계가 주를 이루고 있음을 알 수 있다(행정안전부, 2022). 이러한 현상에 대해 조희원(2013)은 배우자를 외국출신자로 선택할 때, 외모 면에서 한국인과 비슷한 사람을 선호하기 때문인 것으로 설명하고 있다.

결혼이주여성들에 대한 연구들에 따르면 체류자격에 따른 불안정, 경제적 불안정, 국제결혼에 대한 한국사회의 편견과 몰이해 등으로 인하여 어려움을 겪고 있으며, 가정적으로는 자녀출산과 양육의 부담, 가족 간의 친밀감 부족, 남편의 음주와 가정폭력, 이혼, 남편의 낮은 사회적 지위, 가부장적 가정문화, 시집식구와의 대립과 갈등 등으로 인하여 어려움을 겪고 있는 것으로 보고되고 있다(이금연, 2003, 이현심, 2014 재인용). 또한 익숙하지 않은 한국사회에서 자녀를 양육하게 됨에 따라 겪게 되는 무능감과 그로 인한 양육스트레스도 결혼이주여성들의 적응에 영향을 미치는 중요한 변인 중의 하나이고(박명숙, 2014), 결혼이주의 역사가 이미 10여 년이 지난 지금은 국제결혼가정의 자녀들이 초등학교에 입학하고 점차 중·고등학교로 진학을 하게 됨에 따라 자녀 교육에 대한 고민과 사춘기 자녀와의 의사소통 및 갈등의 문제를 경험하게 되었다.

결혼이주여성은 한국 내 다문화집단 중 그들의 자녀와 함께 비교적 많은 관심을 받고 있는 대상으로, 그들의 한국생활 적응이 중요한 이유는 한국의 피를 이어받은 그들의 자녀가 바로 한국인이고, 한국인인 자녀를 올바로 교육하고 성장시킬 의무가 있기 때문이라는 한국사회의 혈통주의적 가치에 기반하고 있는 것으로 보인다. 정부의 각 부처에서 결혼이주여성을 대상으로 한 다양한 정책적 지원방안들이 제공되고 있고, 이에 대하여 사회적 역차별의 논란이 제기되고 있으나, 실제로 결혼이민자들을 대상으로 한 지원들은 주로 결혼이주여성을 대상으로 한 초기 적응 프로그램으로, 입국한 지 비교적 오래된 결혼이민자들에게는 도움이 되지 않는다는 비판을 받고 있고(민가영, 2011, 조희원, 2013에서 재인용), 결혼이민자들이 지각하는 사회적 차별감은 오히려 증가했다는 주장들이 제기되고 있어서(연합뉴스, 2013. 5. 31., 조희원, 2013에서 재인용), 겉으로 보이는 것과 당사자들의 입장 간 차이가 존재하는 것으로 보인다.

결혼이주여성들에 대한 한국사회의 인식에 영향을 미친 요인 중 하나는 미디어를 통해 보도된 인권침해와 열악한 생활상이라고 할 수 있다. 많은 연구를 통해 결혼이주여성들이 결혼중개과정에서부터 시작하여(김현미 등, 2008; 한국염, 2010, 김지영 · 최훈석, 2011에서 재인용), 가정 내 생활에서의 각종 신체적 정신적 폭력으로 인한 인권침해(설동훈 등, 2005; 양정화, 2005, 김지영 · 최훈석, 2011에서 재인용), 직장에서의 임금차별, 성희롱, 성추행(한국염, 2006, 김지영 · 최훈석, 2011에서 재인용), 사회적 편견과 무시(김이선 등, 2006) 등을 경험하고 있는 것으로 보고되어 왔다.

이러한 내용들은 미디어를 통해 알려지게 되었는데, 그 결과 결혼이주여성에 대한 사회적 인식은 주로 열악한 가정환경에서 인권침해의 가능성에 노출된 불쌍한 피해자라는 이미지가 형성되었고, 이 과정에서 결혼이주여성은 주체적으로 자신의 문제를 해결할 수 있는 능력이 없는 수동적인 존재로 인식되게 되었다.

사회적으로 결혼이주여성의 인권에 관심을 가지는 것은 바람직한 일이나 그로 인하여 결혼이주여성 집단 전체에 대한 부정적인 고정관념을 가지게 된 것은 향후 한국사회에서 이주배경을 지닌 사람들이 한국의 원주민들과 함께 살아가는 데 있어 걸림돌이 될 수도 있다는 점에서 주의해야 할 측면이 있다. 따라서 교육수준이 높고, 주체적인 사고를 하며, 국제결혼의 피해자가 아니라 능동적으로 가정을 이끌어 나가는 다수의 결혼이주여성에 대한 사례를 제공함으로써 결혼이주여성의 다양성에 주목할 필요가 있다.

〈표 11-2〉 결혼이민자의 국적별 분포

구분		남	여	계	소계
동북 아시아	중국	5,307	29,216	34,523	81,595
	중국(한국계)	10,211	18,484	28,695	
	대만	762	1,761	2,523	
	일본	1,112	12,425	13,537	
	몽골	183	2,134	2,317	

구분		남	여	계	소계
동남 아시아	베트남	3,540	37,157	40,697	65,103
	필리핀	522	10,950	11,472	
	태국	118	6,120	6,238	
	인도네시아	102	874	976	
	캄보디아	543	3,938	4,481	
	미얀마	59	218	277	
	말레이시아	54	231	285	
	라오스	-	537	537	
	기타	40	100	140	
서남 아시아	스리랑카	290	61	351	2,660
	파키스탄	783	143	926	
	방글라데시	241	105	346	
	네팔	185	619	804	
	기타	171	62	233	
중앙 아시아	우즈베키스탄	187	2,180	2,367	3,335
	카자흐스탄	26	480	506	
	키르기스스탄	30	416	446	
	기타	4	12	16	
아시아(기타)		146	69	215	215
북미	미국	5,299	3,347	8,646	11,857
	캐나다	1,944	1,267	3,211	
유럽	러시아	125	1,592	1,717	6,259
	러시아(한국계)	21	230	251	
	영국	1,008	227	1,235	
	기타	1,818	1,238	3,056	
오세아니아		1,025	586	1,611	1,611
중남미		289	629	918	918
아프리카		669	393	1,062	1,062
기타		6	11	17	17
합계		36,820	137,812	174,632	174,632

(3) 다문화청소년

다문화청소년의 정의는 한 가지로 정해지지 않았으나, 다문화가족의 자녀 중 9세에서 24세에 속하는 청소년을 의미하는 것으로 볼 수 있다. 다문화가족은 다문화가족지원법에 근거하여 결혼이민자가 대한민국 국민과 혼인하여 가정을 이룬 경우, 출생 당시 부모 중 한 명이 대한민국 국민인 경우, 그리고 외국인이 귀화허가를 받은 경우를 의미한다(양계민 · 박주희, 2013: 27). 그러나 이는 협의의 의미이고 사실상 다문화청소년은 좀 더 복잡한 형상을 지닌다. 부모 중 한쪽이 외국출신이고 나머지 한쪽이 한국출신인 가정의 자녀가 가장 전형적인 예라 할 수 있고, 그 외에도 한국인 부모에게서 태어났으나 부모가 이혼이나 사별로 외국출신과 재혼을 한 경우도 최근 들어 다문화청소년으로 범주화되고 있고, 태어나서 청소년기까지 외국에서 자라서 청소년기에 한국으로 입국하는 중도입국청소년의 경우 주로 한국인과 외국인이 재혼을 통해 가정을 이룬 후 본국에 남아있던 자녀를 입양의 형식으로 데리고 오는 경우가 많은데, 이 경우도 역시 다문화청소년이라고 하며, 그 외에도 부모가 모두 외국출신인 이주노동자의 자녀, 난민청소년 등도 모두 유엔아동권리협약에 근거한 지원 대상으로 다문화청소년의 범주에 넣고 있다.

다문화청소년의 수는 명확하게 집계하기 어렵다. 대표적인 통계가 교육부의 다문화학생 통계인데, 교육부의 통계에서는 말 그대로 다문화청소년 중 초 · 중 · 고등학교에 재학 중인 청소년만을 포함하고 있기 때문에, 학교 밖 청소년이나 중도입국청소년은 포함하고 있지 않고, 행정안전부의 통계는 '외국인주민 자녀'라고 명명하고, 학교에 입학하기 전의 미취학 연령 아동과 학교 밖 청소년을 포함하는 등 보다 넓은 범주의 대상들을 포함하고 있어서 교육부의 통계와는 차이가 있다.

〈표 11-3〉 연도별 다문화가족 자녀의 수(행정안전부, 2017~2021; 교육부, 2017~2022)

연도 부처	2017	2018	2019	2020	2021	2022
행정안전부	222,455	237,506	251,966	261,646	273,722	-
교육부	109,387	122,212	137,225	147,348	160,058	168,645

비록 두 부처의 통계에는 차이가 있으나 해마다 매년 증가하고 있는 것은 일관된 결과이며, 향후 이들의 수는 지속적으로 증가할 것이며 점차 중·고등학교에 진학하는 다문화청소년의 수도 증가할 것으로 예측된다. 행정안전부의 통계에 나타난 다문화청소년의 수는 사실상 앞에서 정의한 엄밀한 의미의 '다문화청소년'의 수는 아니다. 행정안전부의 경우 만 18세 이하의 다문화가족자녀를 포함한 수치로, 초등학교에 입학하기 이전 연령인 유아들의 부모까지 포함한 숫자라고 볼 수 있고, 부모 중 한 명 이상이 현재 한국국적을 소지하고 있는 집단에 한정된 수치임을 고려해야 한다. 행정안전부의 경우 이들을 외국인주민자녀라고 지칭하고 있는데, 국적을 살펴보면, 2021년 11월 기준으로 베트남 출신이 99,398명으로 가장 많고, 중국이 52,030명, 한국계 중국이 41,369명으로 다음으로 많으며, 필리핀(24,450명)과 캄보디아(11,881명)가 그 뒤를 잇고 있다(행정안전부, 2022).

〈표 11-4〉 외국인주민자녀의 부모 국적 분포(행정안전부, 2022)

구분		남	여	계	소계
동북 아시아	중국	26,400	25,630	52,030	109,604
	중국(한국계)	21,183	20,186	41,369	
	대만	1,957	1,927	3,884	
	일본	4,351	4,141	8,492	
	몽골	1,951	1,878	3,829	
동남 아시아	베트남	50,520	48,878	99,398	143,496
	필리핀	12,647	11,803	24,450	
	태국	2,752	2,634	5,386	
	인도네시아	488	481	969	
	캄보디아	6,068	5,813	11,881	
	미얀마	134	163	297	
	말레이시아	131	105	236	
	라오스	375	364	739	
	기타	63	73	136	

구분		남	여	계	소계
서남 아시아	스리랑카	99	93	192	2,974
	파키스탄	490	384	874	
	방글라데시	219	226	445	
	네팔	639	594	1,233	
	기타	122	108	230	
중앙 아시아	우즈베키스탄	1,996	1,905	3,901	5,281
	카자흐스탄	248	249	497	
	키르기스스탄	436	421	857	
	기타	14	12	26	
아시아(기타)		128	126		254
북미	미국	5,302	5,175	10,477	13,825
	캐나다	1,692	1,656	3,348	
유럽	러시아	793	773	1,566	4,924
	러시아(한국계)	108	92	200	
	영국	508	430	938	
	기타	1,146	1,074	2,220	
오세아니아		959	987	1,946	1,946
중남미		407	445	852	852
아프리카		474	465	939	939
기타		2,809	2,625	5,434	5,434
합계		147,612	141,917	289,529	289,529

국내에서 출생한 다문화청소년은 한국인의 핏줄을 이어받고 있는 한국인이라는 이유로 한국 내 다문화정책의 주요 대상이 되고 사회적 관심을 가장 많이 받는 집단이라고 할 수 있다. 따라서 다문화청소년의 적응을 촉진하기 위한 다양한 정책들이 등장하였고, 각 정부부처와 민간기관에서 앞다투어 다문화청소년을 위한 일들을 추진해 왔다. 이러한 사회적 지원과 관심은 다문화청소년들에게 지원이 필요하다는 사회적 환기를 불러일으켰으나 이와 동시에 다문화

청소년들에 대한 부정적인 고정관념을 강화시키는 역할을 하게 되었다. 즉, 다문화청소년들에 대한 지원의 당위성을 제시하기 위해서 다문화청소년들의 열악함에 초점을 두어 연구물이나 기사를 생산하였다.

이로 인하여 우리 사회에 생성된 다문화청소년에 대한 대표적인 고정관념은 다문화청소년들이 한국말을 잘 하지 못할 것이고 학교적응도 잘 하지 못하여 학급에서 왕따를 당하고 소외되며 자신감이 없어서 위축된 아이들일 것이라는 것이다. 그러나 최근 들어 다문화청소년에 대한 연구가 다양한 시각에서 수행됨에 따라 그와는 상반된 결과들도 도출되었다. 즉, 학교에 입학하게 됨에 따라 일반 한국가정 청소년들과의 격차가 줄어들고 학업성취도도 차이가 없다는 것(정일선, 2006), 전반적인 학교생활적응수준이 보통 이상이라는 것(정현영, 2006), 한국어 구사능력에 전혀 문제가 없고 학업성취에도 문제가 없으며, 어떤 경우 국사와 국어를 가장 재미있다고 하는 등의 사례(정병호 외, 2007)이다.

이러한 결과는 어떤 연구가 잘못되었다기보다는 연구자가 어느 부분에 초점을 두었느냐에 따른 차이라고 생각된다. 사실상 다문화가족의 경우 높은 비율이 저소득층에 속해 있고, 사회적 고정관념과 일치하는 집단이 분명히 있으며 이러한 문제에 대한 사회적 지원이 필요한 것은 사실이다. 그러나 비록 비교적 다수가 취약하다 해도, 다문화청소년들은 동질적인 하나의 집단이 아니고, 부모의 출신국, 가정의 경제적 수준, 부모의 교육수준, 개인의 취향과 성격 등 여러 측면에서 매우 다른 집단이기에, 다문화청소년 전체를 부정적 고정관념화 하는 것은 판단의 오류가 발생할 가능성이 높으며, 당사자들에게는 자아개념의 발달에 부정적 영향을 미치는 등 매우 우려할 결과를 초래할 수 있다. 한국청소년정책연구원에서 수행하고 있는 다문화청소년 대상 종단연구의 결과를 살펴보면, 다문화청소년 전체와 비(非)다문화청소년을 비교했을 때는 다문화청소년이 비(非)다문화청소년에 비해 학교생활 중 학습활동과 교사관계에서 떨어지는 것으로 나타났으나, 소득수준별로 비교한 결과 그러한 현상은 저소득집단에서만 나타나는 현상이었고, 소득수준이 '중' 또는 '상'인 집단에서는 두 집단 간 차이가 없는 것으로 나타난 바 있다(양계민 외, 2012).

이는 다문화청소년들이 보이는 부족한 측면은 저소득층에서 나타나는 현상이며 결국 이들이 겪는 어려움은 소득수준 등 사회·경제적 지위에서 오는 것이 상당 부분일 가능성을 제시하는 결과라고 볼 수 있다. 다른 한편으로 보면, 저소득층의 경우는 비(非)다문화청소년들보다 더욱 열악한 것으로 나타난 것이 결국 저소득층의 경우는 일반적인 취약계층에 비해 더 떨어지는 것이 사실이므로 이러한 격차를 줄이기 위한 정책적 지원은 필요함을 시사하는 결과라고도 볼 수 있다.

따라서 다문화청소년들의 취약한 측면을 지원하는 것은 필요하지만, 모든 다문화청소년에 대한 고정관념을 강화시키는 일은 사회적으로 관심을 가지고 대처해야 할 것으로 생각된다. 왜냐하면 집단 내의 다양성을 무시하고 특정한 배경을 지닌 사람들에 대한 일률적 고정관념을 적용하는 것은 장기적으로 특정 집단 사람들을 사회적 소외계층으로 전락시킬 가능성이 있기 때문이다.

(4) 북한이탈주민

북한이탈주민의 남한입국 비율은 북한의 식량위기가 심각해진 1990년대 중반부터 점차 증가하기 시작하여 1990년대 후반부터 급격히 증가하기 시작하였고, 최근 들어 입국자 수가 약간 감소하는 추세에 있긴 하지만 여전히 연간 약 1,500명가량은 입국하고 있고, 2023년 3월 현재 33,916명의 북한이탈주민이 남한에 거주하고 있는 것으로 집계되고 있다(통일부, 2023). 탈북 초기에는 성인 남자가 단독으로 탈출하는 사례가 많았던 것에 반하여 점차 가족단위의 탈북이 증가하였고, 여성 및 청소년의 숫자가 급증하고 있는데, 특히 2002년 이후에는 여성 입국자 수가 남성 입국자의 거의 2배를 넘어서기 시작하여(이순형 외, 2006), 지금 현재는 북한이탈주민의 70%가 여성인 것으로 나타나고 있을 만큼 탈북의 추세가 변화하였다.

가족단위의 입국자가 증가하고 있는 추세에 대해서는 북한 내에 남한사회에 대한 정보유입이 증가되고 있는 점, 북한 내의 이동용이성이 과거에 비해 증가했다는 점, 기존에 입국한 북한이탈주민이 북한에 남아있는 가족들의 입국을 지원할 수 있게 된 점 등을 원인으로 보고 있는데(윤여성, 2002, 이기영, 2006에서 재인용), 이렇게 다양한 집단이 남한에 입국하게 됨에 따라 남한사회 정착과 적응에 있어 다양한 문제들이 나타나고 있다.

과거 성인남자 위주로 입국하던 시기에는 취업과 창업 등 경제적 적응의 문제가 중요한 문제였던 것에 비해 여성과 청소년의 입국으로 인하여 외상 후 스트레스장애와 같은 정신건강문제, 가족갈등 문제, 무연고 청소년의 적응문제, 청소년들의 학교적응문제 등 보다 다양한 문제들이 표출되고 있다(이기영, 2006).

〈표 11-5〉 북한이탈주민의 입국현황(통일부, 2022)

구분	~'98	~'01	'02	'03	'04	'05	'06	'07	'08	'09	'10	'11
남(명)	831	565	510	474	626	424	515	573	608	662	591	795
여(명)	116	478	632	811	1,272	960	1,513	1,981	2,195	2,252	1,811	1,911
합계(명)	947	1,043	1,142	1,285	1,898	1,384	2,028	2,554	2,803	2,914	2,402	2,706
여성비율(%)	12.2	45.8	55.3	63.1	67.0	69.4	74.6	77.6	78.3	77.3	75.4	70.6

구분	'12	'13	'14	'15	'16	'17	'18	'19	'20	'21	'22	'23.3(잠정)	합계
남(명)	404	369	305	251	302	188	168	202	72	40	35	5	9,515
여(명)	1,098	1,145	1,092	1,024	1,116	939	969	845	157	23	32	29	24,401
합계(명)	1,502	1,514	1,397	1,275	1,418	1,127	1,137	1,047	229	63	67	34	33,916
여성비율(%)	73.1	75.6	78.2	80.3	78.7	83.3	85.2	80.7	68.6	36.5	47.8	85.3	71.9

앞에서도 언급했던 바와 같이 북한이탈주민을 다문화집단으로 범주화하는 것에 대해 당사자들은 거부감을 표시하고 있고, 정부 정책에 나타난 바도 북한이탈주민을 다문화집단으로 범주화하고 있지는 않다. 일반 다문화집단의 경우 「다문화가족지원법」 또는 「외국인정책」 등을 지원의 근거로 삼고 있는 반면

북한이탈주민은 「북한이탈주민의보호및정착지원에관한법률」에 근거하여 별도의 지원을 하고 있고, 일반 다문화집단의 경우 여성가족부, 행정안전부, 법무부, 외교부 등에서 담당하는 반면 북한이탈주민은 통일부에서 전담하고 있는 상황이다. 이는 북한이탈주민의 경우 다문화집단이라기보다는 '한민족정체성'에 근거한 정책적 지원의 대상이기 때문이고, 또한 북한이탈주민은 통일 한국사회를 대비하는 남북한 통합의 실험적 대상이며, 통일 후 남북한의 관계에서 교두보적인 역할을 할 집단이라는 점에서 매우 중요한 집단으로 인식되고 있다는 점에서 다른 다문화집단과 구분되고 있다.

그러한 특수성에도 불구하고 북한이탈주민을 다문화집단으로 범주화하여 다루고자 하는 이유는 다문화수용성의 측면에서 볼 때, 북한이탈주민도 다른 인종 및 문화적 배경을 지닌 다문화집단과 마찬가지로 남한 사람들로부터 고정관념과 편견의 대상이 되고, 우리 사회에서 오히려 다른 다문화집단 구성원들보다 더 부정적인 고정관념과 편견의 대상이라는 현상 때문에(양계민, 2009), 북한이탈주민에 대한 수용성은 보다 집중적으로 다루어져야 하는 주제일 수밖에 없다.

(5) 유학생

국내 외국인유학생의 수는 1994년 1,879명에 불과하였으나 해마다 꾸준히 증가하여 2022년 행정안전부 통계 기준 156,607명이라는 수가 국내에 입국하고 있으며, 외국인주민 전체의 약 9.8%를 차지하고 있다. 2022년 기준으로 이들의 국적별 분포를 보면 베트남 출신 유학생이 60,842명으로 전체의 38.9%를 차지하고 있고, 다음이 중국 출신 43,807명(28.0%)으로 두 국가출신 유학생의 비율이 전체의 66.9%를 차지하고 있다.

외국인유학생들이 증가하게 된 이유는 2001년 당시 교육과학기술부의 외국인유학생 유치방안이 입안 및 시행되면서 외국인유학생 유치를 통해 세계화 시대에 필요한 유능한 인재를 확보할 수 있는 계기를 마련하여 국가발전에 기여하고자 하는 시도로부터 시작되었다고 볼 수 있다(박은경, 2011). 그러나 정부의 정책이 이들의 체계적 관리보다는 유치에 중점을 둔 결과, 유학생들의 부적응 문제의 발생가능성이 제기되었다. 외국인유학생이 국내에 유입되는 현상의 긍정적인 측면으로는 한국에 대한 인지도 및 이해를 제고하고, 인적 교류를 증대시킴으로써 국가 간 네트워크를 긴밀하게 해 줄 수 있다는 점을 들 수 있는데, 부적응 유학생들의 범죄문제나 불법체류, 불법취업 등 사회적 문제가 발생할 수 있다는 등 문제점을 제기하는 경우도 있다(박은경 · 김민일, 2009). 그러나 최근 들어 저출산 고령화시대에 돌입한 한국사회가 이주민에 대한 정책을 기획하는 데 있어 외국인유학생을 활용하는 방안을 모색해 볼 수 있다는 점에서 새로이 관심을 받는 이주배경 집단으로 부각되고 있다.

〈표 11-6〉 국내 유학생 국적분포(행정안전부, 2022)

구분		남	여	소계	계
동북 아시아	중국	17,642	26,165	43,807	57,493
	중국(한국계)	295	412	707	
	대만	117	801	918	
	일본	423	3,376	3,799	
	몽골	3,008	5,254	8,262	
동남 아시아	베트남	31,477	29,365	60,842	66,466
	필리핀	204	276	480	
	태국	131	537	668	
	인도네시아	601	893	1,494	
	캄보디아	227	204	431	
	미얀마	422	917	1,339	
	말레이시아	248	653	901	
	라오스	65	68	133	
	동티모르	15	14	29	
	기타	32	117	149	

구분		남	여	소계	계
서남 아시아	스리랑카	184	183	367	7,178
	파키스탄	1,175	217	1,392	
	방글라데시	1,043	182	1,225	
	네팔	1,805	963	2,768	
	기타	894	532	1,426	
중앙 아시아	우즈베키스탄	8,155	1,046	9,201	10,689
	카자흐스탄	260	621	881	
	키르기스스탄	161	277	438	
	기타	116	53	169	
아시아(기타)		268	418		686
북미	미국	578	1,533	2,111	2,255
	캐나다	55	89	144	
유럽	러시아	206	1,097	1,303	7,619
	러시아(한국계)	1	4	5	
	영국	106	233	339	
	기타	1,835	4,137	5,972	
오세아니아		39	38	77	77
중남미		380	840	1,220	1,220
아프리카		1,873	1,039	2,912	2,912
기타		7	5	12	12
합계		74,048	82,559	156,607	156,607

대구·경북지역을 중심으로 한 박은경(2011)의 연구에 따르면 외국인유학생들의 경우 '학력 및 연구능력의 향상을 위해서', '학문적 욕구의 충족을 위해서', 또는 '사회적 신분상승을 위해서', '취업에 유리해서' 등의 이유로 한국에 유학을 오게 되었고, 개인적으로는 '한국 문화에 대한 관심'과 '한국어 능력이 필요하다는 점' 등 한국의 문화에 대한 관심도도 유학동기로 꼽히고 있으며, '대학의 명성이나 지리적 인접성', '다른 선진국과 비교하여 저렴한 생활비' 등이 한국 유학의 동기인 것으로 나타났다. 같은 연구에서 외국인유학생이 겪는 어려움은

'문화의 차이에 따른 이해 부족', '의사소통', '외국인에 대한 편견' 등을 들고 있어서, 여러 외국인주민 집단 중 비교적 사회·경제적 수준이 상위계층인 대학생들 역시 문화 차이에 따른 이해부족이나 외국인에 대한 편견을 경험하고 있음을 알 수 있었다.

이와는 조금 다른 측면에서 외국인유학생들의 대학원 문화와 학업적응에 대해 연구한 이유경(2014)에 따르면 외국인유학생들은 대학원에서 학업을 하는데 있어서 '문화적 차이'로 인한 어려움을 겪는다고 보고한 것으로 타났다. 한국의 경우 본국에서 경험하지 못했던 교수와 학생 간의 서열문화, 선후배 문화, 집단적 모임에 대한 시간 투자, 사적인 모임을 통한 정보공유 등의 문화에 대해 처음에 이해하지 못하는 현상을 보이다가 점차 한국의 문화를 따라가는 현상을 보이는 것으로 나타났다. 그러나 중국, 일본, 대만 등 같은 유교주의 문화권 출신들과 달리 이슬람국가 출신의 유학생들의 경우 자신의 종교적 신념이나 본국 가치관이 위협받는 경우가 더 빈번할 수 있고, 이로 인해 감정이 상하거나 심리적으로 힘든 상태가 강한 것으로 보고된 바 있다.

그러나 외국인유학생들의 경우, 한국사회에 부담이 되는 존재로 인식되지 않고, 비교적 문화적 수용성에 대한 필요성과 인식이 높은 대학교 내 구성원들과 주로 생활을 하고 있으며, 의사소통이 어려운 점이 있지만 학업을 주로 하는 집단이라는 점에서 여타 다른 다문화집단에 비해서는 한국사회에서의 위치가 크게 차별적 대상은 아닐 것으로 생각된다. 그럼에도 불구하고 대학교를 벗어나 일반 사회에 들어갈 경우, 여전히 한국사회의 고정관념과 편견의 대상이 될 수 있고 문화적으로 이질성이 큰 집단의 경우 여전히 그들의 문화적 차이에 대해 존중받지 못하고 있을 가능성이 있다는 점에서 다문화적 수용성 측면에서 고려해야 할 대상으로 생각된다.

3) 다문화에 대한 한국사회의 태도

지금까지 살펴본 바와 같이 한국사회에 다양한 문화적 인종적 배경을 지닌 사람들이 증가하고 있으나 한국사회는 그러한 다양한 배경을 지닌 사람들과 어울려 살아온 경험이 전무하기에 자신과 문화적 인종적으로 다른 사람들과 어떻게 함께 공존해야 하는지에 대한 준비가 되어 있지 않은 상태에서 다문화적 사회를 맞이하게 되었다.

그 결과 다문화수용성, 인권, 반편견과 반차별 등의 보다 성숙한 시각으로 다문화사회를 바라보기보다는 협의의 문화개념으로 이해하거나 주류집단으로서의 우월감에 근거한 수용, 또는 향후 한국사회의 갈등요인을 미리 다루어야 한다는 불안감에 근거한 태도로 다문화를 이해하는 시각이 여전히 존재하고 있다. 또한 다문화 집단에 대한 사회적 정책적 지원에 대한 역차별감으로 반감을 형성하기도 한다. 이러한 시각들이 어떤 문제점을 지니는지 다음에서 살펴보기로 하겠다.

(1) 문화를 단순히 의복, 음식, 예절 등의 표면적인 것으로 보는 시각

한국사회가 다문화를 바라보는 시각 중 흔히 나타나는 것이 문화를 단순히 의복, 음식, 예절 등 협의의 문화개념으로 이해하는 시각이다. 이런 시각을 지닌 경우 청소년이나 성인 대상 다문화교육을 할 때 결혼이주여성이 모국의 의상을 입고 와서 모국의 음식을 같이 먹어보고 모국의 간단한 인사말을 가르치고, 게임이나 예절 등으로 프로그램을 구성한다. 이러한 접근은 특정한 문화에 대한 관심을 불러일으키는 수준에서는 효과적일 수 있으나 단순히 다른 나라의 문화를 체험한다고 반드시 타문화에 대한 이해와 수용이 높아지는 것은 아니라는 점에서 주의할 필요가 있다. 타문화에 대한 이해와 수용의 자세가 갖추어지지 않은 상태에서 단순히 타문화를 접하는 것은 반대로 자국문화에 대한 우월감을 강화시킬 수도 있기 때문이다.

(2) 우월한 입장에서 품어주어야 한다는 시각

두 번째로 다문화를 대하는 입장 중 하나는 주류집단이 우월한 입장에서 소수집단을 품어주어야 한다는 시각이다. 물론 소수집단을 백안시하고 편견과 차별을 가감 없이 드러내는 것보다는 나은 태도라고 볼 수 있지만, 타문화가 우리의 문화보다 열등한 것이 아니며 주류집단 구성원이라고 소수집단의 구성원보다 우월한 것은 아니기 때문에, 자신이 주류집단에 속하든 소수집단에 속하든 인간 대 인간으로서 동등하게 인권존중의 시각에서 대하는 것보다는 덜 바람직한 시각이라고 볼 수 있다. 우월한 입장에서 소수집단 구성원을 품어주어야 한다는 시각을 지닌 경우, 기본적으로 권력관계에서 본인이 우위를 차지하는 것을 당연시하기 때문에 진정한 의미의 사회통합이라고 보기는 어렵다.

(3) 불쌍한 사람들이라는 연민의 시각

세 번째는 결혼이주여성이나 외국인근로자, 다문화가정 자녀를 '불쌍한' 사람들이라고 보는 시각이다. 본래 다문화라는 것 자체가 불쌍한 것은 아니나 한국사회의 다문화현상이 외국인 근로자나 결혼이주여성을 통해 확산되다 보니 주로 그들의 인권침해와 취약한 생활 등에 초점을 맞추게 되고, 그 결과 이들에 대한 사회적 지원의 필요성과 정당성을 제기하기 위하여 많이 사용된 시각이다. 이 시각 역시 이들에 대한 부정적 감정과 반감, 두려움 등을 가지는 것보다는 낫지만, 여전히 동등한 인간으로서 다문화집단을 대하는 것은 아니라는 점에서 장기적으로 사회통합의 걸림돌이 될 수 있는 측면이 있고, 따라서 바람직한 시각은 아니라고 볼 수 있다.

(4) 잠재적인 사회갈등 요인

다문화집단 중 특히 다문화가족 자녀에 대해 사회적 정책적 지원을 하는 것에 대한 논리로 지금 이들에 대한 적절한 지원을 하지 않으면 향후 프랑스나 미국 등 선진국에서 나타난 것과 같이 사회갈등요인으로 성장할 것이라는 염려의 시각이 있다. 다문화청소년을 '시한폭탄'이라고 표현하는 것이 다문화청소년을 잠재적인 사회갈등요인으로 범주화하는 대표적인 표현이다. 이러한 시각은 기본적으로 다문화청소년 집단에 대한 무의식적인 두려움을 드러내는 시각이다. 한국의 원주민들과 달리 다양한 여러 외국에서 온 부모에게서 태어난 아이들에 대해 잘 알지 못한다고 생각하고, 그들이 한국의 원주민 가정 아이들과는 무엇인가 다를 것으로 생각하고, 거기에 다문화청소년에 대한 사회적 고정관념이 결합되면서 그들에 대한 무의식적인 두려움이 더 커지는 것이다. 따라서 지금 최소한의 비용을 들여서 나중에 더 큰 비용이 들어갈 것을 사전에 막아야 한다는 주장을 하는 것인데, 다문화청소년 당사자들이 느끼기에는 매우 차별적이며, 자라나는 청소년들의 자아 형성에도 매우 부정적인 영향을 미칠 수 있는 시각이라고 할 수 있다.

(5) 사회적 부담

다문화집단에 대한 우리 사회의 시각 중 부정적인 또 하나의 시각은 다문화집단이 한국에 유입됨으로 인하여 지금까지는 없었던 문제를 유발하고, 결국 사회적 부담을 유발하는 존재라는 시각이다. 이 시각은 일반 저소득층에 대한 시각과는 다른 것으로, 다문화집단은 우리의 세금으로 지원을 해주어야 할 '우리 집단'이 아니고 우리 집단이 아닌 타자에게 한국의 세금을 사용해서는 안 된다는 구별 짓기의 시각에서 나온 태도라고 볼 수 있다.

이러한 시각은 사회적 갈등의 중요한 촉발요인으로, 일반 국민들에게 다문화집단의 정책적 지원이 왜 필요한지, 이들에 대한 사회적 지원이 장기적으로 어떤 효과를 가져올 수 있는지 등에 대한 타당성을 적극적으로 제시해야 할 필요성이 있고, 다문화집단 지원의 타당성은 단순한 홍보나 당위성이 아닌 객관적 사실과 자료에 근거한 설득이 이루어져야 할 것이다.

(6) 상대적 박탈감

다문화집단에 대한 사회적 관심이 많아지면서 이들에 대한 한국의 사회적 정책적 지원도 증가하게 되었다. 이때 다문화집단의 다양성을 고려하여 필요한 집단에게 적절히 지원이 이루어졌다기보다는, 모든 다문화가족에게 일률적으로, 그러나 한국의 선주민과는 별도로 선별하여 제공하다 보니, 경제적 수준이 높은 다문화가족에게 일부 지원이 돌아가고, 이를 본 한국 선주민 중 저소득층의 상대적 박탈감을 불러일으켰다. 즉, 한국 사람도 불쌍한 사람들이 많은데, 왜 외국에서 온 사람들을 더 많이 지원해주냐, 어떻게 한국정부가 한국 사람을 더 홀대하느냐는 것이다.

사실상 다문화지원정책의 역사가 오래되지 않아서 초기 우리 사회의 다문화정책과 지원이 다문화집단의 다양성과 욕구를 면밀히 조사한 상태에서 한국 선주민에 대한 지원정책과의 형평성 등을 고려하여 기준을 정하는 등 세밀하게 집행되지 못했기 때문에 이러한 불만이 형성된 측면이 있다. 그러나 현재에는 일반저소득층에 대한 지원을 포함하는 방식으로 점차 변화해 가고 있는 추세이며, 향후에는 일반 한국 선주민집단과 함께 지원할 부분과 그렇지 않은 부분을 세밀하게 분리하여 정책집행이 이루어질 필요가 있다.

(7) 이중적 잣대

한국사회의 다문화에 대한 대표적인 태도 중 또 다른 하나는 인종과 출신국가에 따른 차별이다. 인종과 국가에 따른 서열의식이 강한 한국인들은 자신들이 지닌 서열의식을 다문화집단 구성원들을 대하는 데 있어서 그대로 드러내고 있다. 백인에 대해서는 출신국과 상관없이 친근하게 느끼고 친절하게 대하고 그들이 우리에 비해 더 우월하다고 느끼고, 동남아시아 출신자나 흑인에게는 배타적인 태도를 취하는 등 이중적인 잣대를 들이대는 것이다. 또한, 똑같이 흑인이라 할지라도 미국 출신인지 아프리카 대륙에 속한 국가출신인지에 따라 태도가 달라지기도 한다. 이러한 태도도 이런 태도를 접하게 되는 다문화집단에게 불쾌한 경험을 제공함으로써 한국사회에 대한 부정적 이미지를 형성하게 만든다는 문제가 있지만, 그보다는 기본적인 인권존중의 측면에서 볼 때 반드시 바뀌어야 할 미성숙한 태도라고 볼 수 있다.

2. 다문화수용성의 개념

다문화수용성(multicultural acceptability)은 연구자에 따라 조금씩 달리 정의하고 있다. 윤인진과 송영호(2011)는 '다문화사회로의 변화와 서로 다른 인종·문화적 배경을 가진 집단을 한 사회의 구성원으로 받아들이는 수용의 정도'로 정의하고 있고, 황정미 외(2007)는 '다문화 사회로의 변화를 긍정적인 것으로 받아들이고 다양한 민족·인종과 공존이라는 사회적 가치를 지지하는 태도'로 정의하고 있으며, 안상수 외(2012)는 '다문화사회에서 살아가는 시민으로서 자기와 다른 구성원이나 다른 문화에 대하여 집단별 편견을 갖지 않고 자신의 문화와 동등하게 인정하고, 그들과 조화로운 관계 설정을 위하여 협력 및 노력하며, 외국인이나 이주민을 대할 때, 출신지역이나 경제적 수준별로 차등을 두지 않으면서 세계시민의 한 일원으로서 보편적 가치에 입각하여 이를 실천하고자 하는 총체적인 의미의 태도'로 정의하고 있다. 이를 종합하면, 자신과 다른 구성원과 문화에 대해 편견을 가지지 않고 동등하게 받아들이고자 하는 자세로 볼 수 있다.

다문화수용성의 측정은 다양한 방식으로 할 수 있는데, 문화적으로 다른 집단에 대한 고정관념이나 편견을 측정할 수도 있고, 그들에 대한 사회적 거리감을 측정할 수도 있으며, 본격적으로 다문화수용성 척도를 사용하기도 한다. 국내에서는 성인을 대상으로 개발된 '한국형 다문화수용성 진단도구'(민무숙 외, 2010)가 구성되었고, 이어 안상수 등(2012)이 '국민 다문화수용성 조사연구'를 통하여 다문화수용성 진단도구를 수정하였으며, 이를 청소년 연령에 맞도록 수정한 '청소년용 다문화수용성 진단도구'를 개발한 바 있다(민무숙 외, 2012). 이와 관련해서는 다음 절에서 좀 더 자세히 다루도록 하겠다.

3. 청소년기 다문화수용성

1) 청소년기 다문화수용성의 중요성

글로벌 다문화 시대의 일반 성인에게 다문화수용성은 매우 중요하다. 이제는 더 이상 혼자 살 수 있는 시대가 아니며, 다양한 배경을 지닌 사람들과의 협력과 공존이 필수적인 시대가 되었기 때문이다. 서로 다른 문화적 배경을 대함에 있어 자기중심적인 태도에서 벗어나 타인을 이해하고자 노력하는 태도는 일반적으로 생각하는 '문화적 차이'의 측면에서만 중요한 것은 아니다. 기본적으로 타인을 이해하고 수용하고 자신과 다름을 인정하는 것은 우리 사회의 다양한 차이, 예를 들면, 종교, 관습, 성적 취향, 성별 등 다양성에 따른 차이를 편견 없이 받아들일 수 있게 해 준다는 점에서 이 시대를 살아가는 사람들로서 갖추어야 할 기본적인 태도이다.

특히, 청소년기는 세상을 보는 틀을 형성하고 올바른 가치관을 정립하게 되는 결정적 시기이므로 자신과 다른 것에 대한 수용과 여유로운 태도를 가지도록 하는 것은 더욱 중요하다. 이는 개인적인 측면에서 볼 때, 청소년 개인이 좀 더 넓은 시각을 가지고 세상을 보고 보다 성숙한 태도를 지닐 수 있다는 점에서 중요하지만 사회적으로 볼 때, 미래 한국사회를 이끌어 갈 청소년들이 자신과 다른 것에 대한 수용성을 갖추지 않고서는 우리 사회가 성숙한 사회로 발전하기 어려운 일이므로 청소년들의 다문화수용성을 증진시키기 위한 노력은 매우 필요한 일이라 할 수 있다.

2) 한국청소년의 다문화수용성

지금까지 다문화수용성의 의미와 우리 청소년들이 다문화적 수용성을 갖추는 것이 사회적, 개인적으로 어떤 의미를 지니는지에 대해 설명하였다. 그렇다면 한국청소년의 다문화수용성은 어떤 수준인가? 청소년의 다문화수용성의 수준을 볼 수 있는 방법은 여러 가지 있을 수 있다. 그중 대표적인 예는 한국청소년정책연구원(양계민 외, 2008)에서 초 · 중 · 고등학생을 대상으로 국내 이주배경집단을 대상으로 인지, 정서, 행동의 측면을 살펴본 연구이다. 위 연구에서는 청소년의 다문화수용성 수준을 파악하기 위하여 한국사회의 다양한 소수집단에 대한 인식을 측정하고 인종적 배제주의, 한민족 정체성, 우리 집단 의식 등을 살펴보았다. 한국청소년정책연구원의 연구 내용을 살펴보면 한국청소년의 다문화수용성의 정도와 양상을 파악할 수 있다.

(1) 소수집단에 대한 태도를 통해 본 청소년의 다문화수용성

소수집단에 대한 태도를 통해 한국 청소년의 다문화수용성을 보고자 했던 양계민과 정진경(2008)의 연구에서는 다문화수용성의 절대적인 수준을 평가했다기보다는 한국사회 내 다양한 소수집단에 대한 청소년의 태도를 비교해봄으로써 한국청소년의 마음에 있는 다문화 집단에 대한 수용성의 정도를 살펴본 연구라고 할 수 있다. 위 연구에서 다룬 내용을 좀 더 자세히 살펴보면, 인지적 측면에서 긍정적인 측면과 부정적인 측면, 정서적 측면에서 긍정정서와 부정정서 그리고 연민의 정서, 행동적 측면에서 사회적 거리감을 비교하였는데, 국내 소수집단으로는 국제결혼가정 자녀, 중국조선족, 외국인노동자, 새터민[2] 등 네 집단을 대상으로 하였다. 네 집단이 선정된 이유는 한민족의 혈통을 가지고 있는 소수집단인 국제결혼가정자녀, 조선족, 새터민과 혈통적으로 관련이 없는 외국인노동자를 비교하고자 했기 때문인 것으로, 분석결과 청소년들이 가장 긍정적인 태도를 지니고 있고 수용적인 집단은 국제결혼가정자녀였고, 가장 부정적인 집단은 새터민인 것으로 나타나 혈통적 측면에서 가장 가까움에도 불구하고 가장 덜 수용되는 것으로 나타났다.

2) 새터민은 북한이탈주민을 의미하는 용어로, 현재는 사용하지 않으나 2008년 연구 당시는 새터민이라는 용어가 일반적으로 사용되었기에 원문 그대로 인용함.

〈표 11-7〉 국내 소수집단에 대한 인지적 태도(긍정적 인식)

순위	1	2	3	4	*F*
집단	국제결혼가정자녀	중국조선족	외국인노동자	새터민	83.99^{***}
평균(표준편차)	3.00(.58)	2.90(.62)	2.89(.60)	2.80(.66)	

*** $p < .001$

〈표 11-8〉 국내 소수집단에 대한 인지적 태도(부정적 인식)

순위	1	2	3	4	*F*
집단	새터민	중국조선족	국제결혼가정자녀	외국인노동자	11.17^{***}
평균(표준편차)	2.73(.69)	2.72(.65)	2.69(.56)	2.66(.64)	

*** $p < .001$

정서적인 측면에서도 국제결혼가정 자녀에 대한 긍정적 정서가 가장 높았고, 새터민에 대한 긍정적 정서가 가장 낮았으며, 반대로 부정적 정서는 새터민에 대한 부정적 정서가 가장 높았고 다음이 외국인노동자, 국제결혼가정자녀, 중국조선족의 순이었다. 그러나 연민의 정서가 가장 높은 대상은 외국인노동자와 새터민인 것으로 나타나 새터민의 경우 긍정적 정서의 대상은 아니나 외국인노동자와 같이 불쌍하다는 생각이 들게 하는 집단으로 인식되고 있음을 나타내고 있다.

〈표 11-9〉 국내 소수집단에 대한 정서적 태도(긍정적 정서)

순위	1	2	3	4	*F*
집단	국제결혼가정자녀	중국조선족	외국인노동자	새터민	37.89^{***}
평균(표준편차)	2.97(.68)	2.87(.71)	2.87(.71)	2.83(.77)	

*** $p < .001$

〈표 11-10〉 국내 소수집단에 대한 정서적 태도(부정적 정서)

순위	1	2	3	4	*F*
집단	새터민	외국인노동자	국제결혼가정자녀	중국조선족	13.02^{***}
평균(표준편차)	2.75(.81)	2.74(.80)	2.69(.81)	2.68(.77)	

*** $p < .001$

〈표 11-11〉 국내 소수집단에 대한 정서적 태도(연민)

순위	1	2	3	4	F
집단	외국인노동자	새터민	중국조선족	국제결혼가정자녀	240.95^{***}
평균(표준편차)	3.08(.89)	2.92(.88)	2.76(.80)	2.56(.78)	

*** $p < .001$

태도의 마지막 요인인 행동요인을 측정하기 위하여 각 대상 집단을 어느 정도까지 가까운 관계로 받아들일 수 있는지 질문한 결과에 대하여 가장 심리적 거리가 가까운 집단은 국제결혼가정 자녀였고 다음이 외국인노동자와 중국조선족(재중동포)이었으며 역시 새터민에 대한 거리감이 가장 먼 것으로 나타났다.

〈표 11-12〉 국내 소수집단에 대한 행동적 태도(사회적 거리감)

순위	1	2	3	4	F
집단	국제결혼가정자녀	외국인노동자	중국조선족	새터민	151.57^{***}
평균(표준편차)	2.98(.87)	2.79(.79)	2.78(.85)	2.70(.91)	

*** $p < .001$

이러한 결과를 보면 우리 사회에서 편견과 차별의 대상이라고 흔히 인식하고 있는 국제결혼가정 자녀나 외국인노동자보다 오히려 새터민에 대한 편견과 차별이 더욱 심하며, 소수집단 중 가장 배척되고 있는 집단이 새터민일 가능성을 시사해주고 있다.

같은 연구에서 청소년들의 태도가 (교사, 학부모 등) 성인들과 비교하여 어떤 특성을 지니는지를 비교한 결과, 모든 대상을 통틀어 인지, 정서, 행동의 모든 측면에서 교사의 태도가 가장 긍정적인 경향성을 나타냈던 것에 비해, 학부모들의 경우는 청소년들에 비해 긍정적인 양상을 보였으나 교사에 비해서는 덜 긍정적인 것으로 나타나 인식의 수준에서는 소수집단에 대한 편견을 가지지 않으려고 노력을 하지만 정서의 수준까지 긍정적으로 형성하는 수준까지는 가지 못하고 있음을 보여주었다. 가정에서 부모들이 보이는 행동과 언어표현이 청소년들에게 무의식적으로 전달될 수 있는 가능성을 생각할 때 학부모 대상 다문화교육의 필요성이 절실함을 시사해주는 결과라고 볼 수 있다.

(2) 청소년 다문화수용성 척도로 본 한국청소년의 다문화수용성

그 후 다양한 방식으로 다문화수용성을 살펴보고자 하는 연구들이 양산되었으나 2012년 여성가족부에서 청소년 다문화수용성 척도를 개발하고 청소년의 다문화수용성 점수를 산출하면서 성인과 청소년 다문화수용성을 비교하는 등 객관적 비교가 가능해졌다. 청소년용 다문화수용성 척도(민무숙 외, 2012)에서는 크게 다양성, 관계성, 보편성 등 세 개의 축으로 구분하고 다양성 차원에서는 문화개방성, 국민정체성, 고정관념 및 차별, 관계성 차원에서는 일방적 동화기대, 거부 · 회피정서, 상호교류행동의지, 보편성 차원에서는 이중적 평가, 세계시민행동의지 등 각각의 하위영역을 구성하고 전국 100개교의 중 · 고등학교 재학생 총 2,500명을 대상으로 조사하고 성인의 결과와 비교하기 시작하였다.

그 후 꾸준히 조사를 하여 가장 최근에 발표된 2021년 국민다문화수용성 조사에 나타난 결과를 보면(여성가족부, 2022), 전국 중 · 고등학생 각 2,500명씩 총 5,000명을 대상으로 조사를 하였는데, 청소년의 다문화수용성 지수는 71.39점으로 2015년의 67.63점보다는 비교적 크게 상승하였으나, 2018년의 71.22점과는 거의 비슷한 수준이어서 다문화에 대한 청소년의 인식이 과거에 비해서는 긍정적인 방향으로 변화하였으나, 3년 전인 2018년 결과와 비교하면 사실상 답보상태에 있음을 보여주고 있다. 그간 교육부 차원에서 정책적으로 다문화수용성을 제고하기 위한 교육과정을 지속적으로 추진하고 있는 사실을 고려하면, 청소년 대상의 다문화수용성 제고를 위한 교육의 효과가 초기에 일정 부분 효과를 거두었지만, 그 이후 좀 더 높은 수준의 다문화수용성을 획득하거나 유지하는 데에도 효과가 있는지 생각해 볼 필요가 있다. 특히 고등학생의 경우 2018년 다문화교육 참여의 비율이 27.5%에서 2021년 50.5%로 대폭 증가하였으나 다문화수용성의 경우 오히려 하락한 결과는 교육의 확대 실시가 다문화수용성의 제고에 큰 영향을 미치지 못할 수 있음을 보여주는 결과이다(여성가족부,

2022). 따라서 청소년 대상의 다문화교육의 내용과 교육과정 운영방식 등에 대한 점검 및 모니터링이 필요한 것으로 생각된다.

〈표 11-13〉 청소년 다문화수용성 척도의 하위 영역별 개념

차원	하위 영역	내용
다양성	문화개방성	인종, 종교, 문화의 다양성을 인정하고 이를 받아들이며 지역사회나 이웃으로 외국 이주민과 공존을 자연스럽게 여기는 정도 또는 이러한 개방에 대해 긍정적인 태도를 취하는 인지적 신념. 이웃이나 지역사회에서 더 나아가 국가에서 외국 이주민의 유입 및 정주에 대한 허용적 태도를 의미함.
	국민정체성	국적, 한국어 능력, 전통적 음식 선호, 생득적 지위가 다른 것에 대한 승인 및 그 자격에 대한 다양성을 인정하는 태도
	고정관념 및 차별	인종, 민족, 혹은 지역 범주에 대해 잘못된 정보에서 비롯된 선입견이나 부정적 지식의 정도로 외국인에 대해 가진 편견과 고정관념, 그리고 차별적 행동 경향성
관계성	일방적 동화 기대	비지배집단의 자발적, 자의적 동화가 아닌 주류 집단에 의해 기대되고 요구되는 형태의 동화로, 소수자인 이주민이 한국인과 한국문화와 관습을 이해하고, 한국의 전통적 가족풍습에 순응하며 한국어를 더 완벽히 할 수 있기를 기대하는 정도
	거부·회피 정서	종족적 배경이 다르거나 이질적 문화권 출신 이주민들과의 일상적 관계 형성에서 이들 집단이나 개인을 의도적으로 회피하거나 이들과 조우하는 상황에서 비합리적으로 부정적인 정서를 활성화시키는 경향성
	상호교류행동의지	외국인이나 이주민과의 친목모임이나 클럽가입, 친구관계 형성, 식사, 데이트 등 관계를 맺고자 하는 행동의지
보편성	이중적 평가	종족적 문화적 배경이나 경제적 수준별로 상이한 외국인에 대하여 집단별로 차이를 두는 이중성 정도로 영어권 언어의 선호, 출신배경에 따라 업무능력을 다르게 평가하는 것, 선별적으로 친구관계를 맺으려는 경향성 등
	세계시민행동의지	외부세계에 대한 다양한 경계를 초월한 상위의 도덕적 규범에 따라 공통된 세계의 구성원으로서 빈곤이나 기아, 인권문제와 같은 지구적 문제에 대한 관심을 바탕으로 이를 개선하기 위한 활동에 참여하고자 하는 행동의지

※ 청소년 다문화수용성 진단도구 사용설명서(여성가족부, 2012)의 pp. 9-15에 제시된 개념을 정리·요약함.

4. 청소년기 다문화수용성 증진을 위한 방안

청소년기 다문화수용성 증진을 위한 방안으로 몇 가지 방법들을 제시할 수 있다. 그 방안은 크게 개인적인 수준의 노력, 집단 간 접촉, 교육적 개입 등 세 가지 수준에서 이루어질 수 있는데, 각 수준의 방법을 제시하면 아래와 같다.

1) 개인적 수준의 노력

개인적인 수준에서 할 수 있는 첫 번째는 고정관념과 편견을 활성화시키지 않고자 하는 자기조절(Self-Regulation)노력이다. 인간은 누구나 앞에서 본 다양한 요인에 의해 자신도 모르는 사이에 사회적 고정관념과 편견을 내재화시킬 수 있다. 따라서 고정관념의 대상이 나타났을 때, 머릿속에서는 자동적으로 고정관념과 편견이 작동하게 되는 것이 자연스러운 일이 된다. 그러나 자신이 그 대상에 대해 순간적으로 가지게 되는 생각과 느낌이 사회적 고정관념과 편견으로 인한 것이 아닌지 스스로 생각해보고, 자신의 행동을 돌아보면서 다음 번에는 고정관념과 편견에 근거하지 않고 어떻게 행동할 것인지를 생각해 볼 수 있다. 이러한 과정이 반복됨에 따라 자동적으로 활성화되는 고정관념이나 편견의 영향을 덜 받고 차별적 행동을 감소시킬 수 있다(Monteith Ashburn-Nardo, Volis, & Czopp, 2002).

두 번째 방법은 고정관념의 대상이 되는 집단의 구성원의 행동을 보았을 때, 그것을 집단과 관련시키기보다는 개인의 특성으로 보는 연습을 하는 것이다. 즉, 다문화집단에 속한 한 사람이 어떤 특성을 보일 때, 특히 그 특성이 부정적인 것일 때, 그것을 그 집단의 특성으로 생각하지 않고, 그 사람의 개인적인 특성으로 생각하는 것이다. 사실상 집단의 고정관념이나 편견이 전혀 근거가 없는 것은 아니나, 집단 내에는 매우 다양한 개인이 존재한다. 따라서 한 개인의 행동을 그 집단에 속했기 때문이라고 보기보다는 그 사람의 개인적인 특성이라고 보는 연습을 하게 되면 특정 집단에 대한 고정관념과 편견을 감소시킬 수 있고, 집단에 대해서는 보다 수용적인 태도를 지닐 수 있다.

2) 집단 간 접촉

집단 간 접촉은 사회적 고정관념의 대상이 되는 사람들에 대한 수용성을 증진시키는 데 있어서 매우 효과적인 방법으로 알려져 있다. 즉, 인종, 종교, 문화적 배경, 성적 취향 등에서 서로 다른 사람들을 좀 더 자주 접촉하게 만듦으로써 서로에 대한 두려움을 없애고 편견을 감소시키는 방법이다. 그러나 단순히 접촉을 한다고 하여 서로 간의 편견이 감소되고 긍정적 감정이 증가하는 것은 아닌 것으로 알려져 있다. 대표적인 사회심리학자인 올포트(Allport, 1954)는 단순한 접촉은 오히려 이전보다 상태를 더 악화시키는 문제를 야기할 수 있음을 일찍이 언급한 바 있고, 실제 연구에서도 단순한 접촉 이후에는 상호 접촉한 대상의 50%만이 상대집단에 대하여 긍정적인 태도를 가지게 되었고, 나머지 50%는 오히려 고정관념이 강화되거나 부정적인 감정을 지니게 되었다는 결과를 제시하고 있다(Stephan & Stephan, 1985). 따라서 단순한 접촉이 아니라 상호 간의 교류가 있어야 하는 것으로 생각되는데, 미국에서 흑백 간의 갈등이 심각하던 시기의 연구를 보면 흑인과 단순 접촉한 백인 중 33%만이 긍정적 태도가 증가한 것으로 나타났고, 단순 접촉에서 나아가 흑인과 대화를 한 경우는 75%가 긍정적인 태도가 증가했다는 결과(Wilner, Walkley, & Cook, 1955)를 볼 때, 상호 간의 이해가 증진될 수 있는 상황이 있어야만 접촉이 효과적인 방법임을 알 수 있다.

그렇다면 효과적인 접촉을 위한 조건은 무엇일까? 첫 번째 조건은 동등한 위치에서의 장기적인 접촉이다. 예를 들면, 한쪽이 일방적으로 지원을 해 주고, 다른 한쪽은 지원을 받는 관계인 경우 상호 간에 동등한 심리적 상태의 친분이 형성되기 어려우며, 한쪽이 우위에 서게 되므로 상호 간 고정관념이나 편견을 감소시키기 어렵게 된다. 따라서 상호 동등한 위치에서 친구로 또는 상호협조적인 관계를 형성하도록 해야 하고, 한쪽이 일방적으로 무엇인가를 지시하거나 제공하는 관계는 점차 상호 동등한 관계로 변화시키고자 하는 노력이 필요하다.

두 번째 조건은 위의 동등한 위치를 유지하는 것과 관련되는데, 상호 협조적인 관계를 형성하는 것이다. 동등한 위치를 가지기 위해서는 상호 간에 상대에게 제공할 수 있는 것이 거의 동등해야 한다. 반드시 물질적인 것을 의미하는 것이 아니다. 예를 들어, 한국인이 외국인에게 영어를 배운다고 가정할 때, 단순히 외국인이 선생이고 한국인이 학생인 것이 아니라 한국인은 외국인에게 영어를 배우지만 반대로 외국인에게 한국어를 가르치는 관계가 된다면 상호 협조적인 관계가 되고 동등한 위치를 유지하는 데 도움이 된다. 또는 북한이탈청소년에게 남한청소년이 남한의 문화를 알려주고 익숙하지 않은 부분에 대해 도움을 주는 대신, 남한청소년은 북한의 실태에 대한 숙제를 할 때, 북한이탈청소년의 도움을 받는다든가 또는 중국어를 잘하는 북한이탈청소년의 중국어에 관련된 도움을 받는다든가 하는 상호 교류가 가능한 관계를 형성할 때 접촉을 통한 긍정적 변화가 가능하고 수용성이 증가할 수 있다.

세 번째 조건은 소수집단 구성원이 보다 높은 지위를 차지하거나 유능성이 드러나는 상황에서 고정관념과 편견이 감소할 수 있는데, 예를 들면, 다문화가정 청소년과 비(非)다문화가정 청소년이 함께 캠프를 하거나 작업을 하는 상황에서 다문화가정 청소년이 유능성을 발휘할 수 있는 프로그램을 구성하고, 다문화가정 청소년이 리더로 활동할 수 있는 프로그램을 구성하는 등 사회적 고정관념을 깰 수 있는 상황의 접촉을 유도하는 것이다. 이러한 방법을 통해 소수집단에 대한 재인식이 이루어지는 경우 다문화집단에 대한 보다 수용적인 태도를 형성하는 것이 용이해진다.

3) 교육적 개입

청소년의 다문화수용성을 증진시킬 수 있는 방안 중 가장 효과적이라고 볼 수 있는 것은 교육적 개입이다. 사실상 위에서 언급한 개인적 수준의 방법과 접촉의 문제도 교육적 개입과 함께 이루어질 수밖에 없고, 교육을 통해 이루어져야 효과적인 결과를 산출할 수 있다는 점에서 교육적 개입은 매우 중요하다. 다민족 국가인 미국에서는 다양한 방식의 통합교육방법을 개발해 왔는데, 그중 청소년을 대상으로 할 수 있는 효과적인 방법으로 직소교실(jigsaw classroom)을 들 수 있다. 이는 교실 내에서 흑백 어린이들이 서로 상호의존적으로 협동을 하는 구조를 만들어서 편견을 없애려고 했던 프로그램이다. 한 반의 아이들을 몇 명씩 모둠으로 나누고 각 개인이 자기가 맡은 부분을 공부하여 모둠 내 다른 학생들에게 전수해야 할 책임을 지는 프로그램이다. 할당된 과제를 다루기 위해서는 모둠 내 전체 구성원이 자신이 맡은 바를 완성해야 하고, 아무리 우월하고 유능한 학생이라도 다른 사람의 도움 없이는 과제를 완성할 수 없기 때문에, 상호 간 협력과 의존이 매우 필요한 상황이다. 이 프로그램은 미국의 학교에서 인종이 다른 성원들 사이에 서로 간에 호감이 생기고 소수민족 아이들의 자존심이 향상되는 효과를 얻었다는 결과가 도출된 바 있다. 이 방법은 동등하고 상호협조적인 접촉의 조건을 교육적 상황에 적용한 것이라고 볼 수 있다.

위의 방법이 상호 간의 호감을 증가시키고 상호 협력을 통해 다문화에 대한 수용성을 증진시킨, 다소 간접적인 방법이라고 본다면, 보다 직접적으로는 다수자 대상의 다문화교육이 있을 수 있다. 다문화교육은 청소년들에게 다른 인종 및 문화적 배경을 지닌 집단의 구성원들도 똑같이 존중되고 이해되는 데 필요한 지식과 태도를 가르치는 교육으로(Aboud & Levy, 2000), 학생들로 하여금 자신이 속한 집단과 다른 소수집단에 대해 긍정적 태도를 발달시키고, 학교의 분위기를 '평등'을 강조하는 방식으로 형성하는 것, 서로 다른 문화적 배경을 지닌 집단들의 역사, 문화, 사회의 공헌점에 대하여 학교 교육과정 내에 포함시키는 것 등이 포함된다(Banks, 2001).

다문화교육의 효과성을 검토한 결과(Stephan & Stephan, 2000), 88%의 프로그램에서 효과적인 것으로 나타나 전반적으로 다문화교육은 대상자들의 편견을 감소시키는 데 효과적이라고 결론짓고 있는데 특히, 반편견 교육의 효과를 연구한 한 연구(McGregor, 1993)에서 보면, 반편견 교육 26개의 효과를 검토한 결과, 그 교육들이 일반적으로 편견감소에 효과적이었고, 특히 나이가 어린 아이들에게서 효과적인 것으로 나타났다.

국내에서도 무지개청소년센터에서 개발한 '다른 빛깔 같은 우리'(이민경 · 양계민, 2007)라는 다문화이해 · 반편견교육 프로그램의 효과성 검증연구(이민경 · 양계민, 2011)가 있는데, 초등학교 5, 6학년을 대상으로 프로그램을 실시한 후 변화를 보면 다양성에 대한 긍정성이 증가하고 소수집단에 대한 정서적 연민의 감정이 증가한 것으로 나타나, 효과성이 있음을 보여주었다. 그러나 같은 연구에서 부정적인 정서는 오히려 증가한 것으로 나타나 그 내용을 자세히 살펴보니 '겁이 난다'는 문항의 평균이 교육 후 오히려 올라간 것으로 나타났다. 이는 다문화적인 상황을 전혀 생각해보지 않다가 갑자기 인종적으로 다른 사람들이 한국사회에 유입되고 자신과 접촉을 하게 되는 상황이 현실로 다가오게 되는 것을 상상하는 것이 오히려 청소년들에게 심리적 두려움을 형성하게 한 것일 가능성이 제기되었다. 이처럼 다문화교육이 한번에 긍정적인 효과만을 가져오지 않을 가능성이 있고, 이는 교육의 내용을 단계적으로 수준별로 다양하게 제작하여 점진적으로 적용할 필요성이 있음을 시사하고 있다.

5. 맺음말

지금까지 우리 사회의 현상이 점차 확대되고 있는 상황에서 우리 사회의 다문화집단의 특성에 대해 살펴보고, 청소년의 다문화수용성에 대해 살펴보았다. 앞에서도 언급한 바와 같이 전(全) 지구의 세계화는 피할 수 없는 현상이고 한국사회도 향후 점점 더 다문화적 경향성은 증가할 것으로 생각된다. 이러한 시대적 변화에 발맞추어 보다 성숙하고 인권이 존중되는 사회를 만들어 나가기 위해서는 일반국민의 다문화수용성을 증진시키기 위한 사회적 노력이 있어야 하고, 특히 청소년들의 다문화수용성을 증진시키기 위한 다양한 방법들이 개발 및 확산되어야 할 것으로 생각된다.

참고문헌

김명광(2011). 국내외 외국인근로자 정책과 대안: 특수 목적 한국어 교육을 중심으로. 현대사회와 다문화, 1(2), 200-225. 대구대학교 다문화사회정책연구소.

김이선 · 김민정 · 한건수(2006). 여성결혼이민자의 문화적 갈등 경험과 소통증진을 위한 정책과제. 경제 · 인문사회연구회 협동연구총서 06-02-07. 한국여성정책연구원.

김이선 · 황정미 · 이진영(2007). 다민족 · 다문화사회로의 이행을 위한 정책 패러다임 구축(Ⅰ): 한국사회의 수용현실과 정책과제. 경제 · 인문사회연구회 협동연구총서 07-19-01.

김지영 · 최훈석(2011). 결혼이주여성의 인권침해실태 및 대책에 관한 연구. 한국형사정책연구원 연구총서 11-01.

김현미 · 김민정 · 김정선(2008). 안전한 결혼이주: 몽골여성들의 한국으로의 이주 과정과 경험. 한국여성학, 24(1), 121-155.

류혜옥 · 이현철(2012). 인도네시아 외국인 근로자들에 대한 내러티브(Narrative)탐구. 다문화와 평화, 6(1), 146-167. 성결대학교 다문화평화연구소.

민가영(2011). 결혼이주여성의 다문화정책 수용과정과 그 효과성에 관한 연구. 사회과학연구, 22(1), 1-22. 충남대학교 사회과학연구소.

민무숙 · 안상수 · 김이선 · 김금미 · 조영기 · 류정아(2010). 한국형 다문화수용성 진단도구 개발 연구. 사회통합위원회 2010-9.

박명숙(2014). 결혼이주여성의 문화적응이 양육스트레스에 미치는 영향. 한국아동복지학, 46, 1-23. 한국아동복지학회.

박은경(2011). 외국인 유학생의 국제이주와 지역사회 적응에 관한 연구: 대구 경북지역 대학을 중심으로. 현대사회와 다문화, 1(2), 113-139. 대구대학교 다문화사회정책연구소.

박은경 · 김민일(2009). 외국인 유학생의 이주 및 적응. 한국지역지리학회 학술발표논문집, 94-102. 한국지역지리학회.

설동훈 · 김윤태 · 김현미 · 윤홍식 · 이혜경 · 임경택 · 정기선 · 주영수 · 한건수(2005). 국제결혼이주여성 실태조사 및 보건 · 복지지원 정책방안. 보건복지부.

설동훈 · 이혜경 · 조성남(2006). 결혼이민자 가족실태조사 및 중장기 지원정책방안연구. 여성가족부 연구보고 2006-55.

안상수 · 민무숙 · 김이선 · 이명진 · 김금미(2012). 국민 다문화수용성 조사 연구. 여성가족부. 연구보고 2012-02.

양계민(2009). 다문화사회에서의 인간이해의 틀과 상담심리학의 과제. 2009한국상담심리학회 심포지움 학술대회 자료집.

양계민 · 김승경 · 김윤영(2012). 다문화가족 아동 · 청소년의 발달과정 추적을 위한 종단연구 Ⅲ. 한국청소년정책연구원 연구보고 12-R08.

양계민 · 박주희 · 신현옥(2014). 다문화청소년 종단조사 및 정책방안연구 Ⅱ. 한국청소년정책연구원 연구보고 14-R00.

양계민 · 정진경(2008). 사회통합을 위한 청소년 다문화교육 활성화방안 연구. 한국청소년정책연구원 연구보고 08-R07.

양정화(2005). 이주여성의 차별과 폭력경험에 관한 실태 조사 연구: 경남지역을 중심으로. 경남대학교 대학원 NGO협동과정 석사학위논문.

여성가족부(2022). 2021년 국민 다문화수용성 조사.

연합뉴스(2013). 결혼이민자 41.3% '차별 경험', 3년 전보다 상승. 다문화 가족 26만 가구 실태조사.

윤여성(2002). 통일시대 북한주민의 남한생활 이론과 실제. 세명.

윤인진(2013). 동북아시아의 국제이주와 다문화주의. 서울: 한울아카데미.

윤인진 · 송영호(2011). 한국인의 국민정체성에 대한 인식과 다문화 수용성. 통일문제연구, 143-192.

이금연(2003). 이주여성의 결혼과 가족. 성신여자대학교 한국여성연구소 학술대회 자료집.

이기영(2006). 북한이탈주민의 사회통합을 위한 지역복지실천의 모색. 아산재단 연구총서 제212집. 집문당.

이민경 · 양계민(2007). 다문화이해, 반편견 프로그램 개발 보고서. 무지개청소년센터, 국가청소년위원회.

이민경 · 양계민(2011). 다문화교육프로그램 효과성 분석을 통한 다문화교육 방향성 고찰. 현대사회와 다문화, 1(2), 176-199. 대구대학교 다문화사회정책연구소.

이순형 · 조수철 · 김창대 · 진미정(2006). 탈북가족의 적응과 심리적 통합. 서울대학교 통일학 연구총서 3. 서울대학교출판부.

이유경(2014). 외국인 유학생의 대학원 문화와 학업 적응에 대한 연구. 이중언어학, 제55호, 249-284.

이현심(2014). 다문화가정 여성결혼이주자의 한국생활 어려움에 관한 질적연구. 농촌지도와 개발, 2(1), 143-176.

정병호, 양계민, 이향규, 임후남, 황순택(2007). 새터민 청소년: 사회적응력 제고를 위한 교육방안 마련 연구. 수원: 경기도교육청.

정일선(2006). 국제결혼 가족 및 아동 실태조사. 경북여성정책개발원.

정현영(2006). 다문화가정 자녀의 학교생활적응에 영향을 미치는 요인에 관한 연구: 아시아 여성과 한국남성의 이중문화가정자녀를 중심으로. 숭실대학교 석사학위논문.

조희원(2013). 국제이주와 한국의 다문화현상에 대한 고찰: 결혼이주여성을 중심으로. 동서연구, 25(3), 5-30.

주오이시디 대한민국대표부(2023). 2021OECD 국제이주전망 주요내용. https://overseas.mofa.go.kr/oecd-ko/brd/m_20807/view.do?seq=225(2023년 7월 17일 검색).

통일부(2023). 북한이탈주민 입국현황. https://www.unikorea.go.kr/unikorea/business/

NKDefectorsPolicy/status/lately/(2023년 7월 17일 검색)

한건수 · 설동훈(2006). 결혼중개업체 실태조사 및 관리방안 연구. 보건복지부.

한국염(2006). 이주여성의 인권실태 및 대책; 이주의 여성화와 이주여성 인권보호의 과제. 한국이주여성인권센터 24기 성폭력전문 상담원 교육자료집, 70-86.

한국염(2010). 한국결혼이주 현실에서 살펴본 인신매매성 결혼이주방지를 위한 초국가적 네트워크의 중요성. 인신매매 피해 이주여성의 인권보호를 위한 서울국제회의 자료집. 국가인권위원회. 173-188.

한승준 · 박치성(2011). 외국인 정책의 사회적 형성에 관한 연구: 결혼이주자와 외국인근로자의 사례를 중심으로. 한국정책학회보, 20(1), 51-81.

행정안전부(2022). 2021 지방자치단체 외국인주민현황.

황정미 · 김이선 · 이명진 · 최현 · 이동주(2007). 한국사회의 다민족 · 다문화 지향성에 대한 조사연구. 경제 · 인문사회연구회 협동연구총서 07-19-02.

Aboud, F. E. & Levy, S. (2000). *Interventions to reduce prejudice and discrimination in children and adolescents.* In S. Oskamp(Ed.), Reducing prejudice and discrimination. Mahwah, NJ: Erlbaum.

Allport, G. W. (1954). *The nature of prejudice.* Cambridge, MA: Perseus Books.

Banks, J. A. (2001). *Cultural Diversity and Education: Foundations, Curriculum and Teaching.* Boston: Allyn & Bacon.

McGregor, J. (1993). Effectiveness of role playing and antiracist teaching in reducing student prejudice. *Journal of Educational Research, 86,* 215-226.

Monteith Ashburn-Nardo, Volis, & Czopp. (2002). Putting the brakes on prejudice: on the development and operation of cues for control. *Journal of Personality and Social Psychology, 83*(5), 1029-50.

OECD(2022). 2022년 세계이주보고서(World Migration Report 2022). https://publications.iom.int/books/world-migration-report-2022(2023년 7월 17일 검색)

Stephan, W. G. & Stephan, C. W. (1985). Intergroup anxiety. *Journal of Social Issues, 41*, 157-175.

Stephan, W. G. & Stephan, C. W. (2000). An integrated threat theory of prejudice. In S. Oskamp (Ed.), *Reducing prejudice and discrimination: Claremont symposium on applied social psychology* (pp. 23-45). Mahwah, NJ: Lawrence Erlbaum Associates.

Wilner, D. M., Walkley, R. P., & Cook, S. W. (1955). *Human relations in interracial housing.* A study of the contact hypothesis. Minneapolis: University of Minnesota Press.

CHAPTER 12

청소년과 소비문화

"소비사회에 떠도는 '소비하라! 그러면 행복하리니' 하는 소비의 복음을 전파하는 흑마술의 주술에서 깨어나라! 소비주의에 지배되는 일상세계는 소비의 식민지로 전락한 지 오래이다. 이 식민지에서 소비는 강요되고 제도화되었다. 그런 소비에 저항하라! 그리고 현명한 소비자로 사는 법을 배워라!"

(시인 장석주)

청소년과 소비문화를 다룬 본 장에서는 우선 사회변동과정에 따른 소비의 의미 변화와 그에 대한 대표적인 이론을 소개했다. 청소년의 소비문화 연구를 위한 방법론적 틀로서 합리적 선택이론을 토대로 청소년소비와 청소년 소비문화 연구의 모델을 제시하고, 또한 청소년 소비에 관련된 개인적 · 사회적 요인을 제시했다. 마지막으로 앞에서 논의한 내용을 바탕으로 한국 청소년소비의 전망과 과제를 제시하였다.

1. 머리말

현대사회의 소비에 대한 의미는 학문적으로는 물론 실생활에서 과거와는 많은 차이를 지닌다. 과거와 달리 현대사회의 소비는 더 이상 생산영역의 부차적이고 종속적인 개념이 아니라 가장 중요한 독자적인 생활 영역으로서의 자율성을 획득하였다. 생산을 위해 소비하던 과거의 소극적이고 보조적인 개념으로서 소비는 현대사회에 들어서는 삶의 존재 조건과 이유라고 해도 과언이 아닐 것이다(전상진, 2004; 최순종, 2005). 즉, 수입의 증가, 노동시간의 단축과 여가의 증가 등 전반적인 생활수준의 향상은 개인의 생활양식, 사고 및 가치구조 또는 삶의 의미와 목적을 기존의 사회와는 다른 양식으로 바꾸었으며, 이에 상응하여 생산영역(노동)이 중심이었던 과거의 사회적 가치는 점차 재생산영역, 즉 소비나 여가활동을 중요시하는 가치로 변했다.[1] 이와 같은 사회구조와 가치의 변화에 따라 현대사회의 소비는 물질적 소비욕구의 만족이라는 일차적 기능을 넘어 소비 자체가 개인이나 한 집단의 가치관 또는 생활양식을 나타내는 상징적 기능을 지니게 되었다.

소비의 기능과 가치의 변화는 특히 젊은 세대에서 확연히 나타나는바, 물질주의, 편의주의, 향락주의로 대변되는 현대사회의 소비문화에 편승하여 청소년들의 소비 역시 기존의 기본적 생활필수품 충족이라는 소비형태에서 점차 체험중심적 또는 정체성의 표현수단으로서의 소비형태로 변하고 있다. 이와 더불어 학문적 또는 대중매체의 일반적 견해는 한국 또는 서구 청소년의 소비가 합리적 형태에서 점차 비합리적 형태로 변화하고 있다고 본다. 아동기에서 성인기로 전환하는 과정인 청소년기는 심리적 측면뿐만 아니라 소비행위에 있어서도 마찬가지로 자아가치나 정체성이 완전히 형성되어 있지 않기 때문에 이 시기에 정립된 소비행태나 소비가치는 성인기에도 그대로 유지될 가능성이 크다. 따라서 청소년의 건전한 소비문화 정립을 위한 연구는 중요한 청소년학적 과제이다.

---

1) 궁핍의 사회에서 풍요의 사회로 전환되면서 자기가 원하는 삶이 무엇이며 또한 아름다운 삶은 무엇인가를 찾는 것이 현대인이 추구하는 삶의 주된 목적이다(참조, Schulze, 1992: 249).

이러한 전제하에 본고는 우선 사회발전과정에 따른 소비의 의미 변화 그리고 대표적인 소비와 관련된 이론을 소개하고자 한다. 또한, 청소년의 소비문화에 대한 연구의 방법론적 (이론)틀로서 합리적 선택이론을 토대로 청소년소비와 청소년 소비문화 연구를 위한 모델을 제시하고, 또한 청소년소비에 관련된 개인적 · 사회적 요인을 제시했다. 마지막으로 앞에서 논의한 내용을 바탕으로 한국 청소년소비의 전망과 과제를 제시하고자 한다.

2. 소비문화에 대한 이론적 논의

소비(consume)라는 용어는 어원적으로 모든 것(con-)을 취하고 없앤다(-sumere)에서 기원한 것으로 본래 소비는 물건을 구입하여 써서 없애는 일련의 과정을 의미한다.[2] 산업사회 초기의 소비는 경제용어의 한 부분으로만 인식되고 또한 생산의 결과나 파생물로서 생산에 비해 부차적인 것으로 인식되었다. 그러나 산업사회의 발전과정에서 생산과 소비의 기능이 확연히 분리되었고 중요성에 있어서 역시 소비영역 자체가 생산영역과 '동격의 지위'를 획득하게 되었다. 특히, 후기 산업사회의 도시화, 산업구조의 변화, 생산기술의 변화에 따른 소비자 선택의 증가 등에서 기인한 생산 중심에서 소비 중심적인 경제로의 전환은 소비에 대한 인식과 소비자의 가치관의 변화를 가져왔다. 즉, 후기산업사회에서 소비행위는 더 이상 단순히 상품 자체에 대한 구매행위를 넘어서 자신의 정체성과 이미지를 창출하고 타인과 구별 짓는 중요한 수단으로서의 기능을 지닌다(Bourdieu, 1982). 즉, 경제적 의미의 소비가 사회적(상징적) 의미의 소비로 바뀌게 되었다.[3] 이와 같이 현대사회의 소비는 물건을 구매해서 상품의

2) 윌리엄스(Williams, 1976: 68-70)에 따르면, 18세기까지 소비는 '파괴하다(destroy)', '다 써버리다(use up)', '낭비하다(waste)', '고갈시키다(exhaust)' 등의 부정적인 의미를 가졌다. 그러다가 18세기 중엽부터 경제학 영역에서 소비는 보다 포괄적인 경제적 과정의 한 요소로서 중립적인 의미를 지니게 되었다(박선웅, 2005).

3) "Hast du was, bist du was!"(의역하면, 네가 무엇을 소비하는지는 바로 너를 표현한다!)(Lange, 2004).

이용가치를 사용하는 행위라는 (경제적) 차원을 넘어 소비를 둘러싸고 형성되는 사회적 관계의 일부로서 파악되는 사회성을 지니게 된다. 따라서 소비 욕구와 소비 방식 혹은 스타일은 사회·문화적으로 그리고 역사적으로 형성되는 과정, 특정한 소비 취향이 지배적으로 부상되는 과정 혹은 집단적으로 공유되며 분화되어 가는 과정 등을 포함하는(박선웅, 2005) '문화적 기호'로서 인식된다.

위에서 간략히 언급한 소비의 의미의 변화와 관련되는 소비에 대한 사회학적 이론을 소개하고 이를 토대로 청소년 소비행위를 합리적 선택이론을 중심으로 설명하고자 한다.

1) 소스타인 베블런(Thorstein Veblen): 과시소비

베블런의 소비이론을 설명하기 전에 우선 그의 소비이론이 나오게 된 배경을 고찰할 필요가 있다. 베블런은 『유한계급론』에서 세 단계의 사회발전과정을 상정하고 각 사회발전 단계에서 한 개인의 생활양식이 지니는 사회적 상징 또는 의미와 또한 생활양식과 사회적 지위 간의 관계를 분석했다.

베블런의 주된 관심은 사회적 성공이라는 것이 각 사회발전 단계에 따라 어떻게 상징화되고 또 어떻게 인정되는가? 하는 질문에서 출발한다. 인간의 행위가 지극히 성공의 원리에 따라 이루어진다는 의미에서 볼 때, 인간의 행위는 지극히 합목적적이다. 인간은 무엇이 유용한 것이고 무엇이 무용한 것인가의 분명한 구분 속에 가급적이면 유용한 것만을 행하려고 한다. 쓸모 있는 또는 가치가 있는 것을 행하려는 인간의 의지를 베블런은 소위 '도구 본능(Work Instinct)'이라고 표현하는데 이 도구본능은 자신의 행위를 다른 사람의 행위와 비교하는 데서 출발한다.

> "누구나 행위에 있어서 자신의 분명한 목적을 달성하고자 한다. (…) 또한 자신 행위의 유용성이나 능력에 대해 높이 평가받기를 원하고 대신 무의미한 행위나 무능력하다는 평가받는 것을 피하려고 한다. 이러한 인간의 의지를 우리는 인간이 갖는 '도구본능'이라고 표현한다. 행위의 유용성을 가지고 인간을 비교하는

> 사회에서는 언제나 경쟁의식 또는 다른 사람에 대한 선망적 비교를 통해 위에서 말한 인간의 도구본능이 작용하게 되는 것이다."(위의 책, p. 29)

베블런에 의하면 이와 같은 사회적 존경은 사회의 발전단계에 따라 각기 다르게 평가되는바, 원시적 미개사회(강탈적 문화단계)에서의 사회적 존경은 강탈이나 전쟁에서 누가 얼마나 강한가를 가지고 결정된다. 강탈문화에서 존경 기준의 핵심요소이던 용감성은 점차 시들어가고 전통사회로 들어서면서는 사유재산의 정도가 사회적 존경의 정도를 결정하게 되었다. 그러나 "사회적 존경을 획득하는 것은 부나 권력의 축적만으로 이루어지지 않고, 보통 사람들의 생활방식과는 구분되는 행위, 즉 자신들의 부와 권력을 상징하는 생활양식을 추구함으로써 완전한 사회적 존경을 획득할 수 있는 것이다."(위의 책, p. 42)

또한 베블런에 의하면 부와 권력의 지고한 상징체계가 바로 '과시적 무위'이다.

> "하층민들은 일하는 것에서 어떤 식으로도 벗어날 수 없다. (…) 생산영역에서 경쟁이 존재하는 한, 부의 축적을 통한 사회적 존경을 획득하기 위한 투쟁은 지속되며 또한 이를 위해서는 근면함과 절약정신이 절대적으로 요구된다. (…) 소유계층에서의 경쟁은 근면함과 절약정신을 통해 이루어지는 것이 아니라 어떤 다른 요소를 가지고 서로 경쟁하게 되는데 이것이 바로 생산적인 노동에 참여하지 않는, 즉 무위를 통해 사회적 명예를 과시하는 것이다."(위의 책, p. 41)

베블런에게 있어서 과시적 무위는 다른 보통 사람과 구별 짓기 위한 하나의 수단인 것이다. 또한, 무위계급에서는—이전 사회발전단계에서 영웅적 행위가 존경받던 것과는 달리—세련된 매너, 독특한 입맛 등이 요구된다.

> "세련된 매너, 독특한 입맛, 세련된 생활습관 등은 이들만이 가질 수 있는 우월성이다. 왜냐하면 이러한 것들에 대한 교육은 오랜 시간과 돈을 투자해야만 획득될 수 있기 때문에 노동에 시간과 정력을 투자해야만 하는 일반 서민계층에서는 절대 도달할 수 없는 것이다."(위의 책, p. 50) 또한 "세련된 매너, 독특한 입맛 등이 교육을 통해 체득되고 내면화되면 이들에게는 이러한 형식적인 것들이 거

추장스러운 것이 아니라 오히려 당연하거나 또는 편하게 느끼게 된다."(위의 책, p. 56)

현대 산업사회의 사회분화과정과 계층이동의 결과 과시적 무위를 통한 사회적 지위 획득은 점점 효력을 상실하고 대신 '과시적 소비'가 사회적 명예를 상징하는 기능을 넘겨받았다.

"물론 부를 기반으로 하지만 선진 산업사회에서 사회적 명예는 무위와 과시적 소비를 통해 드러나게 되었다."(위의 책, p. 73)

과시적 소비를 통한 명예의 획득도 과시적 무위의 단계에서와 같이 '무위(無爲. Waste)', 즉 생산적인 노동에 시간과 노력을 소비하지 않는 행위를 전제로 한다. 과시적 소비 단계에서 사회적 명예를 획득하기 위해서는 여기에 한 가지가 더 추가되는데, 즉 소비에 있어서 물건을 낭비(Wastefulness)해야만 하는 것이다. 즉, 과시적 소비에 있어서 구매물품은 그들의 용도나 미적 요소 등이 요구되는 것이 아니라 단지 '비싸다는 것(Cost-making)'(위의 책, p. 103)만 충족시켜주면 된다. 물건의 사용가치나 미적 요소가 가격에 의해 결정된다는 것은 결국 가격이 비싸다는 것이 물건을 구매하는 기준이 되었음을 의미한다. 즉, "그 물건은 전혀 맘에 안 들어! 하지만 그 물건이 비싸기 때문에, 비싸다는 것은 존경의 가치가 있기 때문에 그 물건은 우리 맘에 들어."(위의 책, p. 103) 위의 역설적 표현에 대한 인용은 물건 구매의 기준이 단지 가격의 높음에 있음을 단적으로 보여주는 것이다.

"물건 구매의 선택이 미적 감각의 차이에 의해 이루어지는 것이 아니라 어떤 물건이 그 사회의 지배 계층에서 선호되고 있나의 기준에 의해 결정되며, 또한 그들이 선호하는 물건을 삼으로써 결국 사회적 존경을 획득할 수 있는 것이다." (위의 책, p. 104)

이러한 과정에서 서민들의 구매 기준인 유용성과 일반적 미적 관념은 하찮은 것으로 치부되는 반면, (전혀 무의미하고 무가치한 것으로 보이는) 유한계급의 선호기준이 미적으로 올바르고 정당한 것으로서 인식된다(비교 위의 책, p. 106).

이와 같이 베블런에게 있어 소비는 상품의 사용으로 얻어지는 효용가치에 의해 이루어지는 행위가 아니라 자신의 사회적 지위를 드러내고 인정받을 수 있도록 해주는 사치나 낭비 자체로 효용을 얻는 것이다. 따라서 앞에서 설명한 바와 같이 소비는 상류층의 고급취향을 과시하기 위한 목적으로 하며, 이때 유한계급의 소비는 모든 유용성 또는 효용성과는 관계가 없어야만 한다. 결국 소비행위는 자신에 대한 표현이며 사회적 계급, 소속된 계급을 나타내 주는 것이다. 즉, 소비는 지위나 성공에 대한 상징수단인 것이다.[4] 과시하기 위하여 자각 없이 행해진다고 말한 데서 유래한 용어로 나의 소비를 과시하기 위한 현상을 말한다. 경기가 불황임에도 고가의 제품은 잘 팔려나가는 현상을 예로 들 수 있다. 가격이 오르는데도 일부 계층의 과시욕이나 허영심 등 때문에 수요가 오히려 증가하는 현상이다. 세계적인 자동차 회사인 B사는 성공한 사람들이 타는 차라는 문구로 광고한 사례도 있다. 신세계몰이 내세우는 문구인 '부러움을 사다. beyond shopping'에서도 베블런 효과를 사용한 예를 찾아볼 수 있다.

다음에서 다루게 될 부르디외의 취향(taste)에 관한 이론처럼 베블런 역시 사회적 지위와 그들의 소비 간에는 일치성(homology)이 있다고 주장한다. 소비행위는 자신에 대한 표현임과 동시에 자신의 사회적 지위 또는 소속된 계급을 나타내 주는 것이다. 즉, '사회적 지위나 성공에 대한 상징 수단으로서 소비행위'라는 베블런의 관점은 바로 부르디외의 소비(생활양식)이론과 많은 측면에서 유사성을 시사하고 있다.

---

4) 베블런의 이러한 이론에서 유래된 베블런 효과가 있다.

2) 부르디외의 소비양식이론: 구별 짓기

소비양식에 대한 이론적 또는 경험적 연구에서뿐만 아니라 인문·사회과학의 여러 저서에서 프랑스 사회학자 부르디외(Bourdieu)의 이론, 특히 아비투스 이론과 문화자본이론은 자주 인용되고 있다. 특히, 그의 주 저서 『구별짓기(Die feinen Unterschiede)』에서 부르디외는 소비양식이론의 구조주의적 관점에 대해 이론적 바탕을 제공하고 있다. 부르디외는 사회적 영역을 구분하는데, 즉 하나는 사회적 지위의 영역이고 다른 하나는 생활(소비)양식의 영역이다. 이러한 사회영역은 사회구조와 인간의 행위 간의 관계를 연결해 주는 소위 '아비투스(Habitus)'에 의해 서로 연결되며 여기서 바로 부르디외의 핵심적 이론, 즉 각각의 계급이 어떻게 정체성을 형성하고 계급 간의 취향(입맛)을 구별하게 되는지를 설명하는 구별 짓기 또는 취향이론이 도출된다.

부르디외의 사회적 지위 또는 계급과 소비양식 간에 존재하는 관계성을 설명하기 위해서는 우선 그의 자본이론과 아비투스이론을 고찰할 필요가 있다. 부르디외의 자본론을 살펴보면, 단지 경제적 영역에서 사회의 수직적 상하관계, 즉 생산수단의 소유와 노동력의 소유관계 속에서 설명되었던 마르크스적 경제자본 외에 부르디외는 문화적 자본 그리고 사회적 자본으로 자본의 개념을 확장했다. 특히, 그는 문화적 자본의 세 가지 현상을 구분하는데, 즉 오랜 반복과 습득을 통해 체득화된 상태의 문화적 자본, 그림, 책 등 물상화된 문화적 자본 그리고 교육제도를 통해 주어진 박사 등의 학문적 자격증을 의미하는 제도적 문화자본이 그것이다(비교 Bourdieu, 1983). 또한, 세 번째 자본의 형태로서 부르디외는 '왜 유사한 정도의 경제적 자본과 문화적 자본을 가진 사람들이 각기 상이한 성취를 하게 되는가?' 하는 질문에서 사회적 자본을 설명한다. 부르디외에게 있어서 사회적 자본이란 "상호 간의 친분을 통해 형성된 장기적 인간관계의 현재적 또는 잠재적 능력(자본)의 종합을 의미한다. 다시 말해 어떤 특정 집단에 속함으로서 획득되는 자본의 원천을 의미한다"(위의 책, p. 190). 동일한 경제적 또는 문화적 자본을 소유하고 있을지라도 이러한 사회적 자본을 통해 그들의 성취정도는 다른 결과를 가져온다.

또한, 사회적 지위에 관계되는 영역과 생활양식에 관계되는 영역 간의 관계성을 밝히고자 하는 시도에서 부르디외는 두 영역 간, 즉 외적인 계급적 지위와 소비양식의 상징적 형태 간에는 소위 '일치성(Homology)'(위의 책, p. 286)이 존재한다고 본다.

계급구조를 구성하는 사회적 지위의 영역은 자본의 양, 자본의 구조 그리고 사회적 계층이동 과정이라는 세 가지 요소의 조합을 통해 이루어진다(비교, Bourdieu, 1982: 195). 부르디외의 계급이론은 직업의 사회적 지위에 따른 분류에서 더 나아가 소비양식 영역과 계급 간에 어떤 관계성이 존재하는지를 밝히는 데 초점을 두고 있다. 생활양식 영역은 한 집단이나 계층에 존재하는 자신들만이 지닌 특수한 생활양식에 대한 상징적 표현으로서 예를 들면 미적 감각이나 가치관 등이 여기에 속한다. 그러나 부르디외에게 있어서 문화적 능력이나 취향은 개인의 능력에 속하는 것이 아니라 바로 개인의 성장과정 또는 현재 처해 있는 사회적 환경 조건에 의해 만들어진다고 본다. 즉, 생활양식과 계급 간에는 체계적인 관련성(위의 책, p. 11) 내지는 '친화성(Wahlverwandtschaften)' (위의 책, p. 373)이 존재한다. 사회적 지위 또는 계급과 소비양식 간에 존재하는 관계를 부르디외는 '아비투스'라는 개념을 통해 설명한다.

개인의 사고방식, 지각방식, 가치체계이자 행위의 구성체계로서 아비투스(참조 Bourdieu, 1979: 164, 1982: 277, 1993: 97)는 본래 개인의 계급적 존재방식의 내면화에서 얻어진다. 즉, 아비투스는 개인이 처해있는 사회적 조건에 의해 형성되지만 한편으로는 자신이 스스로 구성해 나아간다. 즉, 부르디외의 의미에서 "개인의 아비투스는 사회적 산물인(opus operatum) 동시에 개인이 스스로 구성하는 개인적 산물(modus operandi)이다"(Bourdieu, 1979: 165). 부르디외에게 있어서 사회구조가 개인의 아비투스에 영향을 미치지만 그 사회구조를 통해 구성된 아비투스는 다시금 개인의 행위양식을 규정하고 이 행위양식은 다시 새로운 사회구조를 형성한다. 즉, 계급적 지위와 개인의 행위 또는 소비행위 간에 존재하는 친화성은 바로 아비투스에 의해 재생산된다(참조 Müller,

1986). 이러한 자신의 인식론적 관점을 경험연구로 전환하여 설명하는바, 이는 부르디외의 '입맛 또는 취향(taste)'에 대한 분석이 그것이다. 부르디외에 따르면, 개인의 취향은 아비투스와 유사하게 개인적인 것이 아니라 개인의 계급적 지위를 나타내는 것이다. 즉, 부르디외에 따르면 개인의 취향은 개인의 계급적 지위를 인식할 수 있는 가장 확실한 기준이다. 이와 같이 인간의 행위는 사회적 조건에서 자유로울 수 없으며 따라서 개인의 소비양식도 그가 속한 계급적 지위에 의해 규정된다. 즉, '소비양식이나 취향'은 개인의 자연적 산물이 아니라, 사회적 산물이며 동시에 소비행위 주체가 귀속된 계급성의 표현이다.

3) 보드리야르: 기호의 소비학

1970년 출간된 장 보드리야르(J. Baudrillard)의 '소비의 사회'는 소비에 대해 새로운 시각과 이해를 제공했다. 그에 따르면 소비는 더 이상 사물의 기능적 사용 및 소유에 있는 것이 아니며 또한 개인이나 집단의 단순한 과시나 자신을 타인과 구별 짓기 위한 수단이 아니다. 보드리야르는 소비라는 것은 상품의 사용가치를 소비하는 것이 아니라 구매한 물건에 부여된 기호를 소비하는 것이라고 주장한다.

> "소비자들이 소비하는 것은 상품에 내재된 사용가치가 아니라 사회적으로 구성되는 차이표시 기호이다. 소비는 집단정체성을 표시하고 확인하는 행위이며, 그것을 통해서 정체성이 형성되고 유지된다."(보드리야르, 1991)

또한, 그에 따르면 소비는 의사소통 및 기호에 대한 교환체계로서 상호 간에 끊임없이 주고받으면서 생산되는 기호의 코드로서 이해되며 따라서 소비는 언어활동과 마찬가지로 소비하는 개인 또는 집단 간에 이루어지는 일련의 의미작용 및 의사소통 과정이다. 즉, 소비자는 상품에 부과된 행복, 성공, 권력, 시대성의 기호를 소비하는 것이며 소비욕구 역시 특정 상품에 대한 소유 욕구가 아니라 그 상품이 지닌 기호의 차이에 대한 소비욕구이다. 예를 들어, 우리가 핸드폰을 구매하는 것은 핸드폰의 사용가치를 보고 사는 것이 아니라 구매한 핸드폰이 지니는 기존의 핸드폰과 다른 기호적 차이가 있기 때문이며, 소비자는 그 기호적 차이가 만들어 주는 행복의 지표를 사들이는 것이다. 따라서 소비란 실물의 상품 기능에 대한 구매행위가 아니라 그것이 지니는 기호적 차이, 상품으로부터 얻는 자기만족을 구매하는 것이다.

또한, 보드리야르는 『사물의 체계』에서 사물의 의미작용의 변화, 즉 "사물의 객관적인 체계화에서 주관적인 체계화"를 설명한다. 이는 소비과정에 있어 광고를 예로 설명할 수 있는바, 광고는 상품에 문화적으로 구성된 세계의 표현을 특정한 광고의 틀 속에 결합시킴으로써 의미를 이전시킨다. 즉, 상품의 속성과는 관련 없이 광고를 통해 그 상품에 순수함 또는 아름다움 등을 부여함으로써 그 상품이 광고에서 상징하는 것처럼 진짜 순수하고 아름다운 것으로 생각하게 한다. 또한, 이러한 광고와 상품 간의 상징적 등가성에 의해 형성된 허위의 이미지를 소비하는 주체 역시 순수하고 아름다운 것으로 착각하게 되는 것이다. 이런 일련의 과정에서 결국 소비자는 (실제이든 허위이든) 소비를 통해 긴장을 해소하고, 또한 행복의 기호를 사들이는 것이다. 상품 미학의 메커니즘을 구성하는 가장 대표적인 요소로서 "광고는 소비재와 문화적으로 구성된 세계의 표현을 특정한 광고의 틀 속에서 결합시킴으로써 의미 전환의 잠재적인 방법으로서 작용한다."(McCracken, 1996: 174). 즉, 광고는 두 요소를 결합시켜 상징적 등가성을 확립시키려 한다. 예를 들어, 광고는 단지 물건을 판매하기 위한 것일 뿐만 아니라 소비주의 자체가 근대화라는 이데올로기를 전파하였다. 근대적으로 건축되거나 개조된 집, 진공청소기, 세탁기, 냉장고, 전축, 전화 등의 전자 제품 및 자동차 등의 구입과 사용은 일상생활에서 소비자 자신을 근대화시킨다고 말한다. 이처럼 광고는 상품에다가 성공, 행복, 로맨스, 이국적 풍취 등의 이미지를 접합시킴으로써, 사회적으로 승인받는 가치에 대한 욕구와 그것에 대한 충족을 상품에 대한 욕구와 소비로 전환시킨다. 광고는 상품을 '욕망의 채널'(Ewen & Ewen, 1982)로서 만든다. 소비자는 상징적으로 코드화된 상품에 현혹되기 쉬우며, 광고의 '신적 조작'은 소비자 요구의 끊임없는 증대와 스타일의 추구에 영향을 미쳤다(박선웅, 2005).

정리하면, 보드리야르는 현대사회를 소비사회라고 규정하면서, "소비사회란 소비를 학습하는 사회, 소비에 대해 사회적 훈련을 하는 사회"(위의 책, p. 106)로서 현대사회를 살아가는 우리에게 소비는 후천적으로 부여된 자아이고 또한 개인의 선택을 넘어서는 숙명인 것이다.

4) 소비문화론적 제 관점

소비문화가 어떻게 형성되고 개인 혹은 집단의 정체성과 유대에 영향을 미치는가에 대한 접근은 크게 두 가지로 구분되는바, 하나는 자본의 논리, 생산 방식의 특성과 변화에 초점을 맞추는 생산 주도적 접근이고, 다른 하나는 생산과 독립적인 다른 요인들, 특히 소비자의 주관적 의미 부여에 주목하는 소비 주도적 설명이다. 후자는 다시 쾌락주의적 소비문화론과 소비양식론의 두 갈래로 나뉘어 발전하였다. 여기서는 생산주도적 소비문화론, 쾌락주의적 소비문화론, 소비양식론 등 세 가지 관점의 소비문화와 정체성이 관련되는 방식에 대한 각각의 입장을 간단히 소개하고 또한 각각이 지니는 소비행위에 대한 설명력과 한계점을 제시하고자 한다(비교, 박선웅, 2005).

우선, 생산 주도적 소비문화론은 생산영역의 메커니즘에 의해 소비문화가 형성된다고 주장한다. 소비욕구는 판매전략(포장/광고)에 의해 인위적으로 창출, 조작된 것이라고 설명한다. 자본주의 생산논리에 기초하여, 대중매체와 광고에 의하여 조장된다. 매월 14일을 기념일로 하는 포틴데이(fourteen day)는 상업적 노력에 의해 만들어진 기념일들로 발렌타인데이, 화이트데이, 빼빼로데이와 같은 문화가 점차 다양한 형태로 늘어난다. 판매 전략에 의한 소비욕구를 창출하는 생산 주도적 소비문화론에서 정체성이란 상상적 정체성의 수동적 조작이다. 기여점은 대량소비의 증대와 소비양식화를 추동하는 생산영역의 메커니즘을 조명했다는 것이고, 한계점은 소비자를 단순히 조작된 대상으로 보고, 소비자의 역할을 지나치게 수동적으로 다뤘다는 것이다.

둘째, 쾌락주의적 소비문화론은 소비 문화적 상상과 특정한 소비 공간이 직접적으로 육체적 흥분과 미학적 즐거움을 생성시키는 것을 주목하면서 소비를 통해 체험하게 되는 정서적 즐거움, 꿈과 욕망의 중요성을 강조한다. 생산 주도적 소비문화론이 간과한 소비자의 실제적 소비 행위와 체험, 상품을 선택하는 데 있어서 소비자의 개성과 능동적 역할을 조명하는 이론적·경험적 공헌을 하였다. 그러나 기본적으로 소비 문화적 정체성을 상상적이며 미학적으로 간주한 점에서 쾌락주의적 소비문화론과 생산 주도적 소비문화론은 서로 일치함을 알 수 있다. 차이는 상상적 정체성이 수동적으로 조작되는가 아니면 능동적으로 체험하는가에 있다. 쾌락주의적 소비문화론은 소비자의 주관적인 체험에 초점을 맞춤으로써, 생산 주도적 접근과 마찬가지로 사회적 관계의 맥락에서 형성되는 소비문화와 정체성과의 관계를 규명하지 못하는 한계를 가지고 있다.

셋째, 소비양식론은 집합적 정체성과 타자와의 구별 짓기를 강조하고 소비를 사회적 지위 표현기제로서 생각한다. 소비에는 자신의 신분적 지위를 표시·확인하고, '차이표시'의 욕구를 충족시키는 의미가 포함되어 있다고 본다. 앞에서 설명한 바와 같이, 베블런은 소비의 상징적 차별성과 계급정체성을 과시적 소비로 보았고, 부르디외는 아비투스 개념을 분석하였다. 소비양식론은 과시적이고 유행에 민감하며, 또래집단 내에서의 동조적 측면에 유용한 시각을 제공한다. 상류층 청소년집단이 하류층 청소년집단에 비해 과시적인 소비성향을 갖는 현상들 또는 '사회적 차이화'와 '집합적 정체성'의 표현기제로서의 소비문화적 특성의 대표적인 사례로 볼 수 있다. 이 이론이 지니는 의의는 사회학적 시각에서 사회적 지위를 구분하기 위한 상품의 소비가 구조화되는 방식을 규명했다는 점이다.

3. 청소년의 소비문화 연구를 위한 이론과 청소년 소비문화의 특성

청소년의 소비문화의 특성을 설명하기에 앞서 우선 청소년 소비문화 연구의 이론적·방법론적 틀을 이해하는 것이 중요하다. 또한, 앞에서 설명한 소비문화에 대한 이론들은 사회발전에 따른 소비의 개념과 의미의 변화를 설명하는 사회학적 이론의 타당성에도 불구하고, 이를 경험적 연구로 전환 내지 응용시키는 데는 방법론적 어려움이 있다.[5] 이와 같이 소비문화를 설명하는 이론들의 추상성을 극복하고 소비문화에 대한 좀 더 구체적이고 실증적인 설명을 위한 '또 하나의 이론'이 요구되는바, 본 절에서는 청소년의 소비문화에 대한 경험적 연구를 위해 필요한 이론적 틀로서 합리적 선택 이론을 소개하고자 한다.

1) 청소년 소비문화 설명을 위한 이론적 모델로서 합리적 선택이론 (Rational Choice-Theory)

호만스의 교환이론과 엘스터의 행위이론에서 출발한 합리적 선택이론의 사회분석 초점은 이윤의 극대화를 추구하는 인간의 행위에 있다. 단지 개인의 경제적 합리성에 초점을 둔 초기의 합리적 선택이론은 에서(H. Esser, 1993과 1999-2001)를 통해 발전을 가져온바, 에서에 따르면 인간은 단지 경제적 이윤의 극대화만을 추구하는 존재가 아니라 창의적, 반성적, 타자와의 합의 능력이 있는 존재로서, 주어진 상황조건의 충분한 고려 속에서 행위를 선택하게 된다. 또한, 인간 행위는 단지 개인적 차원에서만 숙고되어 합리적 조정이 이루어지는 것이 아니라 개개 행위의 집합적 정형성(Collective Type)을 형성하고, 이 행위모형은 다시금 행위선택의 지침을 제시한다. 여기서 에서는 사회학적 설명의 거시적 관점과 미시적 관점의 연결을 시도하는데 이를 도식화하면 다음 [그림 12-1]과 같다.

5) 즉 부르디외의 아비투스 이론은 사회구조와 개인행위의 연결을 추구하지만, 실증연구에서 이것이 어떻게 적용되고 검증될 수 있는가는 의문이다. 또한 개인행위의 사회적 규정성보다는 개인의 자율적 선택 가능성을 강조하는 슐체의 이론이 지니는 한계는, 어떻게 개인이 다양한 행위 가능성 중에서 하나의 특정한 행위를 선택하는지 설명할 수 있는 이론적 모델을 제시하지 못하는 것이다.

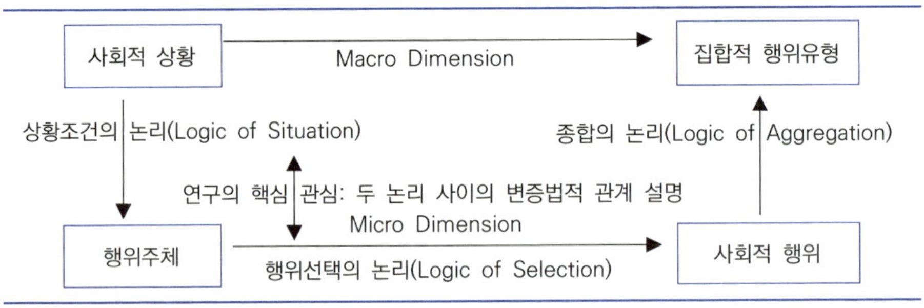

[그림 12-1] 합리적 선택이론의 사회학적 설명을 위한 세 단계 논리

위의 [그림 12-1]에서 보는 바와 같이 합리적 선택이론은 거시적 관점과 동시에 미시적 관점의 사회학적 설명을 추구한다. 즉, 행위주체, 사회적 행위(Micro Dimension), 그리고 사회적 상황조건과 행위의 집합적 유형(Macro Dimension)은 사회학적 설명의 세 논리에 의해 연결되는바, 우선 (1) 상황조건의 논리는 행위자가 어떤 사회적 조건과 어떤 행위 선택가능성을 가지고 있는가를 의미한다. 여기서 행위자의 기대(Expectation)와 가치평가(Value Assessment)는 행위자의 상황조건과 선택가능성에 직접적으로 영향을 준다. 또한, 행위주체와 상황조건은 학습과정, 사회화, 사회적 가치나 규제 등을 통해 관련된다. (2) 선택의 논리는 행위주체가 주어진 조건의 고려하에 다양한 행위가능성 중 하나를 선택하는 과정인데, 이때 행위선택은 한편으로는 외부적 상황과 조건에서, 다른 한편으로는 행위자의 주관적인 기대와 가치평가를 통해 이루어진다. 또한, 행위의 일반적 법칙(행위지침)이 주어져 있기 때문에 개인의 행위선택이 가능한데 이는 바로 제3의 단계인 집적의 논리에서 나온다. (3) 집적의 논리는 개별적인 행위를 집합적 설명(일반적 정형)으로 전환하는 과정을 의미한다. 이 논리가 추구하는 것은 개인적 행위와 그 개개 행위에 대한 종합적 유형과의 관계성에 대한 설명으로서 결국 사회학의 핵심적 관심은 바로 이 관계의 해석에 있다.

또한, [그림 12-1]에서 소개한 합리적 선택이론의 세 가지 분석논리에 맞추어 거시적 측면과 미시적 측면의 고려하에 청소년 소비에 대한 연구모델을 설명하면 다음과 같다.

(1) 상황조건의 논리

여기서 상황조건의 논리는 청소년의 소비행위에 영향을 미치는 사회적 조건을 의미하는 것으로 현재 가지고 있는 조건뿐만 아니라 현재의 조건들을 형성하게 한 과거의 상황들(예를 들어 부모의 교육방법)까지 포함한다. 상황조건의 논리에서 고려되는 구체적인 예는 경제적(본인이나 부모의 수입, 저축 등), 문화적(부모와 본인의 교육 정도, 부모의 교육목표와 방법 등), 사회적(부모 또는 친구와의 관계, 단체 활동 등) 상황과 소비가능성의 주변구조(선전광고, 거주지 등) 등이며 이러한 조건 중 어떤 조건이 소비행위에 영향을 미치느냐 하는 문제가 바로 경험적 연구의 주된 관심이다.

(2) 선택의 논리

합리적 선택이론의 핵심인 선택의 논리는 다양한 제품의 제공 중 어떤 과정을 통해 소비 행위자의 선택이 이루어지는가를 설명한다. 청소년의 소비뿐만 아니라 소비행위 일반에 있어서 전제되는 것은, 소비행위는 비용과 이용가치의 비교 속에서 최소의 비용으로 최대의 이용가치를 얻으려는 '합리성'을 가지고 있다는 것이다.

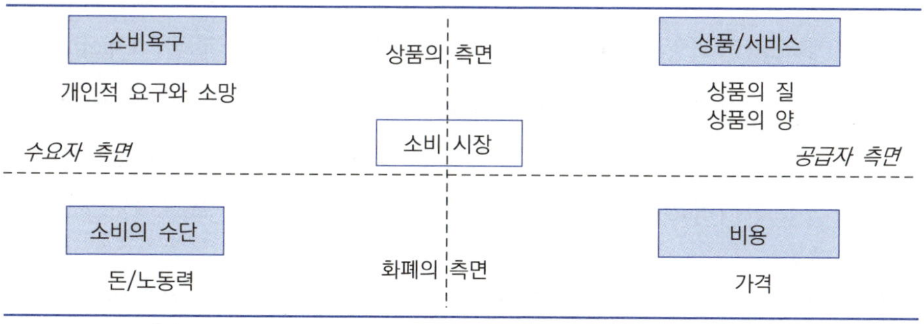

[그림 12-2] 소비의 마력적 사각관계

출처: Droege, 1990.

소비란 돈이나 노동력을 매개로 물건을 구입하거나 서비스를 받음으로써 욕구를 만족시켜 나아가는 전체 과정을 의미한다. 소비시장은 다음과 같은 요소로 구성되는데, 소비자 측면에서의 욕구와 비용, 공급자 측면에서의 물건과 가격이다. 이와 같은 '소비의 마력적 사각관계(the Magic Square)'(Droege, 1990)는 [그림 12-2]와 같이 도식화할 수 있다.

위의 과정을 통해 소비행태의 세 가지 유형, 즉 합리적 소비, 과시적 소비, 비합리적(대리만족적 소비 또는 소비중독) 소비를 구분할 수 있다.

① 합리적 소비는 물품의 질과 양의 선택이 소비자의 욕구[6]에 따라 이루어지며, 또한 이때 그 욕구의 실현에 필요한 비용의 적절성이 고려된다. 즉 합리적 소비행위는 상품에 대한 정보를 충분히 인지한 후 다른 상품과의 가격과 품질 비교를 통해 구매를 결정하되, 구매품이 과연 내게 필요한 것인지 또는 나의 욕구를 만족시킬 수 있는지를 검토하는 소비행위이다.

② 합리적인 소비가 최소의 비용으로 최대의 효과(소비욕구의 충족)를 얻어내는 시장경제의 원리에 충실한 소비 형태를 의미하는 반면, 과시적 소비는 소비에 관련된 욕구가 주로 타인으로부터의 인정이나 존경 또는 명예 등과 같은 사회적 욕구에 초점을 두고 있는 것을 의미한다. 즉, 물건을 구매하고 소비하는 것이 경제적인 이용가치에 있는 것이 아니라 타자에게 보여주고(과시), 그를 통해 자신의 존재를 (사회적으로) 인정받고자 하는 것에 소비의 주된 목적이 있다. 과시적 소비는 베블런 효과(Veblen-Effect)와 스노브 효과(Snob-Effect)로 구분되는데, 우선 소위 '베블런 효과'는 주로 물건의 가격에 의해 결정된다. 그러나 여기서의 가격이란 물건의 실제 가격이 아니라 비싼 것처럼 '보이는 가격'을 말한다.[7] 즉, 누가 그 물건을

6) 소비에 관련된 개인의 욕구는 기본적 욕구(예, 의식주 해결)와 선택적 욕구(예, 소비를 통한 사회적 인정 또는 자아실현)로 구분할 수 있는데, 기본적 욕구는 욕구 충족의 한계를 정할 수 있는 반면, 선택적 욕구는 만족의 정도가 늘 상대적이다. 즉 선택적 욕구란 한 가지가 충족되고 난 후 그 충족으로부터 새로운 욕구가 생성됨을 의미한다.

7) 부르디외의 취향에 대한 계급론적 설명과 비교. 즉 부르디외에 의하면 중상류계급의 취향은 보이는 것이 실제보다 더 큰 반면(Schein mehr als Sein), 상류계급의 취향은 실제 가지고 있는 것이 드러나는 것보다 더 많다(Sein mehr als Schein)(비교, Bourdieu, 1982).

소비하고 있는가에 따라 물건의 가격이 비싸거나 또는 싼 것처럼 느껴지는 것으로, 물건의 사회적 가격은 물건 소지자에 대한 사회적 인정에 의해 정해진다. 다시 말해 베블런 효과는 사회적 인정을 받는 특정인의 소비를 모방함으로써 타자에게 자신을 과시하는 소비행위를 말한다. 이와는 달리 다른 사람이 거의 사용하지 않는 새로운 물품의 구매를 통해 타인으로부터 인정을 받으려고 하는 과시적 소비가 있는데 이를 '스노브 효과(Snob-Effect)'라고 한다.[8)] 그러나 과시적 소비를 지향하는 소비자의 욕구는 사회적 인정 또는 과시(구매품의 이용가치)에 있고, 그를 위해 돈(비용)을 지불하기 때문에 사용가치와 비용의 비교 관계에서 볼 때, 그들의 소비는 합리적이라 평가할 수 있다. 물론 이때 과시적 소비가 지니는 소비의 합리성은 시장경제의 논리에 의한 것이 아니라 소비자 개인의 주관적 합리성에 의한 것이다.

③ 위의 두 가지의 합리적 소비 형태와는 달리 비합리적 소비유형으로서 대리만족적 소비나 소비중독은 소비의 욕구가 물품의 이용에 있는 것이 아니라(과시도 포함), 단지 소비를 통해 다른 원인에서 발생된 어떤 문제를 해결하거나(물품의 이용이나 과시) 대신 만족을 얻으려는 소비행위이다. 즉, 대리만족적 소비나 소비중독에는 비용과 사용가치의 비교 관계에 있어서 경제적 합리성은 물론 주관적 합리성도 적용되지 않는다.

이와 같이 소비에 있어서 욕구, 비용, 이용가치의 관계에 따라 합리적 또는 비합리적 소비행태가 구분된다. 위에서 설명한 두 가지 논리, 즉 상황조건의 논리와 선택의 논리의 변증법적 관계에 대한 분석을 통해 개인의 소비행위를 유형화함으로써 소비유형을 구성하는 것이다. 집적의 논리에 의한 청소년 소비유형의 구성이 경험적 연구의 핵심대상이다.

---

8) 신분사회의 경우 자신들만의 생활양식을 유지하고 다른 계층과 "구별 짓기" 위한 과시적 소비가 상류계층에서만 가능했지만(Weber, 1972; Bourdieu, 1982), 경제적 생활수준이 보편적으로 상승한 현대사회에서는 구별 짓기를 위한 과시적 소비가 전 사회 계층에 확산되었고, 이는 특히 청소년소비의 중요한 형태이다.

2) 소비자로서의 청소년의 특성

사회학의 전통에서 '청소년'에 대한 이론은 사회심리학적 또는 문화인류학적 관점부터 구조기능주의적 관점[9] 그리고 행위이론적 관점[10]까지 대단히 다양한바, 각각의 사회이론이 갖는 기본적 이론구조를 근간으로 어떻게 청소년을 정의하고 그들의 사회적 위치를 이해해야만 하는가에 대한 관심에서 청소년에 관한 이론을 발전시켰다. 예를 들면, 청소년을 단지 하나의 '세대'로 간주하거나, 또는 일정한 연령집단으로 보는가 하면 다른 한편으로는 자기들만의 한 특정 문화를 공유하는 하위문화집단(Subculture)으로 파악하는 관점 등 각각의 이론구조가 다양하기 때문에 본 연구의 목적에 상응하게 후렐만(K. Hurrelmann)의 사회화 이론에 입각하여 소비자로서의 청소년에 대한 관점을 간단히 소개하기로 한다.

청소년 소비유형 또는 청소년 소비행태에 대한 연구를 위해서는 우선 청소년에 대한 개념규정은 물론 사회화 이론에 대해 언급을 해야만 할 것이다. 따라서 본 연구에서는 후렐만의 청소년 연구관점에 주로 초점을 맞추었는바, 후렐만의 청소년 연구는 주로 사회화이론의 시각에서 출발한다(Hurrelmann et al., 1989; Hurrelmann, 2004). 후렐만의 이론은 정적 또는 구조적인 청소년 연구의 시각을 동적 또는 시간적 관점으로 전환시켰다. 또한, 후렐만의 청소년 연구에 대한 관점은 청소년 연구의 대상이 청소년 자체에만 머물러 있던 기존의 이론과는 달리, 청소년 시기에 많은 영향을 미치는 가족, 학교 또는 또래집단은 물론 더 나아가 사회구조나 경제구조와도 관련시키는 연구관점의 확대를 추구한다.

이 사회화이론의 측면에서 청소년이란 한 인간(성인)으로 성장해 가는 일정

---

9) 사회적 규범이나 가치 또는 문화적 전통 등의 내면화 과정과 또한 행위양식과 사회적 역할의 제도화 과정을 통해서 사회구조가 유지된다는 거시적 사회이론에서 출발하는 구조기능주의적 관점의 청소년 연구는 동일 연령집단(Peers)으로서 청소년의 사회적 기능과 역할에 초점을 맞추고 있다.

10) 미시사회학적 관점에서 출발하는 행위이론은 행위주체자인 개인의 행위구조와 행위조건에 연구의 초점을 둔다. 청소년 연구 측면에서도 역시 청소년의 행위역량, 가족, 학교 또는 공공의 영역에서 청소년의 역할 또는 청소년 집단이 지니는 가치, 사고관 또는 그들만의 의식 등이 연구의 주 대상이다.

시기의 과정에 있는 집단으로 정의한다. 인성의 발전이 급격히 이루어지는 청소년 시기에는 '사회적 적응과 사회에 대한 반항'이 동시에 존재하는데, 즉 이 시기에 사회적 규범과 역할을 인식하고 수행하는 반면 개인의 자주적 인성개발을 통해 사회에 대한 비판능력과 개혁적 또는 진취적 의사도 형성하게 된다. 이러한 청소년의 이중적 구조, 즉 '적응과 반항'에 대한 예는 가족 내 부모와의 갈등관계에서 쉽게 발견할 수 있다. 또한, 유아시절과는 달리 청소년 시기의 이러한 심리적인 불안정성 또는 긴장관계의 극복은 다음의 과정을 통해 이루어진다. "청소년들은 지금까지 주로 대화나 생활일반에서 상대자였던 그들의 부모로부터 내적으로 점차 벗어나 점점 자신의 자립심을 길러나간다. 부모로부터의 독립은 청소년들이 그들의 관심과 대화대상자를 가족 외적인 사람이나 (친구가 대표적) 또는 기타, 다른 집단에서 찾고, 자신의 임무나 과제를 그들 스스로 결정하려고 시도하는 것을 의미한다"(Hurrelmann et al., 1989: 12). 청소년 시기에 계발해야만 하는 그들의 과제로서는 다음의 것들을 들 수 있다.

1. 청소년들은 장래 직업을 가지고 경제적 독립을 할 수 있기 위해서 자신의 지적인 역량과 사회적 능력의 발전을 위해 최선을 다해야 하는 과제가 있다. 이러한 능력의 함양은 주로는 학교나 직장에서 이루어지는데, 특히 현대사회에 있어서 교육의 양적 팽창과 함께 학교교육 기간이 길어짐으로써 청소년들의 부모에 대한 경제적 의존도는 점점 심해지고 있다. 교육의 양적 팽창에 따른 전반적인 학력의 상승은 청소년들의 자신에 대한 기대심리는 물론 사회적 역할에 대한 기대 역시 상승하는 효과를 가져왔다. 그러나 청소년들이 능력을 발휘할 수 있는 기회나 사회적 인정은 상대적으로 한정되어있다. 여기서 그들은 사회적 역할에 대한 자신의 기대와 역할수행의 한정된 기회 간에 존재하는 불일치 때문에 고민하고 갈등하게 된다.
2. 청소년들의 함양해야 할 과제 중 두 번째는 사회적 가치체계와 규범체계를 익히고 또한 내면화하는 데 있다. 최근 몇 년 사이에 확산된 문화에 대한 상대적 해석, 즉 가치와 규범의 다양화와 다른 한편으로는 학교, 가

족 또는 종교 등을 통해서 이루어졌던 기존의 사회 통합적 기제의 기능이 약화되면서 청소년들은 그들의 정체성과 가치를 스스로 구성해야만 하는 어려움을 지니고 있다. 즉, 사회적 가치나 규범의 행위적 요구에 부응하던 종전의 행위양식(사회구조 의존적 행위)은 이제 스스로 선택하고 스스로 결정해야만 한다(개인 중심적 행위). 그 결과 청소년은 자신의 결정에 대한 불확실성이라는 문제에 봉착하게 된다. 즉, 사회적 규범과 가치가 다양해질수록 확실한 규범적 기준이 없기 때문에 (또는 기준의 상대성 때문에) 불확실성과 적응의 어려움은 더욱 커진다. 이러한 맥락에서 현대사회 청소년은 문화에 적응, 즉 사회적 규범과 가치의 수용과 내면화를 위한 계발이 더욱 강조된다.

3. 위에서 언급한 문화수용과 내면화는 결국 사회적 행위를 위한 초석이라고 볼 때, 청소년이 계발해야 할 세 번째 과제는 지위에 맞도록 사회적 역할을 수행하는 능력을 기르는 것이다. 예를 들어, 소비행위가 자신의 욕구와 의도를 충족시키기 위해 일정한 대가를 지불하고 제공된 상품을 사는 행위라고 할 때, 청소년은 일정한 시장경제의 논리에서 소비자로서 행위하는 것이다. 이때 청소년은 단지 대가지불을 통한 보상(물건 구입)이라는 일반적 경제원리만을 고려하는 것이 아니라 또래집단, 친구 또는 동료들로부터의 인정을 받기 위해서든지 또는 그 집단에 소속감을 확인하기 위해서 소비하는 경우도 많다. 또는, 앞에서 언급한 바와 같이 청소년기가 심리적으로 불안정한 시기라는 점에서 그들의 소비행위는 다른 불만이나 갈등 또는 걱정 등을 해소하기 위해 이루어지는 경우, 소비를 통한 대리만족을 획득하기도 한다. 소비행위의 예뿐만 아니라 다른 사회적 행위에서도 찾아볼 수 있는바, 이와 같은 '비합리적' 행위는 주로 가정이나 학교에서 소외된 청소년에게서 자주 나타나는 경향이 있다. 따라서 청소년이 올바른 가치의 내면화와 더불어 그들의 지위에 맞는 역할을 수행할 수 있도록 하기 위해서는 가정과 학교에서의 올바른 교육이 절대적으로 요구된다.

그 밖에 사회화이론에 입각한 연구의 관심 중 하나는 과연 청소년과 기성세대 간의 문화적, 가치관적, 사고관적 측면에서 어느 정도 유사성이 있고 또는 얼마나 차이를 발견할 수 있는가 하는 점이다. 물론 성인과 청소년의 문화적 차이를 비교하는 것이 본 연구의 직접적 대상은 아니지만 학교를 중심으로 한 청소년들의 사회적 환경(Millieu), 대학생의 사회적 환경 등이 성인과는 다르기 때문에 그들만의 독특한 사고나 가치가 존재할 것이라고 추측해 볼 수 있다.

3) 청소년 소비문화의 특징

일반적 대중문화와 구별되는 하위문화로서 청소년 문화가 존재하는가? 이에 대한 답을 하기 전에 우선 두 가지 측면에서 또 다른 질문이 제기되는바, a. 청소년은 기성의 문화(또는 상호작용)체계와는 구별되는 그들만의 고유한 상징세계, 가치관, 규범 또는 그들만이 지향하는 삶의 목적 등을 가지고 있는가? b. 또는 청소년만이 독특하게 지니는 행위양식, 예를 들면 소비행태 또는 여가활동 양식이 존재하는가? 이에 대한 답변에 있어서 하위문화로서 청소년문화가 존재하느냐의 여부에 대한 구체적 논의보다는 위에서 제시한 사회화이론의 연장에서 다음과 같은 결론을 이끌 수 있겠다. 즉 청소년은 기존의 일반문화와 구별되는 그들만의 문화적 특성을 지니지만 이러한 차별성은 기존의 문화체계와 완전히 다르거나 또는 이를 거부하는 것이 아니라 일부는 수용하고 일부는 보완 대체해 나아가는 과정이다. 즉, 사회적 문화체계를 학습하고 적응해 나아가는 과정으로 볼 수 있다.

이런 관점을 본 연구의 관심으로 끌어들이면, 소비에 있어서 대중문화가 지니는 특성의 많은 부분이 청소년의 소비문화에도 내포되어 있을 것이다. 즉, 대중매체에 의해 주도되는 대중문화의 획일적, 상업적 특성은 청소년 문화에서도 예외는 아닐 것이다. 특히, 소비문화가 청소년 문화의 가장 주된 문화라는 전제에서, 청소년의 소비문화적 특성을 우선 간단히 살펴보는 것은 의미가 있다.

청소년 소비문화가 지니는 특징 중 첫째는 합리적이고 이성적이기보다는 충동적이고 감정적이라고 볼 수 있다. 특히, 이성보다는 감성에 충실한 청소년의 미완적 소비의식에 대중 매체의 상업적이고 자극적인 광고가 청소년의 충동적 구매를 조장한다. 두 번째 특성으로서 소위 '과시적 소비'경향(앞에서 설명했듯이 청소년의 과시적 소비가 합리적 소비 또는 비합리적 소비인가에 대한 논의는 차치하고라도)을 들 수 있다. 즉, 자아정체감이 미성숙한 청소년은 유행에 민감하며 소비를 통해 자신의 존재를 확인하고 다른 사람에게 보이기 위한 소비가 두드러진다. 셋째는 현대사회 소비가치의 변화에 따라 청소년의 소비도 물질적 소비욕구의 만족이라는 일차적 기능을 넘어 개인의 이미지나 개성 등이 강조되는 상징적 기능이 점차 더 중요한 기준이 되고 있다. 넷째는 소비욕구에 대한 자제와 억제가 부족하다는 것이다. 즉, 사고자 하는 특정 물건이 있으면 그의 사용가치와 가격의 비교에서 결정되는 합리적 소비보다는 그 물건에 대한 소유욕과 애착 그 자체가 구매결정의 주(主)원인이 된다.

위에서 설명한 청소년 소비문화 특성은 다음 항에 소개되는 청소년소비와 관련된 개인적 또는 사회적 요인에 대한 이론적 가정, 즉 실증연구에서 고려될 청소년 소비유형과 관련된 변인들에 대한 소개를 통해 좀 더 구체적으로 살펴보기로 하겠다.

4) 청소년소비자의 소비특성 관련 요인

청소년의 소비에 영향을 미치거나 관련성이 있는 개인적·사회적 조건으로서 다음과 같은 요인들을 들 수 있다.

청소년 소비에 영향을 미치는 가장 중요한 변인은 아마도 부모와의 관계와 친구관계가 대표적일 것이다.

우선 한국사회와 같이 가족주의 성향이 강한 사회일수록 세대 간 의존성이 강하고 따라서 청소년의 자립심과 자긍심은 부족할 것이며, 이는 청소년의 주체적이고 합리적인 소비행위에 장애요인으로 작용한다. 실제 연구에서도 비합리적 소비행위는 청소년의 자긍심 부족에서 기인하는 것으로 나타났다. 또한 부모가 자녀의 소비에 지나치게 관여하고 비민주적(권위주의적 또는 과잉보호적) 교육환경에서 성장한 청소년일수록 소비결정에 있어서 부모보다 친구에게 주로 의존하게 된다. 즉, 자녀의 소비행위에 대해 부모의 이해가 부족하기 때문에 소비에 관한 대화나 상의를 부모보다는 주로 친구들과 의논하게 되며 이는 결과적으로 합리적인 청소년 소비에 부정적 영향을 미칠 수 있다. 실제 연구에서도 소비행위 시 친구에게 의존도가 높은 청소년일수록 비합리적 소비경향이 큰 것으로 나타났다(이승신 외, 1998; 이은희, 1999; 최순종, 2005).

또한, 청소년의 소비에 부정적인 영향을 주는 주된 요인은 선전 광고의 무비판적 수용에서 기인한다. 비합리적 소비를 추구하는 청소년일수록 선전광고 보는 것을 기꺼이 즐기고 선전광고는 유익하다고 긍정적으로 평가한다. 또한, 이들의 경우 물건의 구매 시 정보를 구하는 통로로서 부모나 친구 또는 제품설명서 등의 객관적인 정보에 의존하기보다는 선전광고에서 상품 정보를 구하고 있다. 이러한 상관성은 선전광고가 청소년의 건전한 소비에 부정적 영향을 미친다는 것은 자명하다고 볼 수 있다. 선전광고의 현혹성과 과대한 선전광고가 소비 경험이 부족하고 충동 자제 능력이 부족한 청소년에게 크게 영향을 미치는 것은 예상할 수 있는바, 이러한 선전광고의 유혹은 청소년의 충동적 소비를 자극하고 결국 비합리적 소비로 이끌게 된다(이승신 외, 1998; 최순종, 2005).

또한, 청소년의 비합리적 소비에 직접 영향을 주는 요인으로서 연령과 성별을 들 수 있는바, 특히 나이가 어린 여자청소년의 경우 비합리적 소비 경향이 강하다. 이런 현상은 한편으로 그들의 연령에서 일시적으로 나타나는 심리적 불안, 자신감 결여 등 생물학적 측면과, 다른 한편으로 남자보다는 여자가 외적인 요소에 더 의존한다는 심리학적 측면에서 설명할 수 있다. 또한, 연령이 높아질수록 비합리적 소비 경향이 줄어드는 것은 연령의 증가에 따른 소비에 대한 경험의 축적과 성숙에서 기인한다.

청소년의 비합리적 소비와 관련해서 관심 있게 고려해야 할 것은 교육적 환경, 특히 부모의 과잉보호적 교육방법인데, 과잉보호적 교육은 청소년에게 비판적이고 자주적인 사고관 형성을 저해하고 의존성, 자긍심 결여, 자신감 부족

등의 부정적 영향을 미친다. 또한, 이와 더불어 부모의 무계획적인 경제운용은 자녀의 비합리적 소비행위에 직, 간접적으로 영향을 미친다.

이와 같이 청소년의 소비에 영향을 미치는 가장 주된 요인은 부모의 교육방법, 자긍심, 선전광고임을 알 수 있다. 즉 비합리적 소비의 인과관계는 "부모의 과잉보호적 또는 권위주의적 교육방법 → 자긍심 결여/선전광고의 무비판적 수용자세 → 대리만족형 소비유형"의 단계로 요약될 수 있다.

위에서 제시한 청소년 소비연구에서 고려해야 될 개인적·사회적 요인에 대한 사회학적 설명의 일반적인 이론모델은 다음의 [그림 12-3]과 같이 구성할 수 있다.[11]

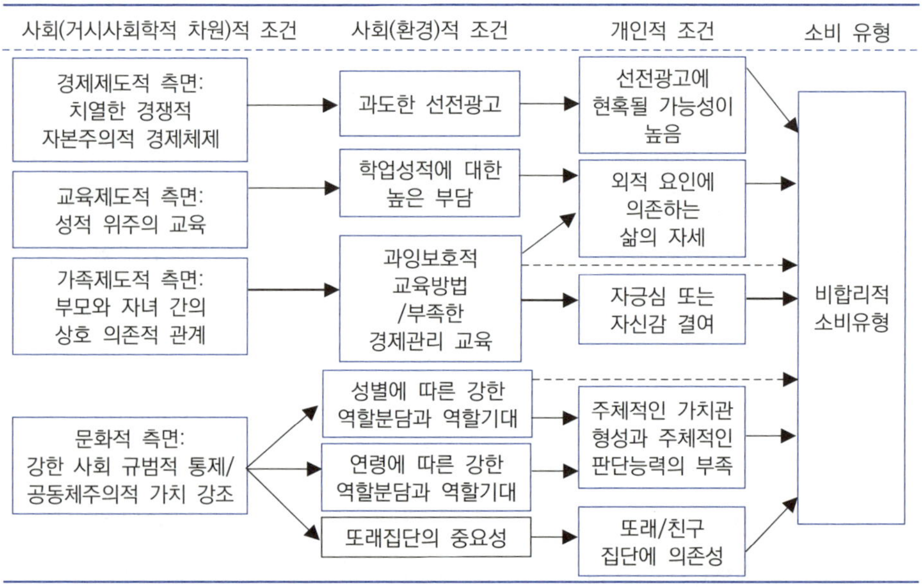

[그림 12-3] 청소년 소비연구에 대한 사회학적 설명 모델

첫째, 가족주의적 전통과 관련해서 부모와 자녀 간에 상호의존적 관계가 강한 한국사회의 문화적 특성상, 부모에 대한 의존성이 강하다. 즉, 부모에 대한

11) [그림 12-3]에서 제시된 각각의 요소들은 상호관련성과 상호 인과적 관계를 가지고 있다. 다만 요소들 간의 주된 인과성을 설명하고 이해를 돕기 위해 화살표로 방향성을 제시하고 있을 뿐이다.

의존도가 강한 청소년, 특히 권위주의적이거나 과잉보호적 교육환경에서 자란 청소년일수록 자주성과 주체성이 부족하고, 자신감과 자긍심이 결여되어 있다. 이들은 결국 청소년을 비합리적 소비로 이끄는 주원인이 된다.

둘째, 사회적 규범에 의한 통제(연령별 또는 성별에 따른 사회적 통제와 역할의 구분)가 강한 사회에서 성장한 청소년은 주체적인 가치관 형성과 자주적 결정능력의 개발보다는 타자에 의존하는 경향이 있다. 특히, 사고와 가치관 형성이 불완전한 청소년 시기에는 그들이 속한 또래 집단에 귀속성이 강하기 때문에 그들의 소비도 친구나 또래 집단에 크게 영향을 받는다. 이러한 청소년의 특성은 과시적 소비로 이끄는 또 하나의 원인이다.

셋째, 과대한 선전광고와 더불어 선전광고에 대한 무비판적 수용은 청소년의 비합리적 소비의 또 하나의 요인이 된다. 특히, 자신감이 부족한 청소년일수록 자주적 구매결정보다는 선전광고에 강하게 영향을 받으며 이는 청소년의 비합리적 소비행태로 나타날 가능성이 높다.

4. 청소년 소비문화의 전망과 과제

본 절에서는 앞에서 논의한 사회변화에 따른 소비문화의 이론적 설명과 실증연구에서 나타난 청소년의 소비에 미치는 요인들에 대한 설명을 바탕으로 한국 청소년 소비의 추이에 대한 전망과 건전한 청소년 소비문화육성을 위한 몇 가지 제안을 하고자 한다.

소비자로서의 청소년이 처해 있는 사회적, 개인적 조건의 추이와, 다른 한편으로는 상품의 공급자 측면(특히, 선전광고)의 변화방향을 고려했을 때, 짧은 시기 안에 한국청소년의 소비행태가 건전한 방향으로 변화하는 것을 기대하기는 어렵다. 그 이유는 다음과 같다.

첫째, 한 사회의 사회적 규범과 가치의 변화는 단기간에 이루어질 수 없다. 따라서 합리적 소비에 부정적 영향을 미치는 것으로 나타난 한국사회의 강한 사회규범과 통제 그리고 가족주의적 특성은 당분간 유지될 것이기 때문이다. 둘째, 대학입시 위주의 현 교육제도에서는 성적에 대한 청소년의 부담이 여전할 것이므로, 이런 여건하에서 청소년들의 자신감과 자주성의 개발을 기대하기 어렵다. 특히, 대학입시 위주의 교육을 벗어나 경제관리 교육에 시간을 투자하는 것은 기대할 수 없기 때문이다. 셋째, 자녀수의 급격한 감소로 과잉보호적 자녀교육이 오히려 증가하는 현대 한국사회에서 청소년의 자긍심과 자신감 또는 자주적 판단능력을 함양하는 부모의 교육방법을 기대하기란 어렵기 때문이다. 넷째, 선전광고가 오히려 점점 더 강화되는 현대 자본주의 사회에서 경제관리에 대한 교육이 부족한 한국청소년에게 선전광고가 미치는 영향은 점점 더 커질 것이기 때문이다.

위에서 언급한 네 가지 측면이 한국청소년의 건전한 소비문화를 저해하는 요소이다. 그렇다면 과연 청소년의 건전한 소비와 경제활동을 위해 우리(사회, 학교, 가정)는 무엇을 할 수 있고, 또한 무엇을 해야만 하는가? 여기서 청소년의 건전한 소비문화 육성에 대한 구체적 방안을 제시하기보다는 청소년 소비의 인과관계를 설명하는 [그림 12-3]에 근거하여 몇 가지 제안을 하고자 한다.

첫째, 청소년의 사고관과 가치관의 측면: 청소년의 건전한 소비문화 육성을 위해 가장 중요한 것은 청소년의 자신감과 자긍심 그리고 자립심을 길러주는 것이다. 자신감과 자긍심은 타인으로부터 자신의 존재를 인정받는 과정에서 자신의 가치를 스스로 확인하면서 형성된다. 따라서 질타나 무조건적 수용이 아닌 자주적 판단과 자율적 선택, 그리고 결과에 대한 책임의식을 갖도록 격려해 주고 지원해주는 교육방식이 요구된다.

둘째, 부모의 자녀교육 측면: 자긍심과 자신감, 자립심과 적극적 사고관의 함양을 위해서는 민주적인 교육환경이 필요하다. 민주적 교육방법의 핵심적 요소는 의견교환의 가능성이다. 즉, 구매 결정 시 무조건적 강요나 지나친 간섭보다는 자녀의 의사를 존중해야 하며, 다만 부모의 의견은 조언의 차원에서만 이루어지는 것이 바람직하다. 또한, 의견 조정 시에는 자녀의 합리적 선택능력과 판단능력에 믿음을 가지고 자녀 스스로 결정할 수 있도록 지원해 주는 것이 중요하다. 민주적 교육에 있어서 대화와 더불어 중요시되어야 할 것은 책임과 의무에 대한 인식과 실천능력을 지원해 주는 것이다. 이와 더불어 부모 자신이 계획적인 경제 운용(예를 들면 가계부 기록)과 합리적인 소비를 실천함으로써 자녀에게 모범을 보이는 것도 중요하다.

셋째, 경제관리에 대한 교육적 측면: 연령에 적합한 경제관리(수입과 지출)에 대한 교육이 절대적으로 필요하다. 그에 대한 구체적 제안으로서는, 1) 어릴 때부터 시작할 수 있는 경제관리 교육으로서 일정한 액수의 용돈을 지급하여 청소년이 용돈범위 내에서 계획적으로 지출할 수 있는 연습을 시키는 것이다. 용돈은 연령 또는 학년에 따라 차등을 두고 지급하되 가급적이면 용돈을 추가로 지원하지 말고 만약 불가피하게 추가되었을 경우, 다음의 용돈지급 시 추가 지원 금액을 감해서 지불해야만 한다. 용돈의 정기적 지불은 청소년에게 돈의 계획적 지출관리뿐만 아니라 저축의 중요성도 일깨워 준다. 2) 용돈의 계획적 지출 또는 저축의 습관과 더불어 권장해야 할 사항은 수입과 지출의 목록을 기록하는 습관을 길러주는 것이다. 3) 또한, 일정한 연령이 되면 방학이나 주말을 이용해 간단한 아르바이트를 할 수 있도록 지원해 주어야 한다. 이를 통해 노동의 대가와 돈의 중요성을 인식할 수 있고 자립심도 기르게 된다.

넷째, 대중매체의 수용에 대한 교육의 측면: 인터넷이나 TV를 통한 선전광고가 경험이 부족한 청소년에게 미치는 부정적 영향은 지대하다. 따라서 가정이나 학교에서 선전광고의 의미와 기능에 대해 비판적 수용능력을 길러줌으로써 과장된 선전광고와 제품의 실제적 내용은 차이가 있다는 것을 인식시키고, 선전광고에 대한 비판적이고 분별적인 수용 자세를 길러 주어야 한다.

그러나 건전한 청소년 소비문화 육성을 위해서는 위에서 언급한 제안에 앞서 청소년 소비에 대한 사회 전반의 인식 전환이 요구된다. 청소년 문화 일반에 해당하겠지만, 특히 청소년 소비문화는 이미 형성된 것이 아니라 형성해 나아가는 과정이다. 따라서 청소년의 올바른 소비문화 형성을 위해서는 사회 전반의 관심과 노력이 필요하다. 이와 같이 청소년을 이해하고자 하는 적극적 문제제기와 그에 대한 가정, 학교, 사회단체의 노력을 기대하면서 본 장을 마무리하고자 한다.

참고문헌

권이종 · 김천기 · 이상오(2010). 청소년문화론. 서울: 공동체.

매크래켄, 그랜트(McCracken, Grant)(1996). 문화와 소비: 소비재와 소비행위의 상징적인 성격에 대한 새로운 접근. 이상률 역. 서울: 문예출판사.

박선웅(2005). 청소년과 소비문화; 조혜영 외. 청소년문화론(한국청소년개발원 편), 209-236, 서울: 교육과학사.

보드리야르, 장(Baudrillard, Jean)(1991). 소비의 사회: 그 신화와 구조. 이상률 역. 서울: 문예출판사.

이승신 · 김시월 · 류미현 · 노영래(2010). 소비사회와 소비문화. 서울: 신정.

이승신 · 류미현 · 정승은(1998). 청소년소비자의 소비자능력이 과시소비에 미치는 영향. 한국가정관리학회지, 16(2), 1-10.

이은희(1999). 청소년 소비자의 과시소비성향과 관련요인-인천광역시를 중심으로. 한국가정관리학회지, 17(1), 15-31.

전상진(2004). 학교위기에 대한 세대이론적 접근 - 교육학적 모라토리움의 세대이론적인 재구성. 교육사회학연구, 14(2), 195-218.

최순종(2005). 청소년 소비 연구를 위한 이론적 · 방법론적 모색: 한국과 독일 청소년의 대리만족적 소비에 대한 비교를 중심으로. 청소년학연구, 11(3), 445-469.

Bourdieu, P. (1979). *Entwurf einer Theorie der Praxis auf der ethnologischen Grundlage der kabylischen Gesellschaft*, Frankfurt a.M.

Bourdieu, P. (1982). *Die feinen Unterschiede: Kritik der gesellschaftlichen Urteilskraft*, Frankfurt a.M.

Bourdieu, P. (1983). Ökonomisches Kapital, kulturelles Kapital, soziales Kapital. In: Kreckel, Reinhard (ed.): *Soziale Ungleichheiten, Sonderband 2 der Sozialen Welt*, Göttingen, pp.183-197.

Droege, F. W. (1990). *Verbraucherverhalten in der Sozialen Marktwirtschaft, in: Informationen zur politischen Bildung*, Nr. 173, Bonn, 7-23.

Esser, H. (1993). *Soziologie. Allgemeine Grundlagen*, Frankfurt und New York.

Esser, H. (1999-2001). *Soziologie. Spezielle Grundlagen*, Bde 1-6, Frankfurt und New York.

Ewen, S. & Ewen, E. (1982). *Channels of Desire: Mass Images and the Shaping of American Consciousness*. New York: McGraw-Hill Book Company.

Hurrelmann, K. (2004). *Lebensphase Jugend. Eine Einführung in die sozialwissen-*

schaftliche Jugendforschung, Weinheim und München, 7. Aufl.

Hurrelmann, K., Rosewitz, B., & Wolf, H. K. (1989). *Lebensphase Jugend. Eine Einführung in die sozialwissenschaftliche Jugendforschung*, Weinheim.

Lange, E. (2004). *Jugendkonsum im 21.* Jahrhundert, Wiesbaden.

Müller, H. P. (1986). Kultur, Geschmack und Distinktion. Grundzüge der Kultursoziologie Pierre Bourdieus. In: Neidhardt, F.(ed.): *Kultur und Gesellschaft*. Sonderheft 27 der Kölner Zeitschrift für Soziologie und Sozialpsychologie, Opladen, 162-190.

Schulze, G. (1992). *Die Erlebnisgesellschaft. Kultursoziologie der Gegenwart*. Frankfurt a.M.

Veblen, T. (1971). *Theorie der feinen Leute. Eine oekonomische Untersuchung der Institutionen*, Frankfurt a.M. (Orig. The Theory of the Leasure Class, 1899, New York).

Weber, M. (1972). *Wirtschaft und Gesellschaft Grundriß der verstehenden Soziologie*, 5. Aufl., Stuttgart.

CHAPTER

13 청소년문화와 정책

국가정책은 정책 대상을 설정하고 정책의 목표와 과제를 선정한 후 이를 실천하기 위한 계획을 수립하여 실행에 옮기고 이를 평가하는 일련의 절차이며 효과적인 정책수단을 통해 정책 목표를 실현하기 위한 활동이라고 할 수 있다. 이 장에서는 청소년문화에 대한 국가정책을 다루고 있다. 청소년문화에 대한 정책은 기본적으로 청소년을 대상으로 추진되는 정책이기 때문에 우리나라의 청소년정책의 특징과 현황을 살펴보았다. 이어서 청소년정책 중에서 문화에 관한 정책은 무엇인지와 청소년문화정책의 법적 근거, 정책의 목표와 과제, 실천계획과 구체적인 세부 정책사업들에 대해서 살펴보았다. 마지막으로 이 장에서는 우리나라 청소년문화정책의 과제는 무엇인지를 제시하였다.

1. 청소년정책에 대한 이해

청소년 문화를 다루는 정책을 이해하기 위해서는 먼저 청소년정책에 대한 이해가 선행될 필요가 있다. 전 세계적으로 청소년정책이 국가 정책으로 추진되기 시작한 것은 유엔(UN: United Nations)이 1985년을 세계청소년의 해로 결의하고 정부 차원에서 청소년정책 추진의 필요성을 제기하면서부터이다. 이에 따라 우리나라도 청소년 관련 법령을 제정하였으며 정책 주관부처를 두기 시작하였으며 청소년정책에 대한 기본계획을 수립하여 시행 중에 있다. 2014년 현재 198개 국가들 중에서 우리나라처럼 국가정책으로 청소년정책을 추진 중인 곳은 122개 국가에 이르고 있다(Youthpolicy.org, 2014).

청소년정책은 정책의 대상이 누구인지, 정책을 통해 달성해야 할 목표와 과제는 무엇인지, 정책영역의 영역이 어떻게 구분되는지, 마지막으로 정책과제를 실현하기 위한 구체적인 수단은 무엇인지를 통해 살펴볼 수 있다. 먼저 청소년정책의 대상은 당연히 청소년인데 국가마다 법적으로 규정하고 있는 청소년 연령에 있어서 차이가 존재하며 우리나라는 「청소년기본법」에서 청소년 연령을 9세에서 24세로 규정하고 있다. 다만, 정책 영역에 따라서 청소년보호와 관련된 규제를 위한 법령에서는 청소년 연령을 만 19세 이하로 달리 규정하고 있다.

여기에서 한 가지 짚고 넘어가야 할 것은 다른 정책들과 청소년정책의 차이에 관한 것이다. 다른 정책들은 모든 국민들을 정책 대상으로 하며 경제, 사회, 교육, 노동, 복지, 문화 등 특정한 기능을 총괄하는 형태를 취하는 데 비해서 청소년정책은 아동, 여성, 노인, 장애인 등 특정한 정책대상에 국한하여 추진된다는 점이다. 대상 중심 정책들은 특정 대상의 다양한 이해와 요구, 수요를 반영해야 하기 때문에 광범위한 분야를 포괄해야 하는 특징을 갖는다. 이를 정책에 반영하기 위해서 대상 중심 정책들은 기능 중심의 다른 정책들을 포괄하여 총괄·조정해야 하는 역할을 수행하는 것이 매우 중요하다고 할 수 있다.

〈표 13-1〉 대상 중심 정책의 범부처 총괄 · 조정기구 현황

명칭	기능, 소속 및 구성
청소년정책 위원회	• (기능) 청소년정책에 관한 주요 사항을 심의 · 조정 - 청소년정책기본계획 및 주요 시책에 관한 사항 - 청소년정책의 제도개선 · 분석, 평가에 관한 사항 등 • (소속) 여성가족부 • (구성) 위원장(여성가족부장관) 1명과 각 중앙행정기관의 차관 혹은 차관급으로 30명 이내의 위원
양성평등 위원회	• (기능) 양성평등정책에 관한 중요 사항을 심의 · 조정 - 기본계획 및 시행계획에 관한 사항 - 양성평등정책 관련 사업의 조정 및 협력에 관한 사항 - 양성평등여성정책의 평가, 제도 개선에 관한 사항 등 • (소속) 국무총리 • (구성) 의장(국무총리) 1명과 부의장(여성가족부장관) 1명을 포함한 30명 이내의 위원(당연직+민간위촉직)
아동정책조정 위원회	• (기능) 아동정책 주요 사항에 대한 심의 · 조정 - 기본계획의 수립에 관한 사항 - 아동의 권익 및 복지 증진을 위한 기본방향에 관한 사항 - 아동정책의 개선과 예산지원에 관한 사항 - 아동 관련 국제조약의 이행 및 평가 · 조정에 관한 사항 등 • (소속) 국무총리 • (구성) 위원장(국무총리) 1명을 포함한 25명 이내의 위원(당연직+민간위촉직, 민간 15명 이내)
장애인정책조정 위원회	• (기능) 장애인정책 주요 사항에 대한 심의 · 조정 - 장애인복지정책의 기본방향에 관한 사항 - 장애인복지 향상을 위한 제도개선과 예산지원에 관한 사항 - 중요한 특수교육정책의 조정에 관한 사항 - 장애인 고용촉진정책의 중요한 조정에 관한 사항 - 장애인 이동보장 정책조정에 관한 사항 - 장애인정책 추진과 관련한 재원조달에 관한 사항 등 • (소속) 국무총리 • (구성) 위원장(국무총리) 1명과 보건복지부장관을 포함한 30명 이내의 위원(당연직+민간위촉직)

자료: 여성가족부(2013b) 내부자료. 법 개정 등을 반영하여 최근 내용으로 변경함. 청소년관계기관협의회는 2015년 「청소년기본법」 개정으로 청소년정책위원회로 변경됨. 여성정책조정회의는 2017년 개정으로 양성평등위원회로 변경됨.

이에 따라 대부분의 대상 중심 정책들은 범부처의 기능 중심 관련 정책들을 총괄 · 조정하기 위한 기구들을 두고 있다. 청소년정책은 청소년정책조정위원

회를 두고 있으며 여성정책은 양성평등위원회를, 아동정책은 아동정책조정위원회를, 장애인정책은 장애인정책조정위원회를 두고 있다.

다음으로 청소년정책의 목표는 기본법에 제시된 기본이념을 통해 살펴볼 수 있다. 「청소년기본법」에서는 "청소년이 사회구성원으로서 정당한 대우와 권익을 보장받음과 아울러 스스로 생각하고 자유롭게 활동할 수 있도록 하며 보다 나은 삶을 누리고 유해한 환경으로부터 보호될 수 있도록 함으로써 국가와 사회가 필요로 하는 건전한 민주시민으로 자랄 수 있도록 하는 것"을 기본이념으로 제시하고 있다. 청소년정책의 과제는 기본이념을 구현하기 위한 추진 방향으로 「청소년기본법」에서는 청소년의 참여 보장, 창의성과 자율성을 바탕으로 한 청소년의 능동적 삶의 실현, 청소년의 성장 여건과 사회 환경 개선, 민주·복지·통일조국에 대비하는 청소년의 자질 향상 등을 제시하고 있다.

청소년정책의 영역은 시대에 따라서 바뀌어 왔는데 큰 틀에서 청소년활동, 청소년복지와 더불어 청소년보호로 구분해 볼 수 있다. 청소년활동 분야는 청소년의 균형 있는 성장을 위하여 필요한 활동과 이러한 활동을 소재로 하는 수련활동·교류활동·문화활동 등 다양한 형태의 활동을 진흥하기 위한 정책 영역이다. 청소년복지 분야는 청소년이 정상적인 삶을 누릴 수 있는 기본적인 여건을 조성하고 조화롭게 성장·발달할 수 있도록 제공되는 사회적·경제적 지원을 위한 정책 영역이다. 마지막으로 청소년보호 분야는 청소년의 건전한 성장에 유해한 물질·물건·장소·행위 등 각종 청소년 유해 환경을 규제하거나 청소년의 접촉 또는 접근을 제한하기 위한 정책 영역이며 청소년 성보호에 관한 내용은 별도의 법률로 규정하고 있다.

청소년정책은 대상 중심 정책이 가지는 특성상 다양한 분야를 포괄해야 하는데 청소년정책의 주관부처가 그동안 몇 차례 변경되면서 해당 부처의 기능 중심으로 재편되는 특성을 보여주기도 했다. 1992년 체육청소년부에서 2004년 문화체육관광부에서 청소년정책을 주관했던 시기는 청소년활동 분야 중심으로 청소년정책이 추진된 반면, 2008년 보건복지가족부로 청소년정책이 이관된 이후 청소년복지 분야가 크게 확장되었으며 2012년 여성가족부로 이관된 후에는 여성정책과 유사하게 청소년 보호와 규제 중심의 정책 추진이 강조되고 가족정책과의 연계 추진이 활발해졌다.

이처럼 주관부처의 기능이나 역할 중심으로 청소년정책이 재편된 것은 정책의 일관성이나 균형 있는 정책 추진에 있어서 문제점이라고 할 수 있다. 다만, 다행스러운 것은 제4차청소년정책기본계획부터 주관부처 차원의 기본계획이 아니라 범부처 차원의 기본계획으로 확대되면서 청소년들의 다양한 이해와 요구를 포괄하는 방향으로 나아갔으며 대상 중심의 정책 특성을 보다 잘 반영한 정책수립이 이루어졌다는 점이다.

마지막으로 청소년정책의 수단은 관련 법령과 제도, 물적 및 인적 인프라 등으로 구성되는데 먼저 청소년 관련 법령은 1991년 제정된 「청소년기본법」을 비롯하여 1997년 제정된 「청소년보호법」과 2000년에 제정된 「청소년의성보호에관한법률」, 그리고 2004년 제정된 「청소년활동진흥법」, 「청소년복지지원법」 등으로 구성된다.

여성가족부에서는 청소년정책의 주관부처로서 정책의 총괄·조정 역할을 맡고 있으며 이를 위해 청소년정책관계기관협의회를 두어 청소년정책에 관한 정부기관 간의 연계·조정과 상호협력을 위한 사항들을 협의하고 있다. 동시에 정부에서는 범정부 차원에서 청소년정책에 관한 기본계획을 5년마다 수립하고 있으며 각 중앙행정기관(부·처·청·위원회)과 지방자치단체에서는 기본계획에 기초하여 매년 청소년정책에 관한 시행계획을 수립하고 있다. 청소년정책 추진을 위한 전달체계로는 중앙 단위에 한국청소년활동진흥원과 한국청소년상담복지개발원을 두고 지역 단위에 청소년활동진흥센터와 청소년상담복지센터를 두고 있다.

청소년정책 추진을 위한 인프라로 청소년시설과 청소년지도자가 존재한다. 청소년시설은 청소년수련관, 청소년문화의집, 청소년수련원, 유스호스텔 등 청소년활동에 제공되는 시설과 청소년쉼터, 청소년자립지원관, 청소년치료재활센터 등 청소년복지에 제공되는 시설, 그리고 청소년보호에 제공되는 시설로 구분되고 있다.

청소년정책의 주요 내용과 추진현황은 5년마다 수립되는 청소년정책기본계획과 각 중앙행정기관과 지방자치단체에서 수립하는 시행계획을 통해서 살펴볼 수 있다. 여기에서는 최근 수립된 제7차 청소년정책기본계획과 중앙행정기관과 지방자치단체의 2022년도 시행계획을 통해 청소년정책의 현황을 살펴보고자 한다.

1) 청소년정책기본계획의 주요 내용

청소년정책기본계획은 「청소년기본법」 제13조에 근거하여 이전의 기본계획에 대한 분석평가를 토대로 청소년정책의 기본방향과 추진목표, 정책기능의 조정, 분야별 주요 시책, 재원의 조달방법 등을 제시하고 있다. 이것은 국가 청소년정책의 청사진을 제시한 것으로 1993년부터 5년 단위로 수립되어 현재까지 5차례에 걸쳐 시행되고 있다.

가장 최근에 수립된 제7차청소년정책기본계획은 2022년 계획 수립을 위한 기초 연구(황여정 외, 2022)를 토대로 2022년 정부부처 및 지방자치단체, 청소년 학계와 현장의 의견수렴을 거쳐 2023년 2월 청소년정책위원회에서 최종적으로 확정되어 발표되었다(관계부처 합동, 2023). 5차 기본계획은 2023년부터 2027년까지 적용되며 25개의 중앙행정기관과 17개 광역 지방자치단체에서 기본계획에 기초하여 정책 사업을 추진 중에 있다.

7차 기본계획에서는 정책 비전으로 "디지털시대를 선도하는 글로벌 K-청소년"을 제시하고 있으며 청소년정책의 목표로 청소년 성장기회 제공과 안전한 보호 환경 조성을 제시하고 있다(관계부처 합동, 2023). 7차 기본계획에서 정책과제는 플랫폼 기반 청소년활동 활성화, 데이터 활용 청소년 지원망 구축, 청소년 유해환경 차단 및 보호 확대, 청소년의 참여·권리 보장 강화, 청소년정책 총괄 조정 강화 등 5가지 영역으로 구분되고 있다.

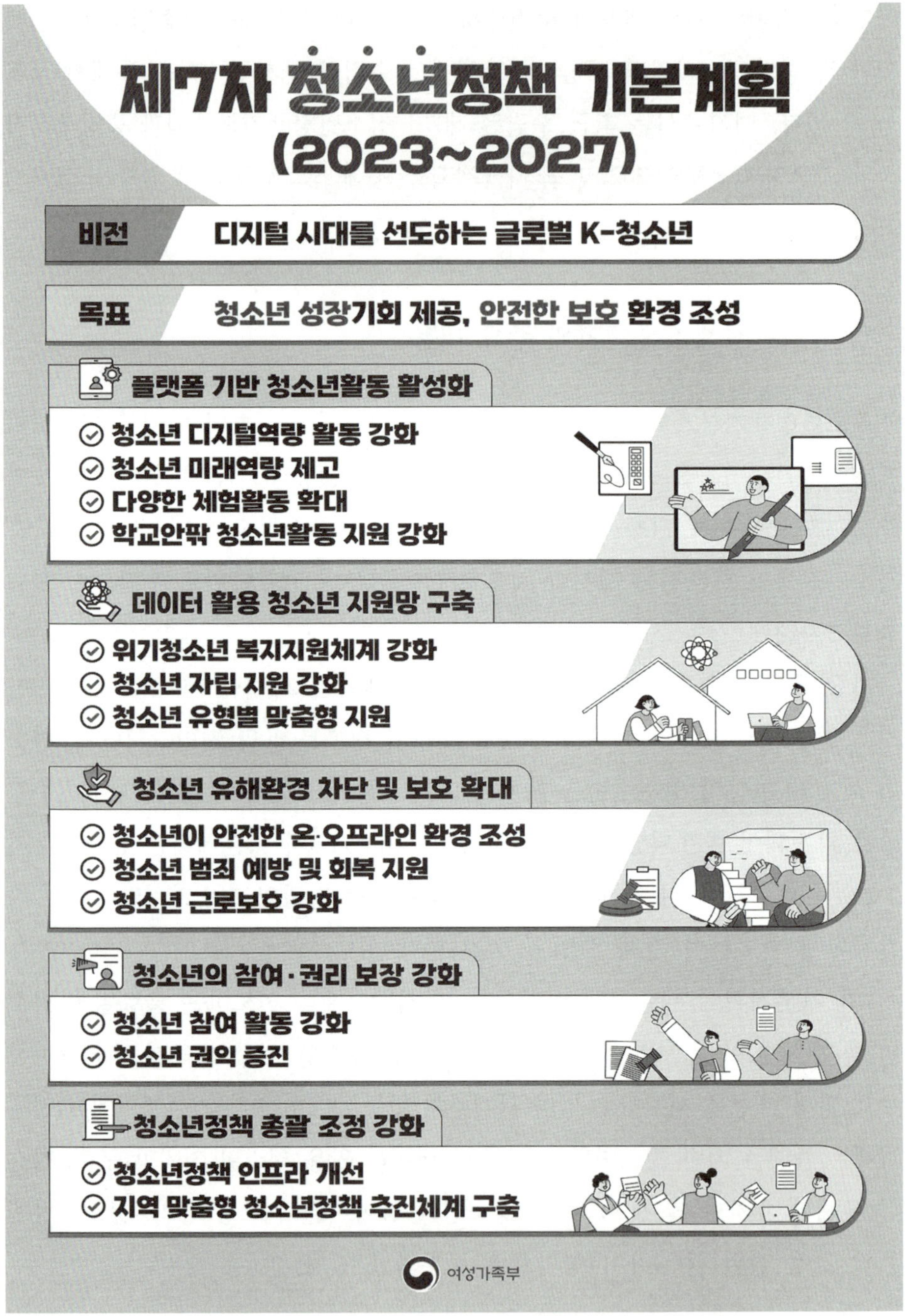

[그림 13-1] 제7차 청소년정책기본계획 비전, 목표, 정책과제

출처: 관계부처합동(2023)

7차 기본계획에서는 정책과제 5대 영역별로 14개의 중점과제들을 제시하고 있다. 먼저 첫 번째 정책과제는 청소년의 디지털역량 활동강화, 미래역량 제고, 다양한 체험활동 확대, 학교 안팎 청소년활동 지원을 강화하는 내용을 담고 있다. 두 번째 정책과제는 위기청소년 복지지원체계 강화, 청소년 자립 지원 강화, 청소년 유형별로 맞춤형으로 지원하는 내용을 담고 있다. 세 번째 정책과제는 청소년이 안전한 온·오프라인 환경조성, 청소년 범죄 예방 및 회복 지원, 청소년 근로보호를 강화하는 내용을 담고 있다. 네 번째 정책과제는 청소년 참여 활동 강화, 청소년 권익을 증진하는 내용을 담고 있다. 마지막으로 다섯 번째 정책과제는 청소년정책 인프라 개선, 지역 맞춤형 청소년정책 추진체계를 구축하는 내용을 담고 있다.

2) 시행계획에 따른 청소년정책 추진 현황

중앙행정기관과 지방자치단체는 「청소년기본법」을 법적 근거로 하여 정부가 수립한 기본계획에 따른 시행계획을 매년 주관부처에 제출하고 있다. 시행계획의 수립과 수집, 이에 대한 분석 작업은 2011년 여성가족부에서 청소년정책분석평가센터를 설치하면서 본격화되었다. 청소년정책분석평가센터는 각 부처와 청을 비롯하여 17개 광역 지자체에서 제출한 시행계획을 분석하여 보고서로 발간하고 있으며 시도별로 시행계획 수립과 시행에 대한 컨설팅을 진행하고 있다.

2022년도 중앙행정기관 및 시도 시행계획을 중심으로 청소년정책이 어떤 내용과 규모로 추진 중에 있는지를 살펴볼 수 있다. 먼저 중앙행정기관의 정책 추진 현황을 간략하게 살펴보기로 한다. 〈표 13-2〉는 청소년정책 관련 사업과 예산을 중심으로 2022년 중앙행정기관의 청소년정책 추진 현황을 보여주고 있다. 2022년 현재 청소년정책을 추진 중인 중앙행정기관은 여성가족부를 비롯해 교육부, 고용노동부, 복지부, 문화체육관광부 등 25개 기관이며 총 261개 관련 사업을 추진 중에 있다. 2022년 기준으로 청소년정책 사업 추진과 관련하여 중앙행정기관에서 집행하고 있는 예산 규모는 총 16조 4천억 원 규모에 이르며 국토교통부의 예산이 8조 1천억 원 수준으로 가장 크고 주관부처인 여성가족부의 예산은 4천9백억 원 수준을 보여주고 있다.

〈표 13-2〉 2022년 중앙행정기관 청소년정책 중점과제별 사업 수 및 예산 (단위: 개, 백만 원)

영역	중점과제	사업	예산
1. 청소년 참여 및 권리증진	1. 청소년 참여 확대	12	6,532
	2. 청소년 권리증진 기반 조성	31	102,513
	3. 청소년 민주시민 성장 지원	21	23,677
2. 청소년 주도적 활동 활성화	1. 청소년활동 및 성장지원 체계 혁신	17	116,216
	2. 청소년 체험활동 활성화	40	289,204
	3. 청소년 진로교육 지원체제 강화	24	1,167,229
3. 청소년 자립 및 보호지원 강화	1. 청소년 사회안전망 확충	35	8,542,617
	2. 대상별 맞춤형 지원	35	6,104,969
	3. 청소년 유해환경 개선 및 보호지원 강화	24	72,619
4. 청소년정책 추진체계 혁신	1. 청소년정책 총괄·조정 강화	10	27,552
	2. 지역 중심의 청소년정책 추진체계 강화	5	30,213
	3. 청소년지도자 역량 제고	7	5,864
총계		261	16,489,205

출처: 청소년정책분석평가센터(2022a)

이어서 〈표 13-3〉은 17개 광역 지방자치단체의 청소년정책 사업 추진 현황을 보여주고 있다. 17개 시·도는 6차 기본계획의 144개 세부과제에 대해서 1,361개의 정책사업을 추진 중이며 전체 예산 규모는 8천7백억 원 수준을 보여주고 있다. 이것은 국비를 제외하고 자체사업 예산으로 경기도가 1천2백억 원으로 가장 크고 대전시가 1천1백억 원 규모로 예산 규모가 큰 것으로 나타나고 있다.

〈표 13-3〉 2022년 광역 지방자치단체 청소년정책 중점과제별 사업 수 및 예산(단위: 개, 백만 원)

영역	중점과제	사업	예산
1. 청소년 참여 및 권리증진	1. 청소년 참여 확대	92	6,946
	2. 청소년 권리증진 기반 조성	121	224,354
	3. 청소년 민주시민 성장 지원	56	4,527
2. 청소년 주도적 활동 활성화	1. 청소년활동 및 성장지원 체계 혁신	123	145,439
	2. 청소년 체험활동 활성화	192	34,269
	3. 청소년 진로교육 지원체제 강화	137	49,700
3. 청소년 자립 및 보호지원 강화	1. 청소년 사회안전망 확충	207	165,262
	2. 대상별 맞춤형 지원	239	155,845
	3. 청소년 유해환경 개선 및 보호지원 강화	60	13,100
4. 청소년정책 추진체계 혁신	1. 청소년정책 총괄·조정 강화	42	5,981
	2. 지역 중심의 청소년정책 추진체계 강화	53	61,522
	3. 청소년지도자 역량 제고	39	4,829
총계		1,361	871,777

출처: 청소년정책분석평가센터(2022b)

지자체의 청소년정책 행정조직은 주로 여성가족정책 관련 부서에 배치되어 있으며 2022년 현재 청소년육성 전담공무원은 167명에 이르고 있다. 지자체에 중앙행정기관의 청소년정책위원회의 역할을 수행하는 지방청소년육성위원회가 구성되어 있으며 법령상의 심의기구로 운영 중에 있다. 지자체의 청소년정책 전달체계는 활동 분야의 경우 청소년활동진흥센터가 시·도 수준에 구축되어 있으며 복지 및 상담 분야의 경우 청소년상담복지센터가 시·도와 함께 시·군·구 단위로 구축되어 있다. 청소년 수련시설은 2022년 현재 전국적으로 837개소에 이르며 이 중에서 청소년수련관이 198개소, 청소년문화의집이 333개소, 청소년수련원이 154개소에 이르고 있다(여성가족부, 2022c).

2. 청소년문화정책의 이해와 실태

청소년문화정책은 청소년문화를 다루는 청소년정책으로 풀어볼 수 있다. 그렇다면 청소년문화는 무엇인가에 대한 이해가 선행될 필요가 있다. 문화에 대한 정의는 매우 다양하며 인간의 삶 전반 혹은 생활양식을 문화로 볼 수 있기 때문에 어떻게 정의하느냐에 따라 포괄하는 범위가 크게 달라진다.

정책적인 맥락에서 청소년문화는 매우 제한적인 범위로 다루어져 왔다. 청소년정책 분야에서 청소년문화는 청소년정책에서 주로 추진해왔던 사업을 반영해 예술이나 스포츠와 같은 분야로 한정되었고 자원봉사와 같이 문화영역으로 보기에는 자의적인 영역을 포괄하는 개념으로 사용되었다. 이와 관련 「청소년활동진흥법」은 청소년 문화활동을 "예술활동, 스포츠활동, 동아리활동, 봉사활동 등을 통하여 문화적 감성과 더불어 살아가는 능력을 함양하는 체험활동"으로 정의하고 있다.

다른 한편 문화예술정책 분야에서 청소년문화는 청소년이 대다수 학생이라는 특성을 반영해 문화예술교육이라는 영역에서 다루어지는 하부 분야로 이해되고 있다. 이는 2004년 문화관광부 주도로 수립한 「문화예술교육활성화 종합계획」을 통해 제안되었고 2005년 「문화예술교육지원법」이 제정되고 시행되면서 구체화되었다. 「청소년기본법」처럼 보다 포괄적인 법령으로 1972년에 제정된 「문화예술지원법」에서는 문화예술을 "문학, 미술, 음악, 무용, 연극, 영화, 연예, 국악, 사진, 건축, 어문, 출판 및 만화"로 정의하고 있다. 「문화예술교육지원법」에서 문화예술교육은 사회문화예술교육과 학교문화예술교육으로 구분되며 청소년을 대상으로 하는 학교문화예술교육은 "학교에서 교육과정의 일환으로 이루어지는 문화예술교육"으로 정의하고 있다.

그런데 청소년정책과 문화예술정책에서 다루어지는 청소년문화는 포괄하는 분야나 정책대상의 차이를 보여주고 있지만 청소년들의 문화적 향유의 기회를 제공하고 문화적 감수성을 증진시키는 데 목적이 있다는 점에서 유사점이 있다. 그런데 우리가 일상적으로 사용하는 문화라는 표현은 청소년과 관련해 하위문화, 집단따돌림 문화, 욕설 문화, 사이버 문화, 게임 문화 등 청소년들이 살아가는 생활방식의 특성을 지칭하는 용어로 흔히 사용되고 있다. 다양한 의미로 사용되는 문화의 범위는 매우 포괄적이며 이를 반영해 정책을 추진할 경우 실현해야 할 많은 과제들을 담게 될 수밖에 없다.

이것은 문화를 좁게 해석하는가, 넓게 해석하는가 하는 문제이기도 하지만 문화정책에 관한 두 가지 정책 패러다임에 대한 논의로 이어진다(전상진 외, 2007). 두 가지 패러다임은 문화의 민주화(democratization of culture)와 문화민주주의(cultural democracy)이다(Lansted, 1989). 전자는 주류 문화나 단일 문화를 전제로 많은 사람들에게 문화에 대한 향유의 기회를 넓히는 것을 강조한다. 반면, 후자는 주류나 단일 문화에 대해서 의심하고 비주류 문화나 대안 문화, 하위문화 등 문화의 다양성을 실현하는 것을 강조한다. 전상진 외(2007)는 전자를 모든 사람들을 위한 문화(culture for everybody)로, 후자를 모두에 의한 문화(culture by everybody)로 구분하고 있다. 여기에서 두 가지 패러다임은 상호 대립적으로 볼 필요는 없으며 오히려 상호 보완적일 수 있다. 다만, 문화정책의 흐름은 전자에서 후자로 이행하고 있으며 그러한 방향으로의 이행이 정당성을 얻고 있는 것은 사실이다.

현재 청소년문화를 다루는 정책은 후자보다는 전자이며 청소년문화정책이 최근 들어서 본격화되었다는 점에서 문화 접근 기회의 확대에 정책 초점이 맞추어진 것은 어쩌면 당연한 귀결일 수 있다. 이러한 한계점을 분명히 하면서 여기에서는 청소년문화정책의 법적 근거에서 출발해 정책 추진 수단들을 차례로 살펴보고 현재 어떤 정책과제들이 이루어지고 있는지를 살펴보고자 한다.

1) 청소년문화정책의 법적 근거

청소년문화정책의 법적 근거는 「청소년활동진흥법」에서 찾아볼 수 있다. 앞서 언급하였듯이 청소년 문화활동은 예술활동, 스포츠활동, 동아리활동, 봉사활동 등으로 정의하고 있다.

이 법에서는 제6장에 청소년문화활동의 지원을 규정하고 있다. 먼저 청소년문화활동의 진흥을 다룬 제60조는 국가 및 지방자치단체가 청소년문화활동 프로그램 개발, 문화시설 확충 등 청소년문화활동에 대한 청소년의 참여 기반을 조성하는 시책을 개발·시행해야 한다고 정의하고 있다. 이어서 문화예술 관련 단체, 청소년동아리단체, 봉사활동단체 등이 청소년문화활동 진흥에 적극적이고 자발적으로 참여할 수 있도록 지원하도록 하고 있다. 동시에 이러한 활동을 위한 예산의 지원을 국가 및 지방자치단체가 할 수 있는 법적 근거를 제시하고 있다.

청소년문화활동의 기반 구축을 다룬 제61조는 국가 및 지방자치단체가 다양한 영역에서 청소년문화활동이 활성화될 수 있도록 기반을 구축해야 한다고 정의하고 있으며 문화예술 관련 단체 등 각종 지역사회의 문화기관들이 청소년문화활동의 기반 구축을 위하여 적극 협력하도록 규정하고 있다. 제60조와 제61조는 포괄적으로 국가와 지자체의 역할을 규정하고 있다면 제62조는 전통문화의 계승을 위한 시책 추진에 대한 근거를 제시하고 있으며 제63조는 청소년축제의 발굴지원을, 제64조는 청소년동아리활동의 활성화를, 마지막으로 제65조는 청소년의 자원봉사활동의 활성화에 대한 법적 근거를 제시하고 있다.

청소년문화정책 전반을 다루고 있지 않지만 「문화예술교육지원법」은 학교문화예술교육 지원에 대한 법적 근거를 제시하고 있다. 제14조는 학교문화예술교육의 지원에 대한 학교장의 임무를 규정하고 있다. 제15조는 국가 및 지방자치단체가 문화예술 교육활동과 이를 위한 시설·장비를 지원할 수 있는 법적 근거를 제시하고 있다. 제16조는 교원에 대한 연수기회 제공을 규정하고 있으며 제17조는 국가 및 지방자치단체가 학교문화예술 활동 및 행사에 대해 지원할 수 있는 규정을 제시하고 있다. 제18조는 지역사회 지원체제 구축을, 제19조는 사업 추진 경비의 지원 및 보조에 대한 법적 근거를 제시하고 있다.

2) 기본계획의 청소년문화정책

제7차 청소년정책기본계획에서 청소년문화정책은 청소년활동 분야에서 다루어지고 있다. 5가지 정책과제 중에서 첫 번째 정책과제인 플랫폼 기반 청소년활동 활성화가 청소년문화정책과 연관된 분야라고 할 수 있다. 플랫폼 기반 청소년활동 활성화는 청소년의 디지털역량 활동강화(1-1), 미래역량 제고(1-2), 다양한 체험활동 확대(1-3), 학교 안팎 청소년활동 지원 강화(1-4) 등 4가지 중점과제가 포함되어 있다.

네 가지 중점과제 모두 포괄적으로 보면 청소년문화정책의 범주에 포함된다고 볼 수 있으나 직접적으로 청소년 문화를 다룬 부분은 다양한 체험활동 확대(1-3)의 세부정책과제 중에서 테마별 활동기회 제공(1-3-1)을 다룬 부분이라고 할 수 있다. 테마별 활동기회 제공(1-3-1)에 포함된 세부정책 사업들은 청소년 대상 문화예술 교육 프로그램 개발 및 운영, 1학생 1예술활동 사업을 통한 학교 내 문화예술 교육 확대, 학교 예술강사 활동 환경 개선, 문화예술 교육지원사업 운영 등이다.

각 중앙행정기관이 제출한 시행계획은 2022년까지 공개되어 있어 이를 통해 세부 사업별 현황을 살펴보고자 한다. 2022년 각 중앙행정기관이 제출한 시행계획을 토대로 청소년 문화예술 관련 세부 사업을 살펴보면, 전체 정책 사업은 3개 부처 16개 사업으로 전체 예산 규모는 1천억 원에 이르고 있다. 각 부처 사업 중 예산 규모가 가장 큰 것은 문화체육관광부의 수요자 중심 문화예술교육 지원으로 토요문화학교, 예술꽃 씨앗학교, 학교예술강사 지원 등 오래전부터 추진해온 핵심 사업들이 모두 포함되어 있다. 이어서 여성가족부의 청소년 어울림마당동아리로 27억 원 규모에 이르고 있다. 문화재청은 코로나 19로 사업이 추진되지 않은 2개 사업을 포함해 11개 세부사업을 추진 중으로 가장 많은 사업 수를 보여주고 있는데 소규모의 개별 단위 사업별로 사업 수를 제시한 데 따른 결과이다.

〈표 13-4〉 2022년 중앙행정기관 청소년 문화예술 관련 세부 사업 및 예산 (단위: 개, 백만 원)

부 · 처 · 청 · 위원회명	정책과제 사업명	예산
여성가족부	청소년 어울림마당 · 동아리	2,762
	청소년 문화활동지원	300
	문화시설 · 여가시설 등 청소년 우대 활성화	비예산
문화재청	지역문화유산교육 프로그램 운영	979
	청소년 문화재지킴이단	90
	고궁청소년문화학교	79
	청소년대상 진로 프로그램 운영	7
	청소년 해양문화유산 교육프로그램 운영	19
	무형유산 캠프	30
	현충사 어린이 · 청소년 교육문화프로그램	45
	만인의사 추모 · 위업선양 예능대회	20
	천연기념물센터 청소년 프로그램 운영	24
문화체육관광부	국립현대미술관 청소년대상 프로그램 운영	143
	청소년 대상 국악체험 및 국악프로그램 운영	763
	국립중앙박물관 청소년 대상 교육	300
	수요자 중심 문화예술교육 지원 (토요문화학교, 예술꽃 씨앗학교, 학교예술강사 지원)	100,042
총계		105,603

출처: 청소년정책분석평가센터(2022a)

청소년문화활동에 대한 「청소년활동진흥법」의 정의에서 추가적으로 살펴볼 필요가 있는 것은 여성가족부에서 추진하는 청소년 동아리활동과 행정안전부, 여성가족부, 보건복지부 등에서 추진하고 있는 자원봉사활동에 대한 지원 사업과 문화체육관광부에서 추진하는 스포츠활동에 대한 지원 사업들이다. 그런데 이 사업들은 해당 사업이 문화정책의 일환으로 볼 수 있는지에 대한 검토가 필요하며 동아리나 자원봉사활동처럼 문화예술과 관련된 동아리 혹은 문화예술에 기반한 자원봉사활동이 아닌 경우도 포함하고 있어 이에 해당하는 정책 사업 전부를 청소년문화정책과 관련된 세부사업으로 고려하는 것은 적절하지 않아 보인다. 다만, 동아리활동의 경우처럼 문화정책 사업인 청소년 어울림마당 사업과 연결해 운영되고 있는 경우에는 청소년문화정책 사업에 포함되는 것으로 보는 것이 필요하다.

이제 다음 항에서 세부적으로 청소년문화정책으로 볼 수 있는 정책 사업들에 대해 구체적으로 살펴보고자 한다. 여기에서 소개하고 있는 청소년문화정책 사업들은 여성가족부에서 추진 중인 청소년 어울림마당 사업과 문화체육관광부에서 추진 중인 문화예술강사 지원사업, 꿈다락 토요문화학교, 예술꽃 씨앗학교 등이다.

3) 청소년문화 세부정책사업 추진 현황

(1) 청소년 어울림마당

여성가족부에서 추진 중인 청소년 어울림마당은 지역사회 청소년축제를 지원하는 사업이다. 이 사업은 각 지역특성에 맞게 청소년 문화, 예술, 놀이 체험의 장을 제공하여 청소년들의 문화감수성 함양과 지역주민과 청소년의 만남의 장을 마련할 목적으로 추진되었다.

청소년 어울림마당은 청소년문화존이라는 이름으로 2004년 8개 시도에서 시작하여 2006년 11개 시도에 이어 2009년 16개 모든 시도로 확대되었으며 2011년부터 16개 시도 대표 어울림 마당과 110개 시군구 어울림 마당이 진행되고 있다(여성가족부, 2022c).

청소년 어울림마당은 여성가족부에서 추진 중인 청소년동아리 지원사업과 연계되는데 동아리 활동을 지역 내에서 개최되는 청소년 어울림마당에서 연 3회 이상 발표하도록 하고 있다. 여성가족부에서 추진 중인 청소년 동아리 지원사업은 청소년수련시설 및 학교의 동아리 활동을 활성화하기 위하여 2,500개의 우수청소년 동아리를 선정해 지원하고 있다.

(2) 예술강사 지원사업

문화체육관광부에서 추진 중인 예술강사 지원사업은 학교 문화예술교육과 사회 문화예술교육 지원사업 모두에서 이루어지고 있다. 학교 문화예술교육 지원사업에서 추진 중인 예술강사 지원사업은 직접적으로 청소년정책의 영역에 포함된다고 볼 수 있다. 다양한 연령과 계층을 대상으로 추진 중인 사회 문화예술 지원사업은 수혜대상 중에 청소년이 포함되어 있으므로 이에 대해서도 함께 살펴보고자 한다.

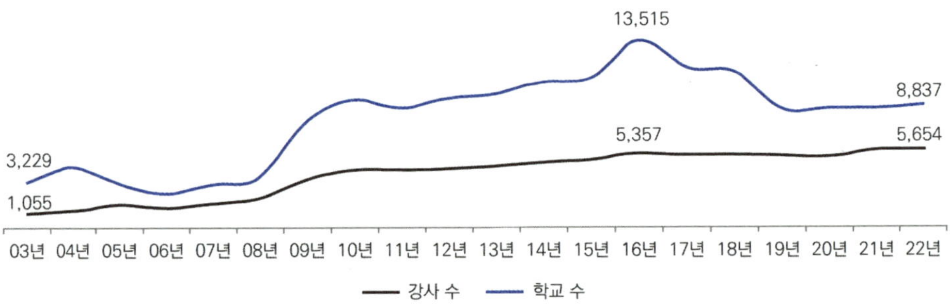

[그림 13-2] 학교예술강사 지원사업 현황(2003-2022)

출처: 정헌수 외(2014). 2014년부터 2022년은 한국문화예술교육진흥원 연차보고서 인용

우선 학교 문화예술교육 지원 사업의 일환으로 추진 중인 학교 예술 강사 지원사업은 전국의 초·중등학교를 대상으로 학교교과 수업과 방과 후 시간을 이용하여 학생들에게 문화예술 교육의 기회를 제공할 목적으로 마련되었다. 이 사업은 이러한 목적 이외에 예술 강사의 사회적 일자리를 마련하는 목적도 겸하고 있어 예술 강사들을 지원하는 사업의 성격도 갖고 있다고 할 수 있다.

학교예술강사 지원사업은 2003년 국악 분야와 연극 분야를 시작으로 영화, 무용, 만화, 공예, 사진, 디자인 등 8개 문화예술 분야의 강사를 학교에 파견하여 수업이 진행되고 있다. 전체 지원 강사 수는 2003년 1,055명에서 2016년 5,357명으로 늘어났다. 예술강사가 파견되는 학교도 2003년 3,229개교에서 2016년 13,515개교로 크게 늘어났다. 이후 저출생 등의 영향으로 지원 학교는 급감해

2022년 현재 8,837개교로 크게 줄어들었다. 반면, 학교에 파견된 예술강사는 꾸준히 늘어나 2022년 5,654명이 되었다.

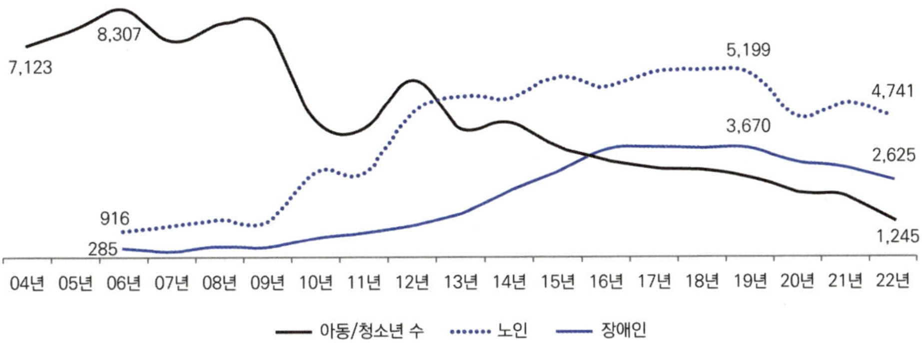

[그림 13-3] 사회 문화예술교육 복지기관 대상별 수혜자 수 추이(2004-2022)

출처: 정헌수 외(2014). 2024년부터 2022년은 한국문화예술교육진흥원 연차보고서 인용

사회 문화예술교육 지원사업 역시 예술강사 파견이 이루어지고 있는데 파견 대상은 복지시설로 수혜 대상자들은 아동과 노인, 장애인 등이다. 여기에서 아동은 「아동복지법」에 따라서 18세 미만을 지칭하므로 청소년 연령에 해당한다고 볼 수 있다. 사회예술강사 지원 대상 시설은 당초 아동복지시설에서 출발하였으나 2006년부터 노인복지시설과 장애인복지시설로 확대되었으며 아동복지시설보다는 노인복지시설 중심으로 사업 성격이 변경되어 왔다.

아동복지시설의 예술강사 파견사업 현황을 살펴보면, 지원시설 수는 2004년 194개소에서 2013년 230개소로 늘었으나 수혜대상인 아동 수는 같은 기간 7,123명에서 2013년 4,323명으로 크게 줄어들었다. 파견되는 강사 수도 같은 기간 205명에서 188명으로 다소 줄어들었다. 이러한 추세는 2022년까지 지속되어 수혜대상인 아동, 청소년은 1,245명으로 줄어들었다.

사회 문화예술교육 지원사업 중에는 강사파견 이외에 국방부와 법무부 등 관계부처 연계사업이 추진 중에 있는데 법무부와 연계해서 추진 중인 협력사업으로 교정시설과 소년원 학교에 대한 문화예술 프로그램 지원사업이 추진 중에 있다. 이들도 연령 범위가 청소년에 해당하므로 사업추진 현황을 살펴보면, 교정시설 및 소년원 학교 지원사업은 2006년부터 시작되어 2022년 현재 40개 교정시설과 10개 소년원 학교를 대상으로 문화예술 교육프로그램을 제공하고 있다.

(3) 꿈다락 토요문화학교

토요문화학교는 주5일제 전면시행에 따라 문화예술기관을 통해 청소년들의 여가 및 가족 문화 조성을 위한 프로그램을 제공하는 사업으로 2012년부터 추진 중에 있다.

꿈다락 토요문화학교는 지역연계 프로그램과 국·공립기관 연계 프로그램, 미술관 연계 프로그램, 박물관 연계 프로그램, 도서관 연계 프로그램 등 다양한 프로그램으로 구성된다. 17개 시·도의 문화예술교육지원센터에서 주관하는 지역연계 프로그램은 문화예술 분야에 대한 기초이해에 중점을 둔 아우름 프로그램과 음악, 미술, 사진 등 장르별 교육에 중점을 둔 차오름 프로그램으로 구분된다.

2022년 현재 전국 432개소의 문화기관시설 및 예술단체 공간을 활용하여 456개 프로그램이 운영 중이며 참여자 수는 23,190명에 이르고 있다. 이 사업은 박물관, 도서관, 미술관 등 국립 문화예술기관과 전국 17개 시·도 문화예술교육지원센터에서 운영하고 있다.

(4) 예술꽃 씨앗학교

문화체육관광부의 예술강사 파견 사업이 많은 학교를 대상으로 보편적으로 추진되는 것이라면 예술꽃 씨앗학교는 초등학교 중에서 폐교 위기의 농어촌 소외지역의 초등학교를 선정해 4년 동안 매년 1억 원의 예산을 투입하여 1인 1예능활동을 집중적으로 지원하는 사업이라고 할 수 있다.

〈표 13-5〉는 예술꽃 씨앗학교의 운영 현황을 보여주고 있다. 1기는 2008년부터 2011년까지 10개 학교를 대상으로 추진되었다. 이 사업은 오케스트라,

국악, 관현악, 영화 등을 1,626명의 학생들이 참여하여 연중 전문 예술강사의 지원 아래 연습하고 학부모뿐만 아니라 지역사회를 대상으로 연말에 공연 등을 실시하는 방식으로 이루어졌다. 2기는 2011년부터 2014년까지 대상 학교를 16개를 늘려 2,136명의 학생들이 참여하였으며 디지털 뮤지컬, 연극, 농악 등의 공연을 실시하였다. 3기와 4기는 2012년부터 2015년까지 같은 기간을 대상으로 14개 학교의 2,127명의 학생들이 참여해 영어 뮤지컬 등의 공연을 실시하였다. 2022년 현재까지 14기가 운영되었고 12기부터 코로나19로 인해 비대면 프로그램도 도입되어 운영되었다.

〈표 13-5〉 예술꽃 씨앗학교 지원사업 운영 현황

(단위: 개, 백만 원)

구분	연도	학교수	학생수	운영분야
1기	2008년	10	1,626	오케스트라, 국악, 관현악, 영화 등
2기	2011년	16	1,967	디지털 뮤지컬, 농악, 연극, 퓨전 등
3기	2012년	10	1,427	영어 뮤지컬, 뮤페라, 디자인 등
4기	2013년	4	686	서양악, 음악, 국악 등
5기	2014년	13	1,942	서양악, 오케스트라, 디자인, 영화 등
6기	2015년	20	2,992	연극, 사진, 영화, 서양악 등
7기	2016년	13	1,884	서양악, 오페라, 뮤지컬, 디자인 등
8기	2017년	8	1,012	서양악, 디자인, 연극, 뮤지컬 등
9기	2018년	8	782	공연, 시각디자인, 음악 등
10기	2019년	14	1,244	음악, 공연, 시각예술 등
11기	2020년	15	1,738	비대면 프로그램 도입
12기	2021년	11	954	비대면 프로그램 도입
13기	2022년	8	1,225	공연, 무용, 미술, 음악 등
14기	2022년	11	1,569	공연, 무용, 미술, 음악 등

출처: 정현수 외(2013). 2014년부터 2022년은 한국문화예술교육진흥원 연차보고서 인용

3. 청소년문화정책의 과제

청소년문화정책은 모든 정책들이 갖추어야 할 내용들을 동일하게 요구받는다. 먼저 정확한 비전 제시와 방향 설정을 비롯하여 적절하고 타당한 정책추진 계획이 수립되어야 한다. 동시에 충분한 정책 수단이 마련되어야 하고 인적, 물적 인프라를 확보하는 것이 필요하다. 이와 함께 정책이 올바른 방향으로 추진되고 있는지에 대한 점검과 철저한 평가와 검증이 이루어져야 한다.

여기에서는 청소년문화정책의 과제로 일반적으로 요구받고 있는 내용 중에서 가장 중요하다고 생각하는 정책 방향의 설정 문제와 더불어서 대상 중심 정책이라는 측면에서 반드시 짚고 넘어가야 할 정책 추진의 총괄·조정 문제를 살펴보고자 한다.

1) 청소년문화정책의 방향 설정

청소년문화정책은 그동안 청소년들의 문화예술활동 활성화를 위한 양적 확대를 중심으로 이루어져 왔다. 여성가족부에서 추진 중인 청소년활동 정책 사업들은 문화예술활동을 포함하여 청소년수련시설을 중심으로 참여 청소년의 확대가 이루어졌고 청소년수련활동인증제 등을 통해 질적 개선을 위한 노력도 이루어졌다. 2005년 문화체육관광부에서 국가청소년위원회로 청소년정책의 주관부처가 변경된 이후 문화예술활동을 포함하여 청소년활동 정책의 추진 동력이 다소 약화되었으나 청소년 활동 전반에 걸쳐서 미래형 교육과정을 통한 창의적 체험활동의 도입(2009), 주5일제 수업의 실시(2012), 자유학기제의 추진(2013) 등으로 청소년들의 체험활동 기회가 늘어나고 있다.

문화관광부에서 추진 중인 문화정책은 2004년부터 문화예술교육을 중요한 정책 과제로 제기하면서 예술강사 지원사업의 형태로 청소년들을 대상으로 하는 문화예술 정책사업을 추진하였고 꿈다락 토요문화학교를 비롯해 예술꽃 씨앗학교 등 사업의 영역을 확장해 왔다. 2004년 국가 수준의 문화정책의 비전을 설정한

「창의한국」은 문화예술교육을 중요한 국가정책으로 정의하면서 청소년들의 문화역량 강화와 창의적인 문화 육성을 중요한 정책과제로 제시하였다(문화관광부, 2004). 이에 따라 문화예술교육이 국가정책으로 추진되기 시작하였으며 이를 뒷받침하기 위해 한국문화예술교육진흥원이 설립되고 지역 차원에서 문화예술교육진흥센터가 설립되었다. 곧 청소년을 대상으로 하는 문화정책의 비전과 목표는 물론 이를 뒷받침해줄 수 있는 실행수단과 인프라를 갖추기 시작한 것이다.

이제 우리나라의 청소년문화정책은 정책 추진방향에 관한 재검토가 필요한 단계로 접어들었다. 이와 관련 문화정책의 비전이나 발전방안을 다룬 선행 연구들(문화관광부, 2004; 문화관광부, 2007; 문화체육관광부 · 교육과학기술부, 2010; 한국문화예술교육진흥원, 2011, 2013)을 토대로 정헌수 외(2013)는 문화예술교육의 목표가 2004년부터 10년간 추진되어오면서 바뀌어 왔음을 지적하고 있다. 정책 목표는 문화 향유나 역량 강화보다는 행복과 복지, 통합의 방향으로 바뀌었고, 정책의 대상은 취약계층에서 일반계층으로 보편화로 나아가고 있으며 정책의 영역은 예술장르 중심에서 문화 전반으로 확대되었다.

청소년문화정책은 보다 한 걸음 더 나아갈 필요가 있다. 문화에 대한 향유의 기회를 넓히는 관점(문화의 민주화)에서 문화의 다양성을 추구하는 관점(문화민주주의)으로 나아가는 것이다. 전상진 외(2007)는 문화민주주의가 실현되는 가장 이상적인 미래사회에서 청소년들은 디지털 보헤미안(Digital Bohemian)으로 능동적이고 관용적인 문화역량을 갖출 수 있지만 반대로 문화부재사회가 된다면 청소년들은 배타적 소비폐인(Cultural Idiot)으로 빠질 수 있음을 경고하고 있다.

문화 민주주의 패러다임은 문화를 협소하게 정의하기보다는 포괄적으로 정의하고, 다양한 문화적 관점을 포함하며 문화에 대한 수용이 아니라 참여를 강조하는 방향으로 정책의 관점이 바뀌어야 한다는 것을 의미한다. 동시에 이것은 공공 영역의 지원을 넘어서 민간의 적극적인 참여와 협력을 전제로 하며 중앙이나 지방자치단체와 같은 공공 단위가 아니라 생활공동체인 지역사회 단위로 정책이 구체적으로 추진될 때 실현될 수 있다.

2) 청소년문화정책의 총괄 · 조정

청소년문화정책은 대상 중심 정책의 특성을 동일하게 갖고 있으므로 이러한 정책이 가지는 한계점을 동시에 갖는다. 대다수의 청소년들은 학생이며 문화정책의 실현은 교육 공간이 학교에서 상당 부분 이루어질 필요가 있다는 점에서 청소년문화정책은 교육정책이자 학교정책의 성격을 갖는다. 청소년문화정책은 문화 콘텐츠는 물론 정책수단, 물적 및 인적 인프라를 고려할 때 문화정책의 일부라고 볼 수 있다. 다른 한편, 정책 대상을 청소년으로 하고 있다는 점에서 청소년문화정책은 청소년정책의 일부이기도 하다.

결국 각각의 정책을 담당하는 다양한 부처의 연계 · 협력이 제대로 이루어지지 않는다면 청소년문화정책은 시너지효과는 물론 정책 추진에 있어서 많은 제약을 갖게 된다. 문화정책을 담당하는 문화체육관광부와 교육을 담당하는 교육부, 그리고 청소년정책을 담당하는 여성가족부가 유기적으로 청소년문화정책을 추진할 때 정책의 목표와 과제를 실현할 수 있다.

청소년은 다양한 이해와 욕구를 갖고 있으며 청소년들이 희망하는 정책적 요구는 부처가 나누어져 있듯이 분리되어 있지 않다. 만약 각 중앙행정기관(부 · 처 · 청 · 위원회)들이 시군구 단위로 청소년지원센터를 만든다고 가정해 보자. 청소년정책 시행계획에 따르면, 청소년정책을 추진하고 있는 중앙행정기관들은 27개에 이른다. 도움을 얻고자 하는 청소년은 도움을 받기 위해 최대 27곳을 방문해야 되는 상황이 올 수 있다.

청소년들이 원하는 것은 도움을 받을 수 있는 기관이나 시설이 버스를 타고 지하철을 이용해 방문할 수 있는 먼 거리에 있기보다는 집이나 학교에서 걸어서 몇 분이면 갈 수 있는 인접한 곳에 위치해 있는 것이다. 동시에 한 곳을 방문했을 때 어떨 때는 문화예술활동에 관한 도움을 얻고, 어떨 때는 친구문제로 겪고 있는 어려움에 대해 상담을 받으며, 때에 따라 지역사회 동아리나 봉사활동에 대한 정보를 얻을 수 있는 통합적인 서비스가 제공되는 것이다.

이를 실현하기 위해서는 청소년을 대상으로 추진 중인 다양한 부처의 정책

사업을 총괄하고 조정할 수 있는 정부 기능이 갖추어져야 하며 이러한 임무를 부여받고 있는 청소년정책 주관부처의 역할이 매우 중요하다고 할 수 있다.

참고문헌

관계부처합동(2023). 제7차 청소년정책기본계획. 서울: 여성가족부.

김기헌 · 전상진 · 김민 · 최순종 · 장근영(2007). 청소년 희망세상 비전 2030. 서울: 국가청소년위원회.

문화관광부(2004). 창의한국. 서울: 문화관광부.

문화관광부(2007). 문화예술교육 활성화 중장기 전략. 서울: 문화관광부.

문화체육관광부 · 교육과학기술부(2010). 창의성과 인성함양을 위한 초 · 중등 예술교육 활성화 기본방향. 서울: 문화체육관광부 · 교육과학기술부.

여성가족부(2013a). 청소년백서. 서울: 여성가족부.

여성가족부(2013b). 2013년 청소년관계기관협의회 논의안건(안). 서울: 여성가족부 내부자료.

여성가족부(2022c). 청소년백서. 서울: 여성가족부.

정헌수 · 한준 · 김정욱 · 김기헌 · 백령 · 박종효(2013). 2013 문화예술교육 정책의 사회경제적 가치 분석 연구. 서울: 한국문화예술교육진흥원.

청소년정책분석평가센터(2022a). 2022년 청소년정책 중앙행정기관 시행계획. 서울: 여성가족부.

청소년정책분석평가센터(2022b). 2022년 청소년정책 지방자치단체 시행계획. 서울: 여성가족부.

한국문화예술교육진흥원(2011). 문화예술교육 중장기 발전방안 연구. 서울: 한국문화예술교육진흥원.

한국문화예술교육진흥원(2013). 문화예술교육 중장기 발전 방안. 서울: 한국문화예술교육진흥원.

한국문화예술교육진흥원(2014). 한국문화예술교육진흥원 연차보고서 2014. 서울: 한국문화예술교육진흥원.

한국문화예술교육진흥원(2015). 한국문화예술교육진흥원 연차보고서 2015. 서울: 한국문화예술교육진흥원.

한국문화예술교육진흥원(2016). 한국문화예술교육진흥원 연차보고서 2016. 서울: 한국문화예술교육진흥원.

한국문화예술교육진흥원(2017). 한국문화예술교육진흥원 연차보고서 2017. 서울: 한국문화예술교육진흥원.

한국문화예술교육진흥원(2018). 한국문화예술교육진흥원 연차보고서 2018. 서울: 한국문화예술교육진흥원.

한국문화예술교육진흥원(2019). 한국문화예술교육진흥원 연차보고서 2019. 서울: 한국문화예술교육진흥원.

한국문화예술교육진흥원(2020). 한국문화예술교육진흥원 연차보고서 2020. 서울: 한국문화예술교육진흥원.

한국문화예술교육진흥원(2021). 한국문화예술교육진흥원 연차보고서 2021. 서울: 한국문화예술교육진흥원.

한국문화예술교육진흥원(2022). 한국문화예술교육진흥원 연차보고서 2022. 서울: 한국문화예술교육진흥원.

황여정 · 임희진 · 좌동훈 · 오승근 · 문지혜(2022). 제7차 청소년정책기본계획 수립을 위한 연구. 서울: 여성가족부.

Lansted, J. (1989). Double Strategies in a Modern Cultural Policy. *Journal of Arts Management, Law and Society*, 19(4), 53-71.

Youthpolicy.org (2014). *The State of Youth Policy in 2014. Youth Policy Press.* http://www.youthpolicy.org/library/wp-content/uploads/library/2014_State_Youth_Policy_2014_En.pdf.

찾아보기

인 명

내 용

• 집필진
제 1 장 조혜영(공주교대 교육대학원 교수)
제 2 장 조혜영(공주교대 교육대학원 교수)
제 3 장 김 민(순천향대 청소년교육상담학과 교수)
제 4 장 김 민(순천향대 청소년교육상담학과 교수)
제 5 장 방은령(한서대 사회복지학과 교수)
제 6 장 길은배(한국체육대학 스포츠청소년지도학과 교수)
제 7 장 서우석(서울시립대 도시사회학과 교수)
제 8 장 김옥태(한국방송통신대 미디어영상학과 교수)
제 9 장 이창호(한국청소년정책연구원 선임연구위원)
제10장 장근영(한국청소년정책연구원 선임연구위원)
제11장 양계민(한국청소년정책연구원 선임연구위원)
제12장 최순종(경기대 청소년학과 교수)
제13장 김기헌(한국청소년정책연구원 선임연구위원)

제3판

청소년문화론

2005년 3월 25일 1판 1쇄 발행
2014년 1월 15일 1판 11쇄 발행
2015년 1월 15일 2판 1쇄 발행
2023년 7월 15일 2판 9쇄 발행
2024년 2월 25일 3판 1쇄 발행
2025년 7월 15일 3판 2쇄 발행

편 자: 한국청소년정책연구원
발행자: 한 정 주
발행처: 교 육 과 학 사

저자와의 협의하에 인지생략

경기도 파주시 광인사길 71
전화(031)955-6956~8/팩스(031)955-6037
Home-page: www.kyoyookbook.co.kr
E-mail: kyoyookbook@daum.net
등록: 1970년 5월 18일 제2-73호

낙장 · 파본은 교환해 드립니다.
Printed in Korea.

정가 22,000원
ISBN 978-89-254-1823-0